U0072814

BUCKLAND'S COMPLETE BOOK OF WITCHCRAFT

巴克蘭巫術全書

雷蒙德·巴克蘭
Raymond Buckland

楓 樹 林

對於《巴克蘭巫術全書》的各界讚譽

「巫術界與威卡界已將這本『大藍書』視為真正的經典。之所以提及這兩大領域，係因雷蒙德·巴克蘭以十分容易理解的筆觸來談論巫術技藝與威卡信仰。這本書係從具有良好成效的對應教學課程發展而來，一直以來是個人獨修課程的依據及實修魔法技藝與原理的有效參考文獻。」

—— Carl Llewellyn Weschcke，發行人

「雷蒙德的《巴克蘭巫術全書》也許是對於巫術最為清晰且直接的入門書籍之一。這本書做得真好……它從許多方面揭開了某個古老信仰的神祕面紗，而巴克蘭將這一切組合得很好，真是值得稱讚。」

—— Hans Holzer，作家／製作人

「如果你想開始打造自己的巫圓，這本書會告訴你要怎麼做，並指出後續該走的道路；若你已成立巫會，但目前面臨新人訓練的課題，這本書會提醒你所有你已忘記或認為理所當然到完全沒想過要講述的事物。本會衷心推薦此書。」

—— Kindred Spirits，澳洲團體

「這本書是最初在巫術之路引導我的數本書籍之一。其內容詳細但沒有威脅逼迫，富有教育性但又很有趣——我在年輕時投注了許多時間閱讀此書，現在還是會拿它出來參考『複習』一番！我強烈推薦此書，因為它在現代巫術的介紹方面算是相當重要的書籍。」

—— Fiona Horne
Witch: A Magickal Journey，作者及電視／電臺節目主持人

「雷蒙德·巴克蘭對於基本巫術的整合觀點，係綜合非常廣泛的知識，並因豐富且具天分的智慧而有所啟發。所以我們不僅能夠擁有關於「如何成為巫者」的豐富課程，而且順帶還有對於生命的理性喜悅表達，還有將這份表達活出來的實際作法。」

—— Melita Denning and Osborne Phillips
Llewellyn's Practical Guide，系列作者

「這是具有優質內容的巨著。巴克蘭揭開了巫術的最後一層薄紗，將其重新釋回主流思想以重新成為民俗宗教之一，就像以前那樣。」

—— Zsuzsanna E. Budapest，作家／社運人士

作者介紹

雷蒙德·巴克蘭（RAYMOND BUCKLAND）

　　雷蒙德·巴克蘭原居於英國，除撰寫喜劇劇本之外，還是英國著名喜劇演員 Ted Lune 的私人編劇，後於1962年移居美國。雷蒙德現已出版六十多本作品（包括小說與非小說），並被譯成十七種外語，其作品除獲獎之外，還得到數個國家書友會的推薦。他曾擔任電影技術總監，並與 Orson Wells、Vincent Price、John Carradine 及 William Friedkin（電影《大法師》的導演）等人合作。身為羅姆人（Romany，即吉普賽人）的後裔，他撰寫了幾本關於該主題的書，並出版使用該主題的塔羅牌。雷蒙德曾赴美國各地的學院與大學演講，亦曾在 *The New York Times*、*Los Angeles Times*、*New York Daily News*、*New York Sunday News*、*National Observer*、*Cleveland Plain Dealer*、*Look*、*Cosmopolitan*、*True* 及其他許多報刊雜誌上發表文章。

　　雷蒙德曾出席美國許多電視及廣播的脫口秀節目，包括 *The Dick Cavett Show*、Tom Snyder 主持的 *The Tomorrow Show*、Barbara Walters 主持的 *Not For Women Only*，以及 *The Virginia Graham Show*、*The Dennis Wholey Show* 及 *The Sally Raphaël Show*，並且曾出現在英國的 BBC-TV、義大利的 RAI-TV 及加拿大的 CBC-TV 等電視臺的節目。他常在英國表演，並在美國的電影裡面扮演小角色。他曾於數間大學與學院教授課程，也是許多會議及研討會的特邀演講者。他是美國紐約「莉莉戴爾」（Lily Dale）靈性主義社區的定期研討會主持人及演講者。他有被列在一些關於人物的參考刊物裡面，包括《當代作家》（*Contemporary Authors*）、《美國名人錄》（*Who's Who In America*）、《有成之人》（*Men of Achievement*）與《國際作者與作家名人錄》（*International Authors' and Writers' Who's Who*）。

　　近來，雷蒙德將自己的寫作重心轉移到小說，並創作奇幻取向的作品《克諾的項圈》（*The Torque of Kernow*）、維多利亞時代的懸疑驚悚小說《金色光明會》（*Golden Illuminati*）與三本以第二次世界大戰為背景的小說。他目前正創作一套維多利亞時代的懸疑小說系列與其自傳。他現在與妻子塔拉（Tara），還有兩隻吉娃娃奇柯 Chico 與盧佩 Lupé，一起在美國俄亥俄州中北部的某個小農場生活。

　　網址為：http://www.raybuckland.com

　　盧埃林出版社（Llewellyn）的許多作者都有網站提供更多訊息與資源。如需更多資訊，請參考盧埃林的官網 http://www.llewellyn.com。

✦

本書謹獻給吾妻 Tara
並以此紀念 Scire 與 Olwen

✦

致謝

敝人謹向下列人士表達感激之意：

Ed Fitch，感謝在手相學的協助；

"Mike" F. Shoemaker，感謝提供關於「夢」及「運用直覺」的資料；

Carl L. Weschcke，感謝持續鼓勵在下；以及——

Aidan Breac，感謝讓在下了解關於 PectiWita* 的詳細資訊。

---

* 艾丹‧布瑞克（Aidan Breac）是蘇格蘭高地人，出生在靠近蘇格蘭西岸的普里斯特島（Priest Island），並於世代傳承巫術的家庭中成長。他是皮克特人（Picts）卡諾納凱（Carnonacae）部落的後裔，該部落當時居於蘇格蘭羅斯克羅馬提郡（Ross and Cromarty County）的西北部。艾丹‧布瑞克活到高齡九十多歲，並且將人生最後的三十年將「佩克提威塔」（PictaWita，係為獨修傳統）傳授給那些能夠堅決前往崎嶇的蘇格蘭西北地區卡諾納凱堡（Castle Carnonacae）與他共享艱苦隱修生活的學生。

目錄

第二版前言

———————— ✦ ————————

想成為巫者（Witch），不用在萬聖節出生。想成為巫者，手掌上不需有五芒星的紋路。你不需要是第七子的第七子才能成為巫者，也不必穿著奇怪長袍或赤身裸體、戴上很多很多的珠寶飾品，或是把指甲塗成黑色。巫者是平凡人，只是他們找到了適合自己的宗教，崇拜古神——即生命與死亡的男神、自然與豐產的女神——並慶祝各個季節及修習療癒、魔法與占卜的古老技藝。

巫術（Witchcraft），或稱威卡（Wicca），是早於基督教的古老宗教及習俗之一。它並不是基督教之敵（或是任何事物之敵），僅是非屬基督教的信仰之一。然而幾世紀以來因著來自基督教的迫害，它只好隱於「地下」運作。經過多代的壓抑，巫術幾乎消失，但它仍在偏僻地方繼續掙扎生存到二十世紀。而在二十世紀中期，最後一項反對巫術的法律終於被廢除，任何還在修習此技藝的人總算可以公開身分，不過當時把握這機會公開的人很少。

然而有一個人把握住了這個機會，即傑拉德・布羅索・加德納博士（Dr. Gerald Brousseau Gardner）。他於晚年偶然發現巫術這個古教（the Old Religion），並相當高興地發現：一、它依然存在；二、它並沒有那種外界描繪之敵視一切的負面形象。這樣的發現使他想要馬上讓全世界知道此事，然而他還是等到成為巫者數年之後才發表自己的發現。

古教的復興幾乎都要歸功於加德納一人，而其功勞之一必然是為該宗教的既定信念建立可行的替代方案。我很高興自己也在這個復興運動發揮了一點作用，亦即將加德納的教導傳遍美國。到了現在，修習威卡的人已經遍及世界各地。

威卡的形式自由奔放，沒有中央管理權責機構，且有多樣的分支或「傳統」。這些傳統大多源自加德納於1950年代首先提出的觀點，其儀式的形式、運用的工具、巫術節慶等等均依循加德納所披露的一般架構。

到了1970年代及1980年代初期，關於威卡的書籍突然大量出版。它們就跟絕大多數事情一樣有好有壞。有些書籍的資料既真實又有價值，對於那些尋道者能起到真正的幫助。至於其他書籍則是民間傳說、魔法和迷信的大雜燴，除了模糊主題之外一無是處。實修的巫者開始公開身分，但是大眾無法因為想見就「召喚」令他們立即現身，這對於那些認識威卡的真面目並想參與該復興運動的人來說，真的感到相當氣餒。

敝人的這本著作原是在1980年代中期出版。當時的我覺得這領域真的非常需要一些良好且基本的「基礎資料」，亦即能讓任何想要參與巫術的人都可以依此構築適用於獨修巫者（Solitary Witch）或成立巫會（coven）的資料。我的目的是展示所有基本要素，但又需有足夠的深度與內容以建立起能夠維持下去的基礎。本書的儀式就跟絕大多數傳統一樣，也是依循加德納的路線，然事實上它們並不是加德納的儀式。本書的儀式既不屬撒克遜（Saxon），也不是凱爾特（Celtic）、諾斯（Norse）、威爾斯（Welsh）或任何其他特定類型。特意不論分支的它們係專為本書單獨編寫而成，並且以指導的方式寫就，亦即展示其進行過程。我個人希望讀者、尋道者能運用這些儀式來感受古教，然後做出調整以合乎自己的個人需要——這是因為宗教方面的需要其實相當個人……那是不容妥協的領域。在跟神祇的連結當中，個人必須感到完全舒適才行。

這本著作已問世多年，非常受到歡迎，完全滿足敝人對它的期許。對於現在幾個世代的尋道者而言，它已成為對於威卡信仰的引介。它似乎還被稱為「巴叔的大藍書」（Uncle Bucky's Big Blue Book），簡稱「大藍書」（Big Blue）（聽說這是暱稱呢！）。那麼，為什麼要出新的版本呢？

如果在下說新版裡面有許多既新且不一樣的內容，這並不是什麼新鮮事，然而對於那些已買舊版並加以運用的人來說並不公平。所以不是那樣，新版其實是一本新書，而且敝人認為它的編排更讓人感覺舒服。新版裡面還有更多的照片與插圖、更加擴展且更新過的推薦閱讀清單，以及稍微重新調整內容的排列（例如，新版的試題直接擺於相關課程末尾——這是我最初希望的排法）。

列出類似本書的書籍聯繫資料有著缺點，其一即是名稱與地址都會過時，所以敝人在提及各式各樣傳統之篇章中刪除了這些細節。在當今以電腦為基礎的世界中，網際網路上面可以取得關於威卡團體的大量資料。現在，許多巫會甚至個人都有網站，而這些資料都可透過各種搜尋引擎找到。不過，請務必注意，別僅因某某人有網站並發布資料就自動認為這是不容質疑的「聖典」。就敝人看來，關於巫術的準確且業經驗證的資料之最佳來源，仍然是印刷書籍。然而即便如此，你所閱讀的內容都不是絕對可靠。你仍要讀很多書，然後才決定適合自己的道路。

如果某事看起來就是不對勁，就絕對不要強迫自己進行或接受。特別是現在，聯繫威卡團體的機會實在多到不行，你並不一定得接受自己找到的第一個威卡團體。

　　威卡係基於愛一切生命的教導。請記住這一點，事實上，讓它成為你的理想。從敝人多年來收到的回饋來看，我知道這本書可以助你走上適合的道路。望你閱讀之、研究之，並享受之。

　　　　　　　　　　　　　　　　　　　　　　　願汝在愛與光中繼續前行

　　　　　　　　　　　　　　　　　　　　　　　　　雷蒙德・巴克蘭

　　　　　　　　　　　　　　　　　　　　　於美國俄亥俄州，2002 年

致謝

　　若敝人沒有感謝盧埃林出版社（Llewellyn Publications）翻新此書的話，就不算盡到本分。其中有很大部分要歸功於真正敬業的編輯 Kimberly Nightingale、藝術統籌 Hollie Kilroy 以及校對專員 Tom Bilstad。你們為大藍書注入了新的生命，謹向諸位獻上敝人真摯的感謝！

導言

巫術不只是傳說，它從過去到現在都是真實存在的事物。它並沒有滅絕，而且還生意盎然、枝繁葉茂。自從最後一項反對巫術的法律在不久之前，也就是1950年代被廢除以後，巫者已可以公開展示自己的真正身分。

那麼巫者是什麼人呢？巫者是**當今**具有社群意識、為人著想的聰明男女。巫術並不是退回到迷信時代的那種退步，完全不是如此。它是**向前**邁步。巫術是比絕大多數體制化的教會更加貼近當代的宗教，它是個人對於自己與社會責任的接受，是個人對全像宇宙的承認，也是用於提升意識的法門。平等權利、女權主義、生態、調頻／點化（attunement）、弟兄姐妹情誼、關懷行星──這些都是既古又新、名為巫術的宗教之重要組成部分。

以上當然不是一般人對於巫術的看法。沒錯，由於數百年來的宣傳，大眾對於巫術的誤解已根深蒂固。敝人將稍後詳述這些誤解的產生過程及其原由。

隨著巫術相關資料──其本質及與當今世界的關聯──的傳布，就出現了尋道者。如果除了傳統宗教之外還能另有選擇，且這種名為巫術的宗教具有合乎現代潮流的前瞻生活方式，那麼個人要如何參與其中呢？許多人就是卡在這裡。關於古教的一般資料──這裡係指巫者親自授予的正確資料──雖然可供大眾自由取用，然而若要加入巫術團體就沒那麼簡單。絕大多數的巫會（coven，巫者的團體）仍然相當謹慎，所以他們不會敞開大門接受各式各樣的人。他們樂於糾正錯誤的觀念，但不會勸人改信宗教。這使得許多想成為巫者的人在完全的挫敗當中而逕自宣布自己為「巫者」並開始個人的修習。他們在這樣的過程中會加以運用任何──通常是一切──可以取得的資料來源。然而，這樣做的危險在於他們其實並不知道哪些資料是正確且具關聯性、哪些不是。不幸地是，現在已有很多這樣的巫會──就是將大量的儀式魔法加上一點的撒旦信仰（Satanism）、少許的伏都信仰（Voodoo）及美洲印第安人的傳說，把它們快快樂樂地混在一起來運用。就儀式的實際作法而言，巫術算是非常「鬆散」的宗教，然而它確實有著特定的基本原則，也有需要依循的儀式模式。

本書的目的就是提供此類必要資料訊息。有了它，身為個人的你──以及（與志同道合的朋友）形成群體的你們──就可以做自己想做的事情，並高興地知道它至少與任何較為完整建

構的傳統一樣有效，或者也可以在找到某個巫會後，成為具有訓練經驗與知識、與巫會其他成員一樣好（如果沒有更好的話）的入門者。

基督教有許多分支，像是聖公會、羅馬天主教、浸信會、衛理公會，巫術也是如此。世上沒有一體適用所有人的宗教，同樣也不會有適合所有巫者的巫術分支。理當如此，身為不同個體的我們，各自的背景——包括民族與社會文化——差異很大。經常有聽到以下的說法，即道路雖多，卻都通往同一個中心。如此一來，既然有這麼多條道路，你就可以找到一條適合**自己**的路徑，那是一條讓自己可以舒適安全旅行的唯一道路。

為了向你提供最大的用處，敝人在本書提供的資料——也就是你將得到的訓練——均不論分支。我從不同的傳統（例如加德納威卡、撒克遜傳統、亞歷桑德斯威卡、蘇格蘭傳統）當中舉例，為你提供一般資料及其細節。這一切均取自敝人積極參與巫術二十多年、浸淫在一般神祕學還多將近一倍時間之經驗。而當你完成這項訓練時——若你有認真對待的話——會等同加德納威卡或類似傳統的第三級次。如同敝人前面所言，如果你願意的話，就可從那基礎繼續其他為特定傳統量身打造的專門訓練。本書可以讓你獲得所有的基本知識，並從這個上好基礎繼續發展。

這是一本……你必須完成的作業書，所以敝人沒有把它分為章節，而是用課程來分。你會在每堂課的末尾，找到相應的作業練習與試題。每一堂課請都從頭到尾讀過，好好閱讀並加以吸收，甚至如有必要就讀過兩三遍，並在重讀時特別注意自己覺得不容易吸收的任何部分。在總算對學習的內容感到滿意之後，就開始回答那些試題。請用你自己的話來應答，不要回頭查閱課文。透過這過程，你可以看到哪些部分已經掌握得很好、哪些沒有。在對於上一堂課完全滿意之前，不要繼續進行下一堂課。至於試題的答案見〈附錄二〉。

這本書已按照特定順序審慎安排，所以請別試圖直接跳到「更加精采」的課程……你也許會發現自己沒有必要的基礎知識！當你仔細閱讀整本書之後，就可以回頭挑自己想讀的部分溫習一下。

本書係基於相當成功的西雅克斯－威卡神學課程（seminary），喜歡這課程的學生超過千人且遍及全球。我從這經驗知道這個教導方法有用，而且效果很好。不過這裡要趕緊補充一下，本書雖然基於那課程，但並不是同一款。西雅克斯－威卡的課程專為撒克遜傳統設計，本書不是。當然，本書在比較一般性的巫術資料上會有一些重複，但仍足以讓已上過該神學課程的學生好好享受。

因此，若你是認真看待巫術或威卡信仰的學生，無論是打算走實修路線或純粹對學術感興趣，我都竭誠歡迎。敝人希望你能跟在下以前的學生一樣從這些資料當中得到同樣多的收穫。願光明的祝福與汝同在。

《巴克蘭巫術全書》25週年版導言

二十五年了⋯⋯是四分之一個世紀呢！任何書籍若能保持這麼多年不退流行都算是相當長壽，而我很高興看見「大藍書」在廣為大眾接受的同時，也仍是巫術這個古教的基石之一。不過，讓我們檢視一下「巫術」這個詞彙吧！請問「巫術」（Witchcraft）與「威卡」（Wicca）的差別在哪裡？

當傑拉德・加德納於1954年撰寫他那實屬開創性的著作《現今巫術》（*Witchcraft Today*）時，在整本書中都有使用「巫者」（witch）與「巫術」這兩個詞，而「威卡」一詞只有提到幾次。（順便一提，加德納的這本書實際上係第一本由實修巫者撰寫關於巫術主題的書籍，因此它是研究該主題最重要的書籍。）在他那本書問世數年之後、巫術再次開始復興時，有許多人要求更改名稱，他們大聲疾呼：「人們會認為巫術關聯到撒旦信仰及黑魔法。那我們為何不改名字？」加德納與我多次討論這問題，而我們都非常強烈地覺得，與其被迫改變我們的古老名稱，不如教育「無知者」了解巫術的內涵，還有巫者的**真正**信念與行事。我在那時（即1960年代）的講課、寫作以及接受訪談時，都有特別花心思在教育以及糾正錯誤的觀念。而在加德納辭世之後，他的書首度絕版時，敝人撰寫了《圈內人所認識的巫術》（*Witchcraft From the Inside*, Llewellyn, 1971; 1975; 1995）來填補缺口，以確保大眾可以繼續聽見巫術的真音。

此事已在實修者之間爭論多年，人們的意見逐漸偏向希望自稱時使用「威卡」，而不是「巫者」，不過對於實修內容就沒有類似的爭論，大家都同意這就是古教，我們聚在一起是為了崇拜古老的男神及女神。雖然不同的傳統（或稱分支）陸續發芽展枝，但它們都是將巫術視為宗教來當成自己的核心。

然而個人或巫會在古教裡面的輔修法門則各自不同。有些人或團體只把巫會的療癒魔法列為輔修，其他人或團體的輔修則擴展到納入各種形式的占卜、藥草學、占星術等等。雖然這些法門在實修時總是以個人為單位鼓勵進行，然而透過它們所進行的魔法（同樣也是常以療癒為主）始終都是由巫會進行的團體事工。而相關的原初教導，則稱這種團體作法可以當成人們在傾向負面魔法時的「保險」，例如脾氣暴躁的人可能傾向對攻擊者施以魔法反擊，然而同一巫會的其他人若緊守「無傷無害」（harm none）的原則，就能在此事上彰顯眾人的平衡[1]。

---

[1] 譯註：因為巫會的團體魔法要得到大家的同意才能進行。

　　然而到了現在，也就是二十一世紀的初期，世間已有相當大的變化，至於是否變得更好還有待觀察，而且也依各人觀點而定。今日的「威卡」一詞通常指仍然依循古教諸概念的人，他們在一年四季輪轉當中的定期聚會（esbat）及巫術節慶（sabbat）崇拜眾神。而「巫術」一詞則已降格，意指那些想用且只用魔法的人，還有那些以團體或個人的形式「施法」試圖影響他者，但其起心動念不一定為善的人。事實上，這些施法者根本就是「魔法師」（magician），其實並不需要稱自己為「巫者」。他們看似認為「巫者」這稱號有某種浪漫情懷，但我們這些先驅者卻極力與這種綺思幻想劃清界限呢！

　　我們可以從這本「大藍書」讀到以崇拜父神（the Lord）與母神（the Lady）為中心的古教原則，以及各種實修法門，像是療癒、藥草學、占卜，還有——你想得沒錯——魔法。請別依前面的敘述就認為敝人在提倡巫者不用魔法，那就差遠了。不過在下所接受的教導，則稱魔法的施展只在**非常真實的需要**出現的時候。魔法的施展不是為了好玩，不是為了證明可以實行而做的，也不是用來向別人炫耀。我所謂「真正」的巫者，他們的魔法**總是正向**。巫者的信條是「只要無傷無害，儘管任意而行」（harm none, do what thou wilt）。再白話些就是「若**沒有人**因此受到傷害的話……」當然，這裡的「沒有人受到傷害」也包括你自己喔！現今某些自封的巫者在聚會時看似在討論：「那麼，我們這次可以做什麼法術？」通常卻強調要去影響他人的思想和行為。請要記住，針對特定個人施展魔法，例如使他產生愛意，其行為會跟施法使之生恨一樣負面，因為兩者都在干涉個人的自由意志。

　　這讓我想到那些單獨的巫者——獨修巫者——所修習的方法。這些方法有多「有用」？在敝人的《獨修威卡》（*Wicca For One*, Citadel Press, 2004）著作當中，你可能會注意到在下的態度已是「打不贏的話，那就加入吧」，亦即稱之為「威卡」而不是「巫術」，然而我要強調的是以下這一點，即獨修的方式事實上遠比巫會的修習方式古老許多。在古教重新復興的早期，許多人會引用已故瑪格麗特·慕瑞博士（Dr. Margaret Murray）的論點，而那時的我也全盤接受她的全部研究成果，其實當時那樣做並不正確。後續許多學者的研究顯示，慕瑞博士用偏頗的方式詮釋自己的一些發現——這行為在學者的圈子裡面並不罕見——以符合自己的理論。她直接認定「巫會」（coven）就是指稱巫者的團體，但事實上巫會的概念要到1567年英國蘇格蘭亞爾夏（Ayrshire）的貝希·鄧洛普（Bessie Dunlop）審判案才出現。儘管貝希本人沒有使用「巫會」一詞，然而她稱自己是五男八女的團體成員之一。至於該詞的首度使用，則是在1662年於英國奧德恩（Auldearn）的依瑟貝爾·高迪（Isobel Gowdie）的審判案，當時還具體提及其成員人數為十三名。慕瑞注意到這個數字，所以她宣稱**所有**巫會均由十三名成員組成。塞西爾·

勒斯全巨・伊文（Cecil L'Estrange Ewen）在其著作《獵巫及其審判：西元 1559–1736 年的 1373 次巡迴法庭紀錄當中對於巫術的控訴》（*Witch hunting and witch trials: the indictments for witchcraft from the records of 1373 assizes held for the home circuit A.D. 1559–1736*，於 1929 出版）檢視慕瑞的數據，稱慕瑞所得到的那些「十三」，「是透過無故遺漏、加添或前後不一（不一致）的處置而獲得的。」而後續偏好撰寫聳動言論的作家，如蒙塔古・薩默斯（Montague Summers），則宣傳巫會係由十三個巫者組成的想法。總而言之，許多巫者的確會聚集成群，而有人會把這些團體稱為巫會，但其人數不一定都是十三人。

然而，真正的問題仍然存在：「第一位巫者是誰啟蒙的？」若巫者僅以團體行事，並為新加入的成員啟蒙，那麼這一切如何開始？由誰開始？若用敵人的話來說，就是誰啟蒙第一位巫者？而答案就是，早在巫者團體或巫會之前，就已有許多單獨的（獨修的）巫者，亦即那些奉獻（啟蒙）自己以服務眾神的人。他們覺得自己能在月光之下、駐足田野之中，為他們所擁有的一切感謝眾神，或是為自己所需要的事物祈求眾神。他們的這些行事並不會用到小團體。所以，獨修的巫術不僅「有用」，而且也許比巫會的巫術更有充分根據！本書所給予的課程均可應用於獨修者或巫會。我猜現在的修習較為偏重巫會團體而不是個人，但正如敵人前面所言，這兩者都同樣正當有效。

然而當某個團體覺得自己比其他團體還要優越的時候，就會出現許多問題。我們應當認知到我們各自都不一樣，如同那句反覆提及的老話：「道路雖多，卻都通向同一個中心」。你也許比較喜歡自己正在走的道途，但不代表它比別人的道途更優。你也許覺得自己係來自某個較老的家族、具有某種「血統」（pedigree），並且認可你的巫者也比別人多，但這樣也不會讓你真的「高人一等」。我們都是巫術的弟兄姐妹，在諸神眼中都一樣。

就巫術的整體而言，我知道我們已有相當巨大的進步。回到我所謂的「早期」，也就是 1960 年代及 1970 年代早期，當時的我們曾夢想巫術被世人接受為「一種宗教」的時代終將到來。雖然我們現在還沒到那時代，但已經不遠了。今天，美國許多州的矯正機構都有威卡的神職人員，而威卡的男女祭司也有在醫院與其他地方提供服務。威卡得到美國聯邦政府的認可，此事大多歸功於「巫圓聖域」（Circle Sanctuary）自然靈性教會的瑟琳娜・福克斯（Selena Fox）以及「自由女神聯盟」（Lady Liberty League）維權組織的努力。而五芒星圓（pentagram）——係普遍認知的威卡象徵——現已是美國軍方准許用於其墓地的宗教標誌之一。巫者已是國家層級與國際層級的眾多宗教會議成員。美國陸軍在其《特定團體的需求與修習方式：神職人員手冊》（*Requirements and Practices of Certain Selected Groups: A Handbook for Chaplains*）中，則將威卡列為非傳統的宗教團體之一，且人們可以公開佩戴巫術的飾品，不會遭受激烈的批評。

威卡及異教信仰（Pagan）會在飯店、會議中心及露營場地公開舉行會議。網際網路上面的眾多相關網站以及店面也推銷巫術的書籍、課程與理念。當然，小規模的敵視及不包容的事例仍然存在，然而這情況也出現在其他宗教及弱勢群體。

《巴克蘭巫術全書》從首度面世至今已有二十五年，世上已進步很多。我們可以看到大眾對於巫術的接受程度大為提高，而各年齡層及行業都有公開尋求古教相關知識的人。對於後續的世代，敝人希望此書能繼續協助他們找到符合自己的道路。

願父神與母神與汝同在，永永遠遠。

祝汝在愛與光中持續前行

雷蒙德·巴克蘭

於美國俄亥俄州，2011 年

致謝

我要感謝 Ed Fitch、Mike F. Shoemaker、Aidan Breac、Carl Weschcke、吾妻 Tara、Elysia Gallo 及其他在盧埃林出版社的好人，他們讓「大藍書」得以實現並持續下去。

第一課

巫術的歷史與哲學

THE HISTORY AND PHILOSOPHY
OF WITCHCRAFT

〉 巫術的歷史與發展 〈

在真正切入巫術的**現今**面貌之前，也許我們應該回顧一下它的**過去**——亦即它的歷史。巫者應知曉自己的根源，知道對於巫術的迫害之起因與過程，以及巫術於何時何地再度復興。我們從過去可以學到很多東西。沒錯，我們當中有許多人會認為歷史大多看似枯燥乏味，然而巫術的歷史遠非如此，它相當生氣蓬勃，且充滿令人興奮的事情。

市面上已有許多關於巫術歷史的書籍，絕大多數都存有偏見（稍後解釋），然而近期出版的少數著作已有傳述準確的巫術歷史故事……或至少就我們看來是準確的。已故的瑪格麗特‧慕瑞博士追溯並發現巫術起源是在兩萬五千年前的舊石器時代。她將巫術看作是一條貫穿古今且多少從未間斷的脈絡，在基督教出現之前的數個世紀當中，是西歐全地具有完整組織的宗教之一。近來，學者對於慕瑞的大部分論述提出質疑。然而她的確提出了一些實在的證據以及相當令人深思的資料。在論及宗教魔法（而不是巫術本質）的可能發展走向時，她的理論仍然得到重視。

兩萬五千年前，舊石器時代的人仰賴狩獵為生。唯有狩獵成功，才有食物可吃，有毛皮可用於取暖與遮蔽，有骨頭可製成工具與武器。那時候的人們相信眾多神祇。大自然是如此勢不可擋，而出於對猛刮的強風、激烈的雷電、奔騰的流水之畏懼與尊敬，人們認為這些現象各自都有某個靈體，並把它們逐一當成神祇……也就是當成神來看待。這就是所謂的「泛靈論」（animism）。某個神管控風、某個神掌管天空、某個神掌管水域。然而在眾神當中，掌管重於一切的狩獵之事的神祇會是最重要的神……也就是狩獵男神（God of Hunting）。

被獵殺的動物大多頭上有角，所以人們將狩獵男神也想成是頭上有角的形象。而魔法在宗教蹣跚起步的時候混入其中。魔法的初始形式可能是**交感**（sympathetic）魔法之類。當時的人們認為相似的事物會有相似的效果，亦即「同氣相求」（like attracts like）。如果製作某個與實

● 舊石器時代洞穴壁畫

● 維倫多爾夫的維納斯
（The Venus of Willendorf）

物同樣大小的野牛土偶，然後攻擊至「殺死」之……那麼在狩獵真正的野牛時也應會以殺死野牛作為結束。而當某位穴居人穿戴動物皮毛及鹿角面具、扮演狩獵男神的角色以指揮狩獵攻擊時，宗教魔法的儀式就此誕生。現在還可以看到此類儀式的洞穴壁畫，以及用長矛刺穿的野牛及熊形土偶。

研究這種交感魔法留存至近代的過程其實滿有趣的，像是不到百年之前，皮納布斯高族印第安人（Penobscot Indians）仍在為同樣的目的舉行儀式時佩戴鹿形面具與鹿角。曼丹印第安人（Mandan Indians）的水牛舞（Buffalo Dance）則是另一例。

另有一位女神跟上述的狩獵男神一起出現，雖然我們不知道誰先出現（或是他們是否一起發展成形），但這不是重點。動物須有繁衍能力（fertility）才能讓人們持續有動物可以狩獵；若部落要延續其存在（那時的死亡率很高），那麼人類也同樣必須有生育後代的能力。交感魔法在這方面同樣發揮了作用，亦即部落成員會製作動物交配的土偶，並在伴隨的儀式過程進行交合。

許多生育女神（Fertility Goddess）的雕像及塑像仍留存至今。在眾人所認知的維納斯小像（Venus figurines）當中，維倫多爾夫的維納斯（Venus of Willendorf）是此類最著名者之一。其他例子還包括羅賽勒（Laussel）的維納斯，以及西勒伊（Sireuil）及萊斯皮格（Lespugne）的維納斯。此類塑像的相似之處在於過度誇張強調女性部位，亦即它們有著沉重垂吊的乳房、肥厚的臀部，且常有像是懷孕的腫脹腹部，以及誇張呈現的陰部，完全無法與身體其他部位保持一致。其臉部沒有細節，而其雙臂與雙腿（如果有的話）也幾乎沒有強調出來。原因是當時的人類只關心生育面向。女人是孩童的生產者和養育者，而其代表就是身為偉大的給予者及安慰者（Great Provider and Comforter）的生育女神，是自然之母（Mother Nature）或大地之母（Mother Earth）。

隨著農業的發展，女神的地位得到更進一步的提升，此時的她照管農作物、部落及動物的繁衍。然後，一整年的時間自然拆成兩半，即夏天可種糧食，因此由生育女神為主；到了冬天，人們得再次進行狩獵，因此以狩獵男神為主。至於其他神祇（如風、雷霆、閃電等等）逐漸退居次要的地位。

◉ 有角者（Cernunnos）

◉ 具有長角男神圖樣的酒杯

宗教隨著人類的發展而發展——因為這就是它自然緩慢轉變的模樣。人們帶著諸神散居歐洲各地。隨著不同國家的發展，狩獵男神與生育女神獲得了不同的名稱（雖然不會完全相同，但有時僅是同一名稱的不同變體而已），但其本質上仍是相同的神祇。這部分在英國有很清楚的例證，即英格蘭南部有稱為 Cernunnos（字面是「有角者」）的神祇，而同一位神到了英格蘭北部，其名稱則被縮減成 Cerne。英格蘭的另一地方則用 Herne 稱呼祂。

這時候的人類不僅學會種植食物，還學會為冬天儲備食物。因此狩獵變得不再像以前那樣重要。此時的長角男神（the Horned God）常被視為自然之神，還有死亡與彼岸之神。生育女神仍舊掌管生育繁衍，還加上重生，因為人類已經發展出生命在死後還會繼續下去的信念。這部分從當時的喪葬習俗可以看到。格拉維特人（Gravettians，西元前二萬二千年至一萬八千年）算是當時的發明家，他們會用全套衣物與飾品埋葬死者，並撒上紅赭土（赤鐵礦或是鐵的過氧化物）以恢復其生前面貌。過世的家族成員常被埋在居家底下，使他們可以繼續跟家族保持親近。男人生前的武器，甚至他的狗——也就是他死後可能需要的一切——則會跟他葬在一起。

至於生命在死後還會繼續下去的信念之所以會出現，其實不難理解其根源即是夢境。以下係摘自《圈內人所認識的巫術》（*Witchcraft From the Inside*, Buckland, Llewellyn Publications, 1975）：

「當人睡覺的時候，就其家人與朋友而言，他就像個死者。沒錯，他在睡覺時偶爾會動一動，還保持呼吸，但除此之外就不像有生命的樣子。然而當他醒來時，他會說自己在森林裡狩獵，也會說自己曾與現實已經死去的朋友見面及交談。而其他聽其講述的人們也會相信他，因為他們也有經歷過像這樣的夢境。他們知道這個人其實沒有走出洞外，但也同時知道他沒有說謊。睡眠的世界看似跟物質世界一樣，有樹、山、動物，也有人。甚至連死者也在那裡，而且在死後多年似乎都沒改變。那麼，處在彼界的人就必定需要自己原本在現實世界所需要的東西。」

隨著不同儀式的發展——為了生育、為了狩獵成功、為了季節性的需要——必然會發展出祭司職位，即少數經過挑選、能於指導儀式時帶來效果的人。在歐洲的某些地區（雖然也許不會像慕瑞所稱的那樣普遍），這些儀式領袖，或是男祭司及女祭司，被稱為「威卡」（Wicca）＊，即「智者」（the Wise Ones）。事實上，在英格蘭的盎格魯－撒克遜諸王時代，國王在考慮採取任何重要行動之前絕對會先向「威坦」（Witan）——即「智者會」（Council of Wise Ones）——尋求建議。事實上，威卡的確必須睿智，他們不僅主持宗教儀式，還須具備藥草方面的傳統智慧，以及魔法與占卜的知識；他們必須是醫生、律師、魔法師及祭司。對那時的人們而言，威卡是他們與眾神之間的全權代表。然而在重大節慶，威卡也會扮成近似諸神的模樣。

隨著基督教的來臨，人們通常以為當時會有大規模的改信，然而事實上這情況並沒有立刻發生。基督教是人造的宗教，它並沒有像我們所看到的古教那樣在數千年的時間當中逐漸自然進化的過程。當國家被歸類為基督教國家時，事實上只有統治者接受這種新宗教，而且經常僅是表面接受而已。整體來說，在基督教的最初一千年期間，多種形式的古教在歐洲各地仍有重要的地位。

教宗聖額我略一世（Pope Gregory the Great）曾嘗試大規模的改信。他認為讓人們去新基督教教堂禮拜的方法之一，就是將教堂建在人們習慣聚集崇拜的舊有神廟所在的位址上。他指示自己的主教砸碎所有「偶像」，並用聖水灑在神廟上並重新奉獻之。就大部分而言，聖額我略的作法是成功的，然而人們並不像他想的那樣容易受騙。初期的基督教教堂在開始興建時，只有異教徒（Pagans）的工匠具備建造能力。這些石匠及木雕師父在為教堂裝飾時，巧妙地融入了自己崇拜的神祇形象。如此一來，即便被強迫去教堂禮拜，他們仍可在那裡崇拜自己的神祇。

＊ **Wicca**（威卡）用於男性，**Wicce**（威雀）用於女性。此詞原文有時會拼成 **Wica** 或 **Wita**。

　　還有其他更為明確採用古教的行為，特別是在基督教的成立早期。例如，三位一體（Trinity）的概念取自古埃及的三位一組（triad）神祇：歐西里斯（Osiris）、伊西斯（Isis）與荷魯斯（Horus）變成上帝、瑪利亞（Mary）與耶穌（Jesus）。至於作為耶穌生日的 12 月 25 日，則借取自密特羅教（Mithraism），該教亦相信「再臨」（second coming），並對「吃食神體」（Eating of God）非常入迷。許多古代世界的宗教當中，都有神為了人民的得救而「無染成胎」（immaculate conceptions）及犧牲自己的說法。

摘自《古今巫術》（*Witchcraft Ancient and Modern*）

雷蒙德‧巴克蘭

HC Publications, N.Y. 1970

◉ 一些用於班伯格巫者審判（Bamberg Witch trials）的酷刑用具

　　這類雕像到現在仍存留許多。生育女神通常會被描繪成非常繁衍面向的神祇，其雙腿大為張開，並具有尺寸增大許多的生殖器官。這些雕像通常被稱為「希拉納吉」（Shiela-na-gigs）。狩獵男神則以被葉片包圍的長角頭部呈現，被稱為葉飾面具（foliate mask），有時也被稱為綠人傑克（Jack of the Green）或林地羅賓（Robin o'the Woods）。順帶一提，這些古神的雕像不應與石像鬼相混淆，後者係那些刻在教堂塔樓四角以嚇退惡魔的醜惡面容與形像。

　　基督教在逐漸壯大的時候，將古教──威卡教徒及其他異教徒──視為敵人之一。既然是敵人，自然就會想要將之除掉，而教會也毫不保留地進行此事。人們常稱舊有宗教的神祇變成新興宗教的惡魔，這裡也是同樣的情況。古教的狩獵男神是頭上有角的神祇，而基督徒的惡魔明顯也是如此模樣。顯然教會藉此認定異教徒是惡魔崇拜者！即使到現在，教會還在使用這種推理。當時的傳教士，特別傾向將自己偶然發現的原住民部落一律打上惡魔崇拜者的標籤，只因為原住民部落崇拜基督教之外的某位或多位神祇。這

《女巫之錘》（*Malleus Maleficarum*）係由三部分構成，而第一部分就有講到「巫術三個不可或缺的共伴條件為惡魔、女巫及全能上帝的許可」。這段即在告誡讀者，**不相信巫術的存在就是異端**。後續則把重點放在男魅魔（Incubi）與女魅魔（Succubi）能否生子、女巫與惡魔的性交、女巫是否可以影響人的思想去愛或恨、女巫是否可以鈍化生殖力或妨礙性行為、女巫是否會運用一些魔術般的幻象，使男性的器官看似完全被移除且與身體分離，還有女巫可能會用哪些不同方法殺害懷在子宮裡面的胎兒等等。

第二部分則是「巫術作品於接受指導並落於文字階段之處理方式，以及如何才能成功廢除及終結它們」，其主題為「惡魔藉由女巫吸引及誘惑無辜者以增加這種可怕的巫術與同伴的幾種方法」、「與邪惡訂立正式契約的方式」、「她們如何在各地之間傳送」、「女巫如何阻礙及阻止生殖力」、「她們如何剝奪男人的陽具」、「女巫產婆在殺死孩子或用最令人咒詛的方式將孩子獻給惡魔時如何犯下可怕的罪行」、「巫者如何傷害牲畜、引發電暴及暴風雨，並使閃電擊打人與家畜」。後續則是上述情況的補救辦法。

此書的第三部分是「關於教會及社會的法庭針對巫者及所有異教徒發起的司法程序」，這部分可能最為重要，因為這裡載有處理審判的次序。「誰適合擔任巫者審判法官？」是第一個問題，接著是「啟動整個過程的方法；證人的莊重及重新審視；證人的素質與條件；是否可以容許死敵當成證人」。這個部分告訴我們，「名聲不佳的人與罪犯的證詞，以及僕人反對其主人的證詞，都得到承認……要注意的是，證人的資格不會因具有任何敵意而被取消」。我們從這當中知道，對於巫者的審判，幾乎任何人都能作證，即便是那些若換成其他官司則不會接受其證詞的人也可以，甚至也接受幼兒的證詞。

從上述文字就可以明顯看出《女巫之錘》的作者應有特定的強迫性觀念（obsessions）。此書許多章節都相當關切巫術在性的面向……這本惡名昭彰的作品之作者是誰呢？他們是兩個道明會修士（Dominicans），名為賈克伯·斯普壬格（Jakob Sprenger）與海因里希·（因斯提透里斯）·克萊默（Heinrich (Institoris) Kramer）。

摘自《古今巫術》

雷蒙德·巴克蘭

HC Publications, N.Y. 1970

● 拉申城堡（Castle Rushen）

● 塞勒姆之屋（Salem House）是舉行塞勒姆巫者審判之地

些部落人民善良、快樂，且在道德倫理的表現通常比絕大多數的基督徒還要好，但這不重要……重要的是他們必得改信基督教才行！

　　惡魔崇拜經常是指控巫者的理由，然而這是荒謬的說法。惡魔（Devil）純粹是基督教的發明，而且它本身在《新約》之前都沒被提及。有趣的是，與惡魔相關的整個邪惡概念其實係因翻譯出錯所致。原始《舊約》的希伯來文 *Ha-satan* 及《新約》的希臘文 *diabolos* 僅是代表「對手」或「敵手」。請要記住，將至高無上的力量一分為二——即善與惡——的概念係來自已經有所發展的複雜文明。至於古神，則因其逐漸的發展過程而非常「人性化」，亦即他們會有好的面向與壞的面向。只有**全善**、全愛之神的概念才需要對手。簡而言之，白色的概念只有在與相反的顏色——黑色——比較的時候才能突顯出來。這種至善之神的觀點係由西元前第七世紀波斯的瑣羅亞斯德（Zoroaster）——即祆教（Zarathustra）的創始者發展出來。這概念後來往西傳播，並在密特羅教（Mithraism）及後面的基督教得到運用。

　　隨著基督教逐漸壯大，古教也逐漸遭到排擠。大約在宗教改革運動（the Reformation）之前，偏遠鄉野還有古教存在。當時的非基督徒被稱為異教徒（Pagan）及異端（Heathen）。Pagan 一詞源於拉丁文 *Pagani*，僅是「住在鄉下的人」之意。而 Heathen 一詞則意指「住在荒野（heath）的人」。因此這些詞彙係適用當時的非基督徒，裡面沒有邪惡的含意，然而現今在使用兩詞時均暗含貶意，那是非常不正確的用法。

　　經過幾百年之後，針對非基督徒的抹黑仍然繼續。威卡教徒所做的事情被教會反過來對付他們。他們施展魔法以提高人畜繁衍及增加收成，但教會聲稱他們使婦女與牲畜不孕、使

農作物凋萎！顯然當時沒有人停下來思考，如果巫者真的做了那些被指控的事情，也會同樣嘗到苦頭，畢竟他們也要吃飯才能活得下去。某個古老豐產儀式是這樣的：村民會在滿月照亮的田野裡面，像騎玩具馬那樣騎著乾草叉、木桿及掃帚跳舞。他們會一邊跳舞，一邊高高躍起，向農作物表示它們要長到多高——這是完全無害的交感魔法。然而教會聲稱他們不只對農作物**不利**，而且還用木桿在空中飛行……這肯定是惡魔的作為！

　　教宗英諾森八世（Pope Innocent VIII）於 1484 年發布反對巫者的詔書。兩年之後，兩位惡名昭彰的日耳曼修士，海因里希·因斯提透里斯·克萊默（Heinrich Institoris Kramer）及賈克伯·斯普壬格製作了那本令人錯愕的《女巫之錘》，該書係仇視巫術的作品，內容明確指示如何迫害巫者，而當此書被提交給當時的指定審查機構科隆大學神學院時，該院教授大多拒絕與它扯上任何關係。然而克萊默與斯普壬格並沒有因此退縮，反倒偽造得到全體教職員認可的憑證——而這份偽作直到 1898 年才被發現。

　　由克萊默與斯普壬格點燃的歇斯底里情緒開始蔓延出去，就像在意想不到的地方瞬間閃燃的火災那樣迅速傳遍整個歐洲。這把迫害之火熊熊燃燒將近三百年。當時的人們已經瘋狂，村莊若被懷疑有一兩位巫者居住的話，全村居民都會被處死，而圍觀處刑過程的人們會喊著「將他們全部消滅……上主必會認出屬於祂的人！」1586 年，日耳曼特瑞夫（Treves）的大主教認定近期的嚴冬係由當地巫者造成。一百二十名男女被處火刑，罪名是干擾氣候，而其定罪係靠頻繁酷刑而取得的「供詞」。

　　由於繁衍非常重要——即農作物的豐產及牲畜的生育——身為依循自然的宗教，威卡信仰會制定某些性儀式。而基督教法官似乎對這些性儀式給予了不必要的重視，看似樂於探知這些儀式的相關細節，一絲一毫都不放過。巫術是相當愉悅的宗教，其儀式本質是喜樂，因此那些企圖打壓巫術的陰鬱審判官及改革者在許多方面都完全無法理解它。

　　因巫術入罪而被處以火刑、吊刑或折磨致死的總人數粗略估計為九百萬人，人數多到明顯並非全是古教信徒。對於某些人來說，這是除掉心頭大恨的絕好機會！從當時對所謂的北美殖民地麻薩諸塞之塞勒姆巫者（Witches of Salem, Massachusetts）所舉行的審訊案件當中，可以看到關於歇斯底里的發展與傳布的極佳例證。那些被處以吊刑[†]的人當中是否真的有古教信徒真是教人懷疑，布里姬特·比肖波（Bridget Bishop）與莎拉·古德（Sarah Good）也許有此可能，但其他人幾乎全都是當地教會的有力支柱——直到歇斯底里的孩子對他們「大吼大叫」。

[†] 新英格蘭殖民地的法律跟英格蘭一樣，即行巫者處以吊刑。將巫者綁在木柱上處以火刑是蘇格蘭及歐陸的作法。

但是撒旦信仰呢？巫者在當時被稱為惡魔崇拜者。這當中有什麼道理？沒有。不過，正如許多此類指控一樣，這種信念有其理由。早期教會對其人民極為苛刻，不僅掌控農民的崇拜，也支配他們的生活及情愛。即使是已婚夫婦，彼此交合也是不被贊同的行為。人們應當覺得這種行為沒有任何快樂，只能被允許用於生育。週三、週五及週日的性交是非法的，而聖誕節前四十天、復活節前四十天、領受聖餐的前三天，以及從受孕時到分娩後四十天之間進行交媾亦屬非法。換句話說，一年當中可以與你的配偶發生性關係的時間總計只有兩個月左右……而且當然還不可以從中享樂！

毫不意外地，此事及其他嚴屬規定導致反叛──儘管是私下的作為。人們──這次是基督徒──發現向所謂的愛之上帝祈禱並沒有改善命運，於是決定向他的對手祈禱，如果上帝不幫助他們，也許惡魔會給予協助。於是撒旦信仰應時而生，是嘲諷基督信仰的模仿品、是對於教會苛刻作風的反抗。到頭來，那位「惡魔」也沒有幫到貧困的農夫，但至少這個農民表達對於基督教權貴階級的蔑視，並開始反對基督教的體制。

教宗所在的教會母堂（Mother Church）[2]很快發現人民的反叛。撒旦信仰是反基督教的信仰，而就教會的人來看，巫術也是反基督教的信仰，因此巫術被認為跟撒旦信仰一模一樣。

英王詹姆斯一世在1604年推行他的《巫術法》（Witchcraft Act），然該法案於1736年廢除。取而代之的法案則是聲明沒有所謂巫術之類的事物，以及假裝擁有神祕力量的人將被控以詐騙的罪名。到了十七世紀後期，殘存的巫術成員已轉為地下活動，而在接下來的三百年當中，巫術在表面上看似已經結束，然而這個已延續兩萬年的宗教其實並沒有那麼容易凋亡。巫術藉著一些小團體──那些倖存下來、通常只由家庭成員構成的巫會──仍然繼續下去。

基督教在文學領域曾有鼎盛的時期。在迫害巫者的期間，印刷術被發明出來並得到發展，因此任何關於巫術主題的出版品均是從教會的角度撰寫，後面出版相關主題的書籍也只剩這些早期作品可供參考，所以這些出版品對於古教自然有相當嚴重的偏見。事實上，直到1921年瑪格麗特・愛麗絲・慕瑞博士提出《西歐的巫之信仰》（*The Witch Cult In Western Europe*），人們才開始用無偏見的觀點檢視巫術。身為卓越的人類學家（她後來還是倫敦大學的埃及學教授），慕瑞透過對中世紀審判記錄的研究找到一些線索。就她看來，這些線索指出在基督教指控的所有「胡言亂語」背後都有個明確、具有組織且其存在早於基督教的宗教。儘管她的理論最後在某些領域被證明有點牽強附會，然而確實引起了一些共鳴。威卡信

---

[2] 譯註：即拉特朗聖若望大殿。

● 傑拉德‧加德納博士

仰絕對不像慕瑞所稱那樣影響深遠與廣泛傳播（也沒有證據顯示它係從穴居人一路無間斷地傳承下來），但它的確係以某個確實無誤的宗教信仰而存在，此點毫無疑問，即便其存在時間斷斷續續、存在地點零星分散。慕瑞在1931年於第二本著作《巫者之神》（*The God of the Witches*）中，闡述了諸多自己的觀點。

　　1951年，英國廢除最後一項反對巫術的法律，為巫者的自由發聲掃清阻礙。1954年，傑拉德‧布羅索‧加德納博士在其著作《現今巫術》如此說道：「瑪格麗特‧慕瑞所提出的理論相當正確。巫術在**過去**是宗教，而且事實上它**現在**仍是如此。這一點我很清楚，因為我自己就是巫者。」

　　然後，加德納繼續講述巫術過去如何在轉為地下活動之後還能保持相當程度的活躍之經過。他是第一個以巫者角度來敘述歷史故事的作者。在寫書期間，他原以為巫術似是迅速衰落，只剩一線生機而已。然而當其著作廣為流傳、開始收到歐洲各地許多巫會的消息時，他感到非常驚訝，因為那些巫會仍然快樂地實踐自己的信仰。不過這些倖存的團體已經吸取教訓，不想冒險公開身分。誰敢保證迫害不會再度開始？

　　有一段時間，傑拉德‧加德納是唯一公開談論巫術的人。他聲稱自己在第二次世界大戰開始之前不久加入英國基督城（Christchurch）附近的某個巫會。他對自己的發現感到興奮，畢竟自己一生都在研究宗教魔法，現在總算參與其中。他原本想就此昭告天下，但沒有得到允許。最後經過多次懇求，他得到允許將一些真實的巫者信仰與修習織進這本於1949年出版的小說《高階魔法之助》（*High Magic's Aid*），之後又花了五年多的時間才說服巫會讓他如實論述。繼他的《現今巫術》之後，用於補充該書的第三本著作《巫術的意義》（*The Meaning of Witchcraft*）於1959年出版。

　　就其終生對宗教與魔法的研究來看，加德納覺得自己所找到的事物就像是巫術的殘剩部分，除了不完整之外，某些地方也不準確。幾千年來，古教一直是純粹的口頭傳統，直到遭受迫害，隨著巫會的分離及隨後的喪失交流，才把每件事情都寫下來。那時，巫者得在暗處（in the shadows）會面，並在最後將那些儀式寫進書冊，即是後來所謂的「影書」（the Book of Shadows）。多年以來，影書在巫會領導者之間相互傳遞並再三複製，自然會混入錯誤的資料。加德納採用所屬巫會（基本上算是英格蘭／凱爾特的團體）的儀式，並依自己覺得應當如何的方式改寫那些儀式。此形式即是後來所謂的「加德納巫術」（Gardnerian Witchcraft）。近來出現許多荒唐且奇妙的理論及指控，從「整件事情都是由加德納編出來的」到「他委託

阿列斯特·克勞利（Aleister Crowley）撰寫影書」等等，像這樣的指控幾乎都沒有值得回應的價值。然而加德納的準備功夫可在史都華·法勒（Stewart Farrar）的著作《巫者之行》（*What Witches Do*）與《八個巫者節慶》（*Eight Sabbats for Witches*）中找到。

不過，無論大眾對於加德納有何感想、對於威卡的起源有何看法，現今所有巫者及準巫者都欠他一份巨大的感激，因當時的他有勇氣站出來為巫術發聲。正因有他，現今的我們才能享受巫術的多種形式。

在美國，第一位站出來並得到認可的巫者即是敝人，雷蒙德·巴克蘭。當時在美國還沒有公開於世的巫會。在下於蘇格蘭的伯斯（Perth）接受加德納巫術的女祭司長之入門以後，開始效仿加德納嘗試糾正長期存在的誤解，還有展現巫術的真實面貌。不久西比爾·立克（Sybil Leek）也來共襄盛舉，後面接著有加文與伊馮娜·佛斯特夫婦（Gavin and Yvonne Frost）及其他入門者。那時真是讓人感到激動，因為越來越多的巫會及許多不同的傳統開始開誠布公，或至少讓自己為人所知。現在，準巫者有多種傳統可以選擇：加德納傳統、凱爾特傳統（Celtic，有多種不同形式）、撒克遜傳統、亞歷桑德斯傳統，還有德魯伊（Druid）、阿爾加德（Algard）、諾斯（Norse）、愛爾蘭、蘇格蘭、西西里、胡納（Huna）等等。本書〈附錄一〉有收錄其中一些傳統的相關細節。

巫術的分支（即宗派或傳統）如此眾多、如此多樣，真是令人讚嘆。正如敝人在本書導言說過，我們各自都不一樣，所以不會有一體適合所有人的宗教，這並不奇怪，那麼同樣也不可能有一體適合所有巫者的巫術。有些傳統喜歡很多儀式，而有些則喜歡簡單。有些源自凱爾特的背景，有些來自撒克遜、蘇格蘭、愛爾蘭、義大利或任何其他背景。有些人偏好母系社群，有些人偏好父系社群，還有一些人尋求平衡。有些人喜歡團體崇拜（巫會），而有些人則喜愛單獨崇拜。由於不同的分支很多，現今每個人更有機會找到自己可以舒適前行的道路。

宗教從史前時期洞穴當中的卑微起源開始，至此已經發展甚久。而身為宗教某一微小面向的巫術，也已發展很長一段時間。它已成為世界性的宗教之一，並得到法律方面的承認。

現今在美國各地，常可以在家庭露營場地與「假日旅館」（the Holiday Inn）連鎖汽

● 巫者磨坊（Witches Mill）：加德納威卡的發源地

車旅館等看似不太可能的地方看到公開的巫術節慶與研討會。巫者會出席電視及談話性質的廣播節目，而地方與國家層級的報紙和雜誌也有關於他們的報導。現在的大學還開設了巫術的課程。即使在軍隊，威卡也被認為是正確的宗教之一——美國陸軍第165-13號小冊《特定團體的需求與修習方式：神職人員手冊》的內容確實有包括巫者及伊斯蘭教團體、錫克教團體、基督教傳統、印度教傳統、日本祭祖及猶太團體的宗教權利在內的指示。

沒錯，巫術在過去的歷史占有一席之地，未來也必然會有它的一片天地。

〕 巫術的哲學 〔

巫術是愛與喜悅的宗教。它完全沒有基督教的原罪觀念——只有死後才有可能獲得救贖與幸福——所帶來的陰霾。巫術的音樂歡樂活潑，也與如輓歌般的基督教聖詩形成鮮明的對比。為什麼會這樣呢？絕大部分跟威卡信仰者對於自然的移情有關。早期的人們出於需要，得在生活上配合自然的步調，他們是自然的一部分，而不是與自然分離。動物是弟兄姐妹，樹木也是如此。人們照料田地，而其回報就是餐桌上的食物。當然，人們會殺死動物當成食物，然而許多動物也是為了吃食而殺死其他動物。換言之，人是事物的自然秩序之一部分，而不是與它分離——也沒有凌駕其上。

這種與自然相近的關係，現代人即使沒有完全失去，至少也失去了絕大部分。文明已經切斷人與自然的連結。但巫者不是如此！即使在這個由自然的一條分枝（即人類）創造出來之超級複雜且機械化的現今世界，威卡仍然保持著與大自然母親的親密關係。在諸如布雷特·博爾頓（Brett Bolton）的《植物祕力》（*The Secret Power of Plants*）之類的書籍當中，我們了解到植物對善意會有不可思議且非凡的健康反應、對善惡兩者的感受與反應，以及表達愛、恐懼、仇恨的方式。（那些對肉食者過分批評的素食者也許要記住這一點吧？）然而這不是什麼新發現。巫者早已知道此事。他們總是對植物友善說話；在行經林地時，停下來擁抱某棵樹；或是脫掉自己的鞋子，赤腳走過犁過的田地。這些動作並不奇怪，巫者用它們來與大自然保持聯繫，使我們的傳承不致失去。

若有感覺氣力耗盡、若是滿懷憤怒或緊張，就走到戶外靠著某棵樹坐下來吧！選擇一棵堅固的好樹（橡樹或松樹都很好），然後坐在地表，背部挺直靠在樹幹上，然後閉上眼睛放鬆。你會感到全身出現漸進的變化，緊張、憤怒與疲累都會消失，似乎從你身上流了出去。然後取而代之的是逐漸升起的溫暖感受，那是一種愛與安慰的感受。那是樹給予的感覺，而你就是接受並感到歡喜，坐在那裡直到自己再次感到全然完整。然後在離開之前，起身、雙臂環抱樹並感謝它。

花些時間停下來欣賞關於自己的一切。嗅聞大地、林木、葉片的氣味，吸收它們的能量並將自己的能量傳送給它們。造成我們與大自然的其他部分隔絕的因素之一就是鞋子的絕緣性。所以只要有機會就打赤腳，與地球接觸，感受它、吸收它。表達你對於自然的尊重與愛，並與自然一起生活。

運用同樣的方式，跟他人**一起生活**。你在一生當中會遇到很多可從與你的相遇當中獲益的人。永遠準備好以自己可以的方式去幫助他人，而當你知道有人需要幫助時，不要忽視他們或撇開自己的視線。若你能提供幫助，就樂意提供，同時不要尋求掌控他人的生活。我們當然都得過好自己的生活，但若你能提供協助、建議、指向，那就這樣做——然後交由對方決定自己要如何進行。

〉 威卡信仰原則 〈

巫術的主要原則，即「威卡箴言」（Wiccan Rede）：

只要無傷無害，儘管任意而行。（An' it harm none, do what thou wilt.）

儘管任意而行……但別做任何會傷害他人的事情。這原則就是如此簡單。

美洲巫者會議（the Council of American Witches）於1974年4月採納了〈威卡信仰原則〉（Principles of Wiccan Belief）。我個人支持這一整套原則並列於此處。請仔細閱讀以下文字。

一、我們進行儀式以使自己對準生命力的自然韻律，其韻律係以月相及一年四季與四次換季為特徵。

二、我們認知到，具有智性的我們能為自己的環境承擔獨特的責任。我們藉由能為生命與意識提供符合進化概念的圓滿之生態平衡，尋求與自然和諧共存。

三、我們承認有某種力量存在，其深厚已經遠超出一般人可以看清的程度。由於它遠大於一般事物，有時被稱為超自然，然而我們的看法是它潛藏在於一切事物的自然潛能之中。

四、我們認為宇宙的創造力量（the Creative Power）係透過極性（polarity）——男性（masculine）與女性（feminine）——來具現，以及每個人都有著同樣這一股創造力量，它會通過男女互動來發揮作用。我們重視男女平等，並知道男性與女性是要彼此相互支持。我們將

性視為一種享樂，除了作為生命的象徵與體現，也當成是魔法施行與宗教崇拜過程中使用的能量來源之一。

五、我們同時認知到外在世界與內在世界，後者或稱心理世界，有時則被稱為靈性界、集體無意識、內在層面等等。我們在此二界的相互作用中看見支持超自然現象及魔法修習的基礎。這兩個世界都是我們達至圓滿的必要條件，我們不會為了某一世界而忽視另一世界。

六、我們不承認任何具威權性質的階級制度，但我們的確會榮耀教導者、尊重那些將自己的大知識與大智慧分享出來的人，並認可那些在領導角色中勇於奉獻自己的人。

七、如同人們看待自身所處世界並活於其中之方式，我們也是如此把生活中的宗教、魔法與智慧視為一體並生活其中——我們認為這樣的世界觀與生命哲學就是巫術——即威卡之道。

八、用巫者自稱不會使人成為巫者，傳承、血統本身也不會使人成為巫者，蒐集頭銜、次第與啟蒙也同樣不會。為了能與自然和諧相處並以不會傷害他人的方式明智地生活，身為巫者的人會力求控制自己內在的力量，使自己有機會實現這樣的人生。

九、我們相信，生命的肯定與圓滿是意識持續進化與發展的 部分，使我們所知道的宇宙與我們在其中所扮演的個人角色具有意義。

十、我們只會敵視基督信仰，或是任何其他宣稱自己是唯一道路、企圖剝奪他人自由並打壓其他宗教法門及信仰的宗教或生命哲學。

十一、身為美洲的巫者，我們關心自己的現在與未來，不因那些針對巫術的歷史、各類術語的起源、不同傳統在多方面的合法性之爭論而擔心害怕。

十二、我們不接受絕對邪惡的概念，也不崇拜那由基督教傳統所定義之具有撒旦或惡魔名稱的存在個體。我們不會從他人的痛苦尋求力量，也不接受以全然否定他人的方式獲取個人利益。

十三、我們相信，我們應當在自然界尋找有益於自身健康及幸福的事物。

〉 內在的力量 〈

　　許多人看似明顯擁有某種靈通力量（希望能有更適合的術語），他們在電話響起之前就知道電話會響，並且在拿起聽筒之前就已經知道電話另一端的人是誰。而像烏里・蓋勒（Uri Geller）這樣的人則以更為戲劇化的方式展現這力量：能在沒有實際接觸鑰匙與茶匙的情況將其彎曲。其他人則有靈視或似乎能使事情發生。通常這些人對動物會有特別的親和力。

　　你可能不是這樣的人，也許會有點羨慕他們。然而你不應那樣感覺，因為這些人擁有的力量——而且那是非常真實的力量——是我們全體人類與生俱有的一部分。當然，這股力量在某些人身上可以很自然地出現，但這並不代表它無法在其他人身上出現。氣場（aura，會在後面的課程詳述）是這股力量的可見呈現。而那些能夠看到氣場的人——你也將會看到氣場——看到每個人的周圍都有氣場，再次證明了每個人的裡面都有那股力量。巫者早就知道自己擁有這股力量並加以運用，他們大多數似乎天生就有這力量，但不是所有巫者都是如此。因此，巫者自有一套引出這股力量的方法，而且特別有效。

　　1932年9月分的《每日科學與機械》（*Everyday Science and Mechanics*）雜誌刊出以下報導：

人體組織產生致命射線

　　據此刻正於康奈爾大學任職的奧圖・拉恩（Otto Rahn）教授所言，人的血液、指尖、鼻子及眼睛所放射出來的射線會殺死酵母菌及其他微生物。一個人的指尖發出的射線在五分鐘內就能殺死酵母菌，例如用於製作麵包的酵母。若用一塊半英寸厚的石英版擋在中間，射線需要十五分鐘才能殺死酵母。在對於手指的測試當中發現，右手手指的射線比左手手指的射線更加有力，即使是左撇子也是如此。

　　拉恩教授繼續他的實驗，並於《生物體的隱形射線》（*Invisible Radiations Of Organisms*, Berlin, 1936）發表成果。他在美國科學促進聯會（American Association for the Advancement of Science）的某次會議上，解釋指尖、手掌、腳掌、腋窩、性器官及乳房看似會放出強烈的射線（乳房的強烈射線只有女人才有）。而耶魯大學的哈洛德・伯爾（Harold S. Burr）博士在第三屆國際癌症會議（International Cancer Congress）發表演講時也談及類似的實驗與結論。

　　巫者一直都相信這股源自身體的力量，並發展出種種方法將其增強、蒐集並加以運用以進行我們所稱的魔法。拉恩教授與伯爾教授展示了這股力量的破壞性用途，然而它也可以同樣有效用於建設性用途。

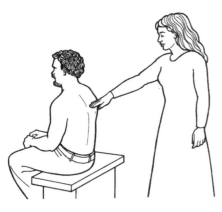

● 感覺對方身體傳來的放射能量

以下是簡單的實驗，你可以跟朋友一起做做看。請朋友赤裸上身，並背對你坐下來。然後伸出你的手，手掌向下、手指並排伸直並指向對方的背部。將自己的指尖停在距離對方皮膚表面約1英寸（2.5公分）處的空中。再慢慢順著對方的脊柱上下移動你的手（參見圖示）。盡量保持手臂伸直，並專注於「將自己的所有能量沿著手臂從手掌與手指傳出去」的想法。當你的力量接觸到對方時，也許對方會有相當大的反應。你的朋友也許會感覺到強烈的刺痛感、熱感，甚至是涼風吹過的感覺。他或她必定會感覺到一些東西！

實驗看看，像是換用左手嘗試，或手指從並排變成併攏，或改變彼此的距離。看看對方是否知道你的手所在位置。當手往上移動時，對方是否感覺到手在往上移動？手往下移動時，對方是否知道手在往下移動？你將會發現這股力量的強度會隨著你的健康狀況而改變，也會隨著一整天裡面的時辰與一整個月裡面的日子而改變。將實驗結果記錄下來，並留意自己產生能量的最佳時間是什麼時候。

〕 法術與咒具 〔

法術（spells）與咒具（charms）是獨修巫者最常用的巫術項目。當然，法術係由整個巫會進行，然而也有一些非常有效的法術可由個人完成。法術裡面最為重要的成分就是情緒。你必須渴望某件事情發生。你必須整個存在都投進對它的渴望，並透過這渴望將自己的所有力量投入魔法。這就是為何自己施法比請別人為自己施法要好得多的原因——如果你為別人進行某個法術，是不可能像他們那樣投入同樣多的情緒驅動力。

法術與咒具不一定要連結到巫術的宗教面。若要在巫圓（Circle）裡面施展法術，選在滿月儀式之後接著做的話，幾乎肯定非常有效。不過，在任何其他時間劃出一個簡單的巫圓並施展法術，你仍然可以獲得效果。

施展法術、操作魔法的實際機制是什麼？就讓我們先放下這部分，等到你對巫術的宗教面有比較多的了解之後再來探究，畢竟，巫術是一門宗教。

第一課問題

一、檢視我們對於自己感興趣的某哲學或某主題之感受或態度，通常會對我們有所助益。所以，你對巫術的了解與感受是什麼？檢視自己的印象、先入為主的成見、偏見等等。從出生至今，你對於巫術的反應發生了什麼樣的轉變？

二、巫術有許多不同的分支（相關資訊請參考〈附錄一〉）。根據你目前所知道的一切，你認為自己會想修習哪個分支？基於什麼理由？

三、原始魔法的最初概念牽涉到交感魔法。那麼，交感魔法如何幫助現在的你？你可以預見自己會用什麼方法運用它？列舉一些可能性。

四、用錄音帶製作一段錄音，概述自己打算遵守的巫術原則。保留錄音帶以備將來記錄自己最喜歡的儀式。請大聲說出來，將有助於鞏固信念，並使你更加明白它們。（譯註：由於時代已經不同，請用自己習慣的科技產品來錄音與儲存即可。）

第一課試題

請用你自己的話來應答，不要回頭查閱課文。在對這堂課完全滿意之前，不要繼續進行下一堂課。至於試題的答案見〈附錄二〉。

一、就古早人類的生存而言，哪兩位神祇最重要？

二、什麼是「交感」魔法？請舉一例。

三、教宗聖額我略一世在哪裡建立早期的教堂？為什麼這樣做呢？

四、綠人傑克是什麼人或什麼存在？

五、什麼是《女巫之錘》？作者是誰？

六、在1930年代提出巫術是一個具有組織的宗教此理論的人類學家暨埃及學者是誰？

七、英國最後一項反對巫術的法律在什麼時候廢除？

八、在下列國家 ——（一）英國（二）美國——為巫術發聲的首位巫者分別是誰？

九、巫者對於基督教或任何其他宗教或哲學視之為敵的唯一條件是什麼？

十、為了能夠施展法術，你必須得要加入巫會嗎？

請閱讀下列作品：

《圈內人所認識的巫術》（*Witchcraft From the Inside*），雷蒙德・巴克蘭著，第1～6章

推薦的補充讀物：

The God of the Witches by Dr. Margaret A. Murray

Witches: Investigating an Ancient Religion by T. C. Lethbridge

The Devil in Massachusetts by Marion Starkey

第二課
信仰
BELIEFS

☽ 諸神 ☾

　　世上許多宗教雖然各不相同，然其本質全都一樣。人們常說它們僅是通向某一共同中心的不同道路──這是真的。基礎教導都一樣，不同之處只在於傳授的方式。世上有不同的諸多儀式、不同的諸多節慶，人們甚至用不同的**名字**稱呼諸神……這裡要注意，我說的是「用不同的名字稱呼諸神」，而不是簡單指稱「不同的諸神」。

　　弗里德里希‧馬克斯‧穆勒（Friedrich Max Muller）認為宗教起源於人類心智天生對於某種高層力量有「無從消除的依賴感」。詹姆斯‧喬治‧弗雷澤爵士（Sir James George Frazer）在其著作《金枝》（*The Golden Bough*）將宗教定義為「對於『那些被認為可以導引與控制自然及人生走向之超乎人類的力量』所進行的安撫或調節作法」。

　　這股更為高層的力量──「究極神」（Ultimate Deity）──是沒有區分性別的力量，遠遠超出我們的理解，以至於我們對其存在只能有最為模糊的了解。不過我們知道它的確存在，而與它交流是我們經常的想望。身為人類個體的我們希望能為自己所擁有的一切向它獻上感謝，並向它請求賜予我們所需要的一切。然而對象是如此難以理解的力量，我們要如何達成這些希望呢？

　　西元前六世紀，當時的哲學家色諾芬尼（Xenophones）對某項事實──諸神係由種族因素決定──發表論述。他指出，衣索比亞的黑人自然認為自己的神祇具有同樣的黑色皮膚，而（歐洲）色雷斯人的神自然會是白色皮膚、紅髮與灰眼。他懷疑，若馬群與牛群會雕刻的話，應該會雕刻出動物的形象以象徵牠們的神祇！

　　大約七百五十年之後，提爾的馬克西姆斯（Maximus of Tyre）也說出幾乎一樣的意見──人們會為自己的神祇套上自己能夠理解的任何形象以崇拜之。

　　你在第一課有讀到早期的人們發展到崇拜兩位主要神祇，即頭上有角的狩獵男神（the Horned God of Hunting）及生育女神。那麼，這兩位神祇就是我們在看待那股真正掌管生命的「至高力量」（Supreme Power）所用的象徵，是我們可以理解的形式。在人類發展的眾多不同領域裡，我們可以看見這兩位男女神祇的象徵變成古埃及人的伊西斯與歐西里斯、印度教信徒的濕婆（Shiva）與帕爾瓦蒂（Parvati），還有基督教徒的耶穌與瑪利亞。幾乎在所有實際事例當中（還是有例外啦），究極神等同於兼具男女性質……並被拆分成男神與女神。這似乎是最為自然的過程，因為這種二元性在自然界到處可見。如同我們所知道的，隨著巫術的發展，也就會有我們所看到的男神與女神所形成的這種二元性。

☽ 神之名 ☾

　　之前在第一課曾提過，神的名字會因地方而異──但變異因素不只如此。特別是生育女神，其名稱的問題可能相當錯綜複雜。例如，在愛情生活中遇到問題的年輕男子可能會崇拜以年輕美女形象呈現的生育女神。然而，正要準備生產的婦女，會比較放心與其成熟「中年」女性形象之生育女神連結。同理，年長者往往會認為生育女神跟自己一樣有著年邁的形象。所以我們這裡就有同一位女神但三個各自獨立且截然不同的面向，人們為這些面向各自賦予不同的名字，但這些面向都還是屬於同一位神祇。不僅如此，神祇除了具有一般崇拜者所知的名字，還會有只為祭司所知的祕密名字（通常會有兩個或三個）。這算是一種保護措施。

　　現今的巫術當中有許多傳統仍延續神名的多樣性，例如具有級次系統的傳統常在較高級

● 女神塑像

● 男神塑像

潘（Pan）是掌管自然與生育的希臘神祇，最初是阿卡迪亞（Arcadia）的地方神祇。因此，他是牧羊人及羊群的神，通常會被描繪成一位愛好感官享受的生物——其腰部以上是個毛髮蓬亂的人類形象，長有尖耳朵、山羊角與山羊腿。他在群山眾谷之間遊蕩，追求寧芙（nymphs）或在她們的舞蹈當中領舞。他頗具音樂天分，發明「潘神笛」（Syrinx、Pipes of Pan）。人們認為他是赫密士（Hermes）的兒子之一。

摘自《普特南簡明神話詞典》
（ *Putnam's Concise Mythological Dictionary* ）
喬瑟夫·卡斯特（Joseph Kaster）
Putnam, N.Y. 1963

次使用不同於較低級次的神祇名字，加德納威卡就是一例。

所以我們有「究極神」的概念，那是一股無從理解的力量，而我們在嘗試與它關聯的過程當中，將它分成兩個主要的存在個體，其一為男性，另一為女性。我們已經為這些面向賦予名字，看似藉此作法對某個根據定義應是無限的事物做出了限制。然而只要你知道且始終記住「它」**是**無限，就會發現這是最容易依循的道路，畢竟若你無法在腦海中想出某個形象，就很難向某個「東西」、某股至高無上之力祈禱。

猶太教（Judaism）儘管是以上帝為本的信仰，在某程度上存在以下的問題——至高力量有個不能說也不能寫的名字。*Yahweh*（雅威）是經常用於指稱這股力量的發音形式，然而它源自四個字母 YHWH，即「神聖的四字神名」（Tetragrammaton），表示「那名字太過神聖而無法說出來」。

基督教則發展出運用一位男性人類個體，亦即耶穌，來扮演「上帝之子」、「基督」的角色，從而為上帝賦予**可以識別**的形體，使信徒可以與之關聯。在加入以母親形象呈現的瑪利亞之後，就完成神的二元性。所以，向耶穌祈禱要舒服許多，因為他是上帝／至高存在的延伸，只是始終都要記得在他的後面還有無從定義、無從理解的事物。耶穌與瑪利亞是至高存在的中介。

　　因此在**巫術**當中，我們所知道的男神與女神就是我們的中介。如前所述，不同的傳統會用不同的名字，而這些名字都是用於指稱至高力量、究極神的「可供理解之形象」。人們會在巫術儀式當中榮耀與崇拜這些神祇。

）　巫術的男神與女神　（

　　巫者對基督教的普遍抱怨，就是只崇拜男神而排除女神，事實上這是人們（尤其是女性）離開基督教並回歸古教的主要原因之一。然而這裡出現了奇怪的矛盾，有許多（若不是大多數的話）巫術傳統也犯了跟基督教同樣的罪過，只是對象剛好相反──他們幾乎全在讚美女神，甚至完全排除男神！

　　巫術是自然宗教，任何巫者都會跟你這樣說。而自然界到處都有男性（雄性）與女性（雌性），**兩者**都屬必需（我還沒見過有哪個人沒有肉身父母）。所以，男神與女神都很重要，應該受到同樣的尊崇，應當要有**平衡**。然而大多數巫術傳統都跟基督教一樣嚴重缺乏平衡。

　　我們──即我們當中的每一個人──全是由男性與女性的屬性所構成。最剛毅、最男子漢的男人也有女性的面向，如同那些在傳統上被視為最為女性化的女人也會有男性的面向。眾神也是如此，男神會有女性的面向，也會有男性的面向，而女神會有男性面向，也會有女性的面向。敝人會在後面的課程更加詳細解釋這一點。

◎　中世紀的占星曆

　　在研究不同傳統中用於稱呼神祇的名字時，其發現可能讓人感到驚訝。某個很道地的威爾斯傳統用「黛安娜」來稱呼女神，用「潘」來稱呼父神……當然，黛安娜是**羅馬**女神，潘則是**希臘**男神呢！他們與這個威爾斯傳統的關聯，必然是該傳統裡面的人才會知道的奧祕呢！

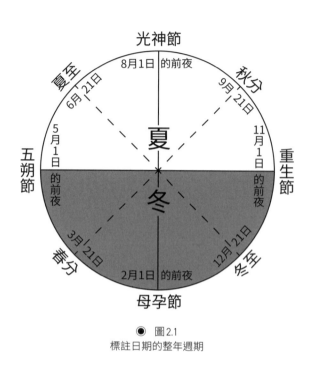

● 圖2.1
標註日期的整年週期

至於你用什麼名字來稱呼自己的**神祇**，全屬個人喜好。撒克遜巫術（Saxon Witchcraft）用 *Woden*（沃登）這個名字稱呼男神，而加德納巫術則用拉丁文 *Cernunnos*（凱爾努諾斯）稱之，蘇格蘭巫術則用 *Dev'la*（戴夫拉）稱之。每個傳統都有自己使用的名字，然而名字僅是標籤，只是用於識別的方法而已，所以你應當確認那是自己可以完全放心接受的名字。畢竟宗教是最屬個人私密的事情之一，就其本質而言——並且使你能真正專注其上——應當盡量在最為個人私密的層面上與其關聯。即使加入某個已經架構完整且仍然有效的傳統，你還是要尋找一個看似適合自己的傳統（如敝人在第一課所述），而且……不要害怕做出符合需要的修改，使其**完全**適合自己。在你選擇的傳統當中，如果用來識別男神的名字恰好是 Cernunnos（純為舉例），而你很難與那個名字產生關聯的話，那麼就選擇另一個供你自己使用的男神名字。換句話說，在團體崇拜及所有與巫會相關的事情上尊重 Cernunnos 這個名字，然而在你自己的腦海中，還有個人儀式當中，就別猶豫，直接改用 Pan（潘）、Mananna（馬南那）、Lief（立夫）[3]或其他名字來替代。正如敝人所言，名字是標籤，男神自己知道你在跟他「說話」，他才不會搞不清楚呢！（當然，女神也同樣如此。）

Cernunnos 這名字之所以出現在如此眾多的巫術分支當中，很有可能正是上述緣故。正如敝人先前提到的，它僅是拉丁文「有角者」的意思，所以即使加上屬於你自己個人的識別方法，也完全不會衝突。

傳統上，一年當中的「黑暗半年」（參見圖2.1）與男神有關，但這並不（或是不應）意謂他會在一年之中的「光明半年」死去，或是被禁止與外界交流（女神反之亦然）。在光明半年，男神完全活躍在他的女性面向，如同女神在黑暗半年會完全活躍在其男性面向。因此，這兩位神祇在一整年都很活躍，儘管他們各自在特定時候也可能會依從對方。

世界各地的神話都有死亡與復活的共同主題，其象徵經常延展成下行至地底世界，之後

---

[3] 釋註：關於潘可參考第22頁；Mananna 為德魯伊的海神；Lief 應是取字面「愛人」（Beloved）之意。

再返回地面。我們可在伊什塔爾（Ishtar）下至陰間尋找坦納茲（Tannaz）的故事看到這象徵，此外還有希芙（Sif）失去金髮的故事、伊登（Idunn）失去金蘋果的故事、耶穌之死與復活的故事，以及那些記載濕婆死亡與復活的故事，還有其他很多故事。基本上，這些都代表秋冬的到來，以及後續的春夏回歸，而其中的主角則象徵草木的精靈。而巫術在這裡則有「女神傳說」（The Myth of the Goddess）的故事，以下的兩個版本，前者出自加德納威卡，後者出自撒克遜威卡。

　　直到現在，女神*從未愛過，然而她會解開所有謎團，就連死亡之謎也不例外。於是她前往冥地（Nether Lands）。

　　而通往冥地門戶之守護者向她提出考驗：「褪去妳的衣裳，卸下妳的珠寶，因為妳不能帶任何事物進到我們的土地。」

　　於是她褪下自己的衣裳與珠寶，並且像所有進入力量強大的死神之領域的人那樣被捆縛起來。她是如此美麗，以至於死神親自跪下來親吻她的腳，並說：「妳的雙腳帶著妳跋涉至此，它們真是有福。請與我為伴，讓我將冰冷的手放在妳的心上。」

　　她回答：「我不愛你。為何你要使我所愛、所樂的一切都凋零死去呢？」

　　「尊貴的女士啊，」死神回答，「這是年老（Age）與命運（Fate）所為，我無法對抗它們。年老使萬物凋零，然而當人們於壽命盡頭死去時，我賜予他們休息、平安及力量，好讓他們有回返人間的可能。至於妳呢……妳很可愛，不要回返人間，跟我住在一起吧！」

　　但她回答：「我不愛你。」

　　然後死神說：「如果妳不接受我將手放在妳的心上，那麼妳就得接受死神的鞭打。」

　　「這就是命運。這樣更好。」她邊說邊跪了下來。死神鞭打她，然後她哭著說：「我突然有愛的強烈感受。」

　　死神說：「願妳有福。」他連續吻她五次，並說：「唯有如此，妳才能獲得喜悅與知識。」

　　死神將所有的奧祕都教給她。而他們相愛且交合在一起，他還把所有與魔法有關的事物都教給她。

---

*　這裡的女神是 Arada/Arawhon。（譯註：應為女神阿拉迪亞（Aradia）的別名。）

人的生命有三件大事——「愛」、「死亡」與藉著新身體的「重生」——而這三件大事全由魔法控管。因為要圓滿愛，你得跟所愛的人在同一時空再度回返人間，而且你必須記得對方並再度愛著對方。不過若要重生的話，你就得死去，並準備接受新的身體。若要死去，你必須被生下來，而沒有愛，你也許就不會被生下來。這就是魔法的全貌。

摘自《巫術的意義》（*The Meaning of Witchcraft*）

傑拉德‧布羅索‧加德納

Aquarian Press, Londozn 1959

● 弗蕾亞與洛基

弗蕾亞（Freya）是女神當中最可愛的一位，整天都在田野玩耍嬉戲。然後她躺下來休息。

而當她熟睡時，男神當中最愛惡作劇、調皮搗蛋的洛基（Loki），確信自己有瞥見名為「布羅辛加梅尼」（Brosingamene）頸環的閃光。那飾品係由魔法（Galdra）形成，女神總是把它戴在身上。洛基就像黑夜一樣無聲無息地移動到女神身邊，然後用他那業經歲月磨練的輕巧手指，從她的雪白頸子上取下那副銀頸環。

弗蕾亞感覺到頸環不見，立即醒了過來。雖然洛基的移動像風一樣快速，然而在其身影輕巧消失在通往地底「墜恩之地」（Drëun）的古墓時，弗蕾亞還是瞥見了他。

然後弗蕾亞陷入絕望。黑暗降臨在她的周圍以掩蓋她的眼淚。她非常痛苦，而所有的光、所有的生命、所有的生物都在她感到悲慘的時候陪著她。

搜索者被派往世界各個角落尋找洛基，然而他們知道自己找不到他。畢竟誰能下去「墜恩之地」又從那裡返回呢？

只有眾神能這樣做，唉，以及愛惡作劇的洛基。

因此，弗蕾亞雖然仍因悲傷而虛弱，她自己決定下去尋找布羅辛加梅尼。她在古墓的入口處受到試煉，但得到認可而可以通過那裡。

那裡面的許多靈魂見到她都喜極而泣，然而她是來尋找被偷走的那道光，所以不能逗留。

惡名昭彰的洛基沒有留下可以追蹤的線索，然而各個地方都曾看過他。與弗蕾亞交談的人們，很確定地跟她說洛基在經過時沒有帶著任何珠寶。

那麼，它到底被藏在哪裡？

絕望的她找了好久。

眾神當中強壯的鐵匠赫登（Hearhden）感受到眾靈魂為弗蕾亞的悲傷而慟哭，他從休眠中完全醒來，大步走出他的鐵匠鋪，尋找悲傷的原因。而他馬上就看見那副銀頸環，因為喜愛惡作劇的洛基把它放在他門前的石頭上。

一切真相大白。而當赫登拿起布羅辛加梅尼時，洛基就（接著）面露憤怒地出現在他面前。

然而洛基不會攻擊赫登，畢竟這位強大鐵匠的力量甚至連那些位在比「墜恩之地」還要更深的地方都知道。

他用盡一切詭計把戲想把銀項環拿到手。他變換形體、東奔西跑、隱現身形，然而還是動搖不了鐵匠。

赫登對這樣的戰鬥感到厭煩，就舉起他的巨棒，將洛基打飛到瞬間不見蹤影。

弗蕾亞非常喜悅，看著赫登將布羅辛加梅尼重新戴在她的雪白頸子上。

「墜恩之地」與地上世界都傳出巨大的歡呼聲響。

而弗蕾亞與所有人類為布羅辛加梅尼的回歸非常感謝眾神。

摘自《樹：撒克遜巫術全書》

（ *The Tree: The Complete Book of Saxon Witchcraft* ）

雷蒙德·巴克蘭

Samuel Weiser, N.Y. 1974

　　既然談到了關於神名的主題，那麼讓敝人解釋一下西雅克斯－威卡選擇使用的神名。在下不時聽到一些不願抬頭看清楚的人們所發表的評論，大概的意思就是沃登（Woden）與弗蕾亞（Freya）並不是撒克遜神祇的原初配對。當然他們不是撒克遜神祇的原初配對，而且沒有人——至少我完全沒有——說他們是。以下應該算是對於西雅克斯－威卡傳統的建立之首度解釋，當時是 1973 年：「似乎大多數以威卡信仰為導向的人也是以傳統為導向。（也許這解釋了為何會有爭奪「最為古老的傳統」稱號的行為？）因此，敝人為自己所屬的傳統提供了可以依靠的歷史背景，即撒克遜巫術的背景。然而這裡一定要強調的是，我完全沒有宣稱它的宗教禮儀是直接傳承自撒克遜巫術的意思！……不過，例如人們需要知道神祇的名字……而撒克遜人的主祀男神與女神是沃登與弗麗格（Frig）。但不幸的是，frig 一字在今天會有不適當的言外之意！因此，敝人採用諾斯人的女神名字變體 Freya。所以沃登與弗蕾亞是西雅克斯－威卡用來崇拜男神與女神的「標籤」。

摘自雜誌《大地宗教新聞》（*Earth Religion News*）

雷蒙德‧巴克蘭

耶魯節，1973

　　西雅克斯－威卡並未聲稱自己為原初撒克遜巫術的重建——這是不可能達成的目標。西雅克斯－威卡只是建立在撒克遜巫術架構上面的可行傳統，而神祇的名字也是根據前述原因專門選定的。因此，任何關於神祇名字「不正確」的評論都是完全錯誤的意見。

❭　輪迴轉世　❬

　　輪迴轉世（Reincarnation）算是古老的信念，是許多宗教（例如印度教與佛教）不可分割的部分，它甚至還是基督教原初信條之一，直到西元 553 年在第二次君士坦丁堡大公會議（the Second Council of Constantinople）遭到譴責為止。人們相信人類的精神，或是靈魂，是某神聖事物的片段，它最終將會回歸其神聖源頭。不過，靈魂為了自己的進化，需要經驗生命當中的一切事物。

　　對於生命當中呈現的許多事情，上述的想法似乎是最有道理、最合邏輯的解釋。為何某人會出生在富裕家庭而另一人出生在貧困家庭？為何某人天生殘疾，而另一人身強體壯？如果不是因為我們終究都得經歷所有事情，不然要怎麼解釋？對於世間神童的存在，輪迴轉世似乎是最合邏輯的解釋。某位音樂天才在五歲時就創作出協奏曲（莫扎特也是如此），分明就是將知識從前一世傳到這一世的結果。這樣的情形通常不會發生，然而它是可以發生的。同理，同性戀也可以透過輪迴轉世來解釋，即某人前一世為男性，這一世為女性（反之亦然），而前一世的感情與偏好也許跟著轉移到這一世。

　　對於不相信輪迴轉世的人來說，孩童的早夭很難理解——如果孩童只活短短幾年，他們的生命還有什麼意義？同一事例若由支持轉世輪迴理論的人來看，會認為這是非常明顯的狀況，即這位孩童已學到此世安排要學習的一切，於是離開此世，繼續往下一世前進。這概念滿適合用學校成績來比喻：你在低年級入學以學習基礎知識；而在掌握這些知識之後，你就從低年級畢業、休個短假，然後進入高年級以學習與經驗更多的東西。生命的過程也是如此。在每一世當中，你都有要去學習及經歷的多項特定事物。而在完成這些之後，你就畢業了（例如往生）。為了到更高的年級，你將以新的身體重生。雖然偶爾會經驗到關於前世或其中一部分的回憶，然而更常見的情況則是，你不會記得這一切（當然，通過催眠回溯之類的個案，還是可以回到前世並再次記起它們）。最常見的神祕經驗之一也許就是「似曾相識」（déjà-vu）——感覺以前曾經發生過某事——的經驗，通常會被歸因於輪迴轉世（儘管輪迴轉世絕對不是所有似曾相識案例的唯一可能解釋），亦即這種感覺是短暫閃現前世發生之事的記憶。

　　我們會以什麼形體返回地球？有人相信（例如印度教徒）每次轉世都不一定是人的形體。印度教某些教派的教導稱靈魂可以重生為某株植物或某隻動物，不過這種信念在西方文明並不普遍。有人稱在從最低等到最高等的生命形式當中存在著某種進步，而人類是進步的頂端。然而這樣的進步高低次序是誰說了算？是狗比貓高，還是貓比狗高？蜈蚣比蠼螋高還是低？這是否意謂當每個靈魂最終爬到頂點並畢業之後，世界就不再有植物、動物或昆蟲？似乎不太可能。巫術的內在信念是萬物**皆**有靈魂，例如在撒克遜巫術當中，人們相信狗會經歷許多轉世，但始終是狗；貓永遠轉世為貓；人永遠轉世為人。萬事萬物的存在皆有緣由——我們稱之為「自然平衡」（balance of nature）。而在我們這個物種當中，我們似乎的確可以選擇成為男性或女性，以經驗和欣賞不同的面向。

　　以下是不信輪迴轉世理論的人經常提出的論點之一：「如果你的說法是真的，要如何解釋世界人口持續增長的事實？」當然是真的！而靈魂／精神的數量持續增長也是真的。世上不會只有某個固定數量的靈魂一起開始其發展，還會有持續不斷引入的新靈魂。所以我們會

有所謂的「新靈魂」（也就是第一次轉世的人）以及「老靈魂」（即經歷許多轉世的人）。也許到了最後，諸神認為已經引入夠多的靈魂，那麼隨著老靈魂紛紛走到最後一次轉世以及畢業，人口增長數量會穩定下來，之後就會下降。

這裡還有另一個想法可以思考，即這些靈魂最初來自何處，畢業後又往哪裡去？當然，其中一種可能就是我們不僅在經驗地球上的人生，而且還會在其他行星及其他實相系統經驗生命。誰知道呢？也許我們在這裡經歷整個轉生循環之前，早已在其他世界經歷過十幾次或更多次轉生循環。這部分顯然有很多可以思考的材料，畢竟這方面的證據很少（如果有的話），而且也有廣闊的空間留給新的原則。

☽ 報應 ☾

業（karma）的想法會伴隨輪迴轉世的論點而來。業通常被認為是某種延伸至所有生生世世的獎懲系統：如果你在某一世為惡，就得在下一世為此付出代價。不過，人們似乎總是談論「業債」與「業的懲罰」，很少談論「業的獎勵」。而巫術在這方面的觀點似乎更有道理一些。

首先要說的是，威卡相信報應，而且是**現世**的報應。換句話說，巫者相信的是，根據你自己活出此生的方式，你會在**此生**得到獎賞與懲罰，而不是因著你生前所做的事情而在死後得到獎賞與懲罰（這是基督教的傳統觀點）。行善得善報，為惡則惡返。不僅如此，報應還要乘以三倍。行善，則返以三倍的善；為惡，則返以二倍的惡——顯然這裡面不具有讓你想要傷害任何人的誘因。當然，三倍報應並不是字面上的意思。如果你要往某人的眼睛揍下去，並不意謂你的眼睛將會被揍三下。不是這樣，而是在未來的某個時候，你可能會「剛好」摔斷一條腿……或是其他可能被認為是三倍於眼睛被揍的糟糕事態。

因此，在巫術信仰當中，某一世的經驗並不依前一世的經驗而定。例如若你在今生受到身體方面的虐待，並不一定代表你在前世是個施虐者。沒錯，是有此**可能**，但也有可能你在前世並不是施虐者，而是要到下一世才是施虐者。換句話說，這就是「經歷一切」的意思——當過施虐者，也當過受虐者，但這兩者的經驗並不必然相互憑依。某個經驗與另一個跟它明顯相關的經驗之間甚至可能隔了好幾個轉世。

不過，只是因為自己已選擇特定的一生並要經歷既定的經驗，並不意謂你可以攤坐下來說：「一切都已註定，我只要順著流走就好。」男神與女神會確保你真的獲得所有特定的經驗，然而你的工作就是進步，即盡自己的最大努力朝向完美前進——**你創造自己的實相**。無論你想要什麼，都可以實現。但要永遠記得「威卡箴言」：「只要無傷無害，儘管任意而行。」

可以的時候，盡量幫助那些比自己不幸的人。不過，我所說的「幫助」並不是「干涉」

的意思。給予的幫助可以僅是提供建議、表現同理，甚至有的時候是確實拒絕給予直接的援助。後者的情況，是因為使對方多付出一些努力才是對他們有益的最大幫助——使他們開始為自己思考。

〉 兩世之間 〈

某一世的結束到下一世開始之間的時間可能有長有短，取決於你對於所學課題的研究及將其與以前所學課題的整合，還有要為下個「學期」做足必要的準備。

在兩世之間，你也有可能協同幫助其他正在人間生活的靈魂。就像在這一世會有發展與進步那樣，在這段「過渡期」也會有發展和進步。你可能聽過**守護天使**（guardian angels）及**指導靈**（spirit guides）之類的事物，並思索它們存在的真實性。就某種意義而言，它們確實存在。這代表某個靈魂會一直照看某個正在地球上生活且發展程度較低的靈魂。既然時間在「過渡期」並不存在（時間是人類設立的概念，純粹用於參考而已），那麼照看某個留在人間的靈魂直到它過完一生，其實並不會阻礙照看者的進步。事實上，這過程會使它獲得在「學習者－教導者」方面的經驗。

巫者總是希望能跟自己在這一世認識與愛著的人一起重生到下一世，而從通靈之類的經驗來看，這似乎是經常發生的情況。例如一對夫婦會在許多轉世當中以不同的關係（像是戀人、夫妻、兄弟姐妹、母女）繼續相守，像這樣的例子還真不少。

〉 你的神殿 〈

儘管許多巫者會在戶外——也許是田野角落或林間的空地——聚會與行事，但這一點不是每個人都做得到。許多巫者住在城鎮裡面，無法就這樣走到戶外與大地有著直接的接觸。然而這不代表他們無法行使巫者的本分。你的神殿可以在戶外，也可以在室內。就讓我們來看神殿在室內可以怎麼設置。

你在執行儀式及施展魔法的所需區域可以是整棟建築、單個房間或是房間的一小部分，無論其形狀或大小如何，它都是你的神殿。若有一個完整的房間用於進行儀式——也許在房子的地下室或閣樓上——當然最為理想。若你有像這樣的房間可以改成自己的神殿且能夠一直專供自己使用的話，那你真是相當幸運。讓我們先看看這樣可以怎麼設置神殿，然後再講述只能使用正常住所一小部分的話可以如何安排。

在一開始，拿指南針確定房間的方位，標示出北方、東方、南方與西方[4]。祭壇會放置在房間的中央，最好將它擺設成當你站在祭壇面前時會面向東方。你的祭壇上可以一直擺著祭壇蠟燭與神祇的象徵物，不過這部分稍後再談。然後在祭壇周圍的地板上標記出一個圓圈，你會在下一堂課學到巫圓的確切尺寸及構建方式。

儀式的前後，你都要從巫圓的東側進出，所以若你的房間是長方形而不是正方形的話，你可能會想要在靠近巫圓東側的那一邊留出額外空間（參見圖2.2的範例）。儲存巫術用品的壁櫥也可以擺置在這個較大的區域。

除非你一個人住，或是跟家裡每個人分享自己的信仰，不然你需要可以上鎖的櫥櫃，用來存放蠟燭、燃香、木炭、葡萄酒以及進行儀式所用的工具及書冊（這是最重要的）。當然，若你可以為房間上鎖，就可以將祭壇一直擺著不用收起來，並將自己會用到的消耗品擺在開放式貨架上，這樣的安排其實更好。

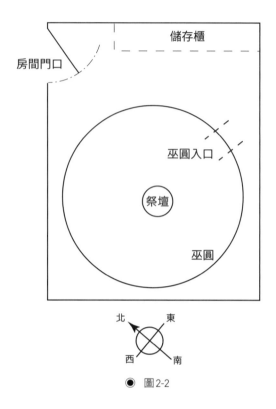

● 圖2-2

至於神殿房間的裝飾則依個人喜好而定，從全部牆壁都塗上中性色調到繪上生動逼真的壁畫都有可能。神殿則各有不同，從看起來像是史前洞穴（還搭配古時候的洞穴壁畫複製品）到看起來像是林間空地，四周都是樹木，上面的天花板還繪有星星等等。還有一些神殿（通常是正南北向、正東西向的房間）則遵循魔法的象徵顏色，北邊牆面漆成綠色、東邊牆面漆成黃色、南面牆面漆成紅色、西邊牆面漆成藍色。[†]

當然，在對房間進行任何裝飾或使用之前，都應澈底清潔。地板、牆壁及天花板應刷洗乾淨，用於刷洗的水要加入海鹽與清潔劑。這部分沒有必要進行任何精心打造的潔淨儀式，畢竟在執行每個儀式之前都會聖化巫圓。然而，一旦完成房間的裝飾（除了巫圓的實體標記之外），你應該進行初步的淨化，如下所示：

---

[4] 譯註：請站在祭壇的預定位置來看方位。

[†] 有些傳統會用不一樣的顏色組合對應四個方向，不過這裡的顏色組合應是最常用的。

以下步驟應於新月之夜完成。

　　將一個盤子（碟子即可）裝滿水，然後跪下來，將它放在你面前的地板上。將右手食指（如果你是左撇子則用左手食指）浸入水中。想像一道明亮的白光從上方射入你的頭頂。感受它流竄你的全身上下，然後將它引導到你的手臂。將你所有的能量專注於將這股白光沿著手臂傳送、經過手指而進入水中。閉起眼睛可能會有幫助。而當你感覺已經將所有能夠掌控的力量全都送進水中時，將你的手指繼續留在水中並說：

> 「藉由男神與女神的中介，
> 我在此引導自身力量
> 進入此水，
> 使它得以精純、
> 得以潔淨，
> 如同我對於
> 父神與母神的愛。」

　　接著取一茶匙的海鹽倒入水中。用手指以順時針方向攪拌九圈，並將以下話語說三遍：

> 「鹽是生命。生命在此。
> 既新且聖，無爭無鬥。」

　　拿起盛著鹽水的盤子，將它灑（用你的手指灑）在神殿房間的所有角落。如果房間是不規則的形狀，有著凹進去的空間及凸出來的壁櫥的話，也要灑在每個凹處與壁櫥的各個角落。以下兩篇禮讚（或者以同樣的思維自行編寫讚文）請擇一於灑水時唸頌：

> 「每當行使此道，
> 我都能感到諸神的存在。
> 在行眾事時，我知道
> 他們與我同在！
> 他們住在我裡面，
> 我住在他們裡面，
> 永永遠遠。

不應思索邪事，
因為我的裡裡外外
有純淨居住其中。
我致力為善，
並活出善，
將愛遍及萬物。
祈願如此實現，永永遠遠。」

西雅克斯－威卡讚歌（Seax-Wica Psalm）

或是

「軟雨輕落
於田野上，
使心平靜，使風止息，
賜予我所尋求的單獨。
軟雨輕落，如此溫柔，
不折一葉，
然而此水
將滌淨所有悲傷。
撫慰隨之而來，
更新的寂靜、平安，
還有愛，遍及大地，
均源自天上的雲。
邪惡全離開，由此流出去，
留下新鮮與單純。
使負面事物不再
進入這個房間。
我所尋求的愛，環繞四周，
如此柔軟、如此靜謐、如此確定；
在持續的平安與寂靜當中，
我的儀式，必能執行。」

　　然後點起一些燃香。用線香或香錐即可，不過你後續會發現，在儀式及魔法操作方面，最好還是用吊式香爐（hanging censer），裡面用炭塊（charcoal briquette）來燒香粉（細節稍後詳述）。拿著點著香的香爐繞著房間走一圈，並在每個角落晃一晃，同時再說一遍灑水時所唸的禮讚。

　　不過，如果你沒有可以奉獻成神殿的完整房間，怎麼辦呢？沒關係，你可以用任何房間——客廳、臥室或廚房——的一個角落，將它作為你的神殿。所以，讓我們先來看看理想狀態的擺置。

　　你至少需要邊長5英呎（約152–153公分）的正方區域。你也許想要布置欄杆與簾幕以便隔開該區域與房間的其他部分，然而這部分並非必要，你也可以根據自己的需要將這部分的牆壁塗上跟房間其他部分不同的顏色。如果可以選用房間的東側區域，自是最好不過。將你會用到的工具及物品儲放在方便取用的地方並上鎖，然而祭壇要留在你的神殿區域。如果你想要的話，也可在不使用祭壇時將它往牆邊靠好。祭壇上面隨時保持一根祭壇蠟燭（通常是白色，但隨著課程進展，你將了解其他顏色的蠟燭及其使用時機）以及你的神祇象徵物。這些象徵物可以是小雕像或是圖片，後面會講到這部分。如同上述的神殿房間，這個神殿區域應當進行一樣的清潔、灑水及薰香。

　　最後要講的是那些可能住在非常小的公寓或與不一定認同巫術的人共住一個房間的人。這狀況也同樣不是問題，其要點是需要某個可以上鎖的地方供你存放操作的工具。如果可以將放有蠟燭與神像的祭壇擺出來不用收的話，你可以把它放在房間裡任何方便之處，同樣地，最好是房間東側。如果可以，盡量不讓你的室友將祭壇當作咖啡桌或雜物架來用。如果無法擺置一個業經特別製作或改造以專供儀式使用的普通祭壇，那麼你也可以使用咖啡桌或類似的家具。在這情況下，將你的神像放置在方便拿取的地方，像是放在某張桌子、某個書架或餐具櫥櫃的上面。而你的室友應該尊重它們，如同你尊重他們或其他人的十字架、聖母瑪利亞雕像或其他事物那樣，如果他們有的話。在可以進行儀式時（應是獨處的時候），你需要做的就是在任何方便之處清理出足夠的地板空間，並設置巫圓、祭壇等等，並在結束之後將所有東西再度收好。

　　許多體制完整的巫會，會定期在套房型式的公寓單位聚會。只要稍微移動一下家具，就有空間畫出巫圓，讓大家一起享受儀式。所以你瞧，沒有什麼事情能阻止你擁有一座神殿。最後要提一件事情：如前所述，某些巫會或巫者會在戶外舉行儀式。事實上，人們大多必然比較喜歡這種形式，只是因為一來缺乏場地、二來氣候不適合，這形式並不一定可行。如果你夠幸運，有著某一小塊林間空地或者任何可以讓你享有個人隱私的土地可以去，那麼就放手運用它，不要猶豫。只是你不需要進行前面詳細講述的潔淨儀式，而是按照第四課的〈巫圓〉裡面的說明來做。

） 你的祭壇及配置器具 （

你幾乎能用任何東西作為祭壇。如果你將巫圓設置在室外，那麼大石頭或樹樁會是祭壇的理想選擇。若是在室內，那麼你可以用一張小咖啡桌、一個木箱，甚至是幾片木板安放在數塊磚頭上面來當作祭壇。

祭壇最好不含任何鋼質事物，所以市面上現成的桌具並不是最好的選擇（除非它只用膠黏或嵌合的方式固定）。如果桌子裡面一定要有金屬，那麼黃銅可以接受。為什麼呢？這與能量傳導性質有關。巫者只用短刃（knife）與劍（sword）——還有魔法棒（wand），如果有用到的話——當成儲存及引導能量的工具。因此，這類工具的材質可以是傳導能量的金屬——即鐵或鋼。所有其他物品都應屬於不會傳導能量的材質——即銀、金、黃銅、石、木——因為它們不是用於儲存及引導能量。

不過，何不為自己的祭壇賦予一點美感？何不把事情做得恰到好處？你是在一個圓圈裡面做事，那麼為何不用圓形的祭壇呢？就我來看，一張放在某個圓圈的矩形祭壇總是顯得不太協調，這就是樹樁當成祭壇相當理想的原因之一。其實，將一截樹幹裝上幾根桌腳之後就是一張美麗的祭壇，只是桌腳應用膠黏上。我曾見過這樣的祭壇，做得非常漂亮，其製作者是巫藝與工藝兼修的匠師，他還將那些桌腳雕上男神與女神的形象呢！

● 祭壇範例

「祭壇的配置器具」包括一根蠟燭或幾根蠟燭、香爐（incense burner; censer; thurible）、兩個盤子（分別放鹽與水）、祭酒盤（libation dish）、一個或數個高腳酒杯（goblet），以及象徵神祇的圖像或塑像。當然，這些物品並非固定不可變動，請依己意根據自身需要添增或減少。根據了解，某些個別傳統還會規定某些特定配置物品，例如加德納威卡的祭壇還會擺上繩索（cords）與一條鞭子（scourge）。

絕大多數巫者都是在晚上（當然這不是必需條件）「做他們的事情」，所以會在巫圓周圍與祭壇上面用蠟燭照亮。放一根蠟燭在祭壇上也很有幫助，如此你就可以一邊看著儀式書，一邊唸頌上面所載文字。至於蠟燭要放一根還是兩根蠟燭則由你決定。

至於香爐幾乎是必需品。燃香用於宗教儀式已有數千年的歷史。人們很早就已相信燃香的煙霧能將你的祈禱帶到諸神面前。當然，它還能大為增加儀式的氣氛。由於你會經常需要拿著香爐在巫圓周圍移動（例如在潔淨的步驟，或是在儀式的聖化過程為巫圓「薰香」的時候），因此只用一個簡單的盤子來盛載香錐或線香並不理想。那種可以讓你拿著擺動的吊式

● 某個祭壇的繪像

製作祭壇的公制對照表

1/4" — 6.35 mm	3 3/4" — 95.25 mm	11" — 279.40 mm
3/4" — 19.05 mm	5 1/2 — 139.70 mm	13" — 330.20 mm
1 1/2" — 38.10 mm	5 3/4" — 146.05 mm	15 1/4" — 387.35 mm
1 3/4" — 44.45 mm	8" — 203.20 mm	20 1/2" — 520.70 mm
1 7/8" — 47.63 mm	9 5/8" — 244.40 mm	22" — 558.80 mm
2 1/2" — 63.50 mm	9 3/4" — 247.65 mm	
2 5/8" — 66.68 mm	10" — 254.00 mm	

譯註：mm 為毫米，10毫米等於1釐米（公分）

香爐——可在市面上買到或自行製作——會好很多，然後將特製的炭塊放入香爐中點燃，然後將香粉撒在炭塊上，會比使用香錐或線香要來得經濟許多，而且炭塊可以燃燒兩個小時以上。大多數的宗教用品店都可以買到炭塊與香粉。當然，如果你偏好香錐或線香的話，也沒什麼問題。選擇你能好好享受的燃香，只要不是甜到發膩的香氣即可。如果你覺得自己必須為特定的儀式使用特定的香時，那也很好，只是一般來說，我發現用哪種香都沒有什麼差別。我個人喜愛優質的檀香或乳香，或是基督教會用於「主祭臺」（high altar）、較為優質的複

● 用於燃香的器具

● 角杯

● 女神塑像

方香粉。順帶一提，若你手邊沒有其他更適合的東西，還是可以在類似碟子的容器裡面燒香。若你使用炭塊但擔心容器燒裂的話，只需先在容器裡面填進大量沙子，這樣就能吸收高熱。

　　大多數巫者的祭壇上面都有分別裝著鹽與水的盤子。加鹽的水代表生命，鹽本身即象徵精液，如同爾涅斯特‧瓊斯（Ernest Jones）在他那篇有趣短文〈鹽的象徵意義〉（*The Symbolic Significance of Salt*）當中的詳細說明那樣。而洗禮的水，或是所謂的「聖水」，只不過是鹽與水而已。你可以使用任何類型的盤子，有人甚至拿貝殼當作容器來用。

　　儀式期間通常會喝一些酒（如果沒有酒或不能喝酒的話，也可以用果汁替代）。在舉杯向諸神敬酒之前，要先倒獻祭的酒。若是戶外聚會，獻祭的酒直接倒在地上即可。然而在室內，最好且最常用的方式是將獻祭的酒倒入某個盤子裡，也就是祭酒盤。等儀式結束之後，就可以把祭酒盤拿到戶外，將酒倒在地上。祭酒盤就跟鹽盤與水盤一樣，可以是任何類型的盤子。

● 女神圖像

　　男祭司與女祭司的高腳酒杯會立在祭壇上，其他一同慶祝者的酒杯則置於腳邊的地上。同樣地，你也可以找適合自己的高腳酒杯，可以僅是一只玻璃杯，或是具有裝飾效果的角杯（drinking horn）。角杯可用牛角（可在手工用品店買到）製成，並附帶獨立或跟角杯連著的支架，而支架係由彎折的銀線、銅線或是木頭製成。有些巫者將自己的高腳酒杯稱為「聖杯」（chalice），但就我看來，這個字彙會讓人聯想到基督教在用的聖餐杯，所以我傾向於避免使用此詞。

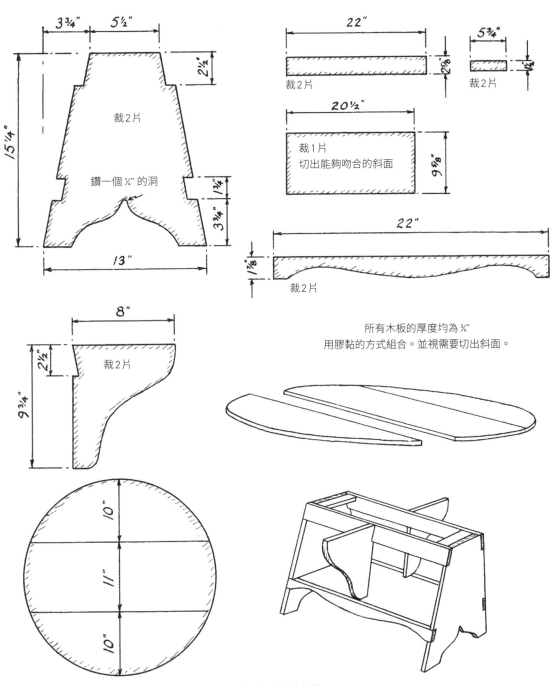

3¾"　5½"

2½"

裁2片

15¼"

鑽一個¼"的洞

1¾"

3¾"

13"

22"

裁2片

2⅝"

5¾"

裁2片

1½"

20½"

裁1片
切出能夠吻合的斜面

9⅝"

22"

⅛"

裁2片

所有木板的厚度均為¾"
用膠黏的方式組合。並視需要切出斜面。

8"

2½"

裁2片

9¾"

10"

11"

10"

◉　如何建造祭壇

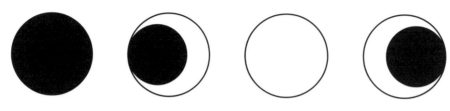

◉ 月相
新月、漸盈月、滿月、漸虧月

　　有些巫者並不介意自己的祭壇上面是否要擺神祇的塑像或圖像，不過大多數巫者還是會擺上神祇的象徵。你可以尋找真實的雕像，只是好的雕像並不容易獲得，例如波提切利（Boticelli）的畫作〈維納斯的誕生〉（Birth of Venus）——有人不敬地稱之為「半面貝殼上的維納斯」（Venus on a Half-Shell）——其複製品是用來象徵女神的理想選擇。許多巫者會花幾年時間尋找完全符合在自身腦海中呈現的神祇形象之小雕像或小塑像（statuette）。古董店、跳蚤市場及舊物交換會似乎是最適合尋找的地方。有些威卡信徒則使用象徵，例如用貝殼象徵女神，用鹿角象徵男神。我還有見過運用蠟燭，或用各式棋子、石頭、植物等等來象徵神祇。另一種可能性則是用圖片來象徵神祇。我有見過將適合的彩色照片剪貼到木片上而製成美麗的神祇象徵。當然，如果你有藝術天分的話，沒道理不去雕刻、揉捏或繪畫屬於自己的神祇雕像、塑像或圖像。

☽ 魔法簡介 ☾

　　魔法（Magick）會在後面的第十一課詳細介紹，屆時你將學到各種形式的魔法及其工作原理。不過，我想在這裡先簡要提點魔法的一些基本原理或是基礎概念。

　　在這些基礎概念當中，最先要說的是「時機」（timing）。你可能知道月亮常被認為與巫術有所關聯，但也許不知道為何如此。原因之一即是月相對於魔法的恰當運作很重要。以下是兩種主要的月相變化：其一是從新月、上弦月到滿月，這段期間的月亮被稱為**漸盈**月（the *Waxing* Moon）；其二是從滿月、下弦月再到新月，這段期間的月亮被稱為**漸虧**月（the *Waning* Moon）。當月面逐漸變大時，就是漸盈；當月面逐漸縮小時，就是漸虧。

　　基本上，用於**增益**（增長、生長）的魔法會在月相漸盈的期間進行，而用於**減損**的魔法則是在月相漸虧的期間進行。增益魔法會涵括愛情、成功、保護、健康、生育等諸如此類的主題。減損魔法則包括束縛咒語、分離、消除、滅絕等諸如此類的主題。魔法的運作時機本身就含有某種程度的交感魔法元素，例如，隨著月面逐漸增加，你的工作機會（或其他事情）

也會增加，或者隨著月面逐漸縮小，你想要克服的壞習慣或試圖去除的疣也會縮小。

魔法的第二個基礎概念則是**感受**（feeling）。你必得想要自己現正努力要達到的目標將會真正地發生。你必得全身全心全意地想要它。你必得把全部的力量一點一滴都不放過地投入那道渴望、那股使行動發生的衝動當中。所以，通常為自己施法會比代替他人施法更有效果，畢竟若跟某事物的直接有關人士相比，其他人對於該事物的感受很難達到同樣的強烈程度。這種強烈的「感受」其實就是「經過提升的力量」，而這力量會用在魔法上。你可以使用許多放大的機制作為輔助與助推，以增強自己的力量。其中一種放大機制就是**吟頌**（chant），另一種則是**押韻**（rhyme）。使用穩定且規律的節拍，並以押韻的方式吟頌咒語，可以增強你的感受，從而增強你的力量。跳舞同樣也可以提升力量，除此之外還有許多可以達此目的的方法，性愛也是其中之一，而這一切都會在第十一課詳細討論。

還有另一面向也許要在這裡講一下。操作魔法時，最好身體要乾乾淨淨，意謂體外與體內都要潔淨。洗澡水加入一些海鹽，使身體浸浴其中。（大多數的超市都可以買到海鹽，如果沒有的話，也可在保健食品店購買。）並藉由去除毒素——即事前禁食24小時——來完成體內的清淨，而這段禁食期間也要禁酒、禁尼古丁、禁止性行為。

每當操作魔法的時候，總要記住「威卡箴言」。你的行為會傷害任何人嗎？如果答案是「會……」的話，就別做。後面會對這方面多做說明。

第二課問題

一、本課談及許多信念。請檢視自己目前
　　對於輪迴轉世的個人信念。你有任何
　　前世記憶嗎？

二、構思或畫出一個祭壇桌。指出上面要
　　放什麼事物，並展示它們的擺設位置。

三、構思最符合你自身需要的神殿，並用示意圖表示。指出最能反映出你外在或內在個人喜好之區域。你希望它含有哪些實物？用實物依這示意圖擺置看看，以顯示個人神殿的真正樣貌。

四、你會在月相漸盈期間執行哪些魔法以符合自身需要？請列舉一些例子。

五、你會在月相漸虧期間執行哪些魔法？請舉出一些例子。

第二課試題

一、研究本課給出的兩則女神神話並檢視它們的象徵意義。在講述弗蕾亞的撒克遜神話當中，頸環「布羅辛加梅尼」（Brosingamene）是什麼事物的象徵？

二、魔法的三項基本要素是什麼？

三、基督徒有相信過輪迴轉生嗎？

四、根據巫術信仰，如果你對某人造成傷害，那麼：（一）你能等到死後才受到懲罰嗎？（二）這是否意謂你在下一世會受到同樣的傷害？

五、想像自己跟某位不信巫術的室友合租一間公寓。你有自己的臥室，然而廚房與客廳是共用場所。那麼擁有自己的神殿是否有可能呢？如果是這樣的話，最好的設置地方會在哪裡？

六、你要從哪個方向進入巫圓？

七、東、西、南、北，還有藍、綠、紅、黃……哪個顏色對應哪個方向？

八、以下哪個選項可以用來當作祭壇？
（一）金屬材質的折疊式牌桌
（二）用於運送的木質包裝箱
（三）兩個水泥磚與一片三合板
（四）樹樁

九、什麼是「威卡箴言」（Wiccan Rede）？

請閱讀下列作品：

《英格蘭的佚失諸神》（*The Lost Gods of England*），

布萊恩・布冉斯頓（Brian Branston）著，

第1、2、3、5、6、8、9章。

《現今巫術》（*Witchcraft Today*），傑拉德・加德納著

十、可以拿玻璃煙灰缸當成香爐來用嗎？

推薦的補充讀物：

Witchcraft Today by Gerald Gardner

第三課
工具、衣物、名字
TOOLS, CLOTHING, AND NAMES

❭ 使用工具 ❬

巫術的使用工具則依你所屬的傳統而定。例如加德納巫術傳統會有八種使用工具，包括巫刃（athame，即短刃）、劍、魔法棒、鞭、繩、白柄短刀與五芒星圓（pentacle）。撒克遜傳統的使用工具較少，即西雅克斯短刃（seax）、劍與矛。若你要創建自己的分支，你可以自己決定要用或不用哪些工具。所有工具在製作完成之後，都會在使用前用儀式進行清理與淨化以消除任何負面振動。然後它們會由使用者親自充能與聖化，至於細節會在下一課詳細說明。就目前而言，每個工具在做出來之後，都要用乾淨的白色亞麻布包裹起來，並存放於安全的地方，直到你已準備好為其祝聖。

❭ 短刃（Knife） ❬

每位巫者都會有一把專屬個人的短刃。這在許多傳統中被稱為「巫刃」（athame，其發音為「a-tham-ay」）。蘇格蘭巫術傳統的短刃則是耶格匕首（yagdirk），而撒克遜巫術傳統則是西雅克斯短刃。這把短刃通常為鋼質的雙刃刀具，然而佛斯特（Frost）傳統則是例外，其短刃是黃銅的單刃刀具。這裡也許適合引述史棟斯博士（Dr. G. Storms）的著作《盎格魯－撒克遜人的魔法》（*Anglo-Saxon Magic*, Gordon Press, N.Y., 1974）裡面的字句，此書是對於各種古代盎格魯－撒克遜手稿的翻譯及譯註：

「鐵的力量顯然源自以下的事實，即比起木頭或石頭，這種較為稀少的材料更適合用於製造工具，還有它在最初的發現過程──亦即從隕石發現──也很

神祕。鐵需要專業人士及熟練的工人從礦石中獲取並予以硬化。事實上，我們發現許多民族會將他們的鐵匠當成是魔法師……其中「葦蘭」（Wayland）脫穎而出，成為最為卓越的鐵匠。這位奇妙的（撒克遜）鐵匠之形象在一開始是象徵金屬加工技藝的奇蹟……後來轉變成英雄傳奇的主題。」

所以鐵，或是鋼，看似是最好的製作短刃材料。

短刃的大小要適合自己——亦即選擇讓你感到舒服者。這是你的個人工具——用於**魔法**的工具——像這樣的物體都很特別，所以只是去店家買把現成刀具是不行的（後面會講得更詳細）。就目前來說，從無到有地製作屬於自己的東西應是最好的作法，當然這不是每個人都能做到的事情，不過就讓敝人先為那些做得到的人展示自製短刃的方式。

如果買不到合適的鋼材，就拿舊的銼刀或鑿子來改造。無論你手上有什麼鋼材，它都很硬，因此你的第一件工作就是將它軟化以進行加工。將鋼材加熱，直到變成暗紅色（dull red）。如果沒有其他辦法，就把它放在瓦斯爐或電熱爐的燃燒器上。你可能不得不把它放在那裡，將爐火的開關完全打開持續幾個小時，它最後會熱到呈現暗紅色。一旦達到那種顏色，就關掉加熱器，讓它自然冷卻下來。整個軟化過程就是這樣而已，鋼材至此已經變軟，比較容易加工。

用鉛筆在鋼材上畫出你想要的形狀（參見圖3.1）。使用電動帶鋸（如果你有的話）或簡單的鋼鋸將鋼材切出那個形狀，並把任何粗糙的邊緣銼掉。接著開始塑造刀的刃邊。這裡會用到砂輪，你也可以用不同粗細規格的銼刀來做。由於短刃為雙刃刀具，所以你的目標是把刀身塑造成橫截面為菱形的形狀（見圖3.2）。最後再用兩種不同等級的乾溼兩用砂紙來處理。

現在你的刀身需要進行硬化及回火的程序。再次將它加熱，這次要加熱到變成紅色（red）。然後用鉗子夾住，把它放入一碗溫水（**不要用**冷水，否則刀身會裂）或油裡面，讓它冷卻下來，然後用乾溼兩用砂紙清潔之。

接下來進行回火。將刀身重新加熱至暗紅色。再次將它以

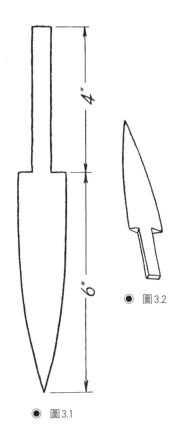

◎ 圖3.2

◎ 圖3.1

6"：6英寸（15.24公分）
4"：4英寸（10.16公分）

刃尖朝下的方式浸入溫水或油，並在液體當中上下移動，然後用乾溼兩用砂紙清潔之。接著再度進行加熱，但這次要仔細觀察刀身，因為會變色。它會變成明亮的淺稻草色（bright, light straw color），然後變成中色調的稻草色（medium straw color）。這時立即將刀身浸入水中使其冷卻（若不這樣做的話，它會繼續變成藍色，然後是紫色與綠色。**不要**讓它的變色超過稻草色）。留意刀尖，因為它會最先變色。當刀尖一出現變色跡像或「變藍」的時候，就把刀身浸入水中。注意：這些顏色很快就會出現。將刀尖保持在距離熱源最遠之處。

刀身一旦變冷後，將其取出並插進大地數次。現在你已完成：

> 在空氣（風元素）中移動刀身，
> 用火（火元素）加熱之，
> 以水（水元素）浸沒之，
> 並向大地（地元素）展示之。

至於刀柄，則取兩塊木頭來做。在每塊木頭上畫出刀根（刀身的手柄部分，參見圖3.3與圖3.4）的輪廓。接著鑿挖兩塊木頭的標記部分，其鑿挖深度均為刀根厚度的一半。完成之後，兩塊木頭應能將刀根夾在中間並完美合在一起。當你滿意它們的合適程度時，將兩塊木頭的內側稍微弄得粗糙一點，然後整面厚塗一層環氧樹脂接著劑（epoxy resin glue）。將刀根放進去，再把這兩枚半片木柄壓在一起，然後用夾具把它們一起夾緊。在夾緊時，緩慢施加壓力，使接著劑能有更好的「延展」效果。使用器具把它們保持夾緊至少三天。

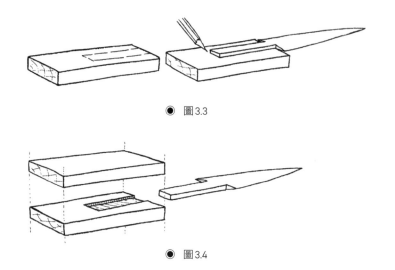

◉ 圖3.3

◉ 圖3.4

◉ 巫刃

從夾具取下後，於木頭上畫出你想要的刃柄輪廓，然後動手切割或雕刻成形。

有些傳統會要求在刃柄刻上特定的印記。即使你所屬的傳統沒有這種要求，你也可能希望增添一點裝飾。我當然會建議你至少放上自己的「巫名」（Craft name，後面會講到）或花押（monogram）。你或許還想在刃身上面蝕刻一些東西，這不難做到。

〉 將記號做進金屬表面 〈

熔化一些蜂蠟，將它覆於刃身。然後用鋒利的雕刻工具（磨尖的鐵釘也可以）按照你所希望呈現的文字或圖案模樣來雕刻蜂蠟，確實直接挖除覆在呈現部位上面的蜂蠟，以露出底下的刃身金屬。然後倒上硫酸、碘或是類似的蝕刻劑，在靜置幾分鐘之後，拿到流動的水底下沖洗。酸會腐蝕你在金屬上挖除蜂蠟的地方──也就是「蝕刻」之意──而沒有挖除的蜂蠟會保護刃身其他部分。在洗掉酸、清除蜂蠟之後，你就得到一把經過蝕刻的短刃了。當然啦，先用跟刀具相同種類的廢金屬，來練習判斷在沖洗之前酸液應要留置多久的確切時間，顯然是不錯的計畫呢！

● 經過蝕刻處理的巫刃

也可以考慮購買「蝕刻筆」（etching pen）來用。它看起來像圓珠筆，但裡面含有用於標記的酸，適用於鋼、黃銅、鋁及銅，並具有可以更換的筆芯。這種筆的生產公司是 Fowler Company，應該可從任何五金店買到[5]。

蝕刻的替代方法，就是銘刻。用這方法產生的標記不會像酸蝕那樣牢固，但仍然有效。銘刻就像用鋼筆或鉛筆寫字那樣，只是你用的是銘刻工具。這種工具可在玩具模型店買到，或者就用前面也有提到的尖鐵釘，只需用砂輪將釘子磨尖即可。許多人在雕刻時會遇到的問題之一是銘刻工具發生滑動，而在錯誤的位置劃傷金屬表面。那是因為你需要出力按壓工具才能留下刻痕，所以不太容易控制。這種情況的避免方法之一是在刃身貼上透明膠帶，先用筆在上面標記引導的線條，然後再用銘刻工具沿線刻劃即可──膠帶不會阻礙銘刻，反而會阻止工具的滑動。

電動雕刻工具，例如 Dremel 公司的產品，雕刻的效果非常好。

如前所述，無論出於何種原因，許多人無法獨力製作短刃。不用擔心，你可以改造已有的刀具，但這裡的重點會是：巫刃裡面應要有屬於**你**的事物。因此，先取一副具有雙刃的刀

---

5 譯註：如要購買，請上網搜尋 Chemical Etching Pen for Metal。

050 ✦
巴克蘭巫術全書

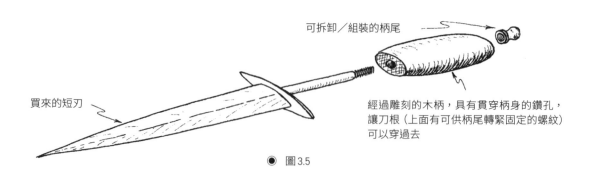

可拆卸／組裝的柄尾

買來的短刃

經過雕刻的木柄，具有貫穿柄身的鑽孔，
讓刀根（上面有可供柄尾轉緊固定的螺紋）
可以穿過去

◉ 圖 3.5

具（或是取一副單刃刀具，然後用磨削／銼削的方式做出另一刃邊），例如獵刀，然後拆掉刀柄。刀柄的裝置方式有許多種，有的是直接旋上／旋下有的在其末端有個可拆卸／組裝的柄尾（pommel），甚至也有用鉚釘固定者。無論如何，這是你必須做的事情：將刀柄拆掉。然後將你自己製作的刀柄替換上去。關於刀柄，你可照敝人前述的說明來製作，也可以在拆下來的刀柄上面做花樣（參見圖 3.5）。

這裡再重複一遍，如果願意的話，你可以用自己的巫名（並使用後面詳述的魔法文字之一）或花押來雕刻刀柄或蝕刻刀身。有些真的相當美麗的巫刃是用改造的方式做成的，例如敝人曾見過一副十八世紀的短刺刀在改造後變成一副華麗的巫刃。我還有看過用鹿蹄做成的刃柄。現在就開始製作你的巫刃吧！

在某些巫術傳統當中，例如加德納巫術傳統，短刃只能在巫圓裡面使用，而且只能為儀式使用。其他巫術傳統，例如蘇格蘭巫術，則鼓勵巫者盡量多去使用短刃，這概念感覺像是使用它越多次，它所獲得的法力（mana）或是「力量」就越多。

☽ 劍（Sword）☾

劍不是必需品，短刃完全可以替代之。不過，雖然巫者各自都有一副巫刃，但許多巫會偏好擁有一把巫會之劍（coven sword）——那是為整個團體的活動而準備的劍。劍通常用於聚會開始時的巫圓標示步驟，此時會由男祭司、女祭司或劃出巫圓的人使用。它可以依前述的短刃製作方式來做，也可以用買的，現在應該有很多商家提供古劍的複製品。如果決定買現成的劍，你也同樣要為它做些東西上去。事實上，既然它是巫會的工具，若整個巫會一起來製作一把巫會之劍，或是一起參與該劍的雕刻與裝飾的話，會是很好的構想呢！

﹚ 其他工具 ﹙

◉ 劍

其他儀式工具則是魔法棒、長杖（staff）、搖鈴（bell）、推刀（burin）或白柄短刀，還有繩索。至於你要使用其中哪些工具——也許全都不用，也許用其中一些，也許全部都用——都依你決定要走的道路而定。如果你是依循某個既定傳統，那麼它已為你決定要用哪些工具。如果你是要開創自己的道路，那麼你可能需要一些時間（幾週、幾個月，甚至數年）才能找出自己真正需要與不需要的工具。

如果你想要一支魔法棒的話，有數種選擇可用。有人說它的材質一定要是花楸木（rowan wood），也有人說是白蠟木（ash）、柳木（willow）或榛木（hazel）……其實你隨意挑選即可。這裡的問題，在於許多儀式魔法與巫術相混（不僅是魔法棒，其他工具及巫術的其他面向也有這種情況）。例如有人稱「魔法棒必須剛好21英寸長，並在水星日（即星期三）的水星時從一棵童貞的（即從未結果的）榛樹上砍下來，還要……等等諸多條件」，還發誓說這樣做才是對的。有的人就只是出門去當地的五金店買一段木圓棒（wood dowel），再把它漆成金色而已！但這兩根魔法棒都能同樣有效運作，這一事實表明真正的魔法並不是來自工具，而是來自魔法師或是巫者（就我們的例子而言）的內在。因此，魔法棒僅是操作者的延伸而已，所以就用自己覺得對的方式來製作個人魔法棒即可。如果你覺得需要在魔法棒上面雕刻神祕的符號與象徵，那就做吧，別擔心別人會怎麼看待你所做的事情。正如敝人於前言說過，正確道路不會只有唯一一條。如果它對你有用，那麼它就是對的方法。至於魔法棒的製作建議（僅供參考而已喔），21英寸當然是使用起來方便的長度，另一說法是其長度要等於從你的手肘到指尖的長度。無論用哪種木料來做，從底部往頂端要逐漸變得尖細一點。如果願意的話，你還可以透過雕刻甚至火燒的方式來為它加上圖案。將它上漆、染色或保持原色。銀或銅製的飾帶則有吸睛的效果。某些傳統（例如佛斯特傳統）會在魔法棒的長邊鑽孔（drill the length of the wand）並插進一根金屬棒。

敝人先前對於魔法棒發表的意見也同樣適用於長杖。實際上，長杖也可以是一根大型尺寸的魔法棒，並用於蘇格蘭巫術，例如佩克提威塔之類的傳統中。我有看過一些很不錯的長杖，上有皮革、羽毛及寶石的裝飾，還做了雕刻與銘刻，而且這一切都契合它們的特定擁有者。長杖的合適長度為其主人的身高。闊葉樹材

◉ 魔法棒

在近期關於巫術的討論當中,出現了以下的問題:「有什麼證據指明巫者總是裸體崇拜?這是傳統還是近來的創新?」

世上已有許多早期繪畫描述裸體的巫者為自己塗油,準備前去參加巫術節慶(the Sabbat),然而也有巫者**在節慶中**穿著衣物的圖畫。出於興趣,敝人做了一點研究,看看有多少(如果有的話)這樣的早期繪畫顯示巫者是裸體參與巫術節慶。而其結果相當確定如此。

十六世紀的日耳曼人漢斯·巴爾東·格倫(Hans Baldung Grun)畫出許多巫者繪圖,例如〈工作中的女巫〉(*Witches at Work*)和〈女巫的聚會〉(*Witches' Sabbat*)是典型的例子,全都顯示參與者均為裸體。阿爾布雷希特·杜勒(Albrecht Durer)的〈四名術士〉(*The Four Sorcerers*)是裸體的女巫。牛津大學波德雷圖書館(Bodleian Library, Oxford)的杜斯收藏(The Douce Collection)有一幅圖為〈布羅肯峰的巫者聚會〉(*The Witches Sabbat On the Brocken*),裡面有許多裸體的參與者。哥雅(Goya)的女巫畫作幾乎都在展現她們的裸體,例如〈兩個女巫共騎掃帚飛行〉(*Two Witches Flying On a Broom*)是典型的例子,而特別有趣的是皮埃爾·德·蘭克雷(Pierre de Lancre)在1613年巴黎出版的著作《邪惡天使與魔鬼的無常場景》(*Tableau de l'inconstance des mauvais anges*),裡面的插圖展示了巫者的大型聚會,其中有一部分繪有一群圍圈舞動的裸體女巫,另有一部分是某個裸體母親將自己的孩子(同樣也是裸體)呈給角神看。

因此,這方面似乎沒有硬性規定。正如現今所見,有些巫會只在進行魔法時脫光衣服,其他儀式則穿著寬鬆長袍,有些巫會在所有儀式全程裸體。

摘自《古今巫術》

雷蒙德·巴克蘭,HC Publications, N.Y. 1970

整個十五世紀流行的女性頭飾之一是高聳圓錐形的「笨蛋帽」(dunce hat),有時會附有帽簷(brim),但更多時候沒有,十六世紀早期的宮廷或大型城鎮已不再流行。而這個流行,其實是帽款本身,最終在村莊與農場找到出路。新教[6]的清除異己動作,部分是為了顯示古教已經過時。因此當時的巫者會被描繪成戴著**過時**的帽具——意謂他們「趕不上時代」、「已經落伍了」。

摘自《圈內人所認識的巫術》(*Witchcraft From the Inside*)

雷蒙德·巴克蘭 Llewellyn, Mn. 1971

---

[6] 譯註:這裡是指基督信仰

● 雷蒙德·巴克蘭身著長袍，手握
水晶棒

（hardwood）在這方面似乎比針葉樹材（softwood）更得人們喜愛，它應經過充分乾燥處理且盡可能地直。

有些人會使用搖鈴，事實上，在下已將它納入本書的儀式。幾世紀以來，搖鈴一直被認為具有特定的魔法性質。敝人的著作《色彩魔法》（*Color Magick*, Llewellyn Publications, 1983 & 2002）也有談到聲音的振動。儀式使用的小型搖鈴其清晰高亢的音調所引發之振動，能在許多方面支持那股經過提升的力量，並在參與人士之間創造和諧。請選擇音調悅耳的小型搖鈴。某些搖鈴──特別是廉價生產的產品──會發出刺耳的音調，請避免之。如果想為搖鈴銘刻，就做。或者，若搖鈴有附木柄的話，你也許會想辦法在木柄上面做處理。

推刀僅是銘刻工具，用於以儀式的方式為你的魔法工具刻上名字或印記（符號）。某些傳統（例如加德納巫術）借鑒儀式魔法，以同樣的方式運用白柄短刀。我個人認為沒有必要將這種器具視為巫術的儀式工具，就像我不會把銼刀或鋼鋸當成儀式工具那樣。不過，若你想要把它當作整套儀式工具的一部分，請務必把它納入。推刀其實只是有柄的銘刻工具，其製作方式可用木柄裝上一根磨尖的釘子或類似事物，就像你之前用兩塊木頭當成刃柄裝上巫刃的刃身那樣。

某些傳統（例如亞歷桑德斯威卡）則使用不同顏色的繩索來表示佩戴者的級次。然而繩索在魔法操作有著更為重要的用途，因此關於繩索的細節會留到後面的魔法課程**繩索魔法**部分討論。

）穿著（

許多巫會──自然還有絕大多數的獨修巫者──是裸體行事，這在巫術中被稱為 skyclad ──「以天為衣」。這當然看似是人們偏好與推薦的作法，然而有的時候，也許出於溫度的關係，你也許想要穿上長袍……甚至更加喜歡在大多數時間身著長袍，那也沒問題。

長袍可以簡單樸素，也可以精緻講究，依你的喜好而定。敝人會在這裡說明製作簡單長袍的方式，至於那些比我更善於針線的人也許會依自己的意思盡情發揮。

長袍的布料，什麼種類都可以──聚酯纖維（polyester，如果你一定非它不行的話！）、絲綢、棉或羊毛──一切由你決定。不過，還是要考慮一下布料的輕重：會不會太厚重而悶熱，或者太輕薄而過涼？還要考慮它是否容易出現摺痕或起皺。布料會不會被過度拉扯？是

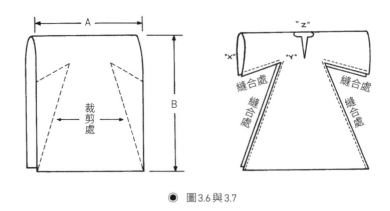

● 圖3.6 與 3.7

否可以水洗？會使皮膚發癢嗎？由於巫者在長袍底下什麼都不穿，所以最後一個問題可要嚴肅以對啊！

　　測量自己在雙臂張開時從某一手腕到另一手腕的長度（圖3.6），將這長度設為 A，然後量測後頸到地面的長度，將這長度設為 B。那麼你需要買的布料，其寬度須為 B，長度須為 B 的兩倍。將布料對折成圖3.6所表示的模樣。若布料有內外之分，則將內側折疊在外，接著就如圖3.6所示，兩側各切一塊布下來。你將得到一塊接近 T 形的折疊布料，如圖3.7所示。

　　至於切口的確切尺寸由你決定。在標示 X 的地方留足夠當成長袖的空間，但在 Y 處別收縮到使手臂勒得太緊。敝人建議你先用紙做實驗（打版用紙可從材料行買到）。在標示 Z 的地方（如圖所示）切開一個頭可以冒出來的地方，然後沿著袖子的底部與左右兩側在指示之處縫製。最後要做的就是將它內外翻轉過來，進行試穿並把下擺折到合適長度（例如，離地面1英寸左右）並縫製固定。如果你想增加帽兜的話，先前切下來的布料應該足夠使用，形式無論是尖頭或圓頭都可以。

　　最後的點綴則是加上一條圍在腰間的繩索。有些人在這裡會用魔法繩索，但我個人認為魔法繩索是用來施展魔法，而不是用來固定你的長袍。（在過去，巫者都得要藏好個人法器以免遭受迫害。現在已不需要這樣做了。）

　　請謹慎思考自己的長袍要用什麼顏色。過去大多數巫者都穿白色長袍，但我很高興看到現在的節慶活動出現越來越多樣的顏色。撒克遜巫術裡面的男祭司或女祭司會穿白色、紫色或深綠色，其他人則穿綠色調、棕色調、黃色調與藍色調，儘管這不是硬性規定。當然，不同顏色的搭配也許更有吸睛的效果，所以你也可以用銀色、金色或另一顏色來裝飾主色。某些巫者的確身穿黑色，雖然還是得承認它是非常「強勢」的顏色之一 —— 其實它是一種非色彩（noncolor）—— 但我個人認為它會強調「巫術等於於撒旦信仰」的錯誤觀念，倘若真是如

此，應當避免使用此色。我們是屬於自然的宗教，那麼我們就用自然的顏色吧……明亮與陰暗的大地色調（自然界的黑色其實還滿少的）。不過，是否選擇黑色也是由你決定。

☽ 飾品 ☾

某些傳統會用特定的飾品來表示級次。例如，在加德納巫術，女性巫者不論級次都佩戴一條項鍊（象徵著重生之環）、三級女祭司長（Third Degree High Priestess）還會戴上刻有特定銘文的銀質寬邊手鐲，男祭司長（High Priest）戴著金或黃銅的開口手鐲（同樣上面會有特定的符號），而巫后（Queen）則戴著上有新月形狀的銀王冠及一條具有銀質扣具的綠色腿帶（garter）*。其他傳統則有不同的禮俗規定。

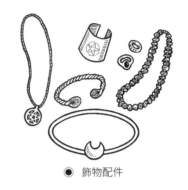

◉ 飾物配件

一般來說，許多巫者——特別是女性——會配戴髮箍、髮帶或頭巾（headband）。

項鍊及胸墜很受歡迎，包括用橡實、豆子、木珠或類似材料串成的項鍊。至於戒指，通常上面有著神祇的相關銘文或形像，通常也很受歡迎。當然，有些巫者本身就是非常有才華的珠寶匠，他們能製作出非常美麗、值得展現給大家欣賞的作品。

但也有人覺得飾品在巫術裡面無足輕重。有人則認為飾品會阻礙力量的提升——只是在敝人將近四分之一世紀的習修當中，從未發現這種情形。但是，在下確實尊重那些有此感覺的人，如果他們真的相信飾品會造成限制，那麼飾品就會造成限制。因此，請自行決定是否支持使用飾品、是否限縮其用途、是否用其表示職位，還有是否完全禁止。

☽ 角盔 ☾

在男祭司與女祭司可以各自佩戴一條銅帶或銀帶的傳統，其正面會有新月、太陽或類似的圖案，而男祭司可在自己專門代表男神的特定儀式上配戴角盔，而女祭司可在自己專門代表女神的特定儀式上佩戴女神王冠。兩者的製作都沒有很難。事實上，這裡就列有二到三種製作角盔的可能方法。如果你賣力搜索，甚至可以買到一個。現在市面上已經有「維京頭盔」（Viking helmet）的仿製產品。方法之一係拿個適合你頭部尺寸的不銹鋼或銅質攪拌碗。你也

---

* 這裡的腿帶[7]、襪圈（garter）不是吊帶襪腰帶（garter-belt）喲！已經有作家發表這種令人誤會的說法。

7 譯註：據稱腿帶只會在儀式中配戴，均繫於左膝上方供作識別之用。搜尋關鍵字為 witch's garter。

許要稍微從兩側向內稍微擠壓,使其更接近橢圓形而不是圓形。碗上若有手柄、掛鉤或吊環都應移除。再取兩隻牛角,並從其開口塞入木塊並膠黏固定(參見圖3.8)。然後在碗上鑽兩個孔,左右各一個,將螺絲釘從碗的內側穿出去並鑽進牛角的木塊。在牛角、木塊與碗之間也塗上一些環氧樹脂接著劑以幫助固定。牛角的底部,也就是它們與碗的連接處,可以用皮革綁紮以覆蓋、隱藏連接處。

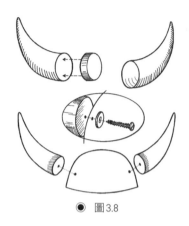

◉ 圖3.8

　　另一種可能作法是製作一頂皮帽並裝上牛角。帽子的基本版型可以在百貨公司或布行購買,其中大部分的動作會是切出一塊塊的材料並將它們縫在一起。你可以按前述方法固定牛角,但皮帽內側會需要方形或圓形的大金屬墊圈(washer),使螺絲能夠轉緊。

　　還有一種作法是製作一個開口式的銅質(或其他金屬)頭箍,將牛角安裝上去,用來戴在頭部。上述所有作法均可用鹿角代替牛角,但鹿角的底部需要鑽孔才能安上螺釘。

◉ 角盔

⟩ 銘文 ⟨

敝人前已講過將自己的巫名（關於巫名及擇名方式會在後面詳細說明）銘刻和蝕刻到你的使用工具之方式。目前已有多種不同的魔法字母表可用於此目的。[†] 最流行的是各種盧恩符文字母表，以及從儀式魔法文獻中發現的底比斯書寫體。讓我們先從盧恩符文看起。

譯為「盧恩符文」的英文字彙 rune 在早期英語及相關語言當中的意思是「神祕」或「祕密」。該語言必定被賦予了眾多附帶意義，之所以如此也合乎情理——盧恩符文從來都不是只為滿足現實需要的文字。從其最早的改編以符合日耳曼人的用法開始，盧恩符文就被用於占卜及儀式的用途上。而西雅克斯－威卡使用的盧恩符文字母表則顯示於次頁。（第58頁）

盧恩符文似乎比任何其他字母表還要多出許多變體。巫者與魔法師都有採用符文，認為它是非常盛行的祕術書寫字體。盧恩符文主要分為三種類型：日耳曼盧恩符文（Germanic rune）、斯堪地那維亞盧恩符文（Scandinavian rune）及盎格魯－撒克遜盧恩符文（Anglo-Saxon rune）。它們各自也都有眾多子類型或變體。

首先來看日耳曼盧恩符文，它基本上使用24個不同的符文字母，只是不同地區也許會有所不同。日耳曼盧恩符文的通用名稱是 *futhark*，也就是字母表的前六個字母（這裡的 th 在盧恩符文是一個字母：**t**）。斯堪地那維亞盧恩符文（包括丹麥盧恩符文與瑞典－挪威盧恩符文，或是諾斯盧恩符文）則有16個符文字母，同樣也有（多到無可計數的）變體。

盎格魯－撒克遜盧恩符文之類所含符文字母數量不一，從28個到31個之間都有。事實上，在九世紀的諾森布里亞（Northumbria），還發現了使用33個符文字母的紀錄。盎格魯－撒克遜盧恩符文的通用名稱是 *futhorc*，同樣取自其字母表的前六個字母。

摘自《樹：撒克遜巫術全書》

雷蒙德·巴克蘭

Samuel Weiser, N.Y. 1974

[†] 這些書寫字體也有用於製作咒具與護身符，將在後面的課程中深入討論。

● 西雅克斯─威卡的盧恩符文字母表

　　你會注意到盧恩符文的任何字母圖案都可以寫成反過來的模樣,故有時會稱為**反字、鏡像書寫**(mirror writing)。如果某個字彙裡面有兩個並列的相同字母(例如 merry 與 boss),那麼其中一個字母會被反過來寫,而得到如同以下的鏡像文字:

MERRY = ᛈᛗᛖᚱᚠ　　　　BOSS = ᛒᛟᛑᛏ

　　有些盧恩符文字母則是單個字母對應 th 與 ng,因此你能用三個盧恩符文字母寫出含有五個英文字母的字彙,例如 rhing 這個字彙轉成盧恩符文就是:

ᚦᛁᛝ

　　以下是將名字轉成盧恩符文的範例:

DIANA = ᚺᛁᚠᛏᚠ

MERLIN = ᛈᛗᛖᚱᛚᛁᛏ

NAUDIA = ᛏᚠᚢᚺᛁᚠ

ISSBIA = ᛁᛏᛚᛒᛁᚠ

THRENG = ᚦᚱᛖᛝ

　　……知曉某人的名字就能控制、支配某人。因為一旦知道這名字，就能用它進行召喚。詹姆斯‧弗雷澤爵士（Sir James Frazer）講述過伊西斯獲得偉大的埃及太陽神拉（Ra）最為祕密的名字以使自己成為女神的故事。她用拉神的唾沫及唾沫掉地的泥土塑造一條蛇，將牠放在拉神會走的路上，於是蛇咬了他。拉神呼求那些力量上達天堂的「眾神之子」用其療癒的法術及善解的話語來協助他……伊西斯身懷技藝而來，她的嘴裡充滿生命的氣息，其法術驅散痛苦、其話語使死者復活。拉神告訴她自己外出散步時被咬的經過，伊西斯說：「神聖父親，請告訴我你的名字，因為人若聽到他人用自己的名字來叫自己的話就會活下去。」拉神告訴她許許多多他被稱呼的名字，然而他一直虛弱下去。但伊西斯還是拒絕醫治他，並反覆地說：「你跟我講的名字並不是你的名字。哦，請把那個名字告訴我，那麼毒液也許會離開，因為人若聽到他人用自己的名字來叫自己的話就會活下去。」最後拉神將自己的真名告訴伊西斯，而伊西斯使毒液流走，並成為「諸神之后、知曉拉神及其真名的女人」。

摘自《圈內人所認識的巫術》
雷蒙德‧巴克蘭，Llewellyn Publications
St. Paul, Mn. 1971

　　你可用盧恩符文字母的疊加來為自己的巫名做出有趣的**魔法花押**（magickal monogram）。例如，DIANA 轉成盧恩符文會是：

ᚺ + ᛁ + ᚨ + ᚾ + ᚨ

第一個字母是

裡面已經包含第二個字母

然後加入第三個字母

就會得出這個

接著添加第四個字母

就會得出這個

至於第五個字母

它跟第三個字母一樣，所以裡面已經有了。

因此 DIANA 的魔法花押就是

這樣做出來的單一圖形就已包含整個名字及其全部力量。

以下是另一個例子：MERLIN

$$ ⌸ + M + ᚱ + ⌐ + ᛁ + ᛏ = ⌸ᚱ $$

像這種情況，我會擅自把 E 的盧恩符文字母 M 中間「拉高」，就會變這樣 M：

使它就能完美疊上 M 的盧恩符文字母

也就是這樣

　　將任何盧恩符文字母顛倒放置也完全可行，這樣做出來的花押就不會顯得粗糙難看。整個過程的目標是盡量簡化巫名，但又同時包含所有字母。請練習組合花押，力求將這些字母盡量縮減成最為簡單的印記。

　　書寫盧恩符文時要記住一件事：字母一定要保持直立。

要像這樣 ᛈᛗᛒᚱᛁᛏ

而不是這樣 *ᛈᛁᛗᛒᚱᛚᚷ*

　　除了斜寫這些字母本身就是錯誤筆法之外，會如此要求的另一原因即斜寫會引發混淆，例如在西雅克斯－威卡所使用的盧恩符文當中，對應 N 的盧恩符文字母在傾斜時會看來像是對應 G 的盧恩符文字母。

　　巫術界算是蠻常使用底比斯字母表（Theban alphabet），例如在加德納巫術傳統中，女祭司長顯示在自己的手鐲上面的名字就是用這種書寫形式。該字母表頗具魅力。盧恩符文棱角分明、沒有曲線，因為它們是用來刻在木頭和石頭上面。但底比斯字母表是用於書寫在羊皮紙上，還有銘刻及蝕刻在護身符上，因此它的筆劃可以更加複雜。底比斯字母表請參見圖3.9。我會在後面關於咒具與護身符的課程中詳細介紹它及其他幾種字母表。

A	B	C	D	E	F	G

H	I,J	K	L	M	N	O

P	Q	R	S	T	U	V

W	X	Y	Z			代表句子的結束。

● 圖3.9
底比斯字母表

） 你的巫名 （

事實上，你正重新開始自己的人生。何不用自己選擇的名字來開始，而不是你父母給你的名字（並且你也不怎麼在乎他們的看法）？就許多巫者而言，自己所選擇的名字反映出自己的個性，或是用某種方式描述自己的興趣或感受。名字是重要的。在以前有這樣的信念——知道某人的名字就有駕馭某人的力量——如果你知道敵人的名字，就可以用這名字進行召喚。婆羅洲（Borneo）的達雅族（the Dyaks）非常相信名字的力量，因此那裡的母親永遠不會在天黑之後用孩子的真名喚其回家，只會用「小名、暱稱」（nickname）來稱呼孩子，以免邪靈知道真名並用它來呼喚孩子。你的巫名不需嚴格保密，但至少要尊重它，像是僅與其他巫者分享使用這名字，或至少只與親近自己的人分享使用之。

當然，你也許對於父母給予自己的日常名字相當滿意，若你想用它作為自己的巫名，那也很好。不過，在下定決心之前，請按照以下的描述用數字學檢視一番。有些巫名取自歷史或神話，尤其是那些與其巫術分支有關的名字（像是威爾斯巫術傳統裡面提到的威爾斯名字、撒克遜巫術傳統裡面提到的撒克遜名字等等）。其他人則是自己編造巫名。不同於有時會在廉價小說看到的「女巫摩根」（Witch Morgan）、「女巫黑澤爾」（Witch Hazel）（！）[8]之類的稱呼方式，他人只會用你的巫名來稱呼你，不會在前面加上「男／女巫……」（Witch……）。

某些傳統則使用尊稱「巫母」（Lady），甚至還有「巫父」（Lord）。在加德納巫術傳統中，女祭司長（the High Priestess）必被稱為「巫母」（Lady...(Name)...）。在面對面交談時，直接稱她為「巫母」（My Lady）也屬恰當。在那傳統中，她是唯一有如此稱呼的人物，而且該傳統從沒有男性被稱為「〔巫名〕巫父」（Lord...(Name)...）。

無論你選擇哪個名字，或特別喜歡哪個名字，請檢視它是否真的適合自己。名字的檢視係運用數字學來進行。數字學有許多不同的系統，但下列的系統或許是最常被大家使用的。依序進行的步驟如下：

一、將自己出生日期的數字全部相加以找出自己的出生數字。例如，假設你出生在1956年6月23日，那麼這些數字全部相加會得到：

$$1956.6.23 = 1 + 9 + 5 + 6 + 6 + 2 + 3 = 32$$

再將其簡化為一位數：$3 + 2 = 5$，那麼數字5就是你的出生數字。

---

[8] 譯註：字面恰巧是藥草「金縷梅」的名稱。

　　注意：計算時一定要包含年分（例如這裡的 1956 年）的前兩位數字（此例為 19）。因為世上還有十九世紀（1800s）末出生的人，而我們現在也已進入二十一世紀（2000s），所以這很重要。

　　二、用數字學找出你的名字之對應數值。這會用到將英文字母表的所有字母按 1 至 9 等九個數字依序排列的對應表：

1	2	3	4	5	6	7	8	9
A	B	C	D	E	F	G	H	I
J	K	L	M	N	O	P	Q	R
S	T	U	V	W	X	Y	Z	

　　假設你喜歡 DIANA 這個名字。使用上面的對應表，查出 D ＝ 4、I ＝ 9、A ＝ 1、N ＝ 5、A ＝ 1，所以 DIANA ＝ 4 ＋ 9 ＋ 1 ＋ 5 ＋ 1 ＝ 20 ＝ 2。然而你的出生數字是 5，而你的巫名應要符合你的出生數字。就上面的範例而言，你可以為 DIANA 添加一個數字為 3 的字母（C、L 或 U）就能達到這個要求。所以你的巫名可能會是 DICANA、DILANA 或是 DIANAU，這些名字在換算後都會是數字 5。如果這些名字都沒有引起你的興趣，請再想一個可能的名字並檢查之。

　　你也許要花上一些時間才能找到自己喜歡且在數字學方面適合自己的名字或多個候選名字，但值得如此。也許最好的方法是先找到合適的字母搭配，再將它們不斷重組排列，直到出現某個比較吸引你的組合（就上述的 Diana 範例而言，也許 NAUDIA 會是可能的選項）。我會在第九課多加探討數字學。

　　為何巫名得與你的出生數字相符？因為你的出生數字不會變。人們可以更改姓名、地址等等，但自己的出生日期無法更改。藉由選擇與出生數字相匹配的新名字，你就能使自己對準那道振動——即你所選擇的出生時間之振動。

　　如前所述，數字學有幾種不同的系統，而上述作法可能是最流行的系統，在下則發現它是最準確的系統。不過，如果你對其他不同的系統感到更能接受，那麼就去使用它。這裡的重點在於無論你使用哪種系統，自己的新名字都要與自己的出生數字相符。

第三課問題

一、第三課涉及製作工具。請決定你將如
何製作自己的工具。你會使用什麼材
料？你可以自行製作工具或改造現有
工具。請說明你計劃使用的工具。

二、詳述你的巫刃製作或獲取計畫。怎麼
做才能讓它成為專屬你自己的工具？

三、你會選擇什麼特別的名字？

四、運用數字學以找出父母給你的名字以
　　及新名字的數值。

1　2　3　4　5　6　7　8　9
A　B　C　D　E　F　G　H　I
J　K　L　M　N　O　P　Q　R
S　T　U　V　W　X　Y　Z

五、設計你的長袍。你會使用什麼顏色與
　　布料？你是基於何種考量而做出這些
　　選擇？請在底下畫出你的長袍圖像或
　　示意圖。

第三課試題

一、巫者的短刃有沒有特定的長度？

二、若你擁有一把古刀，而且你相信這把
刀曾用來殺人，那麼你能用這把刀製
作巫刃嗎？

三、你能用市面上買來的刀具不經改造地
當作自己的巫刃嗎？

四、在金屬表面做記號的兩種主要方法是
什麼？

五、劍是否為必要的工具，還是可用別的
東西來代替呢？

六、什麼是推刀（burin）？

七、Jessica Wells 出生於1962年3月15日，
她喜歡 ROWENA 這個名字，並想用它
作為自己的巫名。這會是好的選擇嗎？
如果不是的話，你會建議她怎麼做？

八、選出自己的巫名，並用數字學檢查看
看。練習以各種形式的魔法字體來寫
這個名字。

九、若用撒克遜符文來寫 GALADRIEL 這個
名字，要怎麼寫？這個名字的魔法花
押會是什麼樣子？

請閱讀下列作品：

《圈內人所認識的巫術》（*Witchcraft From the Inside*），雷蒙德·巴克蘭著，第7、8、9、10章

《巫術的意義》（*The Meaning of Witchcraft*），傑拉德·布羅索·加德納著，第1至5章

《數字學》（*Numerology*），文森特·洛佩茲（Vincent Lopez）著

推薦的補充讀物：

Numerology by Vincent Lopez

第四課

起步

GETTING STARTED

）過渡儀式（

「過渡儀式」（RITE OF PASSAGE）是從某種生命狀態到另一種生命狀態的過渡，例如出生、結婚與死亡。1909 年，身為佛蘭德人（Flemish）的人類學家范金納普（Van Gennep）首度為此類儀式定出如此名稱。而你將要關注的主要過渡儀式是啟蒙儀式（initiation）。覺察並了解啟蒙儀式的不同部分及其象徵意義，對這時候的你來說很重要。

啟蒙在最為常見的意義上係指一系列的儀式與口傳教導，其安排是為了使接受儀式的人在面對宗教及社會的意識狀態出現非常明確的變化。在這過程當中會產生某種**滌清**（catharsis）——即靈性的淨化。事實上，當事人就此變成不一樣的人了。這裡的啟蒙係指**任何**啟蒙，無論該過程是屬於巫術，還是屬於原始文化、部落社群，或甚至具有相似形式的基督教，均是如此，而其中心主題即是 palingenesis ——也就是「重生」。你一邊結束自己已知的生命，並且一邊「再次出生」……帶著新的知識重生。

所有的啟蒙儀式都依循相同的基本模式，全世界均是如此，澳洲原住民、非洲人、美洲印第安人、愛斯基摩人、太平洋島民、巫者、埃及人、希臘人與羅馬人是其中幾個例子。他們的啟蒙儀式全都包含相同的基本要素。

首先是**分離**（separation）。對許多人來說，這是自己在實際上與朋友，特別是與家人、與自己迄今所知的一切分離。這階段通常會用到特別的小屋、洞穴或某種建築物，而人們被帶到那裡，開始接受訓練。

接下來的重要部分，則是內外都要**潔淨**（cleansing）。在某些文化，這可能包括完全去除所有體毛。而且這部分肯定會包含一次或多次禁食與禁絕性事的時期。有些地方在禁食之前還會有各種不同的飲食禁忌。

加德納巫術裡面可以看到典型的啟蒙儀式，係由四個部分構成。第一部分稱為「挑戰」（the Challenge）。受啟者會被詢問是否真的想要完成這儀式。這問題看似是個簡單到不必問的問題。然而，從首度接觸巫會開始，想要成為巫者的人可能需要長達一年的時間才能到達可以啟蒙的時機。從巫術的角度來看，這段時間是必要的，才能篩分飽滿的麥粒與中空的麥麩，亦即找出那些真正有興趣將巫術**當成宗教**的人，而不是具有諸多錯誤想法的人——例如認為巫術是魔鬼崇拜、尋求狂歡派對、加入巫會「只是為了好玩」等等。所以在漫長的等待期間，受啟者一直不停地閱讀與學習，而在這段等待結束之後，終於來到那個門檻。那是她第一次環顧內殿（Inner Sanctum）——看著搖曳的燭光、冒煙的薰香，還有某位神情嚴肅的男祭司拿起劍向自己指來。對受啟者而言，這看似有點不妙、有點嚇人。她若當場決定不再費心經歷這一切，也不足為奇……說不定從此不走巫藝而改走編織工藝呢！如果受啟者做出這樣的決定，她是可以自由轉身離去。然而經過漫長的等待之後，很少有人做出這種決定。所以在挑戰之後，她會被矇眼及綁縛，然後被引領進入巫圓。……在大多數傳統中，受啟者都要立下「守密誓言」（Oath of Secrecy），而在發誓之後就能取下眼罩，不久也會取下綁縛的繩索。這個誓言純粹是用於守密而已，不會要人否認自己過去所信的宗教、沒有用來唾棄的十字架、沒有需要以血簽署的契約，也沒有可以親吻的山羊屁股！宣誓之後則是「工具展示」（the Showing of the Tools）。每個巫會都有許多所謂的「行事工具」（working tools），會由男祭司一一向受啟者介紹，並在展示每一工具時解釋其用途，而受啟者為了表示自己已了解說明，會將自己的手短暫按在工具上……而在啟蒙儀式結束時，男祭司長帶領受啟者沿著巫圓走到四個基本方位，並在每一方位向據信見證整個過程的眾神「呈現」（Present）這位新立的女祭司與巫者。

摘自《玄祕剖析》（*Anatomy of the Occult*）

雷蒙德·巴克蘭

Samuel Weiser, N.Y. 1977

　　象徵性死亡（symbolic death）是啟蒙的主要部分之一，不過某些心智相當單純原始的人並不了解這僅是象徵性的死亡，還滿心期待會被賜予死亡。在某些部落，這個部分的確包含實際執行的肉體割除（dismemberment），也許是割禮、紋身、斷指或敲掉牙齒。儀式性的鞭打是另一種更常見的象徵性死亡形式，或者死亡會套用某個「怪物」的外形——也許是部落的圖騰動物——而將受啟者（the initiate）吞下。

　　在「死亡」之後，受啟者發現自己處在子宮裡面等待新的出生。在某些社會當中，受啟者會處在用於代表世界的小屋裡面，並位於其中心——即處在某個神聖小宇宙（microcosm）之中。受啟者是在地底的偉大母親（the chthonian Great Mother）——地母（Mother Earth）——裡面。偉大的英雄、男神與女神往下進入地母（還記得第二課西雅克斯－威卡關於女神的神話吧）並凱旋歸來，像這樣的神話多到無法數算。他們在那個地底子宮當中，總能找到偉大的知識，因為它通常是死者的歸處，畢竟傳統認為死者可以看到未來，因此知道所有事情。所以，由於身處地底子宮當中，受啟者將會習得**新的知識**（new knowledge）。在剛果有此概念的明顯例子——沒有受到啟蒙的人被稱為「無明者」（vanga），而已經受到啟蒙的人則被稱為「知曉者」（nganga）。

　　接受這個新知識之後，受啟者就**重生**（reborn）了。若他或她被怪物吞下，可能會從怪物裡面生出來或被它從嘴中吐出來（嘴常是陰道的替代象徵）。在某些非洲部落，村中婦女會站成一長排，男性受啟者得從她們的兩腿之間爬出去。這名男性會得到新的名字，並開始自己的新生活。有趣的是，在羅馬天主教的教堂中也可找到與此重新命名相似的過程：在堅振禮（confirmation）開始用新的名字、女人在成為修女時開始用新的名字、新選出的教宗會有新的名字。

　　在發掘龐貝古城的過程中，有發現一座別墅，被命名為「神祕別墅」。這是古義大利的每一個人最初接受奧菲斯祕儀（the Orphic Mysteries）的啟蒙之處。啟蒙室裡面的各處牆上都有溼壁畫，描繪某位女人經歷啟蒙的各個不同階段，而這例子當中的象徵性死亡則是鞭打。知識的部分啟示來自於受啟者使用拋光的碗進行的觀占（scrying）*。而最後的場景則展示她裸身舞蹈慶祝自己的新生。這些場景是啟蒙的典型重生（palingenesis）過程。

　　巫術的完整啟蒙過程包含上述所有要素。雖然一開始並沒有真正意義上的分離，然而為了能夠全心投注在巫術的個人研究上，你當然會把自己與他人隔開。你也會花很多時間獨處，思考自己準備要做的事情，還會透過沐浴及禁食——在實際啟蒙之前的二十四小時之內只允許吃麵包、蜂蜜與水——還有禁絕性事來潔淨自己。

---

* 詳見〈第九課：占卜〉。

至於儀式本身，不會有任何嚴苛的象徵性死亡或肉體割除，而是會讓你體驗矇眼與束縛，象徵子宮的黑暗與限制。身上的這些限制會在你「出生」的時候消失。屆時某些事情會向你揭露，而你將獲得新的知識，然後得到新的名字。同在巫術這條道路上的弟兄姐妹將會歡迎你來開始自己的新生活。完整的啟蒙過程是非常感人的經驗——很多人都說那是他們一生中**最受感動**的經驗。

一般過程是這樣的，你找到某個巫會，通過考驗之後被巫會接納並接受巫會的啟蒙。不過，若是你打算從頭開始，亦即你們一群朋友想要組建自己的團體，並從最基礎的部分開始自己的傳統，那要怎麼做？換言之，這個團體的「第一人」如何得到啟蒙，以便她或他可以啟蒙其他人呢？同理，若你是獨行俠，不想加入團體，那麼你要怎麼啟蒙呢？答案就是，透過「自我啟蒙」（self-initiation）來完成。[9]

幾年之前，大多數的巫者（敝人也包括在內！）都不贊成自我啟蒙這個概念。當時的我們沒有好好思考兩個問題：其一，在「古早以前」的時代，那些住所在距離任何巫會都很遙遠的人們會怎麼做？其二，「第一位」巫者是怎麼得到啟蒙的？無論如何，現今的我們當中有些人對此已有較為周全的見識。

至於**「自我奉獻」**（Self-Dedication），完全就是字面上的意思——奉獻自己服事諸神。它不會包含上述啟蒙過程的一切要素，但這經驗仍相當令人感動。若你願意的話，當然可以在完成「自我奉獻」以後再找日子進行完整的巫會啟蒙儀式，但請注意，這不會是強制性的作法——僅跟個人喜好有關而已。

以下是經常問到的問題：「自我啟蒙多有效？」某些傳統會認為這樣做根本無效（儘管人們也許會質疑這些傳統本身的整體「有效程度」！），例如你當然無法自行啟蒙成為加德納巫術傳統的入門者。然而這裡的重點在於，自我啟蒙對**你**多有效？如果你是真誠地、如果你想成為巫者並崇拜古老諸神、如果你並無不可告人的動機……那麼自我啟蒙**的確有效**，別聽從那些說它無效的言論。

顯然，若你想參與某個特定傳統，且該傳統有自己的一套啟蒙儀式（如同敝人剛才提到的加德納巫術傳統那樣），那麼你必得通過這個特定儀式才能加入該傳統。然而，任一傳統都無權對另一傳統說什麼才是對的、什麼才是錯的。就在下所見，太多人糾結在「法脈相傳」一事——誰啟蒙了誰？這個誰又透過誰來啟蒙？——而不是專注在崇拜這件事。加德納巫術傳統算是現代傳統當中最早者之一，然而在撰寫本文的此時，它就當前的形式來看也只有大約三十五年的歷史而已。考量到巫術的古今全貌，它並不是很老的傳統。所以，若加

---

[9] 譯註：為了協助讀者理解，完成啟蒙儀式之前的求道者會譯為「受啟者」，完成啟蒙儀式之後的求道者則譯為「入門者」。

德納巫術形式的啟蒙儀式（純為舉例）可以被認為是「有效」的話，那麼你的啟蒙儀式一樣也能算是有效。

⟩ 巫圓 ⟨

　　駐外國的羅馬大使會用手杖在自己周圍畫個圓圈，以表明他們應免受攻擊；巴比倫人會在病患所躺的床周圍地板上用麵粉畫個圓圈以驅除諸魔；中世紀的日耳曼猶太人會在分娩婦女所躺的床周圍畫個圓圈，以保護她免受眾惡靈的影響。運用圓圈來標示神聖區域的邊界是非常古老的作法——例如巨石陣（Stonehenge）。然而巫圓不僅將不要的事物擋在外面，還將想要的事物——即經過提升的力量、魔法能量——留在裡面。

　　巫圓的尺寸完全取決於繪畫者及繪畫的目的。在儀式魔法當中，魔法圈是魔法師召喚靈體存在的地方，因此魔法圈（以及裡面的一切事物）的精確程度至關重要。然而就像天平一樣，對於圓的要求還有另一種完全相反的態度。在古早時期，村民聚在一起祭祀神靈時，只會在地上簡單畫出粗略的圓圈，通常畫得相當粗糙，但不論準確與否都照用不誤。其目的僅是指定某個空間作為儀式的聖地、「特別」為此目的而準備的地方。你的巫圓並不用像儀式魔法師的魔法圈那樣極為精細地準確（不過〈第十一課：魔法〉會有更多介紹），但它的繪畫仍然需要一定程度的謹慎與精確。巫會的巫圓直徑為9英尺（約274.3公分），個人的巫圓直徑是5英尺（約152.4公分）。巫圓的繪畫從東側開始，並在東側結束，而且**總是**以順時針或**順繞圈**（deosil）的方式來畫。若你們是在戶外聚會，那麼男祭司或女祭司會一邊走動，一邊拿著巫會之劍如實在地上劃出巫圓。若在室內，巫圓應當先用一段白繩與粉筆在地板上標記，或是——若你的神殿是固定擺置的話——可以用白色油漆標記。不過男祭司或女祭司還是會拿著劍，在東側開始「標示」巫圓，一邊沿著巫圓走動，一邊透過劍尖將力量導入巫圓，最後回到東側結束。

　　暫時性的巫圓有幾種創造方法。其一是在另一塊地毯上畫出永久標記的巫圓，而這塊地毯可在沒有進行儀式的時候捲收起來，需要時再展開鋪於平常的地板上即可；其二則是用方圓6至12英尺（約182.9至365.8公分）的圓形布料，其上繪有儀式用的巫圓，可視需要收起來或展開放置。後者的優點是它比一整張地毯輕盈許多，而且更容易存放。

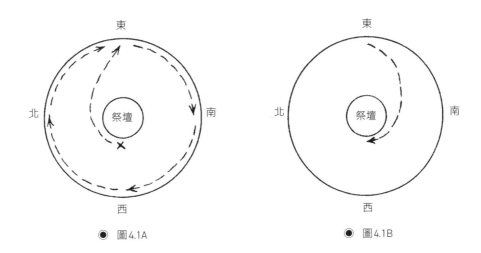

● 圖4.1A　　　　　　　　● 圖4.1B

在巫圓的線上立有四根未點燃的白色蠟燭，一在北方、一在東方、一南方、一在西方。若你想要的話，也可在這四根蠟燭之間添加已經點燃的蠟燭，而它們應該豎立在巫圓的周圍，但在線的外側。其存在純粹是為了額外的照明。

在撒克遜巫術中，第一個**必然**執行的儀式稱為「立起神殿」（Erecting the Temple），這在其他傳統則稱為「展開巫圓」（Opening the Circle）、「施展巫圓」（Casting the Circle）或類似的名稱。巫圓及裡面的一切事物會在這個儀式中得到適當的淨化與聖化，但就目前而言，敝人只會講述關於施展足以進行自我奉獻／自我啟蒙的巫圓。以下是最為基礎的巫圓施展方式，這裡會假設你還沒製作自己的巫刃。你**必然**需要以下的祭壇用具：蠟燭、香爐、高腳酒杯或角杯、鹽與水、祭酒盤，還有代表神祇的雕像（如果想用雕像的話）。高腳酒杯裡面應要有酒。

〕 自我奉獻 〔

這個儀式應該在盡量接近滿月的月盈期間進行。至於儀式，我會建議你完全裸體，且不配戴任何飾品。

除了上述的祭壇用具之外，水與鹽之間還應該放一小碟膏抹用油（參見第十三課第339頁的配方）。

祭壇設置在巫圓的正中央，其擺置方式要能使你站在它前面時會面向東方。而你也已經標示巫圓的位置（透過繩索、粉筆或油漆）。閉上眼睛在祭壇前面採坐姿或跪姿。在你的心智之眼集中自己的思緒，觀想自己被包攏在一個白色光球裡面。引導你的能量，使白光擴展到完全填滿巫圓。將這樣的觀想保持片刻，然後放鬆。睜開你的眼睛，站起來並移動到東側。

將你的右手食指（左撇子的話就用左手）往下指向標示巫圓的線。沿著巫圓以順繞圈的方式緩慢走動，同時透過往下指向的手臂與手指，將力量引導往下「畫出」巫圓（如圖4.1A）。而當你走完一圈之後，回到祭壇（如圖4.1B）。點燃祭壇蠟燭與香。接著拿起祭壇蠟燭並繞著祭壇周圍移動，使用祭壇蠟燭中點燃東之蠟燭，並依序點燃南、西與北之蠟燭（如圖4.1A）。繼續往東側走，然後再回到祭壇前，將祭壇蠟燭放回去（如圖4.1B）。之後，將你的食指尖放在鹽中，再次專注在將能量沿著手臂與手指往下傳出去，並說：

> 「鹽是生命。我祈請諸神，令此鹽變得純淨。而在獻給自己所信仰的男神與女神[†]之儀式當中，我會用它來淨化自己的生命。」

接著一次一小撮地取三撮鹽丟進水中，再用食指在水中以順繞圈的方向攪動三圈，並說：

> 「聖鹽會逐出水中任何不潔事物，使鹽與水能一起用於我對諸神的服事；在這些儀式當中，我隨時都能以任何方式運用它們。」

拿起盛著鹽水的碗走去東側，並一邊以順繞圈的方向沿著巫圓行走，一邊用手指沾點鹽水灑在巫圓的線上。（如此繞完一圈之後）把盛著鹽水的碗放回祭壇上。再拿起香爐，再次從東禮繞著巫圓行走，並沿著巫圓的線擺動香爐 （如此繞完一圈之後）返回祭壇並把它放回祭壇上。然後說：

> 「神聖巫圓將我包圍。
> 我係出於一己的自由意志與願望，
> 懷著平安與愛處於此地。」

用食指沾浸鹽水，然後在額頭上第三隻眼的位置（雙眉之間）畫一個內有十字的圓[10]。然後在你的胸部、心臟上方畫一個五芒星☆（pentagram）。接著說：

> 「我在此藉這儀式獻上自己對於諸神的敬意，
> 並邀請諸神予以見證。」

[†] 想要的話，這裡可以放進你所選定的女神與男神之名。

[10] 譯註：⊕。

右手握拳高舉，食指伸出往上指，向諸神致敬並同時說：

> 「男神與女神、父神與母神、
> 一切生命的父親與母親啊，
> 請在這個巫圓裡外的一切事情當中
> 守護我、引導我。
> 感恩此事實現。」

親吻你的右手以向父神與母神表示敬意，然後拿起高腳酒杯，將少許酒灑在地上（或灑在祭酒盤中）作為獻給諸神的祭品，並同時說：

> 「感恩父神與母神！」

飲一口杯中酒，然後將高腳酒杯放回祭壇，並同時說：

> 「現在神殿已立。
> 除非必要，我不會離開這裡。
> 感恩此事實現。」

在祭壇前坐下或跪下，用幾分鐘低頭冥想男神與女神、巫術及古教對自己的意義。然後站起身來，雙手高舉在祭壇上方，並說：

> 「現在，父神與母神，請聽我說！
> 我在此僅是一個事奉諸神的信徒（Pagan），
> 向你們獻上敬意。
> 我行走甚遠、
> 搜索甚久，只為了尋找
> 自己最為渴望的事物。
> 我屬於樹木與田野。
> 我屬於森林與清泉、
> 溪流和山丘。

我屬於你們，而你們亦屬於我。」

放下手臂。

> 「請將我渴望的事物賜予我。
> 請允許我崇拜諸神
> 及諸神所代表的一切。
> 請使我熱愛一切事物裡面的生命。
> 我十分了解這信條：
> 若我的內在沒有愛的火花，
> 那麼我在外頭也將永遠找不到它。
> 愛是遍及一切的法則，愛是維繫萬物的連結。
> 我對於這一切的敬重大於其他事物。」

親吻你的右手，然後將右手高舉。

> 「我的父神與母神啊，
> 站在你們面前的我，
> 赤身裸體、無有裝飾，為的是
> 將自己獻身於你們的榮耀。
> 我將永遠保護你們以及屬於你們的事物。
> 我會永遠挺身維護你們，
> 不讓任何人說你們的壞話。
> 從今以後，
> 你們是我的生命，我是你們的生命。
> 吾接受並永遠遵守「威卡箴言」：
> 『只要無傷無害，儘管任意而行。』
> 感恩此事實現。」

拿起高腳酒杯，將剩餘的酒緩緩倒在地上，並說：

> 「如同此酒從高腳酒杯（角杯）
> 流洩而出的模樣，
> 若我真的傷害諸神
> 或從屬於諸神的任何子民，
> 就讓鮮血依樣從我的身體流洩而出。
> 感恩此事實現！」

　　將你的右手食指浸入油中，再次於自己的第三隻眼畫上內有十字的圓圈符號，並在自己的心上面畫上五芒星。然後，用手指沾油觸碰你的生殖器、右乳房（乳頭）、左乳房（乳頭），然後再次碰觸生殖器。（最後這一步驟形成「神聖三角」（the Sacred Triangle），象徵著從那股力量的根源汲取力量的動作。）並說：

> 「為了標誌自己的重生，
> 我為自己取新的名字。
> 從今以後，
> 在巫術裡面的人生，
> 我將被稱作……〔名字〕……。
> 感恩此事實現！」

　　然後採取舒適的坐姿，閉上眼睛、沉思巫術對自己的意義。你很有可能在這時候會接收到一些徵象，表明你確實已與諸神相繫。不過，無論你有沒有接收到徵象，就是讓自己對於他們、對於古教的情感，從身體裡面流溢出來。盡情享受終於與古教合一的「回家」感受。

　　完成冥想之後，若你想用唱歌、跳舞或任何其他方式來慶祝的話，那就做吧！然後在準備好要結束時，站起身來，高舉雙手並說：

> 「我感謝諸神降臨於此。
> 如同我是因著對他們的愛來到這裡，
> 我現在也是如此走上自己的道路。
> 愛是遍及一切的法則，愛是維繫萬物的連結。
> 感恩此事實現！現在神殿已經關閉。」

以上內容改編自西雅克斯－威卡的自我奉獻儀式。

　　雖然敝人尚未給出常規的「立起神殿」儀式之完整細節（況且你也還沒聖化自己的工具），但為了把自我奉獻的主題講得完整，我會先花點時間講述完整的巫會啟蒙儀式，並在下一課從這裡的中斷之處繼續。

） 巫會啟蒙儀式 （

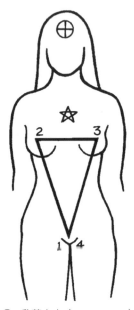

　　以下儀式與本書所有儀式一樣，係以模組的形式呈現——是你可以套用或調整的藍圖。你會看到這個啟蒙儀式包含敝人之前討論過的所有要素。如果你決定撰寫自己的一套儀式，在下會鼓勵你依循下列的一般模組來做。

　　在下列的儀式中，敝人係以男祭司為某位女性啟蒙的設定來撰寫。而這儀式明顯可以接受角色性別互換的改寫（幾乎所有巫術傳統皆係由男性啟蒙女性，並由女性啟蒙男性）。

　　在這儀式中，受啟者通常赤身裸體。若巫會通常裸體行事，自然沒什麼問題。不過，若巫會通常穿著長袍，那麼受啟者應是唯一一個赤身裸體的人，或是穿著一件可依指示從前面敞開的長袍（即使是著袍的巫會，通常也不會在長袍底下穿著任何衣物）。

　　巫會啟蒙儀式的參與人員，可以是巫會的全體成員，或是只有男祭司、女祭司與受啟者，又或是男祭司、女祭司、一兩位助手及

● 啟蒙之吻（Initiation kiss）

受啟者。這方面應由巫會依其喜好來決定。下列儀式則是以參與人員為一位男祭司、一位女祭司、兩位助手（敝人稱之為侍女和侍從）及一位受啟者之設定而寫的。除了通常的祭壇用具之外，祭壇上面還有一碟膏抹用油（放在水與鹽之間）、一條9英尺（約274.3公分）長的紅色繩子及一條蒙眼布。女祭司的女神王冠與男祭司的角盔置於祭壇後面。受啟者不戴任何首飾，也不化妝，在神殿外面的另一房間等候。至於用油膏抹的部分仍按照「自我奉獻」所述的方式進行：在第三隻眼的位置，即雙眼之間且稍微上面一點的地方，畫上內有凱爾特十字（Keltic Cross）[11] 的圓圈，然後在心的位置畫上五芒星，接著觸碰生殖器、右乳房、左乳房，再觸碰生殖器一次以描繪倒三角形。

　　「立起神殿」儀式係以常規方式進行（參見下一課）。然後拿起搖鈴響三聲。

女祭司：「願無人苦於寂寞，讓眾人均有朋友與弟兄姐妹相伴，因為所有人都可以在巫圓裡面找到愛與平安。」

男祭司：「父神與母神歡迎大家前來這裡。」

侍從：「這裡有個消息，有人遠道而來，她在尋求我們所喜愛的事物。」

侍女：「她已尋求甚久，但她現在覺得這趟旅程即將結束。」

男祭司：「妳說的人是誰？」

啟蒙儀式的綁縛方法

一、用9英尺（約274.3公分）長的紅繩繞於受啟者彎到背後的左手腕。在繩索的中點，綁一個平結（reef knot or square knot）。

二、將受啟者的右臂以手腕相碰的方式疊在左臂，再綁一個結。**注意**：相疊的手臂要與頭部形成三角形，其底邊就是相疊的手臂（見示意圖）。

三、繩子的兩端則往上帶，分別繞過受啟者的頭部兩側，並在受啟者前面交叉。

四、將其中一端從受啟者頭部後面繞一圈過來，跟另一端一起在受啟者的右肩打個蝴蝶結（bow）[12]。

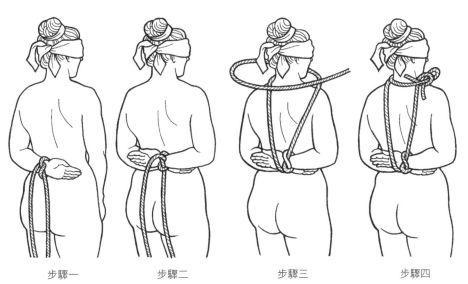

| 步驟一 | 步驟二 | 步驟三 | 步驟四 |

---

[12] 譯註：打結時，請注意別讓繞頸繩圈有任何縮緊的可能性。

侍從：「這個人正在我們的神殿外面等著，她請求進入這裡。」

女祭司：「是誰要她來這裡的？」

侍女：「她是憑著自己的自由意志，自願來到這裡。」

男祭司：「那她想要什麼？」

侍女：「她想要與父神及母神合而為一。她想要跟我們一起崇拜他們。」

女祭司：「誰能為此人擔保？」

侍從：「我可以。身為她的老師[‡]，我向她顯示道路、為她指明正確方向，讓她踏上此道。而現在她選擇跨出這一步，並請求你們讓她進來。」

男祭司：「她可以被帶到我們面前嗎？」

侍從：「她確實可以。」

女祭司：「那麼就帶她過來吧！」

◉ 向四方呈現受啟者

　　侍從拿起繩索與巫刃，侍女拿起蒙眼布與蠟燭。他們以順時針的方向沿著巫圓行走到巫圓東側，然後離開巫圓。[§] 他們走出神殿，往受啟者走去。侍女將她的眼睛矇住，而侍從則用繩索將她綁縛（參見插圖）。侍從與侍女在受啟者左右兩側攙扶，一起往神殿房間的門口走去。然後侍從用巫刃的柄端大聲敲門。

男祭司：「誰在敲門？」

侍從：「我們帶著一個願意加入我們的人回來。」

女祭司：「她叫什麼名字？」

受啟者：「我的名字是……〔父母所取的名字〕……。我請求進入這裡。」

女祭司：「進來我們的神殿吧！」

[‡]　這個角色明顯應由從一開始到啟蒙儀式之前陪伴受啟者學習的人來擔任。

[§]　參見第十一課關於進入與離開某個已經展開的巫圓之細節。

三人進入神殿房間，並站在巫圓東側外面。侍女手執蠟燭，侍從手拿巫刃。鈴響一次。

男祭司：「……〔受啟者的名字〕……，妳為什麼要來這裡？」

受啟者：「為了崇拜我所信仰的諸神、與他們合而為一，並與同屬巫術的弟兄姐妹合而為一。」

女祭司：「妳帶著什麼來這裡？」

受啟者：「我只帶來我這個赤身裸體、無有裝飾的真實自我，沒有別的。」

女祭司：「那麼我邀請妳進入這個屬於崇拜與魔法的巫圓。」

侍從使他們三人進入巫圓。他們進來巫圓後仍站在東側。男祭司和女祭司繞行到他們那裡，且男祭司拿著香爐，女祭司端著鹽水。

男祭司：「為了讓妳進入我們的神聖巫圓，我在此以父神與母神之名聖化妳。」

如果受啟者穿著長袍，女祭司這時敞開受啟者的長袍，男祭司則用鹽水灑她、用香薰她，然後再合上受啟者的長袍。男祭司與女祭司回到祭壇，後面跟著侍從、受啟者與侍女。而當男祭司與女祭司站在祭壇前面，侍從與侍女則面對面地在受啟者左右兩側引領受啟者一起繞走到祭壇後面，然後一起面對男祭司和女祭司。鈴響兩聲。

女祭司：「我現在代表女神說話。妳為什麼來這裡？」

受啟者：「我來這裡是為了與父神及女神合而為一，為了加入崇拜他們的行列。」

祭司：「我現在代表父神說話。有誰要妳來這裡？」

受啟者：「沒有人要我來這裡，我來這裡是出於自己的選擇。」

男祭司：「到目前為止的一切已知人生，妳願意結束嗎？」

受啟者：「我願意。」

男祭司：「那就如妳所願。」

侍從用他的巫刃切斷受啟者的一縷頭髮，丟至香爐上。侍從與侍女引領受啟者開始繞著巫圓移動，走到巫圓東側。

侍女：「東方之門的所有存在，請聽我説。這位是願意加入我們的同伴。請歡迎她，並為她帶來喜悦。」

他們移動到巫圓南側。

侍從：「南方之門的所有存在，請聽我説。這位是願意加入我們的同伴。請歡迎她，並為她帶來喜悦。」

他們移動到巫圓西側。

侍女：「西方之門的所有存在，請聽我説。這位是願意加入我們的同伴。請歡迎她，並為她帶來喜悦。」

他們移動到巫圓北側。

侍從：「北方之門的所有存在，請聽我説。這位是願意加入我們的同伴。請歡迎她，並為她帶來喜悦。」

侍從與侍女引領受啟者再度回到祭壇後面，面對男祭司與女祭司。男祭司與女祭司將他們的冠冕戴在頭上，拿起他們的巫刃，並肩站立，右手高舉巫刃致敬。侍從搖鈴三聲。

侍女：「現在，妳得面見自己所尋找的對象。」

侍女取下受啟者的蒙眼布。

侍女：「看啊，我們在這兩位祭司身上看見諸神，藉此知道我們跟他們是一樣的。」
侍從：「如同我們需要諸神，諸神也同樣需要我們。」
男祭司：「我是為男神代言的人。然而妳與我是平等的。」
女祭司：「我是為女神代言的人。然而妳與我是平等的。」

　　男祭司與女祭司放下他們的巫刃，並將巫刃呈現在受啟者的面前，而受啟者親吻他們的巫刃。

受啟者：「我向父神與女神獻上敬意，如同我向代表他們的人致敬那樣。我發誓將我的愛與支持獻給他們以及同屬巫術之路的弟兄姐妹。」

男祭司：「妳知道『威卡箴言』嗎？」

受啟者：「我知道。只要無傷無害，儘管任意而行。」

女祭司：「妳願意遵守『威卡箴言』嗎？」

受啟者：「我願意。」

男祭司：「回答得好。妳的束縛將被解開，使妳可以重生。」

　　侍從解開繩索。侍女帶領受啟者繞過祭壇，使她站到男祭司與女祭司之間。然後侍女回到她原先在侍從旁邊的位置。

女祭司：「為了重新開始自己的人生，妳必須以自己選擇的名字作為起頭。妳有這樣的名字嗎？」

受啟者：「我有。那是……〔巫名〕……。」

男祭司：「那麼從今以後，你的巫術弟兄姐妹將用這名字稱呼妳。」

　　男祭司拿起膏抹用油。若受啟者穿著長袍，女祭司會敞開受啟者的長袍。男祭司進行膏抹（十字、五芒星與三角形），並說：

男祭司：「我用這聖油膏抹妳並淨化妳，將新生命賦予諸神的子女。從今以後，妳所有的巫術弟兄姐妹在這巫圓的裡面與外面都會稱呼妳為……〔巫名〕……。感恩此事實現！」

眾人：「感恩此事實現！」

女祭司：「現在妳已真正成為我們其中一員。作為我們其中一員，妳將與我們共享關於諸神及療癒、占卜、魔法及一切祕術等技藝的知識。隨著妳的進步，妳將會學到這些。」

男祭司：「不過我們要提醒你永遠記住『威卡箴言』。只要無傷無害，儘管任意而行。」

女祭司：「只要無傷無害，儘管任意而行。……〔巫名〕……，現在來見見妳的弟兄姐妹吧！」

　　入門者開始先向男祭司和女祭司致敬[‖]，然後四處走動，向巫圓裡面所有其他人打招呼與致敬。若巫會的啟蒙儀式要求其他巫會成員不得在場，那麼此時其他成員可返回巫圓一同慶祝。若巫會有致贈禮物給新入門者的習慣，則可在此時進行。鈴響三聲。

　　男祭司：「現在是可以真正慶祝的時刻。」

　　後續的吃喝慶祝及歡樂活動會持續到神殿關閉。
　　在下一課，你會聖化自己的工具，以便在未來進行儀式時使用。

‖ 當巫者相互**致敬**時，就是擁抱加上一個吻。

第四課問題

一、你如何為自己的啟蒙儀式做準備？

二、若你要加入某個現有的巫會，請描述該巫會的成員、男祭司與女祭司，以及它的目標。你加入那個巫會的理由是什麼？

啟蒙儀式　　　　　　　　　　巫會成員

巫會目標

第四課試題

一、你會用什麼術語描述啟蒙儀式的核心主題？

二、請簡要描述啟蒙儀式的一般模式。

三、啟蒙儀式的矇眼與綁縛，這兩者的意義為何？

四、「威卡箴言」（Wiccan Rede）是什麼？其意義為何？

五、由女人為另一女人啟蒙是否常見？

六、撰寫一篇短文，論述巫術對你的意義以及你想要參與其中的理由。

請閱讀下列作品：

《現今巫術》（*Witchcraft Today*），傑拉德・
布羅索・加德納著

《啟蒙過程（出生與重生）的儀式與象徵》
（*Rites and Symbols of Initiation (Birth and Rebirth)*），米爾恰・伊利亞德（Mircea Eliade）著

推薦的補充讀物：

The Rites of Passage by Arnold Van Gennep

第五課

巫會與儀式

COVENS AND RITUALS

） 巫會與級次 （

　　不論古今，總會有個別或「獨修」的巫者，也就是獨自進行宗教工作（也常為獨居）的巫者。現在仍有許多人覺得那樣比較舒服，所以我會在本書的後面做這方面的專門討論。不過，大多數巫者都是以團體形式進行宗教工作，這類團體被稱為**巫會**（coven），然而 coven 此詞的來源有些問題。瑪格麗特・慕瑞博士在其《西歐的巫之信仰》中，認為它是「convene（聚集）的衍生詞」。巫會是小團體，一般成員不會超過十幾個。「傳統」的巫會成員總數為十三個人，儘管完全沒有一定要這個特定數字的理由。就個人而言，敝人發現最舒服的巫會總人數約為八人。巫會人數的決定因素之一，即其舉行儀式所用的巫圓大小。同樣根據傳統，它的直徑為 9 英尺（約 274.3 公分），因此可以馬上看出，在此範圍之內可以舒適容納的人數是有限的。然而這實在是本末倒置，其實你應根據人數來決定巫圓的大小，而不是用巫圓的大小來決定人數。為了找到理想的巫圓大小，全部的人都應站成一個圓圈，大家手牽手並面朝圓內，然後一起慢慢向外移動，每個人的雙臂會逐漸伸展，直到雙臂盡量伸展到最開的程度。巫圓的大小應當能舒適容納全部的人，無論這代表它的直徑得是 7 英尺（約 213.4 公分）、8 英尺（約 243.8 公分）、10 英尺又 6 英寸（約 320.0 公分），還是 15 英尺（約 457.2 公分）都沒有關係。真正重要的是這樣的巫圓可以舒適容納整個團體，即使在繞圓跳舞時也不用擔心斷開巫圓的邊界，但也不會留有多餘的空間。

　　巫會是緊密的小團體。事實上，你所屬的巫會成員經常比你自己的家人更加親近你，所以巫術常被稱為「家庭宗教」（family religion）。因此，你應謹慎選擇自己的巫者同伴。光是全部的人都對古教感興趣是不夠的，你們必須完全包容、彼此之間完全舒適自在。通常要達到這一點會需要時間，所以你不應急著建立巫會。

與你的朋友一起學習巫術。閱讀所有你們能取得的巫術書籍，一起討論它們，並相互提問。若你知曉任何已入門的巫者或是可以接觸到那些願意回應的作者，請不要害怕向他們提問。

不要對這一切太過嚴肅以致一點幽默都沒有。宗教是需要認真以對的使命，沒錯，但諸神也知道如何歡笑，而且巫者總認為享受自己正在做的事情才是正道。當然，巫會儀式不應用輕忽的態度進行，但是若有人出錯（或是跌坐在蠟燭上！），請不要害怕身為人類的自己在面對這狀況的反應，笑就笑出聲吧！宗教儀式應要舉行，不過那是因為你**想要**舉行、因為你**喜歡**舉行，而不是因為你**必須**舉行。（我們可以把「必須」留給其他信仰！）

〉 級次制度與祭司職位 〈

巫會畢竟是團體，會需要一個或多個領導者。而該團體的領導者，也就是巫會的祭司，會代表男神與女神，因此領導者為一男一女似乎是理想的設定。在撒克遜傳統（以及其他一些傳統）中，這些領導者係由巫會成員以民主方式選出：他們將領導巫會一年，之後重新選舉，如果再次當選的話，無論其在選舉時是否正擔任領導職位，其稱號會在接下來的任期改成女祭司**長**（High Priestess）或男祭司**長**（High Priest），以表明資歷。這樣的系統有著明顯的優勢：一、防止祭司職位謀求私利與耍弄權力；二、讓想要的人有機會領導團體並擁有管理巫會運作的經驗；三、讓擅長此職位的人可以復職，同時也能移除任何濫用該職位者。

然而許多傳統則有級次系統——即人員的晉級系統——那麼在這些傳統中，不具必要的級次就不可能成為領導者。但遺憾地是，這些系統的確經常導致耍弄權力的情況（「我的級次更高——所以我是比你『更加優秀』的巫者！」），以及各種偏袒／虐待／自吹自擂的情事。請讓敝人趕緊補充說明一下，上述情況並非總是如此，只是那樣的可能一直都在。許多採取此種系統的巫會均已非常快樂地存在多年。

在大多數級次系統中，你會入門到第一級次。我們就以加德納傳統為典型範例來說明。在那裡的第一級次，你會加入「合唱團」（chorus）以參與儀式，並向你的長老（Elder）學習，而且必須在那個級次待上至少一年又一天。而在晉升至第二級次後，你就可以在儀式中執行更多事情。例如，加德納傳統的第二級次女性巫者甚至可以為女祭司長施展巫圓，然而她不能啟蒙任何人。在第二級次待上至少一年又一天之後，如果上位者發現你已做好準備，就有可能晉升至第三級次。而加德納傳統第三級次的女性巫者如果想要的話，可以離會並組建新的巫會，然後她會管理新的巫會，依自己的意思為人啟蒙，完全不受自己原本所屬巫會的女祭司長之干涉。所以你瞧，巫會是自然自治的團體。當然，第三級次的巫者也不一定得要離

會並創建新的巫會。許多到那級次的人都非常滿足於留在原來的巫會，而他們在那裡會被視為「長老」。

不同的傳統有不同的系統，有些系統不只三個級次，有些系統堅持級次之間的最短等待時間應要更長，有些系統的男祭司具有與女祭司相等的權力。

至於女祭司或男祭司應是什麼樣的人呢？當我最初於1963年在蘇格蘭伯斯由傑拉德・加德納的女祭司長奧爾雯巫母（Lady Olwen）啟蒙時，她向我描述了一位真正優秀的巫會領袖會有的模樣。其模樣如以下所述，然而敵人並不曉得此篇文章的作者身分：

男祭司與女祭司所具有的愛

你也許來找他們短暫相敘，
然後離開去做自己想做的事情。
他們的愛不會改變。
你也許否認他們本人或你自己，
然後詛咒他們及願意傾聽的任何人。
他們的愛不會改變。
你也許成為最受鄙視的人物，
然後回到他們身邊。
他們的愛不會改變。
你也許成為諸神之敵，
然後回到他們身邊。
他們的愛不會改變。
任意離去並恣意久留不歸，
然後回到他們身邊。
他們的愛不會改變。
虐待他人、虐待自己、虐待他們，
然後回到他們身邊。
他們的愛不會改變。
他們永不批評你，他們永不貶低你，他們永不讓你失望，
因為，你對他們來說，就是一切，
而他們自己什麼都不是。

他們永不欺騙你，他們永不嘲笑你，他們永不讓你失望，

因為，你對他們來說，你是男神／女神的本質，

而他們是為你服務的僕人。

無論你遭遇什麼事，

無論你成為什麼人，

他們一直都在等你。

他們認識你，他們服務你，他們愛你。

在這轉變無休的世界裡，

他們對你的愛，不會改變。

他們的愛，還有愛的對象，不會改變。

非巫者（即未啟蒙者）被稱為 cowan。一般來說，非巫者不能參與巫圓的活動，儘管有些傳統還是允許此類訪客。我個人則認為，若所有巫會成員都同意，且行事時均穿著長袍而不是「以天為衣」的話，那麼非巫者應該可以參加宗教性質的儀式（但不包括魔法操作性質的儀式）。若要了解古教的真正精神、確認它是否為自己尋求的道路，還會有什麼比這更好的方法？順帶一提，這樣的作法也能營造非常好的公關形象，有助於弭除普遍的錯誤印象。

在宗教當中，「參與」非常重要。我認為基督教的缺點之一，即是一般的崇拜者僅是旁觀者而已——個人坐在「觀眾席」，只能與其他群眾一起觀看絕大部分的儀式。巫術在這方面有很大的不同，身為巫會「家庭」的成員，你會在巫圓裡面參與儀式。

將這概念講得更白話些，就是事情盡量分給不同的巫會成員做，像是每次聚會（或輪流）指定一人負責燃香的事情，另一成員則確保酒都有加滿，還有一位成員協助儀式之書的翻頁等等。巫圓裡面的眾人應當平等，儀式的領導者（巫會的男祭司與女祭司）**不是**統治者，他們就僅是……領導者而已。祭司職位是**領導角色**，而非**權力階級**。你會發現後續數頁所載的儀式，均是以「盡量多人參與」的設定而寫就的。

一旦入門，你就是巫者，同時也是男祭司或女祭司。巫術算是一種祭司宗教（religion of priesthood），這就是獨修巫者之所以能夠舉行儀式的原因。敝人也許來談一下「頭銜」（titles）好了。每個入門者都是巫者（Witch），然而在大多數的傳統當中都沒用此詞作為頭銜，如同在下於第三課對此事的簡述那樣。換言之，你不會被稱為巫者麗瑪（Witch Lema）、女巫西耶兒（Witch Scire）或是任何類似的稱呼，只會被稱為麗瑪或西耶兒。然而，某些傳統的確有用到**巫父**（Lord）與**巫母**（Lady）的頭銜。在加納德巫術與撒克遜巫術的傳統當中，（只有）女祭司會被稱為「〔她的巫名〕巫母」，像是「芙薏楊巫母」（Lady Freyan），而當你與她交談時，則

會使用「巫母」（my lady）這個簡稱。巫會裡面的其他女性都不會被這樣稱呼。如前所述，在這些傳統之外的其他傳統則恣意使用 Lord 與 Lady 作為頭銜。我不清楚這作法是否在歷史上有任何可以依循的先例，但這件事其實跟許多事情一樣並不重要……你同樣只要找到適合自己的作法即可。

敝人會完全避開任何關於**巫后**（Queen）或**巫王**（King）頭銜的討論。巫會是自然自治的，而且威卡宗教也沒有公認的「全體巫者的領袖」，儘管偶爾還是會有相反的說法。

） 巫蘆與巫域 （

巫會（coven）的所在之處（就是大家總是或最常在那裡聚會的地方）就是「巫蘆」（covenstead），所以巫蘆裡面自然一定有神殿。而「巫域」（covendom）傳統上是巫蘆向周圍延伸 1 里格（league，約為 3 英里或 4.83 公里）的範圍，即傳統上該巫會所屬巫者的居住區域。在過去，巫域之間互不重疊，因此巫蘆與相鄰巫蘆的距離應永不少於 6 英里（約 9.66 公里）。如今，這些在傳統上的區域界定已經很少得到重視。不過，你仍應將自己的巫會聚會所在稱為巫蘆，而且若你願意的話，可以將自己的巫蘆與相鄰巫蘆之間的距離取一半當成自己的巫域半徑。

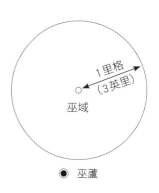

◉ 巫蘆

） 儀式之書 （

巫術原本是純粹的口頭傳統——完全不落文字，一切均靠口耳相傳。但隨著迫害的開始，巫者與巫會不得不躲藏起來，因此失去了彼此的聯繫。為使儀式不致流失，巫者開始把它們記錄下來——不是全部，僅是基本的儀式而已。由於他們不得不隱密相聚——亦即「暗處」（in the shadows）——因此記錄這些儀式的書就被稱為「影書」（Book of Shadows）。人們到現在還是這樣稱呼它。

在過去，每個巫會只會有一本這樣的書。巫會成員也有可能各自用一本書記錄自己的專長（例如藥草知識、占星、療術），不過只會有一本書包含全部的儀式，並由男祭司或女祭司保管。這樣的作法顯然是為了減少這本書被敵視巫術者發現的可能。

近年來，巫者普遍都會擁有包含所有內容的影書。所以你也應該開始撰寫你自己的影書。內頁空白的書冊可以在文具店與辦公用品店買到，它們都很好用。有些傳統認為這本書的封面必須是黑色，有的人說綠色，還有人說棕色，不過這部分也同樣取決於你。

許多巫者喜歡從頭開始製作自己的影書，用羊皮紙作為書頁，再用上有壓印圖案的皮革裝訂成書，或甚至用上有雕工的木片作為封面與封底。影書的組裝除了是自己喜愛且情願的勞力付出之外，當然也可以自由表達自己的藝術才華。手工製作線裝書（Handbinding）不難上手，市面上有幾本這方面的書籍可供參考，《手工線裝書製作》（*Hand Bookbinding* by Aldren A. Watson, Bell Publishing, N.Y., 1963）就是其中之一。除了巫會成員各自持有的影書之外，若你決定要有一本主要的巫會之書，那麼這本屬於巫會的書籍可由幾個人一同製作。

你可以自由製作自己想要的影書。我看過一些非常美麗的影書，其書頁具有精美的飾邊，而且還有彩飾字體。當然，若你喜歡簡單樸素，那也沒問題。你的影書應該反映出**你**這個人。以下是值得謹記於心的建議——影書是拿來用的，其中記載的儀式是要讓你在巫圓裡面閱讀，所以別把字體寫得太過繁複華麗，以至於無法藉由搖曳的燭光看清書上的內容！

在讀到本書所載的各種儀式時，就將它們抄寫到自己的書上。如此，在讀完這一整本書的時候，你也完成自己的影書。

）工具聖化（

你所製作的工具——還有你也許會做的飾品——都帶有各式各樣的振動。因此在使用自己的工具之前，用儀式為它們清淨並奉獻給你將要用它們來進行的事情，應屬必要之舉。而這部分係透過「灑水與薰香」來完成。當你為鹽**充能**（charge），然後與水混合以後，這樣的水在本質上就已變成「聖水」（holy water）。將此水與燃香的煙氣一起運用，就有靈性淨化的效果。

你要奉獻的第一件事物就是你的短刃或巫刃，因為你需要經常用它施展巫圓與進行一般儀式工作。以下的奉獻儀式是以巫刃為對象寫就，你只需更改文字就能用於其他一起奉獻的任何物品（例如劍或護身符）。**聖化只需做過一次就好**，不需每次施展巫圓時再做一遍。

先按照第四課「自我奉獻」的詳細步驟來施展自己的巫圓，一直進行到這幾行文字：「現在神殿已立。除非必要，我不會離開這裡。感恩此事實現。」然後繼續以下步驟：

） 聖化儀式 （

拿起你的巫刃，將它高舉致敬，並說：

> 「男神與女神、父神與母神、
> 一切生命的父親與母親，
> 我於此展示自己的個人工具，
> 望能得到你們的允許。
> 它是利用自然的材料
> 進行製作，
> 並打造成你們現在看到的模樣。
> 望其爾後成為我在服事你們時
> 所使用的工具兼武具。」

　　將它放在祭壇上，以站姿或跪姿低頭默想片刻，回顧巫刃（或劍、護身符等等）的打造過程以及你將它個人化、使它成為真正屬於你的物品之作為。然後用手指沾取鹽水灑向巫刃，然後將它轉面並再次灑鹽水。然後將它拿起來，放在燃香的煙氣中並轉動之，從頭到尾澈底薰過。然後說：

> 「願聖水與聖香的煙氣
> 將不潔事物逐出
> 這把巫刃，
> 使它變得純淨，
> 並準備好依我想要的方式，
> 為我與我的諸神服務。
> 感恩此事實現。」

　　用你的左右手掌將巫刃夾在中間，並將你的一切能量——你的「力量」（power）——灌進巫刃裡面。然後說：

◉ 擺在威卡祭壇上面的多種工具

「我藉此身，

以男神與女神的智慧及力量

來為這把巫刃充能。

望其大力協助我等，

使我免受傷害，並於諸事

提供符合本分的服務。

感恩此事實現。」

　　如果你現在還要聖化其他工具，就逐一重複上述的每一步驟。完成之後，按下述方式關閉巫圓。以右手（左撇子就用左手）高舉剛才聖化的巫刃，並說：

「我*感謝諸神降臨於此。

祈願你們永遠照看我*，

並在我*的一切行事當中

保護我、指引我*。

愛是遍及一切的法則，愛是維繫萬物的連結。

感恩此事實現。」

---

* 若巫圓裡面不只一人，這裡的「我」要改成「我們」

　　工具聖化之後，在後續的24小時之內，無論你去哪裡，都要隨身攜帶聖化過的工具，然後連續三個夜晚於睡覺時將它置於你的枕頭底下。從此以後，你在後續的儀式均將依指示運用自己的巫刃。它是你的個人工具，別人若只是拿它起來瞧瞧的話，倒沒什麼問題，但不要借給任何人於巫圓內外使用。

　　現在來看巫會如何以適當工具進行開始儀式與結束儀式。相較於諸如「開啟巫圓」與「關閉巫圓」等其他對應術語，在撒克遜巫術傳統中，我們偏好將這兩個儀式稱為「立起神殿」（Erecting the Temple）與「撤下神殿」（Clearing the Temple）。我會在這裡使用它們。

　　本書所列儀式是以運用巫會眾人的前提寫就。若你的巫會成員較多或較少，不用猶豫，直接修改這些儀式便是。在指出「男／女祭司」的地方，意謂那裡的言語／動作可以由兩者**任**一執行，沒這樣寫的都有指出由誰執行。

） 進出巫圓 （

　　在操作魔法期間，任何時候都不應斷開巫圓。然而某些時候還是可以暫時離開並返回巫圓，但這樣的動作只會在絕對必要的情況謹慎為之，並且以下列方式進行。

離開巫圓

　　手持巫刃，站在巫圓東側，做出像是劃開巫圓線條的動作：先在你的右側劃一條線，然後在你的左側劃一條線（參見圖5.1A 與5.1B）。然後你就可以在劃出的兩道線之間走出巫圓。若你想要的話，也可以想像自己在巫圓東側劃開可以通過的進出口或閘道。

◉ 圖5.1A　　◉ 圖5.1B　　◉ 圖5.1C　　◉ 圖5.1D

再度進入巫圓

返回巫圓時，就從同一個東側進出口返回，並以「重新連結」巫圓線條的方式將進出口「關閉」。其實，在最初展開巫圓時，總共會展開三個圓，分別由劍、鹽水與香圍成，因此你要重新連結的線有三條。你可以用自己的巫刃沿著巫圓線條來回揮劃以重新連結之（參見圖5.1C）。順便一提，這就是為何巫刃要有雙面開鋒的原因，如此一來，你就能用它在上述動作及其他類似的魔法操作當中進行雙向的「切割」。

最後，則是舉起你的巫刃，移動刃身劃出五芒星以「封印」那道切口。移動的方式如下：從頂端開始，將巫刃往左下劃，然後將巫刃往右且稍微往上的方向劃，再向左平劃，接著往右下劃，最後回到頂端（參見圖5.1D）。

然後親吻巫刃的刃身，再回到自己的位置。通常巫圓一旦開始，直到「撤下神殿」完成之前，任何人都不應離開。因此，除非絕對必要（例如有人真的得要上洗手間！），不然巫圓不應斷開。若某人預計在劃開閘道出去之後會離開一段時間，那麼她或他應該做步驟5.1A與5.1B，然後通過巫圓，接著從巫圓外側做步驟5.1C，以在其離開期間暫時關閉巫圓。返回巫圓時，她或他將需要再次劃開巫圓才能進去（在離開巫圓時的相同位置，做步驟5.1A與5.1B，然後照常通過巫圓並依步驟5.1C關閉之，最後是以步驟5.1D將巫圓密封）。**注意**：一旦開始魔法操作，不得斷開巫圓。

☽　立起神殿　☾

先在地板上標示巫圓的位置，並在四個方位各立一根蠟燭；東燭為黃、南燭為紅、西燭為藍，而北燭為綠。祭壇設在巫圓的中心，而其擺置的方式應讓你在面向它時，能夠同時面向東方。祭壇上有一根或兩根白色祭壇蠟燭、香爐、鹽盤與水盤、搖鈴、神像（非必要）、一只盛有膏抹用油的碗、一只盛有酒（或果汁）的高腳酒杯、祭酒盤、劍（若有的話）與／或祭司的巫刃。

負責燃香的成員將香與祭壇蠟燭（不是巫圓的蠟燭喔！）點燃，接著離開祭壇，與其他巫會成員一起在巫圓的東北外側等待。

男祭司與女祭司從巫圓的東側（即東燭的北側近處）——也是巫會所有其他成員待會進入巫圓之處——進入，然後走到祭壇前面站立、面向東方。男祭司搖鈴三次。

男／女祭司：「特此宣布。神殿將立，巫圓將展。想要參與的人請聚集在東側等待通
知。希望來這裡的人都是憑著自己的自由意志而來。」

男祭司與女祭司各拿一根祭壇蠟燭，以順繞圈的方向繞著祭壇走動，然後走向巫圓東側。女祭司用她拿來的蠟燭點燃東燭。

女祭司：「我將光與風帶到東方，照亮我們的神殿，為它帶來生命的氣息。」

他們繼續沿著巫圓往南側走去，由男祭司點燃那裡的南燭。

男祭司：「我將光與火帶到南方，照亮我們的神殿，為它帶來溫暖。」

他們走到西側，女祭司點燃那裡的西燭。

女祭司：「我將光與水帶到西方，照亮我們的神殿，將它清洗乾淨。」

他們走到北側，男祭司點燃那裡的北燭。

男祭司：「我將光與土帶到北方，照亮我們的神殿，將它堅固建造。」

他們沿著巫圓繼續走到東側，然後回到祭壇並放回蠟燭。女祭司[†]拿起劍（或巫刃），然後走回巫圓東側，再以劍尖沿著巫圓的標記線緩慢繞行巫圓。她或他在繞行的時候，會將力量聚集注入巫圓的線條。完成之後，她或他返回祭壇。鈴響三聲。男祭司將他的巫刃尖端放進鹽裡面，並說：

男祭司：「由於鹽是生命，就讓它在一切用到它的場合淨化我們。當我們在這些儀式當中奉獻自己時，就讓它淨化我們的身體與靈魂，以榮耀男神與女神。」

女祭司拿起鹽盤，用自己的巫刃尖端挑三撮鹽丟進水裡，然後用巫刃攪拌已經加鹽的水，並說：

女祭司：「就讓聖鹽驅逐此水裡面任何不淨事物，好使我們能在後續所有儀式使用它。」

[†] 在光明半年係由女祭司進行，在黑暗半年係由男祭司進行。

　　男祭司拿起香爐，女祭司拿起鹽水，他們再次繞過祭壇往巫圓東側走去，然後從巫圓東側開始，以順時鐘方向沿著巫圓緩慢行走，女祭司沿著巫圓的線條沾灑鹽水，男祭司則拿著香爐沿著巫圓的線條薰香，最後走回起點。他們接著返回祭壇並將手上工具放回原位。男祭司將一小撮鹽丟入膏抹用油裡面，然後以手指攪拌，接著為女祭司膏抹。（**注意**：如果著袍的話，僅畫上內有凱爾特十字的圓圈。若是以天為衣的話，還要接續畫上五芒星與倒三角形。）

　　男祭司：「我以男神與女神之名義聖化妳，歡迎妳來到他們的神殿。」

　　他們相互致敬，然後女祭司為男祭司膏抹並說同樣的話，再相互致敬。接著女祭司拿著膏抹用油，男祭司拿著自己的巫刃並一起移動，繞行到巫圓東側。男祭司在巫圓東側的線上劃出兩道「切口」，從而打開巫圓（參見圖 5.1A-B）。

　　巫會成員逐一進入，並在進入的同時接受膏抹（男性成員由女祭司膏抹、女性成員由男祭司膏抹），而祭司會用以下話語逐一歡迎他們：

　　男祭司或女祭司：「我以男神與女神之名聖化妳／你，歡迎妳／你來到他們的神殿。
　　很高興見到妳／你。」

　　巫會眾人則走到祭壇附近，朝向祭壇圍站成圈，且盡量男女交錯排列。當最後一位成員被接納進來時，男祭司再次用自己的巫刃沿著巫圓線條劃過，以連接兩個「被切斷」的末端，藉此將巫圓的開口關上。女祭司朝那裡沾灑一點油，而男祭司舉起自己的巫刃，劃出五芒星以封印之（見圖 5.1A 至 5.1D）。然後他們回到祭壇。鈴響三聲。

　　男／女祭司：「願大家蒙受平安與愛。我們歡迎你們
　　來到這裡。現在讓我們致敬四方並邀請諸神。」

　　離巫圓東側最近的巫會成員向後轉身，走到東燭那裡，面朝東燭站立並高舉自己的巫刃。她或他劃出召喚五芒星（invoking pentagram，參見圖示）並說：

◉　劃出五芒星

巫會成員：「我們全體向風之元素、東之哨塔（Watchtower of the East）致敬。願它穩固屹立，永遠守護吾等巫圓。」

她或他接著親吻自己的巫刃刃身，然後返回自己原本在巫圓裡面的位置。離巫圓南側最近的巫會成員向後轉身，走到南燭那裡，面朝南燭站立並高舉自己的巫刃。她或他劃出召喚五芒星並說：

巫會成員：「我們全體向火之元素、南之哨塔致敬。願它穩固屹立，永遠守護吾等巫圓。」

她或他接著親吻自己的巫刃刃身，然後返回自己原本在巫圓裡面的位置。離巫圓西側最近的巫會成員向後轉身，走到西燭那裡，面朝西燭站立並高舉自己的巫刃。她或他劃出召喚五芒星並說：

巫會成員：「我們全體向水之元素、西之哨塔致敬。願它穩固屹立，永遠守護吾等巫圓。」

她或他接著親吻自己的巫刃刃身，然後返回自己原本在巫圓裡面的位置。離巫圓北側最近的巫會成員向後轉身，走到北燭那裡，面朝北燭站立並高舉自己的巫刃。她或他劃出召喚五芒星並說：

巫會成員：「我們全體向土之元素、北之哨塔致敬。願它穩固屹立，永遠守護吾等巫圓。」

她或他接著親吻自己的巫刃刃身，然後返回自己原本在巫圓裡面的位置。男祭司或女祭司舉起巫刃，劃出一個五芒星，並說：

男／女祭司：「我們全體向四方致敬，向諸神致敬！我們歡迎父神與母神，並邀請他們加入我們，見證我們為他們舉行的儀式。大家向四方與諸神致敬！」
眾人：「向四方與諸神致敬！」
男祭司：「讓我們共享友誼之杯。」

男祭司拿起高腳酒杯，將少許酒倒在地上或倒在祭酒盤中，同時説出諸神之名。然後他喝一口酒，再把高腳酒杯遞給女祭司。女祭司喝一口酒，然後把高腳酒杯遞給離她左邊最近的巫會成員。拿到高腳酒杯的巫會成員也喝一口酒，然後再把杯子遞給下一個。圍著祭壇的眾人依序傳遞這只高腳酒杯，直到杯子傳遞一整圈、所有人都喝到酒之後，再把杯子放回祭壇。（**注意**：祭神的酒不用每個人都倒，只需第一個人來倒即可——此例係由男祭司來倒。）鈴響三聲。

> **女祭司**：「現在我們都聚於此地，神殿也已立起。直到撤下神殿之前，除非必要，大家都不會離開這裡。感恩此事實現！」
>
> **眾人**：「感恩此事實現！」

每次聚會的開始都要「立起神殿」，它基本上就是用來聖化聚會場地與參與者的儀式。而聚會本身，無論是定期聚會、滿月聚會或其他活動，則從「立起神殿」完成後開始進行。而每次聚會結束之後，都要進行「撤下神殿」。

） 撤下神殿 （

> **男／女祭司**‡：「我們係於愛與友誼當中相聚，那麼就讓我們在離開時也是如此。讓我們將自己在這巫圓當中知曉的愛散播給所有人，並跟我們所遇到的對象分享這股愛。」

男祭司或女祭司高舉劍或巫刀表示敬意。**所有**巫會成員也都舉起自己的巫刀。

> **男／女祭司**：「父神與母神，我們感謝你們在整個儀式期間的陪伴。感謝你們看顧我們，並在一切事情上守護我們、指引我們。愛是遍及一切的法則，愛是維繫萬物的連結。我們愉快相會，愉快道別，祈願我們再度愉快相會。」
>
> **眾人**：「愉快相會，愉快道別，再度愉快相會。」
>
> **男／女祭司**：「神殿現已撤下。感恩此事實現。」
>
> **眾人**：「感恩此事實現！」

所有人都親吻自己的巫刀刃身，然後在神殿四處走動，相互吻別。

---

‡　係依當時在一年當中的時間而定。

❱ 巫術節慶 ❰

巫者的定期聚會稱為 Esbat，任何事工（例如魔法或療癒）均在此種聚會進行。絕大多數的巫會每週聚會一次，然而這方面其實沒有硬性規定，不過至少每個月於滿月時要有一次巫圓聚會。既然一年總共有十三次滿月，那麼一整年顯然至少會有十三次聚會。除了滿月之外，許多巫會也慶祝新月。

除了定期聚會之外，還有被稱為巫術節慶（Sabbats）的節日（原文源自法語的 *s'ebattre*，意為狂歡或嬉戲）。這樣的節日總共有八個，約略等距分布於一年之中，分為四大節，即重生節（Samhain，發音為〔叟印〕，儘管絕大多數巫者誤唸成〔撒曼因〕）、母孕節（Imbolc，發音為〔因勃克〕）、五朔節（Beltane，發音為〔ㄅ˙邀～ㄊㄣˋ〕）與光神節（Lughnasadh，發音為〔盧～恩薩〕）[§]；以及四小節——春分、秋分、夏至與冬至。瑪格麗特・慕瑞在其著作《巫者之神》指出，最重要的兩個節慶，即重生節與五朔節，恰逢野生動物與馴養動物兩者的繁殖季節。這些異教節慶後來被基督教教會拿來利用，例如，母孕節變成聖燭節（Candlemas），而光神節變成收穫節（Lammas）。

八個巫術節慶都會舉行不同的儀式，相應於各自在一年之中的所處時間。一年之中也許會有一到兩次巫術節慶恰逢滿月或新月，像這種狀況，通常原本在該日進行的定期聚會，會讓位給巫術節慶舉行。

就本質而言，巫術節慶被認為是歡樂與慶祝的時候，所以不進行任何事工，只處理有緊急需要者（例如療癒）。以下就是定期聚會與巫術節慶的儀式。

❱ 定期聚會儀式 ❰

這是定期聚會的基本儀式，即便你們的聚會頻繁到每週見一次面也都可以使用。至於滿月的時候，則會加入滿月儀式（如下所示），新月儀式也是以類似方式進行。

先完成「立起聖殿」儀式。

男／女祭司：「我們再次相聚，互相分享我們的生活喜悅，並重申我們對諸神的感情。」

[§] 你將會在發音方面看到許多不甚贊同的意見。別太在意這件事。

巫會成員之一：「父神與母神相當眷顧我們。我們想要為自己所擁有的一切感謝他們，所以前來相聚。」

巫會成員之二：「他們也知道我們的需要，傾聽我們的呼求。」

男／女祭司：「那麼讓我們一起感謝

男神與女神賜予我們的恩惠，

並且也向他們

祈求自己覺得

需要的事物，

因為我們知道諸神

只會協助自助之人。」

接著應有三至四分鐘的靜默，每個人都以自己的方式向諸神表示感謝或請求幫助‖。鈴響三聲。

男／女祭司：『只要無傷無害，儘管任意而行。』

眾人：「只要無傷無害，儘管任意而行。」

男／女祭司：「「威卡箴言」就是如此運作，

務請牢記。無論你欲求什麼，

無論你向諸神請求什麼，無論你要做什麼，

都要確定這些作為

不會對任何人造成傷害──

甚至也不會傷害到你自己。

請記住，無論你給予什麼，

都會得到三倍的回報。

給出你自己──你的愛、你的生命──

你就會得到三倍的回報。

若給出傷害，也一樣會有三倍的回報。」

‖ 在異教信仰（paganism）當中，人們通常認為，相較於像鸚鵡學人說話那樣唸頌既定的禱文，「發自內心」的說話會較為靈驗許多

之後應有音樂與歌曲。若你有喜愛的歌曲或讚美詩且適於獻給男神與女神，那就用吧！或者有人可以即興表演。若現場有樂器，此時請演奏它們。如果沒有，至少一邊拍手、一邊唱頌男神與女神的名字。請好好享受這幾分鐘。

男／女祭司：「父神與母神，

他們都有著美與力量，

還有耐心與愛、

智慧與知識。」

（如果定期聚會是在滿月或新月舉行，則在此處插進下列對應的儀式部分。如果不是，就直接進入「糕點與麥酒」儀式。）

⟩ 滿月儀式 ⟨

女祭司雙腿分開站立，雙臂往上向天伸出。男祭司屈膝跪在她面前。所有巫會成員亦屈膝跪下，**全都**高舉雙臂。

巫會成員之一：「當高掛天空的月亮

橫過天空，當那些鑲在她

長袍上的眾星隨行在後，

身為地上的威卡信徒，

光是看到明亮的她如此神聖，

我們的愛也一同明亮起來。」

巫會成員之二：「在滿月之夜，

我們向那位在天上照看的

母神獻唱，

並隨著她在天上的

穩健滑步

提高聲量，

沐浴在她的愛光之中。」

所有人放下手臂。男祭司起身親吻女祭司，然後再次屈膝跪下。

男祭司：「親愛的女神，
許多人都知道妳有很多名字。
阿芙蘿黛蒂（Aphrodite）、克麗德溫（Kerridwen）、
黛安娜（Diana）、依亞（Ea）、
弗蕾亞、露娜（Luna）、伊西斯等等均是妳的名字。
然而，我們是以……〔女神的名字〕……
認識妳以及愛妳，
並以這個名字讚美妳與崇拜妳。
我們以妳身旁的父神，
為妳獻上應有的榮耀，
祈請妳加入我們一起度過
這個屬於妳的特別夜晚。」

男祭司起身，用他的巫刃——或魔法棒（如果有用到的話）——在女祭司的頭頂上方劃一個五芒星。某位巫會成員搖鈴三聲。

男祭司：「降臨吧，我的女神，我們祈禱妳降臨於此，來跟我們這些屬於妳的孩子們說說話。」

男祭司再次屈膝跪下。女祭司向巫會眾人張開雙臂。如果她深受感動，此刻可以說話——或是讓諸神透過她說話。如果她沒有「靈感」，就盡可能簡單背頌以下話語：

女祭司：「我是守護你們的女神，
是你們所有人的母神。
我很高興，
知道你們沒有忘記我。
趁滿月齊聚向我致敬，

這裡是你的巫會信奉的女神之名。

這樣很好，並且也為你們自己、

為我帶來歡樂。

要知道，每一個人的生命絲線，

是我跟我的男神一起編織而成。

我處在生命的開始和結束，

即少女、母親與老婦。

無論你在哪裡，若你尋求我，

就會知道我一直都在，

因為我居住在你的內心深處。

所以，若你要尋找我，

請往自己的內心探看。

我是生命、我是愛，

在找到我的時候歡欣鼓舞吧，

因為愛是我的音樂，

笑是我的歌聲。

真誠待我，我將永遠真誠待你。

愛是遍及一切的法則，愛是維繫萬物的連結。

就讓此事實現。」

女祭司放下雙臂並交叉抱於胸前，閉上眼睛。靜默片刻後再進入「糕點與麥酒」儀式。

） 新月／黑月儀式 （

女祭司低頭站著，雙臂交叉抱於胸前。巫會眾人開始以順繞圈的方向沿著巫圓移動，同時唸頌女神的名字，並在完整繞過三圈之後停下來。男祭司站在女祭司面前。

男祭司：「當我們來到這個轉捩點時，夜已暗黑。這是死亡之時，亦是出生之時。」

巫會成員：「終與始。」

巫會成員：「潮起又潮落。」

巫會成員：「已經結束的旅程，以及尚未開始的旅程。」

巫會成員：「現在讓我們榮耀老婦，即黑暗且神聖的母親。」

巫會成員：「讓我們獻出自己的力量，由此得見重生。」

男祭司：「看哪，掌管黑暗的少女、母親與祖母，既古老又永遠年輕。」

女祭司緩緩抬起頭，雙臂向上張開。其他人**全部**都屈膝跪下。

女祭司：「聽我說！從現在到永遠，

持續榮耀我、愛我。

在命運之輪轉動時，

我們看到出生、死亡和重生。

由此知道，

結束就是開始，

每個終點即是嶄新的起點。

少女、母親、老婦……

我是這三者，

甚至不只如此。

每當你需要什麼，

就呼求我。

我，還有我的男神

都在這裡——

因為我就住在你們裡面。

即使在夜晚最為黑暗、

似乎沒有任何火花來溫暖你的時刻，

我都在這裡看著你，

並等待與你一同在力量與愛之中成長。

我處在一切時間的始與終，

那就是我。

就讓此事實現。」

眾人：「感恩此事實現！」

女祭司再次將雙臂抱於胸前。在片刻靜默之後，就接著舉行「糕點與麥酒」儀式。

這個名為「糕點與麥酒」的儀式，可說是聚會的儀式部分與事工／社交部分之間的「連

結」，像是大家坐下來談論巫術與非巫術的相關事情，或是討論魔法、療癒、占卜，又或是一起為個人或巫會的問題想辦法等等。這一切都是在崇拜之後進行，因為榮耀諸神才是威卡信徒列於第一順位的必要之事。

有些傳統將此儀式稱為「糕點與葡萄酒」(Cakes and Wine)，其他傳統則稱之為「糕點與麥酒」(Cakes and Ale)。**然而後者可能更能指出巫術這個宗教的「平民」起源。(畢竟過去的農民與農奴即使有機會也不太喝葡萄酒，麥酒才是他們習以為常的飲品，而且對此心滿意足。)不過在現今的巫會聚會，即便該儀式的標題仍保留「麥酒」一詞，巫者還是喝自己想喝的飲品，像是麥酒、啤酒、葡萄酒以及果汁。

世間普遍存在此類儀式，只是形式各有不同，係用於感謝諸神賜予的生活必需事物、感謝他們供應我們一切所吃、所喝，讓我們得以生存。

祭壇上會放置一盤糕點(或餅乾)，就在高腳酒杯旁。而酒(或其他飲料)已斟入高腳酒杯中。

〉　糕點與麥酒　〈

一位巫會成員負責確保高腳酒杯裡面一定有酒。而他或她在這儀式開始時，會將高腳酒杯倒滿酒，並說：

巫會成員：「此刻該是我們為滋養我們的諸神獻上感謝的時候。」
男祭司：「感恩此事實現。祈願我們永遠都有意識到自己的一切都要歸功於諸神。」

女祭司指名兩位巫會成員，一男一女。他們來到祭壇前面，女性巫會成員用雙手將酒杯捧在胸前。而男性成員則拿起自己的巫刃，以兩手握住刃柄，刃尖朝下，慢慢地將刃尖降下，進入杯裡酒中，並說：

男性巫會成員：「為了彼此的喜樂，願男人能以類似的方式與女人結合。」
女性巫會成員：「就讓結合的成果提升生命。願大家成果豐碩，且財富遍及一切土地。」

** 麥酒(ale)是類似啤酒(beer)的發酵性酒精飲料，其主要成分係為幾種穀物(大麥最為常見)糖化(malting)之後的萃取物。

他將巫刀拿起來。她端著酒杯給他喝酒，然後換他端著酒杯給她喝酒。接著高腳酒杯會沿著巫圓傳遞，讓所有人都有喝到，男祭司與女祭司則最後才喝。

男性巫會成員拿起一盤糕點並捧在自己面前。女性巫會成員則用自己的巫刀尖端觸碰每個糕點，並說：

女性巫會成員：「這食物是諸神對我們身體的祝福，就讓我們自由分享這份祝福。並且在分享的時候，讓我們永遠記住，自己所擁有的一切要與一無所有的人分享。」

她將一塊糕點拿起來吃，然後換她捧著盤子遞向男性巫會成員，後者也拿起一塊糕點來吃。接著這盤糕點會沿著巫圓傳遞，男祭司與女祭司則最後才拿糕點來吃。男性巫會成員與女性巫會成員返回他們原本在巫圓裡面的位置。

女祭司：「在享用這些來自諸神的禮物的同時，我們也要記住，沒有諸神，我們就沒有一切。」
男祭司：「高興地吃，高興地喝。高興分享並表達感謝之意。感恩此事實現。」
眾人：「感恩此事實現！」

現在大家**全部**坐下，如果想要的話，可以為每個人準備裝有飲品的高腳酒杯，並享用大餐。這是談話與討論、建議與提問的好機會。如果這是個定期聚會，而且有要進行的魔法（請參見後面的課程），那麼此刻會是討論該做什麼及如何進行之各種細節的好時機。不過，如果後續沒有要做的事情，那麼一般的談天——如果想要的話還可以加入音樂、唱歌與舞蹈——可以一直持續到該要撤下神殿的時候。

敝人會在下一堂課談論巫術節慶的四大節慶：重生節、母孕節、五朔節與光神節。

第五課問題

一、描述你所屬的巫會。你們有什麼樣的
級次系統？

二、描述你們的巫蘆所在位置。你們的巫
域位於何處？它延伸多遠？想要的
話，也可以把地圖畫出來。

三、描述你自己的影書。

四、回顧自己曾經歷過的特殊儀式其實滿有樂趣的，所以對這些事件做錄音或書面記錄會很有幫助。請在這裡寫下你的工具聖化儀式之經過。

五、練習畫一個五芒星。

六、今年的定期聚會及巫術節慶定在哪些
　　日子？你會參與哪些儀式？

第五課試題

一、如果你參加的巫會已有十一位成員，
　　現在有四個人想要加入。他們可以加
　　入嗎？還有其他作法嗎？

二、影書的封面是什麼顏色？你能把這些
　　儀式打印出來放在自己的影書中嗎？

三、巫會應多久聚會一次呢？

四、若下次定期聚會的日期恰逢滿月。你
　　應當執行以下哪些儀式，順序為何？

　　糕點與麥酒

　　立起神殿

　　滿月儀式

　　撤下聖殿

　　新月儀式

　　定期聚會儀式

五、巫術節慶的四大節慶名稱為何？

七、「糕點與麥酒」儀式具有什麼意思？將
　　巫刃降進高腳酒杯的象徵意義是什麼？

六、巫圓裡面允許跳舞嗎？

請閱讀下列作品：

《巫術的意義》（*The Meaning of
Witchcraft*），傑拉德‧布羅索‧加德納著，
第6至12章

推薦的補充讀物：

Aradia, Gospel of the Witches by Charles G.
Leland

The Witches Speak by Patricia and Arnold
Crowther

第六課

巫術節慶

SABBATS

　　如同敝人於前一課所言，一年中有八個巫術節慶。這是與諸神一起歡喜並玩得開心的**慶祝**時刻。巫術節慶有許多盛宴與歡樂，不進行任何事工（魔法方面），除非有緊急情況，例如急切需要的療癒個案。

　　在迫害之前的古早時候，許多不同的巫會會一同慶祝。那些巫會雖然彼此相距甚遠，但會聚集在一個地方——巫者人數可多至數百名——感謝諸神並慶祝節日。至於現代，我也曾見過類似的聚會，雖然不是為了特定的巫術節慶而舉辦。例如1981年在美國密西根舉行的「泛異教慶典」（the Pan Pagan Festival），有將近八百名巫者與異教徒參加。但是，無論你們是與其他巫會一同合辦，或是只由自己的巫會——甚至以獨修巫者的身分（稍後會詳細介紹）——來慶祝節日，其關鍵字詞都是**慶祝**。

　　正如人們係依月亮的各種面相來榮耀女神，我們也在太陽的各個相關時期來榮耀男神，就是在春分、夏至、秋分與冬至舉行的「小節慶」（Lesser Sabbats）。而四個「大節慶」（Greater Sabbats）的本質較以慶祝四季為主，而非專用於慶祝太陽，因此它們是普遍慶祝的時候，男神與女神二者均得到人們的榮耀。

　　珍妮特與史都華・法拉夫婦在其著作《巫者八節》（*Eight Sabbats for Witches*, Robert Hale, London, 1981）指出「長角男神」有著更為深沉的主題，並因其二元性而將其辨識為「橡樹王」（the Oak King）與「冬青王」（the Holly King）。* 雖然敝人認為這論點很有參考價值，不過這裡在某程度上還是會以「基本知識」為主，好讓你在想要研究該論點時能有仔細探索的空間。

　　簡而言之，我們可以認為男神主導冬季（即一年之中的「黑暗半年」），女神主導夏季（即一年之中的「光明半年」）。這樣的看法當然可以溯及敝人於第一課的概述內容，即源自

---

* 這本書非常不錯，而你也應當研究作者提出的有趣概念，即有角男神的二元性，還有巫術節慶儀式在整體方面的架構與組成。

「舞蹈與歌曲為宗教性狩獵儀式的必要組成部分，即使現今也幾乎普遍如此，例如，西伯利亞的雅庫特人（Yakuts），還有許多美洲印第安人及愛斯基摩人部落，他們總會在狩獵之前跳舞。舞蹈／節奏是通向**狂喜**（ekstasis）——跳離自我框架——的第一步。而當舞蹈是為了增加食物時，舞者常會模仿他們想要影響的目標動物之動作或目標植物的生長。……位於法國多爾多涅省（Dordogne）的史前遺跡「魔鬼熔爐」（Fourneau du Diable）的洞穴壁畫「蒙面舞者」（the Masked Dancer），其畫中主角正在演奏某種樂器。這也許是在描述一種類似現今在馬來西亞叢林的原住民賽芒人（Semang）的儀式，亦即他們透過一首附有動作的歌曲來表演狩獵椰子猿的過程。其表演部分係出於娛樂，但主要是為了能在未來的狩獵中對猿猴產生魔法影響。其演出會從跟蹤猿猴一直到使用吹管進行的實際獵殺。然而有趣的是，這首歌曲裡面還包含猿猴的感受及猿猴的家人對其死亡的反應。」

摘自《圈內人所認識的巫術》
雷蒙德・巴克蘭
Llewellyn, Mn. 1971

冬季的成功狩獵及夏季的營養莊稼。然而，即使不談橡樹王與冬青王的複雜性，這個想法也有更多需要知道的部分。無論在哪個半年，你都不應認為男神與女神其中之一變成至高無上，而其伴侶不在身邊。這裡的關鍵詞是**主導**，換句話說，他們其中一位會變得比較強勢，但沒有完全排除另一位。當然，我們也應當記住，就像我們每一個人一樣，每個神祇也都具有男性與女性兩者的屬性。

如同所有巫圓儀式，巫術節慶儀式會從「立起神殿」儀式開始。如果節日恰逢新月或滿月，則應接著進行滿月或新月儀式（若節日落在上弦月或下弦月就省略這部分）。然後是特定的巫術節慶儀式，後面接上「糕點與麥酒」儀式，更後面是遊戲與／或餐宴。

在下列建議的大型巫術節慶儀式當中，你會發現一套可用於編寫儀式時依循的一般模組。它會先以「遊行」（Processional）作為開始，然後向特定神祇「獻詩」（Hymn）。接下來是季節性主題的「表演」（Enactment），後續是「宣言」（Declaration）——這兩部分讓你有可以表

達的廣大空間。「表演」可用多種形式進行，從獨奏表演到巫會全員演出的迷你戲劇、默劇或舞蹈均可採用。由於「宣言」其實是在解釋特定巫術節慶的意義與重要性，因此也可以結合「表演」，像是以默劇或舞蹈伴隨旁白敘述的形式那樣。然後是「起應」（litany），即祭司起句、眾人回應的活動，後續是舞蹈／歌唱／吟頌。若需要獻供適當的祭品（例如收穫的時候），則應在「糕點與麥酒」儀式之前進行。

既然我們認為男神主導黑暗的半年，而女神主導光明的半年，那麼半年與半年之間的轉換——發生在重生節與五朔節——應該納進儀式當中並當成重要的部分。那麼，以下是從重生節開始的四大節慶之建議儀式。四小節慶則會在下一課講述。

注意：為巫術節慶「裝飾」祭壇與巫圓的作法其實滿好的。若你在這些節日選用祭壇布的話，它的顏色應與蠟燭相同，或者也可使用節慶指定顏色的祭壇布，並搭配白色蠟燭。

〉 重生節——大節 〈

這是一年當中用於擺脫弱點的時候（在過去，人們會將最不可能熬過冬天的牛從牛群帶走並屠宰之）。巫會成員在進入巫圓時應當帶著一小張羊皮紙，上面事先寫下自己想要改掉的弱點或壞習慣。

巫圓外側可飾以秋天的花朵、樹枝、松果、小南瓜等等。祭壇上應有鮮花，而祭壇布／蠟燭應為橙色。角盔置於祭壇旁邊。巫圓的北區會有一個裝有生火材料的大鍋。（若巫圓是在戶外，這裡就是放一般的生火木柴，若巫圓在室內，這裡就放一根蠟燭或 Sterno 公司的爐具。[13]）

先完成「立起神殿」儀式。時間適合的話可接續舉行滿月或新月儀式。然後擔任傳喚者（Summoner）的巫會成員會搖鈴三聲。

> **傳喚者**：「快來！快來！沒時間等了！我們要去參加節慶，所以不要遲到喔！」
> **男／女祭司**：「去參加節慶！」
> **眾人**：「去參加節慶！」

在男祭司與女祭司的帶領下，眾巫會成員以順繞圈的方向沿著巫圓周圍移動，每個人可依自己的感覺或走或舞。此時適合拿著小鼓或鈴鼓敲打以給予節奏。至於要繞多少圈則由巫會自行決定。而在眾人繞行的某個時候，男／女祭司應開始唱出獻給諸神的讚美詩（形式不拘，從簡單重複吟頌神名到自發歌唱讚美歌曲均可，或是唱頌〈附錄三〉裡面的歌曲或頌

---

[13] 譯註：即附有燃料罐的輕便爐具。

文）。隨著遊行繼續，所有人都可以加入獻詩。巫會也可以按照自己的意思，在繞過數圈之後停步歌唱。

男祭司：「改變的時候到了。現在我們離開光明的半年，並進入黑暗的半年。然而我們對此感到高興，因為我們知道這僅是偉大的年歲之輪（Wheel of the Year）的轉動。」

女祭司：「每年的這個時候，各個世界之間的門戶是敞開的。我們呼求我們的祖先、我們所愛的人，趁這個時候過來加入我們。我們邀請他們以及他們所愛的人，一起來享受歡慶。」

然後是季節性主題的表演。這部分在各巫會可能會有很大的差異，而且可以選用的主題也很多，包括屬於在地的信仰與習俗。以下是一些例子：生—死—新生、舊王的死亡與新王的加冕、不停轉動的年歲之輪、消滅應該活不過冬季的動物（牛隻）、死者暫時回來與生者一同歡欣慶祝、莊稼收穫與儲存過冬；世界藉由混亂轉成秩序而被創造出來的過程。這種表演可以用戲劇、默劇或舞蹈的形式來呈現。表演結束時，會搖鈴七聲，然後其中一位巫會成員說：

巫會成員：「我們正處在時間的隙縫，
因這一天不屬於舊的一年，
也不屬於新的一年。
正如年與年之間沒有區分，
所以世界與世界之間
也沒有區分。
我們過去認識且愛過的人，
可以自由前來這裡與我們相聚。
我們每個人都伸出手來，
用自己的方式，感受自己認識
但以為已經逝去的那些人之存在，
並從這次重聚當中獲得力量。
大家都知道，
沒有結束也沒有開始。
一切都是持續的轉動，
是一場來來回回
卻一直前進的螺旋之舞。

在那轉折當中，重生節是
標誌夏季結束與冬季開始的
神聖節日：
是慶祝的時刻，
是歡迎男神開始其旅程的時刻，
他沿著黑暗隧道行走，
而其盡頭會有女神的光。」

男／女祭司：「舊年結束。」

眾人：「新年開始。」

男／女祭司：「一年輪轉。」

眾人：「又轉一輪。」

男／女祭司：「告別母神。」

眾人：「歡迎父神。」

男／女祭司：「夏之女神即將結束統治。」

全部：「冬之男神正要踏上旅程。」

男／女祭司：「歡迎與告別！」

眾人：「歡迎與告別！」

　　男祭司和女祭司帶領巫會眾人圍著巫圓跳舞，而歌唱與吟頌可能伴隨或隨後進行（舞蹈、歌曲及頌文的相關資訊請參見第十二課與〈附錄三〉）。女祭司拿起角盔，站在祭壇前面。

女祭司：「仁慈的女神，
我們感謝妳賜予夏日的歡樂。
感謝妳的慷慨，讓我們
得以收穫水果、穀物與莊稼。
隨著年輪轉動，屆時務請
再次回返，再度與我們同在。
即便父神披上主導的斗篷，

還請伴他走過黑暗，
再度邁入光明。」

男祭司起身面對女祭司。女祭司則將角盔高舉在男祭司頭上。一位巫會成員站在大鍋旁邊，做好生火的準備。

女祭司：「我在此展示父神的象徵，
他掌管死亡、死後世界，
以及居於黑暗的存在；
而他也是光明的丈夫及兄弟。
願他在這巫圓的裡裡外外，
守護我們
並指引我們的一切行事。
願他與陪伴在旁的母神，
引領我們渡過難關，
帶領我們
懷抱希望邁向光明。」

女祭司將角盔戴在男祭司的頭上。在此同時，巫會成員點燃大鍋裡面的火。

巫會成員：「我們的父神現已降臨。父神，請跟我們說話吧，因為我們是你的孩子。」
男祭司：「看哪，
我身處時間的始與終。
我身處日頭的炎熱
與微風的清涼當中。
我裡面有著生命的火花，
亦有死亡的黑暗，
因為我是時間盡頭的守門人。
我是海中一切生物的君王，
你會在岸邊聽到
我的雷鳴蹄聲，

看見我經過時

留下的碎沫。

我的力量

可將世界舉高碰觸星辰。

然而，

我永遠是溫柔的情人。

所有的人在時候到了，

終會來到我面前，但別害怕，

因為我是兄弟、是情人、是兒子。

死亡不過是生命的開始，

屆時，我會為你開門。」

女祭司向男祭司致敬。然後其他巫會成員一一移動——此時可以依己意將供品放在祭壇上或祭壇前——走去擁抱及／或親吻男祭司，然後回去自己的位置。而當他們經過有火燃燒的大鍋時，就將那張列出自身弱點的羊皮紙扔進去。男祭司站立片刻，冥想自己於後續半年的定位，然後拿下角盔，將其放回祭壇旁邊。鈴響九聲。

然後是「糕點與麥酒」的儀式，接著進行「撤下神殿」儀式，好讓那裡有足夠的空間進行助興、遊戲及娛樂活動（想要的話，仍然可以在祭壇周圍進行）。這場晚間活動會以餐宴作為結束（通常是由巫會成員各自帶一道菜餚過來湊成的百味餐）。

〉 母孕節——大節 〈

這是所謂的「燈宴」（Feast of Lights）。這是另一個火之慶典，所以巫圓的北區會置放一個盛有生火材料的大鍋。它旁邊會放一把巫帚（besom，即掃帚）。此時是黑暗半年的中間點、男神主宰時期的中間點。然而，雖然它處於一年週期的黑暗部分，但它在很大程度上是屬於女神的節日，特別是布麗姬德（Brigid）、布麗岡媞雅（Brigantia）、布麗德（Bride）及其他相關變體名稱的女神。

祭壇旁邊放置一頂「光之王冠」（crown of light）──係由多支蠟燭圍成的王冠。[†] 祭壇布與祭壇蠟燭應為棕色。

先完成「立起神殿」儀式，日子合適的話可以接續舉行滿月或新月儀式。然後擔任傳喚者的巫會成員搖鈴三聲。

傳喚者：「快來！快來！沒時間等了！我們要去參加節慶，所以不要遲到喔！」

男／女祭司：「去參加節慶！」

眾人：「去參加節慶！」

在男祭司與女祭司的帶領下，眾巫會成員以順繞圈的方向或走或舞地沿著巫圓周圍移動，且想繞多少圈就繞多少圈。男祭司或女祭司開始向諸神獻上讚美詩，所有人隨之加入。最後，大家都止步且停止歌唱。

巫會成員之一：「現在我們的父神已經抵達旅程的頂峰。」

巫會成員之二：「現在他轉身面對母神。」

男祭司：「雖然分開，他們仍為一體。」

女祭司：「他們既是影也是光。」

然後是季節性主題的表演，例如：太陽的冬季旅程中間點；除舊布新；牧神節（Lupercalia）的祭司在古羅馬的慶典當中奔跑；為穀物做好播種準備，使其能於春天生長；邀請生育女神進入家屋並久住其中。鈴響七聲。

巫會成員：「我們的父神

現已來到中途。

在這段休息之後，

他看到前面有著母神的光，

以及嶄新生命的開始。

這是凱爾特年的第一個節日，

[†] 這個道具必須謹慎處理，因為女祭司所冒的風險除了燒到頭髮之外，還有可能會被熱蠟燙傷。選用迷你尺寸的蛋糕蠟燭或剪短的錐形蠟燭，附上精心設計的杯狀支架，應是最好的作法。蠟燭數量必須為13根（即一整年的月亮週期數量）。

是春羊出生、
母羊開始產乳的時候。
春日仍遠，但其香氣已可嗅得，
人們對於女神的思念
就像對於男神的思念一樣多。
現在，燃起常青枝葉——
常春藤、槲寄生與冬青，
還有迷迭香與月桂。
清除陳舊，
使新的事物得以進來。」

男／女祭司：「光明到黑暗。」

眾人：「黑暗到光明。」

男／女祭司：「光明到黑暗。」

眾人：「黑暗到光明。」

男／女祭司：「告別母神，歡迎父神。」

眾人：「告別父神，歡迎母神。」

男／女祭司：「一同歡迎！」

眾人：「一起告別！」

男／女祭司：「一起告別！」

眾人：「一同歡迎！」

男祭司和女祭司帶領巫會眾人圍著巫圓跳舞，而吟頌或歌唱可能伴隨或隨後進行。

女祭司站在祭壇前，雙臂交叉胸前。男祭司跪在她面前並親吻她的腳。然後他拿起王冠，站起身來，將王冠戴在女祭司的頭上。接著男祭司以順繞圈的方向沿著巫圓跳舞三圈。當他在第二圈經過大鍋時，一位巫會成員點燃鍋中生火材料（像是蠟燭或其他材料）。當他在第三圈來到大鍋的時候，男祭司會跳過大鍋，然後繼續繞圈，到女祭司面前停下來。他用一根細蠟燭從祭壇蠟燭引火，用來點燃女祭司王冠上的蠟燭。女祭司張開雙臂高舉空中，雙腿分開站立。

男祭司：「歡迎，我們的光之女神！」

眾人：「歡迎，我們的光之女神！」

巫會成員：「歡迎，再三歡迎，三重生命女神。」

巫會成員：「太陽母神，我們歡迎妳。」

巫會成員：「火焰女神，我們邀請妳降臨。」

男祭司與女祭司繞走到大鍋旁。巫會成員將巫帚遞給女祭司，而女祭司將巫帚遞給男祭司並吻他一下。男祭司以順繞圈的方向沿著巫圓行走，「掃除」不再需要的事物。而當男祭司回到北方時，便將巫帚還給女祭司，並吻她一下。然後，女祭司將巫帚交給第一位巫會成員並吻對方一下，而這位巫會成員接著繞掃巫圓。後續所有巫會成員均一一重複此操作。當所有人都做過之後，男祭司和女祭司回到祭壇。鈴響三聲。之後接著進行「糕點與麥酒」的儀式。

後續進行「撤下神殿」儀式，好讓那裡有足夠的空間進行助興、遊戲及娛樂活動（想要的話，仍然可以在祭壇周圍進行）。這場晚間活動會以餐宴作為結束。

） 五朔節——大節 （

巫圓的外圍與祭壇也許可用鮮花裝飾。祭壇布與祭壇蠟燭應為深綠色。祭壇旁邊放置一頂王冠，可能為一頂花冠，也有可能是一頂飾有銀色弦月或類似圖案的銀冠。巫圓的北區會置放一個盛有生火材料的大鍋（一般生火木柴、蠟燭或 Sterno 公司的爐具）。巫圓的東區則有一根「五月柱」（Maypole）——巫圓可能要劃得特別大以容納五月柱。

完成「立起神殿」儀式。時間適合的話可接續舉行滿月或新月儀式。然後擔任傳喚者的巫會成員搖鈴三聲。

傳喚者：「快來！快來！沒時間等了！我們要去參加節慶，所以不要遲到喔！」

男／女祭司：「去參加節慶！」

眾人：「去參加節慶！」

在男祭司與女祭司的帶領下，眾巫會成員以順繞圈的方向沿著巫圓周圍移動，各自依自己的感覺或走或舞，並用小鼓或鈴鼓敲打節奏。想繞多少圈就繞多少圈。男祭司與女祭司開始向諸神獻上讚美詩，所有人隨後加入。最後，大家都止步且停止歌唱。

男祭司：「父神已經走到旅程的終點。」

女祭司：「母神開始踏上自己的道路。」

然後是季節性主題的表演，例如：女神從死後世界凱旋歸來；創造力／繁衍；野生與馴養動物的繁殖季節之一的開始；在五月柱周圍跳舞；驅策牛群走過兩個火堆以確保良好的牛乳產量。鈴響七聲。

巫會成員：「生死之門前後擺動，
所有存在均可自由通過。
我們的父神已走至旅程終點，
尋得那位以溫暖與安慰
等待著他的母神。
這是歡樂的時刻，也是分享的時刻。
沃土已能接受種子，
此刻該是播種時候。
結合帶來歡樂，
豐足充滿大地。
讓我們慶祝帶來豐足的種植、
年輪的轉動、
母神的季節。
讓我們告別黑暗，
並大聲歡迎光明。
隨著年輪轉動，父神與母神
變成母神與父神，
而我們持續向前邁進。」

男祭司：「年輪轉動。」

眾人：「輪轉無休。」

女祭司：「年輪轉動。」

眾人：「又轉一輪。」

男祭司：「告別父神。」

眾人：「歡迎母神。」

女祭司：「冬之父神結束統治。」

眾人：「夏之女神轉迎光明。」

女祭司：「歡迎與告別！」

眾人：「歡迎與告別！」

男祭司與女祭司帶領巫會眾人沿著巫圓舞動，最後走到五月柱。每個巫會成員都拿起一條彩帶繞著五月柱跳舞，並使自己與他人的彩帶交纏在一起，直到所有彩帶都纏繞在五月柱上，象徵男女結合及眾人同心。在加德納的著作當中可以找到一首適合邊舞邊唱的頌詞／歌曲。以下是傑拉德・加德納將魯德亞德・吉卜林（Rudyard Kipling）的某一首詩改寫的版本：

「哦，我們的技藝別跟牧師講，
因為他們會稱之為罪惡。
然而我們應整晚待在林裡，
做著召喚夏天進來的事情。
我們以口耳相傳，
為你帶來
女人、牛隻與玉米的好消息。
太陽現已從南方升起，
還有橡木、白蠟樹與荊棘。」

男祭司與女祭司回到祭壇。女祭司低頭站立，雙臂交叉胸前。男祭司拿起王冠，將它舉在女祭司的頭上。

男祭司：「我們的父神
與伴隨的母神，帶領我們
穿過黑暗走向光明。
這是漫長且困難的旅程，
然而諸神如實展現力量，

我們因著他們
得以成長與繁榮，
願他倆繼續下去。
現在，願母神與伴隨的父神，
繼續依道而行，
散布光明，驅散黑暗。」

女祭司雙腿分開站立、雙臂伸展高舉。男祭司降下王冠，並戴在女祭司的頭上。在他這樣做的同時，其中一位巫會成員將大鍋裡面的火點燃。

巫會成員：「現在母神已降臨於此。母神，請跟我們說話吧，因為我們是妳的孩子。」

女祭司鬆開雙臂並朝眾人展開。

女祭司：「我是轉動年輪的女神，
為世界帶入新的生命，
並招手迎接逝去的人們。
你聽見的那股涼爽微風，
是我的嘆息；
在風中疾馳作響的，
是我的心。
當你乾渴時，就讓我的眼淚
成為細雨朝你落下；
當你疲倦時，就讓我的乳房
成為大地供你歇息。
我給予你的溫暖與安慰，
無須償還，只希望你能
愛著萬物如同愛你自己。
要知道，愛是生命的火花。
它一直都在，若你能看見，
就知道它一直與你同在。

你無須尋索遠處，

因為愛是你內在的火花，

是永不轉暗的光芒、

由內發亮的琥珀。

愛是萬物的開始

也是萬物的結束……

而我就是愛。」

　　男祭司親吻女祭司。然後其他巫會成員一一移動，走去擁抱及／或親吻女祭司。當所有人都回到自己的位置時，男祭司與女祭司牽手，帶領眾人繞著巫圓舞動（單人或兩人一起）。走到大鍋時跳過它。繞過數圈之後，再停下來。鈴響三聲。然後是「糕點與麥酒」的儀式，接著進行「撒下神殿」儀式，好讓那裡有足夠的空間進行助興、遊戲及娛樂活動（想要的話，仍然可以在祭壇周圍進行）。這場晚間活動會以餐宴作為結束。

☽　光神節──大節　☾

　　在祭壇上與巫圓周圍布置夏季的花朵。祭壇布與祭壇蠟燭應為黃色。

　　先完成「立起神殿」儀式。時間適合的話可接續舉行滿月或新月儀式。然後擔任傳喚者的巫會成員搖鈴三聲。

傳喚者：「快來！快來！沒時間等了！我們要去參加節慶，所以不要遲到喔！」

男／女祭司：「去參加節慶！」

眾人：「去參加節慶！」

　　在男祭司與女祭司的帶領下，眾巫會成員以順繞圈的方向沿著巫圓周圍或走或舞地移動。想繞多少圈就繞多少圈。男／女祭司開始唱出獻給諸神的讚美詩，所有人隨之加入。最後眾人止步並停止歌唱。

巫會成員：「諸神掌握生命與死亡的力量。」

巫會成員：「偉大神祇的力量如此巨大。」

巫會成員：「父神年老，但又年輕。」

巫會成員：「而他擁有那力量。」

然後是季節性主題的表演，例如：神的死亡與重生，使我們得以豐收；疏植作物，以獲得更好的收成；力量及考驗；年輕神祇殺死老邁神祇，並以紀念性質的競技比賽（funeral games）榮耀逝者。鈴響七聲。

巫會成員：「在母神主導期間，
我們仍記得她的兄弟／情人／丈夫。
藉由與女神的結合，
他的力量堪稱巨大。
藉由死亡與重生，
身為幼兒的他，
是收成的保證及力量的傳遞，
使作物成長，
使力量廣傳給自己所愛的一切。
紀念父神，
然而永遠在他那裡看見母神。
讚揚母神，並透過她讚揚父神。」

男祭司：「巫圓的母神真是有福。」

眾人：「身為她的丈夫，父神真是有福。」

女祭司：「願土地生產有餘。」

眾人：「願身體充滿力量。」

男祭司：「願力量歸於父神。」

眾人：「願力量歸於母神。」

女祭司：「讓老舊凋落如月虧。」

全部：「使年輕新興如月盈。」

男祭司：「年輪恆轉。」

眾人：「永遠前行。」

男祭司和女祭司帶領巫會眾人圍著巫圓跳舞，而歌唱與吟頌可能伴隨或隨後進行。

除了男祭司與一位男性巫會成員以外，其他人均坐下。然後男祭司在坐著的會眾與巫圓線條之間以順繞圈的方向跳舞。男性巫會成員則在會眾與祭壇之間以「逆繞圈」（widdershins）的方向跳舞（換句話說，在眾人圍成的圓外面的人以順時針方向移動，眾人圍成的圓裡面的人以逆時針方向移動）。當他們彼此擦身而過時，會在眾人頭上擊掌。如果想要的話，眾人除了打起拍子讓那兩人跟著舞蹈之外，還可以在他們擊掌時大喊：「樂個！」（Lugh）他們繞圈並擊掌十二次，男祭司在第十二次擊掌後倒在地上，而那位男性巫會成員則跳過坐著的眾人，以順繞圈方向沿著男祭司繞巫圓的路徑跑一整圈。當他跑回到男祭司身邊時，幫助他站起身來，然後相互擁抱。而眾人也跟著歡呼起身。

男祭司：「母神與父神，我們感謝你們，
賜予那從土地生長的一切。
願這一切開始成長茁壯直到收成。
我們感謝
你們應許的未來果實。
讓父神的力量
在此刻、在一整年
都與我們每 個人同在。」

眾人：「感恩此事實現。」

鈴響三聲。然後是「糕點與麥酒」的儀式，接著進行「撤下神殿」儀式，好讓那裡有足夠的空間進行助興、遊戲及娛樂活動（想要的話，仍然可以在祭壇周圍進行）。這場晚間活動會以餐宴作為結束。

第六課問題

一、巫術節慶是節日，是與諸神一起慶祝與歡樂的時刻。列出八個巫術節慶及它們在今年的日期。描述每個巫術節慶的紀念主題，並說明你如何慶祝每個巫術節慶。

二、為你選定的儀式或場合編出（或創作、或撰寫）一首適合的讚美詩或歌曲。

三、為自己喜歡的儀式創造自己的版本。

四、描述你為自己喜愛的巫術節慶儀式選擇的季節性主題表演，以及該儀式的宣言。

第六課試題

一、某位巫會成員希望在下一個巫圓活動
進行一些愛情魔法，然而該次巫圓活
動恰為母孕節（Imbolc）。她或他能這
樣做嗎？如果不能，原因為何？她或
他何時可以進行呢？

二、在哪幾個巫術節慶會一起榮耀男神與
女神？

三、盛夏之時，男神與女神哪一位會變得
至高無上到排除對方的存在？

四、如果巫術節慶恰逢滿月，你會在哪個
時間點舉行滿月儀式？

五、哪個巫術節慶標示主導地位從女神換到男神？標示主導地位從男神換到女神的巫術節慶又是哪個？

請閱讀下列作品：

《巫者八節》（*Eight Sabbats for Witches*），珍妮特與史都華・法拉夫婦（Janet and Stewart Farrar）著

六、冬至（Yule）是巫術四大節慶之一嗎？

推薦的補充讀物：

Seasonal Occult Rituals byWilliam Gray

第七課

冥想、夢境與四小節慶

MEDITATION, DREAMS, AND THE MINOR SABBATS

☽ 冥想 ☾

讓我們把巫術節慶放在一邊休息一下，先來探究冥想這個主題。目前的冥想形式，是從東方文明引介到西方文明。幾世紀以來，東方文明的宗教入門者都知道經常冥想所具有的力量與益處。他們已經運用它，並將其發展成為一門精緻的技藝，並藉此習得掌握心智、克服病痛、將自己與問題及恐懼區隔、發展靈通能力，還有擴展普世律法（Universal Law）的哲學與知識。

現在的西方世界越來越意識到冥想的這些益處。像超覺靜坐（Transcendental Meditation, TM）、瑜伽、西瓦心靈術（Silva Mind Control）等諸多法門現在都很常見，不僅出現在威卡信徒及其他神祕主義者的日常對話當中，連普普通通的一般人士也常提及。然而問題是，在傾聽這些對話時，你很快就會發現許多人對於冥想僅是淺嚐即止，而且感到困惑：「哪種法門最好？」「為何我得不到任何好處？」「我有做對嗎？」

那麼，冥想是什麼？它其實是一種傾聽……傾聽高我（the higher self），或是——如果你比較喜歡這樣想的話——傾聽內我、創造力量、高層意識，甚至諸神本身。它可以是上述一切。若運用得當，冥想會打開通往個體成長及個人進步的門戶。在心靈與靈性領域發展出來的所有技藝當中，冥想是目前為止最為有效的方法。巧的是，它也是最為簡樸的法門。而且它用於單人習修，也可以用於團體練習。

已故的著名靈媒艾德格・凱西（Edgar Cayce）在其靈訊（#281-13）提到：「創造力會沿著人體具有的自然管道升起，並由那些造就人的肉體、心智體與靈性體之諸多活動的中心與源頭予以散布，而冥想則是清空一切會阻礙創造力升起的自我，若（冥想）做得好的話，必定會使個人在心智與肉身方面都更加強壯。……我們也許會各自獲得適合個人、適合個別靈魂的力量與能力，以便在這物質世界進行更加美好的活動。」簡而言之，冥想是一種方法，而我

們可以透過這種方法在物質、身體、心智與靈性等面向
改善自己的生活。你也跟東方的大師一樣，可以約束自
己的心智、控制自己的情緒、克服病痛、解決問題，並
開始創造出屬於自己的實相，而你所要做的就只是有此
欲望，並願意付出相應的努力而已。

）冥想如何運作（

要了解冥想的運作方式，我們就得在意識的層面審
視人的組成，還必須了解到我們是靈性與肉體兼具的存
在個體。肉體與靈性體在數個生命力中心相連，這些中
心則以梵文名稱「脈輪」(chakra) 稱之 (參見圖7.1)。在
冥想的過程中，神祕的心靈能量會經由這些中心被向上
傳送。這股非常強勁的力量稱為「拙火」(kundalini) 或
「蛇力」(serpent power)。而當這股強大力量開始在你體
內流動時，這些生命力、靈通力量的中心——也就是脈
輪——會開始依序啟開。

在意識的層面，將整個意識當成三明治來看：三
明治的其中一側，即你所持有的具有意識的心智 (the
conscious mind)，關係到你的日常生活與活動，還有你
的肉體／物質層面存在。這就是你在清醒時的意識狀
態。而三明治的另一側則是所謂的較高意識 (the higher
consciousness) 或超意識 (the super consciousness.)，也就是
你的高我心智 (the higher-self mind)，關係到你的靈性健
全狀態並保留你的全部記憶。至於夾在上述兩側之間的
事物通常稱為「潛意識心智」(the subconscious mind)。被
動的它在很大程度上從屬於意識心智——其主要原因係
它本來就是如此。它掌管非自主性的身體功能領域，像
是記憶、反射動作，並擔任你的意識心智與超意識心智
之間的連接通道。

當生命力開始流經神經系統時，個體會達到身心安

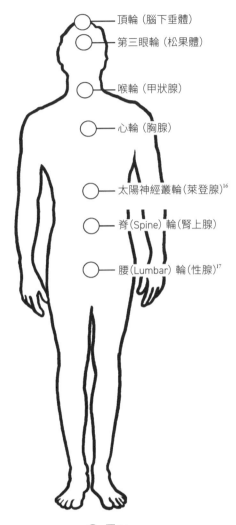

頂輪 (腦下垂體)

第三眼輪 (松果體)

喉輪 (甲狀腺)

心輪 (胸腺)

太陽神經叢輪 (萊登腺)[16]

脊 (Spine) 輪 (腎上腺)

腰 (Lumbar) 輪 (性腺)[17]

● 圖7.1
脈輪與對應的腺體

---

[16] 譯註：萊登腺 (Lyden gland) 出自凱西的
通靈資料，然而沒有對應的解剖部位
名稱。有的說法係將它當成是指男性
睪丸的間質細胞 (Leydig cells)，以及對
應的女性卵巢的卵泡細胞。這兩者負
責生產對應的性荷爾蒙。

[17] 譯註：若與上述太陽神經叢輪對應腺體
區分的話，這裡的性腺應指性腺裡負責
產生精卵的細胞。即睪丸的塞特利氏
細胞與精母細胞、卵巢的濾泡細胞與卵
母細胞。

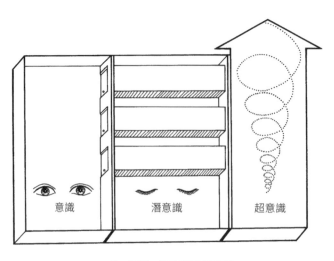

◉ 意識、潛意識及超意識

適與平安的感受。潛意識則開始為自己清除那些在感受方面的負面與不想要的模式，還有那些在你一生中被編進潛意識運作的圖像。在平靜、放鬆、沉思的氛圍中，拙火的宇宙力量會相當自然地運作。而隨著眾脈輪一一接續敞開，你對於生命的覺知與感知會持續從內在流溢而出。你會被引導在對的時間做對的事情，而新的振動亦會滲入你的整個存在。

對準物質層面的意識心智躁動不休，而冥想讓你學會控制它，並重新設定從屬的潛意識，好使你能以自己的那股以靈性為導向的較高意識來行事。冥想為你開啟連繫自身高我的頻道。

﹚ 冥想技術 ﹙

許多人冥想失敗有兩種原因，其一是使用錯誤的技術，其二是完全沒有技術。東方哲學的大師會建議在冥想時把注意力集中在第三眼的「千瓣蓮花」上（參見圖7.2）。這是第六個脈輪，也是第二高的脈輪。藉這方式，你可以透過超越自己對於粗糙的身體自我及心智認同的關聯來重新為自己定位——而且你會覺察到那個真正的源頭。當你坐下來冥想、將自己的注意力聚焦在第三眼時，你會將自己提升到超越那些對於肉體的意識及潛意識的關注。

◉ 圖7.2

要注意的是，當你感覺良好且警醒時，你會通過自己的眼睛及身體的其他感官與你的環境保持聯繫。你的意識焦點會往外進入物質世界。當你處於負面的情緒或是感覺沮喪時，請注意自己是如何從物質世界退離：你

的眼睛會往「下」看，而你的意識焦點則上演潛意識的想法和問題。下次當你感到沮喪或心情低落時，「抬起你的眼睛」，將你的意識焦點往外且往上——高於地平線——移動。覺察自己的周遭環境並與其交流。你會開始感覺變好，憂鬱會消散，樂觀會回返。

你瞧，在**往下看**時，你會傾向連結潛意識。在**朝外直視**時，你會傾向於連結自己的意識心智，而它係對準粗糙的肉體／物質世界。當你**往上看**時，就會傾向連結自己的較高靈性意識，以及超越實體層面的領域。

在以「第三眼」冥想技巧進行冥想時所使用的助力，即是那股將注意力集中在眼睛上的自然傾向。你想專注在高我嗎？那麼就運用你的自然傾向，亦即僅是將你的眼睛與注意力往上及往內聚焦在第三眼上，其位置在兩眉連線的上方約 1 英寸（2.5 公分）、額頭表面往內約 1 英寸（2.5 公分）的位置。

） 冥想姿勢 （

● 圖 7.3

冥想應當是舒適與安心，所以你的姿勢應當讓你感到舒適且安心。你可以選用自己喜歡的任何姿勢，只要確保脊柱挺直即可。我個人會建議你坐在舒適的直背椅具上。你應當把椅墊坐滿——脊柱挺直——且雙腳能平放在地板上。椅子最好有扶手，可以讓你的手臂放在上面休息。椅背不需很高，其實沒有更好。你也許比較喜歡坐或躺在地板上。若選擇坐在地板上，**不**建議你採用蓮花座的姿勢，除非你對這姿勢非常熟練並且能完全適應。你應選擇一個可以讓自己靠著某個東西以支撐背部的位置。地板的表面應當柔軟舒適。盡量減少人造纖維的存在，像是金屬、塑膠及合成纖維，這樣會有所幫助，雖然不是絕對必要的條件。在理想情況下，柔軟的羊皮或厚重的羊毛製品，如毯子或地毯，可用於坐臥。有些人則喜歡平躺，雙腿併攏、雙臂放在身體兩側。這姿勢唯一的缺點就是有些人會很容易睡著呢！

） 冥想的地方 （

用於冥想的地方應是遠離外界聲響——像是人車往來及孩童發出的玩耍聲音——的安靜地方。而最好的冥想地方，當然是你那已經淨化與聖化的巫圓。若是你出於某種因素得選擇另一地方來冥想的話，那麼應先以淨化、聖化巫圓的方式來處理那塊地方。

有些精熟此道的人堅持冥想者應面向東方。這樣的作法在特定情況似乎確實會帶來一點益處，但就一般而言，現實世界的坐向並沒有很重要。如果你所在地方的東側是一片空白牆壁，西側則有一扇窗戶，那麼你面對窗戶可能會感覺舒服得多。這裡的重點在於盡量讓自己感覺舒適。

盡量移除可能的干擾源。滴答作響的時鐘，或更糟糕的電話或門鈴的尖銳鈴聲，都可能使人驚嚇。如果可以的話，請斷開它們的線路或電源。收音機和電視機當然應要關閉。應當穿著寬鬆的衣物，以免身體受到任何方式的束縛。何不裸身穿著長袍呢？若室溫允許的話，「以天為衣」會更好喔！

❯ 冥想的時間 ❮

冥想的最佳時間通常視個人方便而定。對大多數人而言，不是清晨便是晚間。少數人——通常是那些白天在家的人——會發現下午三點左右最為方便。有些證據則建議，接近自己的出生「時」會是最好的冥想時間。當然，占星方面的影響不能完全忽視，不過，對準眾星所得到的微小好處，很有可能會被負面影響抵消，像是喧鬧的鄰居或卡到其他日常必要活動的安排。因此，請選擇**你**最方便的時間即可。這裡的重點在於你**確實**有做冥想，並且**持續**做下去。因此，無論你選定哪個時間，每天都堅持在那個時間冥想。

❯ 毅力 ❮

冥想如要順利且能保持下去，就得持續冥想。有人建議每天做二次冥想，每次15到20分鐘。敝人則覺得每天**至少**冥想15分鐘才算足夠。然而，你每天冥想之**選定時間**與進行的**時間長度**都須保持一致，偶爾為之的作法會使你無法順利冥想。

❯ 進行方法 ❮

採取舒適坐姿並盡量放鬆身體，但是不要彎腰駝背。以下的動作練習能幫助你放鬆緊繃的肌肉：

一、將頭部朝胸前彎。深呼吸三次。然後頭部恢復直立。
二、將頭部完全後仰。深呼吸三次。然後頭部恢復直立。

三、將頭部盡量向左傾斜。深呼吸三次。然後頭部恢復直立。

四、將頭部盡量向右傾斜。深呼吸三次。然後頭部恢復直立。

五、將頭部向前倒，然後逆時鐘方向轉頸三圈。

六、重複上一步驟，但這次是順時鐘方向轉頸三圈。然後頭部恢復直立。

七、用鼻子進行多次短促吸氣，直到空氣充滿肺部。閉氣片刻，然後迅速用嘴吐氣，同時發出「哈！」的聲音。這步驟做三次。

八、用右鼻孔緩慢吸氣（如有必要可用手閉住左鼻孔）直到空氣充滿肺部，同時感覺腹部跟著鼓脹起來。閉氣片刻，然後用嘴慢慢吐氣，同時縮緊腹部。這練習可清除積存在肺部深層的陳舊空氣。這步驟做三次。

九、重複上一步驟，但這次是用左鼻孔吸氣、用右鼻孔呼氣。這步驟做三次。

團體冥想能帶來龐大的滿足感受。每個人的振動會以互補的方式相互作用，因此能在心靈層面產生巨大的成果。在單獨冥想時，你可能偶爾會經歷「無效」的時候，但團體冥想絕不會如此。其實，許多人之所以只會跟團體一起冥想，就是出於這個理由。

在團體冥想當中……其成員應該圍成一圈坐下，各自依自己的速度進行呼吸與光的練習。在每個人都完成強化脈輪色彩的練習之後，應關掉白光的電燈或拉上窗簾，再用藍光照亮巫圓。我所共事的團體，則是使用西屋（Westinghouse）的 100 瓦彩色泛光燈（color-tone floodlight）。它幾乎到處都買得到，用於支持冥想的目的相當理想。在整個冥想過程中，這盞藍燈應持續點亮。

《色彩魔法》（*Color Magick*）
雷蒙德·巴克蘭
Llewellyn, Mn. 1983 & 2002

現在，當你的身體逐漸放鬆、呼吸回歸正常但變得比較充分的時候，就完全專注在想像自己的整個身體被包攏在一個白光球體裡面，直到能夠想像出來。感覺那明亮的能量正在為自己的整個身體補充能量。

將注意力集中在你的左右腳趾，命令它們放鬆下來，消融它們的緊張與疲倦。接著對左右腳掌、左右腳弓、左右腳跟、左右腳踝重複這過程。就是一個區域一個區域地將整個身體完全放鬆下來：左右小腿、左右膝蓋、左右大腿、陰部、左右臀部、脊柱、腹腔與胸腔、左右肩膀、左右上臂與下臂、左右手腕、左右手、頸部、喉嚨、下巴、下顎（如果你感覺自己的下顎鬆垂到使嘴微張的傾向，就讓它那樣）、雙眼、頭骨以及頭皮。當你將注意力沿著身體向上移動進行這技術時，放鬆每一肌肉、靜脈、神經與纖維，最後來到前額，使那裡放鬆下來。然後你只需向內專注在自己的第三眼即可。

將注意力專注在第三眼時，若可以的話，也使眼睛往上轉。逐漸深入第三眼。放下不真實的物質世界，也就是小我（the ego self）。惟有超越物質取向的小我，你才能找到通往內在王國與高我的大門。將自己託付給那股來自上方的牽引……臣服於那股如磁力般的力量。你不需用祈禱或想像來使事情發生，只要放鬆，讓自己往內、往上流向那更為高層的力量即可。無論你面前出現什麼感覺、內在的光或聲音，就是進入並穿透它們並往其來處前進。不用對這些現象感到興奮或害怕。別誤以為自己正在「獲得特異能力」。無論看到什麼，將自己投入其中，並持續往上、持續往內進入與穿透。

在一開始，你可能很難使意識心智保持靜止。你的意識就像被寵慣的孩童，不斷要求關注。一旦它開始變得有分寸，你就會開始注意到正面的結果。你也許不會有驚天動地的戲劇化經驗，但你會開始注意到直覺正在逐漸深化。你會開始「知曉」自己以前並不知道的事情。這證明你的冥想正在發揮效果，以及拙火的力量正在甦醒。

剛開始冥想時，你會發現單次靜坐很難超過數分鐘。你的心智想要到處晃蕩、身體想要動來動去，甚至可能會出現強烈的癢感，要你來抓一抓！這需要一點時間，但你終會發現你是自己身心的主人。無視那股癢感，告訴你的意識閉嘴坐下！因為**你**正忙著進行更重要的事情。**若你堅持下去的話**……癢感會消失，而你的意識會變得知道分寸，在你對準自身高層本性時安靜坐在一旁。要記得，從過去以來，你一直容許自己的思想與情緒支配你的事情。然而你的思想與情緒現在必須學會它們是來為你工作。也許這樣的學習需要多做幾次，但它們終將學會。請堅持下去，你正踏上個人生命當中最為偉大的旅程。

） 冥想的收尾 （

為了顧及現實生活的身心安適，在每次冥想結束時，將身體與意識自我重新喚醒會是重要的步驟，應以放鬆方法的反向順序來進行。當你的意識開始從第三眼抽回時，引導它從前額向上擴展到頭頂，然後一步一步地往下經過整個身體，依序命令每個區域在醒來時煥然一新、充滿活力、放鬆且健康：頭骨區域、雙眼、後腦勺、臉、下顎、舌頭、頸部、喉嚨、左右肩膀、左右上臂與下臂、左右手腕、左右手、上背部、胸部、胸腔、腹部、胸腹的左右兩側、下背部、陰部、左右臀部、左右大腿、左右膝蓋、左右小腿、左右腳踝、左右腳跟、左右腳弓、左右腳掌以及腳趾。經過身體的每個部位，命令每一塊肌肉、血管、韌帶與神經在醒來時充滿活力、煥然一新、放鬆且健康。在冥想之後，你會驚喜地發現自己開始感覺變好的幅度。你會馬上感受到內在的滿足與心智的龐大平靜。透過冥想，你會發現不僅自己的靈性意識逐漸覺醒，自己的肉體也逐漸重獲活力，因為你開始汲取那股與生俱來的偉大宇宙力量。

） 夢 （

什麼是夢？夢重要嗎？乍看之下，對夢不熟悉的人可能不會去注意一些看似微不足道、記不清楚的夢境碎片。在夢中那些看似愚蠢滑稽的動作，被認為僅是腦袋在休息不工作時的塗鴉而已！而其他更加離奇和可怕的夢境情節會使做夢的人希望它們別再出現。無論是前者或後者，個人大概都不怎麼重視這些來自未知眠界的奇怪片段。

然而現代的學術研究仍持續深入探索夢的世界。夢是否重要？它們會告訴你一些可能對你有利的事情，還是它們僅是「子夜場的電影」，在你的意識休息時用來娛樂你的潛意識？根據研究數據，在你這一生當中，每個晚上平均會做七個夢，且每個夢持續時間最長為45分鐘。科學家還確定做夢對你的身心安適狀態至關重要。睡眠實驗室的研究對象，在其做夢時間長期受到中斷之後，會產生情緒方面的壓力。然而科學只關注現象，未能調查其源頭，畢竟它是從外在往內的探看。

） 源頭 （

如要有效處理夢境，就必須了解它的源頭及原因。它顯然不是意識心智的產物，因為它發生在睡眠狀態，這時的意識心智正在休息。被動的潛意識不具邏輯觀念，也不會發展想法，因此它不可能是高度複雜且難以捉摸的夢境之創造源頭……而潛意識只能把已經放進它

裡面的東西拿出來而已。那麼我們還剩下什麼沒有想到呢？夢是複雜的，係經精心策劃且具有豐富的想像空間。顯然，唯一可能的源頭就是榮格所提到的「無意識心智」（the unconscious mind）或「高層靈性心智」（the higher spiritual mind）。我們現在把這部分的心智或意識稱為「超意識」。

夢重要嗎？光是它們的發生這一事實就已賦予它們一定的重要性。你的存在的任何面向都不是完全微不足道。當你思索自身夢境的源頭時，它們的重要性就會逐漸變得清楚。對許多人來說，做夢狀態是高層心智在連結意識時唯一可用的媒介，所以它每天晚上都在忙著嘗試將自己的訊息傳過去。你的高我不斷花費大量時間與心力在夢的形塑與傳遞，而你至少能做的是嘗試理解夢所要傳達的訊息。

〉 夢的解讀與象徵符號 〈

你可能已經耗費無數時間徒勞無功地嘗試破解那些看似毫無意義的夢境謎語。當你在夢中參加蜜妮阿姨的葬禮，而十年之後那位阿姨仍是健健康康地活著時，這種完全沒有預言價值的夢境會使你感到困惑。當你在夢中與自己通常不會靠近的人親密交流時，你會感到大惑不解。你會對夢見自己做出日常生活不可能做到的事情感到驚訝，而當你嘗試弄清楚那些難以捉摸的夢境所發生的奇怪事情時，終究會感到十分挫敗。但是你仍然覺得那裡的某處一定有著答案……但哪裡才是某處？關鍵是什麼？

你那屬於超意識的意識是遍在意識（the universal consciousness）的一部分，它十分精熟通用的象徵意義（universal symbolism）。由於超意識傾向於用自己的語言表達，所以可以預期你的夢境會包含一些屬於通用象徵符號的語言。然而即便它有自己的語言，超意識也知道你對於自身意識最熟悉的象徵會有最好的反應，因此它會使用你日常生活當中的術語及象徵符號。有時它會使用你的記憶才剛記住的近期事件之象徵意義。這些來自你個人現實生活的印象被稱為**個人的象徵意義**（personal symbolism）。

通用的象徵意義則包括對全人類而言不論古今均能適用的事物，其中有顏色、數字、形狀與性別認同（例如男性與女性）。源自超意識的它們自是永恆經典的象徵。例如交通運輸是靈性進步的典型通用象徵。隨著材料科技的進步，符號象徵的應用也會跟上流行。因此，夢中的交通運輸可能會以現代交通工具來表示，像是火箭、飛機、輪船、火車或汽車，但也有可能選用騎乘動物或步行之類的永恆經典象徵來表示。

這裡無法列出所有通用的符號象徵，然而在後續關於通用符號象徵的篇章會提供一些常見的例子。

〉 解讀夢境 〈

著名心理學家卡爾·榮格（Carl Jung）曾說過：「夢的象徵無法與夢見這象徵的人分開來看。」請在學習以下概念時牢記這一點。要注意的是，幾乎所有通用的符號都具有深淺不同的意思。事實上，有些符號的含義甚至是相互矛盾。對於這些符號的解釋，只能夠由你這位做夢者，透過思索自己對於夢、符號象徵與自身直覺的感受來完成。

夢是象徵符號幾近無限的複雜組合，其本質可具有分析、判斷或治療的性質。大多數的夢為分析性質，換言之，它們讓高我為你提供關於你的日常生活與靈性發展之評論意見。它分析你與周遭環境及人們的關聯情況。有一小部分的夢具預言性質，向你提出警告，使你能為將來的事件做好準備。（預言夢所占比例因人而異，但據估計大約二十個夢當中會有一個跟未來有關。你若夢見哥哥鮑博或表姐瑪莉，別馬上斷定那是在預示他們將要發生的事情。他們可能會發生那些事情，但更有可能不會。）此外順便提一下，你應要注意的是，自己夢中的主要人物其實都是代表**你**——或是你的某些面向。所以當你夢見你的妹妹蘇西跟你就某件事爭論時，其實你看到的是自身內心衝突的表現——你的某一部分與另一部分不合（也許是你的男性面向在反對你的女性面向），妹妹蘇西的形象僅是用來當成可以讓你識別且可以接受的形式而已。

同樣的，具治療性質的夢之數量也因人而異，它完全取決於個人的需要。若某人有強烈的自卑感，其療方也許是夢見自己成為強大能幹且具有魅力的人物。高我透過這方式填補做夢的人在心理方面的缺失。若某人有強烈的優越感，可能會有使其驕傲自我低頭的夢境，將他形容成軟弱無助且低人一等的個體。因此，治療夢常是要去克服個體的性格缺陷。

預知的夢只會發生在個人需要為未來事件做好準備的時候。即使你也許不會有意識地記得它，夢也會使你在潛意識的層面準備好面對即將到來的震驚。預知夢不一定關乎重大事件，有些預知夢甚至可能顯得無足輕重，但它們同樣重要。這些夢會在一段時間之內為潛意識心智與意識心智進行設定與準備，使其能以適當的方式處理未來的事件與情況。

若要在這裡列出所有通用符號，既不可能也不實際。不過，以下清單提供的基礎知識，能讓你對它們的功能有些概念。你從這裡可以開始發展自己的清單。

〉 通用符號象徵 〈

豐富、充裕：渴望獨立。

意外：未經計劃的事物或狀況。

男女演員：想得到賞識的渴望。

通姦、不忠：罪惡感。

飛機：參見**交通運輸**。

祭壇：自我犧牲。

錨：穩定性。有時代表對於固定住處的渴望。

阿尼瑪（Anima）：個體的女性面向。前往內在世界的響導。女神。接受性、可能性以及滋養。

動物：取決於你對特定動物的感受（其典型含義參見特定的物種類別）。願意協助的動物通常代表本能自我。

阿尼姆斯（Animus）：個人的男性面向。永不動搖的信念。力。男神。

蘋果：欲望。

箭頭：愉悅、歡慶。

拍賣：對於充裕的保證。

汽車：參見**交通運輸**。

嬰孩：哭泣：計畫受挫。笑：計畫完成。睡眠：等待的時間、耐心。

氣球：沮喪。

地下室：避難或撤退、避靜的地方。

戰鬥：內部衝突。

鐘、鈴：計畫的實現、喜悅。

腳踏車：努力工作會使計畫得以實現；另見**交通運輸**。

鳥：通常是從某一存在狀態超越至另一存在狀態的過程。

出生：過渡到自我的新階段或新面向。

橋：克服困難、某種改變。

掃帚：清掃或清理的能力。

公牛、雄象、雄鯨（均為 Bull）：獸性、固執。

埋葬、葬禮：某一階段的結束、該是換到新方向的時候。

蠟燭：一致性。

手杖或拐杖：對於支持的需要。

首都（可以是都市或城鎮）：中心。另見**城市**。

城堡：野心。

洞穴：避靜、撤退或避難之處；需要時間來思考與冥想。

圓：整體、完美、無盡、**一切**、集體無意識。

城市：意識的聚集。若位在明顯或具重大意義的地方，也有代表阿尼瑪的意思。

攀登：自我超越（self-mastery）的過程；提升意識。

時鐘：時間的流逝、對於採取行動的需要。

衣物：態度、人格。

棺材：參見**埋葬、葬禮**。

色彩：色彩的象徵意義本身就是一項令人著迷的研究。敝人只希望在此稍加講述這主題，使你對夢中各種色彩的含義有基本的了解即可。以下列表並未統括所有的色彩，只會提到主要的色彩。**紅色**：力量、健康、活力、性愛、危險、慈善（救濟、施捨）。**橙色**：鼓勵、適應、刺激、吸引、充足、仁慈。**黃色**：説服、魅力、自信、嫉妒、喜悦、撫慰。**綠色**：財務、生產力或生育力、運氣、能量、成長。**藍色**：寧靜、了解、耐心、健康、真實、奉獻、誠摯。**靛藍**：可變動性、衝動、壓抑、野心、尊嚴。**紫色**：緊張、權力、悲傷、虔誠、多愁善感。

搖籃：進步的潛勢。

渡河、過河：態度出現根本的轉變。

哭：情緒，通常是某個悲傷的事件。

水晶：物質與靈的結合。

窗簾：隱蔽、裝飾。

黑暗：靈界、潛意識、向內看。

死亡：某事的結束、新開始的機會。

狗：忠誠、懶惰、憤怒。

吃食：對於新興趣的需要、刺激。

晚上：下降到潛意識的世界。

眼睛：觀點或看法、自我審視。

跌倒、墜落：無法達到期望。

魚：從某一存在狀態超越到另一存在狀態的過程。

火：憤怒、淨化、充沛的能量。

花：滿足、愉悦。

飛翔：參見**交通運輸**。

女孩：尚未成熟的女性面向。

玻璃：觀點或看法、看的能力（有時是看到未來的能力）。

畢業：啟蒙或入門、某階段的完成。

髮：想法。灰髮或銀髮代表睿智的想法。

鎚、擊錘、鏈球（均為 Hammer）：驅動事物前進的力量。

願意協助的動物：本能自我。

公路：應走的路、眼前的路。

馬：**白馬**：生命的象徵，凱爾特女神愛波娜（Epona）常被描繪成騎乘白色母馬、繁榮。
　　　黑馬：運勢的改變。**野馬**：不受控制的本能衝動。**長有翅膀的馬**：從某一存在狀態超越至另一存在狀態的過程。

房屋：就靈性的觀點而言算是人格與有意識的興趣之象徵。特定的房間代表特定的興趣
　　　——**浴室**：清潔、消除不想要的事物。**地下室**：避難、退隱或避靜、隱蔽之處。
　　　臥室：休息與恢復的地方。**餐廳**：滋養的地方；再造（refortification）。**廚房**：滋養、營養的準備之處。**客廳**：用於社交的地方。

冰：冷酷個性、冷淡或性冷感、固執僵化。

病痛：厭煩或無聊、拖延。

個人自我：「真實」的你、內在的你、全睿全能的靈性自我。

監獄：限制、挫折、無法行動。

旅程：參見**交通運輸**。

法官或陪審團：你的良心。

鑰匙：某問題的答案。

吻：滿足、完整。

梯：攀爬的能力（注意梯子的長度）。

左（左側或左向）：潛意識的看法、有時是指錯誤的陣營或錯誤的方向、邏輯的看法、科學的看法。

光：希望。

線條：虛線代表女性面向；實線代表男性面向。

蜥蜴：超越。

鎖：挫折、安全感。

男人或男性：阿尼姆斯，個人的男性面向。其年齡表明個體成熟與否。

面具：虛假、欺騙、隱藏。

鏡子：需要重新考慮。

母親：安全的地方、舒適。

裸體：真實、真正、毫無虛假、暴露、自然。

夜晚（特別是午夜）：超意識的最大力量。

中午：意識最為清晰的狀態。

數字：在解讀數字時，應首先檢查它們的平衡與否。**偶數**表示平衡與和諧。**奇數**表示失衡與不和諧。在思索以下定義時，要留意數值較大的數字係由數值較小的數字組合而成。**數字1**：開始、源頭、小我。**數字2**：二元性、男性與女性、正與負。**數字3**：三位一體（父、母、孩子；過去、現在、未來）。第一層面（the first plane）[14] 的完成。**數字4**：物質宇宙、意識、現實與法則、體力、主動性、宗教和精神進化。係數字3加上數字1。**數字5**：象徵人的數字。代表物質（唯物）主義、擴張、變化、了解與正義。係數字3加上數字2。**數字6**：象徵合作與平衡的數字。代表物質與靈性、心智與肉體之間的互動。它象徵心靈（唯心）主義（psychism）、和平與第二層面（the second plane）的完成。這是兩倍的數字3。**數字7**：完成、老年、耐力、進化與智慧。靈性轉變的七階段。係數字4加上數字3。**數字8**：象徵溶解與分離的數字。周而復始的進化與發明的法則。係數字5加上數字3。**數字9**：重生與改造。直覺、旅行、業力與第三層面（the third plane）的完成。這是三倍的數字3。**數字0**：圓。無限、宇宙、一切。

遠洋：機會、靈性。

貓頭鷹：智慧、需要更進一步的評估。

珍珠：喜悅。斷開的珍珠串：誤會。

海盜：懷疑。

囚房：參見**監獄**。

金字塔：對知識的渴望、尋求。

鐵路：可供依循的既定路徑；另見**交通運輸**。

彩虹：極大的喜樂、機會。

閱讀：學習、獲得知識、感知。

騎乘：參見**交通運輸**。

右（右側或右向）：意識的看法、正確的陣營或方向、藝術的看法。

戒指：完整、忠貞。

---

[14] 譯註：第一層面也許係指「個人」（即自己的）層面；後文第二層面也許是指「家庭、族群」（即自己人的）層面；第三層面也許是指「社會、人類」（即所有人的）層面。

河流：靈性、邊界或界線。

火箭：參見**交通運輸**。

岩石：不變的自我。

囓齒動物：超越，或是指某個不太好的人、不信任、背叛。

滑輪溜冰鞋：參見**交通運輸**。

玫瑰：參見**花**。

廢墟：計畫的失敗。

犧牲：克服驕傲。

學校：學習的地方、學習的需要。

剪刀：不信任。

近海：參見**遠洋**。

自我形象：內在或靈性自我。其年齡象徵成熟與否。

性：對立事物的結合、男性與女性原則之結合、心滿意足、完整。

陰影：潛意識、非實質性。

船：參見**交通運輸**。

骨骼、框架：基礎事物、某問題的根源。

蛇：靈性智慧、超昇到某個智慧境地。

遭蛇咬傷：智慧的灌注（夢裡的咬傷不常疼痛）

士兵：力、力量、組織化或嚴格控制（regimentation）。

鏟子、撲克牌的黑桃（均為 Spade）：穿透、切割、眼前的艱鉅工作。

日出：意識的淨空、覺醒。

日落：保護資產的需要。

天鵝：美、舒適或安慰、滿意。

劍：穿透與切割、衝突。

桌子、表單：支持、用於展示的平臺。

望遠鏡：需要更加接近對象。

盜賊：失去或害怕失去、不安全感。

雷霆：憤怒。

鄉鎮：參見**城市**。

觸碰、觸摸：這裡的重點在於觸碰或觸摸的形式，還有你對於該形式的感覺。觸碰通常
代表按手療法（the laying on of hands），多用於療癒目的，但在極少數的情況下，可

能意謂詛咒。可以代表慰藉、安全感。

火車：參見**交通運輸**。

超越：達到個體自我的完整實現。

轉變、蛻變：參見**超越**。

交通運輸：靈性的進步。越快速的交通運輸形式，代表靈性進步越有效果、越加迅速。就旅行而言，火箭是最快速、最高級的形式，而爬行算是最沒有效率的形式之一。火車強勢且直接，但只能依著狹窄軌道移動。汽車算是速度與機動兼具的交通工具。飛機比汽車或火車更快速，且飛在比任何地面運輸都要高的地方。滑輪溜冰鞋比步行更快，但它需要更加平坦的表面及更多的努力。其他請依此類推。

旅行：靈性進展的進行過程。

樹：生命法則、靈通能力的成長與發展、成功。

隧道：躲藏、害怕。

轉彎、轉身：正在變化或正在發展。參見**左**或**右**。轉彎轉到「繞回原處」代表沒有進展。

雙胞胎：自我及第二自我（alter ego）。

傘：庇護的地方。

面紗：不安全感。

火山：性能量、眾多情緒。

牆：挫折、無能。

手錶：參見**時鐘**。

水：靈性、情緒。

婚禮：計畫的巔峰階段、幸福、成功。

巫者：超自然能力、智慧。

女人：阿尼瑪。其年齡代表成熟與否。

花圈、花環：自憐[15]。

） 記夢 （

解夢的第一步顯然是記住夢境。若你難以記住自己的夢，也許可能是你忽視它們過久，以至於潛意識不再嘗試把它們帶進你的意識記憶。若是如此，你得為自己進行設定以記住夢境。這部分可藉由肯定語句來進行。在冥想期間，還有睡前，請非常堅定地跟自己重複三

---

[15] 譯註：也許是指葬禮的花圈或花環。

遍：「我會記住自己的夢。」接著釋放這個指示。然後再度非常堅定地跟自己重複三遍：「我會記住自己的夢。」接著釋放這個想法。然後再進行第三次，跟自己重複三遍這個指示：「我會記住自己的夢。」你對自己總共發出九道指示。

解夢的第二步就是記錄夢境，因此請在你的床邊放一疊便條紙及一支鉛筆。光是這行為本身就會強化記住夢的命令。當你在一覺醒來時──甚至在喝下那杯讓自己頭腦清醒的咖啡之前──隨手記下自己記得的一切。此時不用花心思將一切排列得完美無瑕，而是把重點放在能撈得多少算多少，即便你的時間少到只能做一些簡短的記述。你將會發現自己事後能憶起更多關於該夢的細節，然後把所有記得的細節通通寫下來。描述你記得的人物，包括其身分、職業、衣著、情緒狀態與活動。留意你對他們的態度以及他們對你的態度。描述你所看見、感覺及聽到的一切。特別注意事物的數量與顏色。這一切都很重要。然後才嘗試按照做夢的順序來排列你的記錄。

在寫完夢的筆記並將其組織起來之後，就可以開始解夢。首先檢視這個夢，看看它是否符合任何在前一天發生的事件。這也許能為某些夢提供解釋。沒有符合的話，那麼你得要確定該夢係如實呈現，或以象徵的方式呈現。

如實呈現的夢，係指該夢裡面的主角或影像，之於你在那時的生活或思想當中，是為真實的個人或物體。若如實解讀說得過去，那麼你也許已經找到解讀該夢的關鍵。當如實解讀毫無道理時，該夢顯然是**以象徵方式呈現**的夢，即該夢境的角色及影像無法按如實呈現的方式理解為真實的個人或物體。那麼該夢的影像會是你，也就是做夢者的一個面向，如此就應把通用符號象徵的古老智慧拿來運用。

你在首次開始運用符號象徵時，可能還難以釐清那些錯綜複雜的線索，也許只能破譯一部分謎團而已。這一點請別擔心，一開始如此是很自然的。就是繼續肯定**自己會記住夢境**，繼續忠實記錄所有能夠記得的細節。在這樣做的過程，你會發現自己逐漸清楚那些象徵符號，因為你與自己的高我發展出了一套對話，使你能有意識地理解。某個夢裡面的隱藏符號會突然在另一個夢中揭露。而當這情況開始發生時，你應開始編寫屬於自己的夢之辭典。拿一本不作它用的筆記本，並按字母順序進行劃分。一旦發現新符號的含義，就把它們寫下來。你不久就會發現自己擁有一套可以廣泛運用的個人象徵符號，幾乎能完全解釋自己的所有夢境。

） 個人象徵符號 （

　　許多已出版的解夢書籍為讀者提供了數百個象徵符號與簡化的詮釋。但除了列出通用符號象徵之外，此類書籍只會誤導眾人而已。我們每一個人基於自己的生命經歷，各自都有獨特的個人象徵符號系統。例如兩位年紀較長的女士都夢見了一隻貓。其中一位女士終生未婚，細心照顧自己鍾愛與呵護的貓兒及其後代。另一位女士則有著被野貓狠狠抓傷的童年慘痛記憶。因此，對於「貓」的單一詮釋，明顯無法讓這兩位夢者都感到滿意。對前者來說，貓是溫暖、充滿愛意的伴侶。對後者而言，貓是會帶來痛苦的邪惡危險生物。因此，做夢者有必要從**自己的個人感受**來分析個人象徵符號。

） 重複的夢 （

　　許多夢之所以重複，是為了強調其意義或確保做夢者有注意到它們。然而夢的重複對做夢者來說並不一定明顯，也有可能不甚明顯。通常夢會以三個夢為一系列的方式呈現，有時它們的象徵符號語言會非常相似，有時則是記錄到三個具有完全不同象徵符號語言的夢，但在解讀之後發現這三個夢的基本主題幾乎相同。無論是哪一種狀況，夢的源頭都在不斷嘗試，以確保訊息有傳遞給做夢者理解。若某個夢已重複出現幾天、幾個禮拜甚至幾個月，代表你沒有對某事採取行動。一旦你理解該夢，並通過行動或改變態度以回應之，它就不會再出現了。通常反覆出現的夢會有以下性質之一：

一、具預知或預言性質。
二、對於不當態度的補償作為。
三、遺留負面印象的創傷事件所造成的結果。

） 團體夢 （

　　靈性方面較有發展的人偶爾會有主動與他人分享或參與某個夢境的傾向。在這情況下，代表這兩個人在心靈或情緒層面非常契合。但這不代表他們就是命中註定在一起的「靈魂伴侶」（soul mates）。倒不如說，在各自的人生來到這個特定時間點的他們於某些層面是和諧的，且正在靈性層面進行類似的調整。解讀此種夢境的方式應跟解讀普通夢境一樣，只是把夢中的「另一個人」解讀為你自己的某一面向。

❭ 夢與出體經驗 ❬

出體經驗（out-of-body experiences, OOBEs）的記憶與夢一樣難以捉摸，因此兩者通常很難區分。明顯的差異之一是意識的感官知覺。在夢中，做夢者自己的視覺感知只會有一個方向。這跟現實層面的視覺一樣，你只能「看見」自己眼前的事物。但在出體經驗當中，你的視覺感知是全方位的，不僅能看到位於自己前面的事物，還能看到位於自己後面、上面、下面及側面的事物——都在同一時間看見。請別用解夢的方式來解讀出體經驗。

❭ 儀式（接續前課）❬

敝人於前一課詳細介紹了巫術的四大節慶或主要節慶，那麼現在來看四小節慶：春分（Spring Equinox）、夏至（Summer Solstice）、秋分（Autumnal Equinox）與冬至（Winter Solstice; Yule）。事實上，**主要**與**次要**、**大節慶**與**小節慶**，這些用於形容巫術節慶的詞彙其實不甚完美，因為這兩類節慶一樣重要。

❭ 春分節慶 ❬

在祭壇上面或旁邊放置一束春天的野花。如果巫會成員想要的話，可以用化裝飾頭髮。祭壇上放置一根**陽具權杖**（priapic wand），以及一只木碗或陶碗，碗裡裝有泥土與某種植物的大型種子。另外還需準備一張羊皮紙（或是一般紙張）以及書寫工具，就放在祭壇上面或底下。祭壇布與祭壇蠟燭應為淺綠色。

先完成「立起神殿」儀式。然後鈴響三聲。

男祭司：「在這巫圓裡面的所有人真是有福。」

女祭司：「我們在這次春天儀式愉快相會。」

眾人：「愉快相會。」

男祭司：「弟兄姐妹，聽我說。

醒過來迎接春天吧！

父神！母神！

請垂聽我們的話語，因為我們在這裡

為你們慶祝，也與你們一同慶祝。」

陽具權杖（the priapic wand）的原文名稱係取自羅馬的生育之神普里阿普斯（Priapus）。他被認為是阿芙蘿黛蒂與戴歐尼修斯（Dionysus）的後代，並在小亞細亞被認為等同於希臘的自然神祇潘（Pan）。他掌管田地與畜群的豐產、蜜蜂的飼養、葡萄藤的栽培與漁業。他守護果園與菜圃，這些地方也會明顯展示他的陽具形象。

其實，陽具權杖即是男性生殖器（陰莖）的象徵。雖然用到的儀式不多（如果你願意用的話），你還是會需要一根陽具權杖。其全長約 21 英寸（52.5 公分），末端的 8 到 9 英寸（20–22.5 公分）雕成男性生殖器的形狀。另一款用於象徵陰莖的替代設計，則是將木杖的末端刻成松果形狀。

女祭司：「歡迎，歡迎美麗的春天！歡迎生之季節。歡迎播種的季節。」

在男祭司與女祭司的帶領下，巫會眾人拿起鮮花，以順繞圈的方向沿著巫圓跳舞。他們一邊跳舞，一邊彎腰將手上的花丟在巫圓的線條上，直到整個巫圓都被飾上鮮花。如果眾人想要的話，也可以邊唱邊跳。當這場舞蹈停止時，鈴響三聲。

男／女祭司：「春天是播種的季節，該是我們各自種下想要開花實現的心願之時候。」

巫會成員：「春天是種下希望與心願的季節，是生出新想法的季節，也是尋求平衡與靈感的季節。」

男／女祭司：「現在就讓我們冥想自己希望實現的事物。讓我們思索自己的希望與機會，並將能量導向自己在這條生命道路上最先要做的一件或多件事情。」

眾人均以最舒適的坐姿坐下進行冥想。想想自己要種下什麼樣的想法種子，使它有可能成長為某個機會。它可能是某種品質，像是耐心或毅力，也有可能是進行或創造某事物的機會。這個想法有可能不是為自己設想，而是為另一個人設想。（**注意**：這不是在施展**魔法**——後面會有一整個課程討論這主題——僅是在自己的心智「種下一顆種子」，使你可以培

養它並使其生長。它就像所有的種子一樣，需要照顧、注意與關心，以幫助它發育，直到最後開花實現。）這段冥想時間要留得相當充裕，並用鈴聲表示結束。男祭司或女祭司拿起羊皮紙與筆，在紙的頂端寫下他或她的「種子」（盡量將字數濃縮到最少）。然後那張羊皮紙會沿著巫圓傳遞下去，眾人都在其上添進自己的「種子」。當它繞回來時，男祭司或女祭司將羊皮紙就著祭壇蠟燭點燃，並繼續拿著它，使其燃燒灰燼落於陶碗裡面。而當她或他這樣做的同時，會說：

男／女祭司：「父神與母神，請接收我們的種子。就讓它們在我們的腦海與內心裡面發芽生根。就讓它們茁壯、長大，最後成熟，因為我們會奉你們的名來照料它、支持它們。」

女祭司拿起自己的巫刃，將灰燼混入土壤。然後她在碗的中間壓出一個凹痕，再把巫刃放下。男祭司拿起陽具權杖，將它高舉過頭，並沿著巫圓舞動三圈。第一圈的舞動較慢，第二圈變快，第三圈非常快。男祭司回到女祭司那裡，並將陽具權杖垂直舉在面前。

女祭司：「藉由挺舉的陽具權杖之力，種子找到犁好的洞。這根俊美的陽具權杖真是有福。」

她親吻陽具權杖的尖端。

女祭司：「一切榮耀歸於它。願它永遠如此。」

男祭司放下陽具權杖，從祭壇拿起種子。他用兩手手掌將它夾握其中，並用一點時間將自己的能量聚集在它身上，然後將它傳遞給旁邊的巫會成員，而後者也依樣而行。依此方式將這顆種子沿著巫圓傳遞，最後回到男祭司的手上。接著女祭司從祭壇上拿起陶碗並高高舉起。

女祭司：「在古時候，我們會藉由大家一起種下各自的種子來慶祝。現在的我們則用象徵這習俗的作為，來向我們的母神與父神表示敬意。」

女祭司轉身面對男祭司，將碗放下來並端在胸前。

男祭司：「這些春天的儀式屬於我們全體，亦即屬於我們，也屬於諸神。這是喜悅的時刻，也是播種的時刻。」

他把種子放入碗中凹痕，然後將土覆蓋其上。

男祭司：「我將這顆種子放在大地的子宮裡面，使其成為大地的一部分、生命的一部分，以及我們的一部分。」

男祭司與女祭司相吻，然後女祭司將碗放回祭壇上。然後他們繞著巫圓走動，並親吻及擁抱每一位巫會成員。鈴響三聲。

之後進行「糕點與麥酒」的儀式。後續進行「撤下神殿」儀式，好讓那裡有足夠的空間進行助興、遊戲及娛樂活動。這場晚間活動會以餐宴作為結束。

） 夏至節慶 （

祭壇布與祭壇蠟燭應為白色。巫圓可飾以夏季的鮮花、水果、嫩枝或任何感覺適合的事物。巫圓的南區立有盛水的大鍋，旁邊放著灑水棒（aspergillum）。祭壇上放置一根尺寸特大的蠟燭，先不用點燃。男祭司的角盔則放在祭壇旁邊或祭壇上面。先完成「立起神殿」儀式。然後鈴響三聲。

巫會成員：「停止所有悲傷！」

巫會成員：「停止一切紛爭！」

巫會成員：「此日是活出自己。」

巫會成員：「活出自己的生命。」

男祭司將角盔戴在頭上，並站在祭壇前面。他拿起那根額外放在祭壇上的的蠟燭，向那已在祭壇上燃亮的蠟燭取火點燃，然後用右手高舉它。眾人高舉雙手歡呼：

眾人：「歡迎父神！歡迎太陽之神！歡迎光明！」

男祭司繼續留在巫圓中央，女祭司走到大鍋旁邊站立。巫會成員手牽著手沿著巫圓以順

繞圈的方向舞動。而當他們在繞圈移動時，女祭司會在眾人經過她那裡時從大鍋舀水灑向眾人。大家（包括男祭司與女祭司）齊唱：*

> **眾人：**「綠林的父神來了呀～
> 綠林，
> 綠林的父神來了呀～
> 綠林，
> 綠林的父神來了呀～
> 綠林，
> 來向美麗母神求愛喲！
> 在他倆熱情當中呀～熱情，
> 在他倆熱情當中呀～熱情，
> 在他倆熱情當中呀～熱情，
> 穀物再度生長茁壯呦！
> 綠林的父神來了呀～
> 綠林，
> 綠林的父神來了呀～
> 綠林，
> 綠林的父神來了呀～
> 綠林，
> 來向美麗母神求愛呦！」

歌曲唱至結束時，鈴響七聲。男祭司將那根點燃的蠟燭放回祭壇上，然後沿著巫圓以順繞圈的方式慢慢地舞動十二圈。他一邊舞動，一邊說出以下話語，而眾人會逐句跟著重複：

> **男祭司：**「我是身為父神與光的那一位。」
> **眾人：**「你是身為父神與光的那一位。」
> **男祭司：**「我是身為太陽的那一位。」
> **眾人：**「你是身為太陽的那一位。」

---

* 〈綠林父神〉（*The Lord of the Greenwood*），詞曲均由塔拉‧巴克蘭（Tara Buckland©1985）所作。其曲調參見〈附錄三。〉

男祭司：「你們的愛要像我的光芒那樣照耀。」

眾人：「我們的愛要像你的光芒那樣照耀。」

男祭司：「你們的愛要像我的光芒那樣散遍世界。」

眾人：「我們的愛要像你的光芒那樣散遍世界。」

男祭司：「除了知道太陽以外，我們還必須知道雨水。」

眾人：「除了知道太陽以外，我們還必須知道雨水。」

男祭司：「因此除了知曉快樂，我們還必須知曉痛苦。」

眾人：「因此除了知曉快樂，我們還必須知曉痛苦。」

男祭司：「我是生命，我是希望。」

眾人：「你是生命，你是希望。」

男祭司：「我是死亡與新生。」

眾人：「你是死亡與新生。」

男祭司：「沒有我，一切俱無。」

眾人：「沒有你，一切俱無。」

男祭司：「與我為伴，你們可以擁有自己想要的一切。」

眾人：「與你為伴，我們可以擁有自己想要的一切。」

男祭司：「我是身為太陽的那一位。」

眾人：「你是身為太陽的那一位。」

男祭司：「我是身為父神與光的那一位。」

眾人：「你是身為父神與光的那一位。」

男祭司：「正如我給你光和生命，同樣你也應該給別人光與生命。讓我們所有人與那些一無所有的人分享我們擁有的一切。」

男祭司回到祭壇，扮演父神的角色。在女祭司的帶領下，眾人繞行到男祭司面前躬身致敬，並在其腳下擺放供品 [†]。

男祭司：「那麼願你們知曉給予的真正喜悅。感恩此事實現。」

[†] 關於供品及其去處，可依給予者覺得合宜的事物與形式而定。敝人認識的某個巫會係以金錢作為供品，並在事後捐給慈善機構；另一巫會則是以食物與衣物為供品，並在事後捐給貧困民眾。獻供這件事應使給予者經驗犧牲奉獻的感受，不是只有象徵給予而已。

眾人：「感恩此事實現。」

男／女祭司：「我們威卡教徒
在生活當中享受的豐富與美好，
都要感謝強大的諸神。
如同萬物有了太陽也要雨水才能美善，
我們也須在體驗快樂的同時承擔痛苦，
才能知曉一切。
我們的愛永遠與諸神同在，
因為我們雖無從知曉他們的想法，
不過還是知道他們的心意——
他們都在為我們的好處著想。
強大的諸神啊，現在請祝福我們。
使我們在你們的事工保持虔誠。
我們要為我們的莊稼、生活、
愛意與喜悅感謝你們。
我們感謝那使我們相聚、
使我們來到你們面前的靈感火花。
請協助我們在生活中彼此相愛、
彼此信任。
請協助我們感受彼此相愛，
還有愛著你們的喜悅。」

眾人：「感恩此事實現！」

　　鈴響三聲，之後應進行「糕點與麥酒」儀式。後續進行「撤下神殿」儀式，好讓那裡有足夠的空間進行助興、遊戲及娛樂活動。這場晚間活動會以餐宴作為結束。

）　秋分節慶　（

　　祭壇布與祭壇蠟燭應為紅色。巫圓應飾以秋天的鮮花、橡實、瓜類、松果、玉米束（corn sheaf）之類的物品。祭壇上面放置一碗水果（蘋果、梨子、桃子等等）。供品（見前一儀式的腳註）則置於祭壇周圍。

男／女祭司：「我們現在來享受自己的勞動成果。」

巫會成員：「我們此刻來慶祝收穫。」

巫會成員：「由於有春天的播種，我們現在得以收穫。」

男／女祭司：「此刻就讓辛勤工作的我們享受應得的成果。」

　　鈴響三聲。眾人手牽著手並以順繞圈的方向沿著巫圓慢慢移動，如果想要的話，也可以用簡單的舞步（參見第十二課）或者輕鬆走跳（skipping step）。巫會眾人總共要繞三圈，而在繞行的同時，男祭司或女祭司會說：

男／女祭司：「這是白晝與黑夜的平衡。

時間永遠沒有靜止不動的片刻。

年歲之輪永遠轉動無休，

孩子出生、長大，接著成熟。

死亡必會來訪，

就像太陽的升起一樣必然。

既然死亡是必然的結果，

就用對待朋友的方式歡迎他。

要記得，

那扇通向生命的大門，

正是由他開啟。

由生往死，由死往生：

平衡與和諧，永遠前進無休。」

　　眾人繞圈停止時，男祭司拿起盛著水果的碗，一邊繞著巫圓移動，一邊分給每位成員一顆水果。在分送水果時，接受的巫會成員會擁抱與親吻一下男祭司，並說：

巫會成員：「我感謝諸神賜予歡喜收成的徵兆。」

男祭司在最後將一顆水果給予女祭司，女祭司則接著把那顆最後分送的水果給予男祭司。鈴響七聲。大家就坐下來享受自己的水果，此時可以愉快交談聊天。大家都吃完水果之後，鈴響三聲，大家即起立恢復站姿。

男祭司：「雖然豐收季節即將結束，但諸神靈永遠與我們同在。我們的父神與母神都會守護我們。」

女祭司：「那些已經過去的美好季節——」

眾人：「是父神與母神的祝福。」

男祭司：「秋天的美，還有我們珍視的朋友——」

眾人：「是父神與母神的祝福。」

巫會成員：「願世界有和平、歡樂與愛。」

眾人：「我們為此事獻上祝福。」

男祭司：「土地的狀況如何？」

眾人：「照顧得很好。」

女祭司：「作物的狀況如何？」

眾人：「飽滿且有餘。」

巫會成員：「我們的生活是什麼？」

眾人：「是諸神的成果。」

男／女祭司：「在我們享受生活的收穫與勞動成果的同時，也永遠不要忘記那些沒有如此幸運的人們。」

巫會成員：「我們提供一部分的財物，就放在這裡，讓它們前往需要它們的地方。」

眾人：「感恩此事實現。」

男／女祭司：「那麼，願父神與母神祝福這些供品、祝福給予者，也祝福那些將要接受這些供品的人。」

鈴響三聲。之後進行「糕點與麥酒」儀式，然後進行「撤下神殿」儀式，好使那裡有足夠的空間進行助興、遊戲及娛樂活動。這場晚間活動會以餐宴作為結束。

〉 冬至節慶 〈

　　祭壇布與祭壇蠟燭應為紫色。巫圓可用冬青、槲寄生、常春藤等等來裝飾。巫圓南區放置一個裝有生火材料的大鍋。男祭司的角盔放在祭壇旁邊。短的錐形蠟燭（每個巫會成員各一根）平放在祭壇上。鈴響三聲。男祭司在巫圓中央採取跪姿或坐姿。

巫會成員：「轉動強大年歲之輪的諸神真是有福。」

巫會成員：「歡迎，再三歡迎大家來到冬至；我們已經走到冬天的轉折之處。」

巫會成員：「太陽的一年到此結束。」

巫會成員：「不過，這也是新的開始。」

女祭司：「各位弟兄姐妹、各位朋友，讓我們將自己的能量與力量傳送給身為太陽之神的那一位，藉此表達我們的愛。值此新舊交替之際，讓我們將自己的能量加入他的能量，讓他得以重生，再次上升到自己應在的位置。」

巫會成員與女祭司手牽手圍成一圈，以順繞圈方向移動並同時吟唱：

眾人：「轉、轉、轉，轉動年輪。
一輪又一輪，不停轉動。
已死火焰啊，現正復生。
一輪又一輪，不停轉動。
回返無停啊，起死回生。
一輪又一輪，不停轉動。
歡迎陽光啊，失序不再。
一輪又一輪，不停轉動。
太陽之神啊，既死又生。
一輪又一輪，不停轉動。
死亡伸手啊，給予新生。
轉、轉、轉，轉動年輪。
一輪又一輪，不停轉動。
已死火焰啊，現正復生。
一輪又一輪，不停轉動。

這部分想要進行多久都可以。然後女祭司一邊跟眾人繼續繞圈。一邊說：

女祭司：「讓我們點燃新的火焰，為我們的父神照亮他的道路。」
巫會成員：「為力量燃起火焰！」
巫會成員：「為生命燃起火焰！」
巫會成員：「為愛燃起火焰！」

當眾人經過祭壇時，由女祭司為首拿起一根蠟燭，就著祭壇蠟燭點燃之，後續每個經過祭壇的巫會成員依樣而行。眾人繼續繞圈，等走到大鍋時，將手上的蠟燭扔入大鍋以點燃引火物並一起燃燒。在所有人都扔入自己的蠟燭以後，女祭司在祭壇前面停步。她拿起角盔，繞行到跪著的男祭司那裡並站在他的面前。

女祭司：「願我們的一切力量、所有巫者的力量，使新生的父神增長力量。」

女祭司將角盔戴在男祭司頭上。他站起來，高舉雙手。

男祭司：「生命！愛！我是太陽之主！」

男祭司放下雙手，然後一邊繞著巫圓慢慢移動，一邊說話，就好像在跟每個巫會成員講話那樣。

男祭司：「我陷入深邃的黑暗
以及我所知道的死亡。
然而我是星之子，
乘著彗星之尾，
撕開永恆之光
如絲絨般的黑暗。
在閃亮的榮耀當中，我再度重生，
再次開始
守護職責的經常輪替，

這職責永遠推著我

經歷死亡與出生。

在母神的陪伴下，

我展翅迎向那陣風，

因為我知道我們係以時間之翼飛翔，

一起穿越眾多沒有時間的世界。」

巫會成員：「一起歡迎太陽之神！」

眾人：「一起歡迎太陽之神！」[‡]

巫會成員：「一起歡迎冬至的死亡與新生。」

眾人：「一起歡迎！」

鈴響七聲。男祭司與女祭司手牽著手，引領巫會眾人繞著巫圓跳起舞來。鈴響三聲。

接著進行「糕點與麥酒」儀式，之後進行「撤下神殿」儀式，好讓那裡有足夠的空間進行助興、遊戲及娛樂活動。這場晚間活動會以餐宴作為結束。

---

‡　這裡也可以換成「一起歡迎〔神祇名字〕」，亦即代入巫會所用的特定男神名字。

第七課問題

一、描述你在冥想時出現的任何洞見以及
經驗。

二、請在底下列出一些在你夢中反覆出現
的主題或象徵符號。嘗試解讀一些自
己較有強烈感受的夢境,並在這裡描
述它們。請務必在床邊準備一本特別
用於記夢的日誌。

三、列出巫術的四小節慶,並說明它們各
自在慶祝什麼。講述你是如何慶祝各
個小節。

第七課試題

一、請簡要說明什麼是冥想？

二、無論你怎麼坐或坐在哪裡，坐姿的最重要關鍵為何？

三、在一天當中，哪個時候是冥想的最佳時間？

四、(冥想時) 你要把注意力集中在哪裡？

五、簡要描述你在過去一個月內曾經做過的三個夢。寫出你對那些夢的解讀。

六、什麼是陽具權杖 (priapic wand)？

七、開始寫夢的日記。記錄自己的所有夢境。不需要每一個夢都寫下個人的解讀，不過至少在記錄夢境時思考它們的意思。

請閱讀下列作品：

《夢戲》(*The Dream Game*)，安．法拉黛 (Ann Faraday) 著

《靜途》(*The Silent Path*)，麥可．伊斯特科特 (Michael Eastcott) 著

推薦的補充讀物：

Dreams by Carl G. Jung

Practical Guide to Astral Projection by Melita Dennings & Osborne Phillips

第八課

婚姻、出生、死亡與通靈

MARRIAGE, BIRTH, DEATH, AND CHANNELING

☽ 繫手 ☾

「繫手」（Handfasting）是威卡用於指稱婚禮的字詞。跟基督教那種「直到死亡將我倆分離」（即使兩方到後來行同陌路且幾乎都在彼此憎恨）的婚禮形式不一樣，威卡的婚禮則是「愛有多久，婚姻就持續多久」。當兩人之間不再有愛的時候，他們可以自由分道揚鑣。

如今大多數情侶會撰寫自己的繫手儀式。敝人在這裡呈現的例子則是西雅克斯－威卡的繫手儀式。你也許想按其原樣來用，或僅是當成個人發想的基礎。無論如何，請仔細閱讀，因為這儀式除了非常美好之外，我想你會發現它其實滿有道理。

☽ 繫手儀式 ☾

這個儀式應在月盈期間進行。可用鮮花布置祭壇及撒散在巫圓周圍。如果巫會在平常係穿著衣袍，會建議整個巫會在這儀式最好以天為衣，不然至少新娘與新郎這樣做。

在西雅克斯－威卡的傳統中，新娘與新郎會互換戒指。婚戒通常為金戒或銀戒，刻在上面的夫妻名字（巫名）係以盧恩符文呈現。這些戒指會在儀式開始時放在祭壇上。陽具權杖也放在祭壇上。

先完成「立起神殿」的儀式。男祭司與女祭司親吻彼此。

巫會成員：「我們當中有人想要繫手相連。」

女祭司：「說出他們的名字，請他們到前面來。」

巫會成員：「……〔新郎名字〕……是想要繫手相連的男人。……〔新娘名字〕……是想要繫手相連的女人。」

新娘與新郎出列走到祭壇那裡，隔著祭壇以站姿面對男祭司與女祭司——新娘面對男祭司，新郎面對女祭司。

女祭司（對新郎）：「你是…（新郎名字）…？」

新郎：「是我。」

女祭司：「你的心願是什麼呢？」

新郎：「在威卡與諸神的見證當中，與……〔新娘名字〕……合而為一。」

男祭司（對新娘）：「妳是……〔新娘名字〕……？」

新娘：「是我。」

男祭司：「妳的心願是什麼呢？」

新娘：「在威卡與諸神的見證當中，與……〔新郎名字〕……合而為一。」

女祭司拿起巫會之劍並高高舉起。男祭司則將陽具權杖遞給新娘與新郎。而他們均以雙手將陽具權杖握在他們之間。

女祭司：「父神與母神，你們的兩位眷屬現正站在你們面前，請你們為他們將要宣布的事情作證。」

女祭司將劍放回祭壇上，然後拿起自己的巫刃，將刃尖指向新郎的胸膛。女祭司請新郎跟她逐句重複以下說詞：

女祭司：「請跟著我唸以下的話：『我，……〔新郎名字〕……，係憑自己的自由意志來此尋求與……〔新娘名字〕……為伴。我帶著所有的愛、榮耀與真誠，只求與我所愛的人合而為一。我會持續追求……〔新娘名字〕……的喜樂與幸福。與我的生命相較，我會更優先捍衛她的生命。上述一切若有不實之處，就讓那把巫刃刺入我的心。我以上所言均以諸神之名*立誓，祈願諸神賜我遵守誓言的力量。感恩此事實現。』」

---

* 這裡也可以放進女神與男神之名

女祭司放下她的巫刃。接著換由男祭司舉起自己的巫刃指向新娘的胸前。男祭司請新娘跟他逐句重複以下說詞：

男祭司：「請跟著我唸以下的話：『我，……〔新娘姓名〕……，係憑自己的自由意志來此尋求與……〔新郎的名字〕……為伴。我帶著所有的愛、榮耀與真誠，只求與我所愛的人合而為一。我會持續追求……〔新郎名字〕……的喜樂與幸福。與我的生命相較，我會更優先捍衛他的生命。上述一切若有不實之處，就讓那把巫刃刺入我的心。我以上所言均以諸神之名*立誓，祈願諸神賜我遵守誓言的力量。感恩此事實現。』」

男祭司放下巫刃。女祭司拿起兩個戒指，為它們灑水與薰香。她將新娘的戒指交給新郎，將新郎的戒指交給新娘。他們均用右手接過戒指，左手仍然握著陽具權杖。

男祭司：「就像田野綠草與林中樹木會在暴風雨的壓力下一起彎下身子那樣，你們在遇到風勢強勁的時候，也必須一起彎下身子。但要知道暴風雨來得快，去時也一樣快。然而你們屆時會有彼此的力量而能有力站挺起來。在你們付出愛的同時，你們也會得到愛。在你們給予力量的同時，你們也會得到力量。你們若在一起，就是一個整體，分開的話，就變得什麼都不是。」

女祭司：「你們要知道，世上不會有完全一樣的兩個人，所以也不會有兩個人在各方面都完美契合的狀況。生活中總會有難以給予、難以去愛的時候，那時請觀看自己在林地水塘中的倒影：當你看到的影像顯得悲傷與憤怒時，就是你要展露微笑與愛的時候，而水塘中的影像亦將回以微笑與愛——因為能夠撲滅火焰的事物不會是火。所以請為了愛改變你的憤怒，為了喜悅改變你的眼淚，承認錯誤並不是軟弱，反倒更是一種力量、一種願意學習的象徵。」

男祭司：「永遠彼此相愛，彼此協助、彼此尊重，確實知道你們在威卡與諸神眼中是一個整體。」

眾人：「感恩此事實現。」

男祭司從那對新人手中接過陽具權杖，將其放回祭壇上。新娘與新郎彼此將戒指戴在對方的手指上並相互親吻。然後他們隔著祭壇親吻男祭司與女祭司，接著以順繞圈的方向沿著巫圓移動，眾人則趁這時候向他們祝賀。

---

* 這裡也可以放進女神與男神之名。

後續應是「糕點與麥酒」儀式，然後就是遊戲與娛樂活動。

正如敝人在本課開頭所言，婚姻在許多宗教當中意謂終生的伴侶關係。即便在幾年之後，一對夫妻才確定他們真的不適合彼此，然其餘生都困在這段關係裡面，這必然會為這對夫妻以及他們的所有孩子帶來極大的不快樂。儘管巫者的圈子幾乎確定不會鼓勵隨意的伴侶關係，然而他們也的確知道，事實上有些婚姻就是無法有理想的發展。而當事已至此，當所有用於解決意見不合的辦法都已嘗試之後，巫者就會用古老的分手（Handparting）儀式來解除這段伴侶關係。當然，這儀式絕對不會輕率進行。

） 分手儀式 （

在此儀式進行之前，這對夫妻會與男祭司及女祭司一起坐下來，為他們的財產想出公平的分配方式，若因這婚姻而有孩子的話，還要納入用於支持孩子的贍養費。這一切會由巫會書記做成書面記錄，大家都要在這份記錄上面簽名。如果丈夫或妻子出於搬遷、健康欠佳或其他原因無法參加儀式，則某位相同性別的巫者可以替代缺席的一方。不過，若要用這種方式舉行儀式，現場須有缺席者簽署過的協議並且附上其婚戒才行。

先完成「立起神殿」的儀式。男祭司與女祭司親吻彼此。

巫會成員：「……〔丈夫名字〕……與……〔妻子名字〕……，請來前面。」

夫妻站在祭壇前面，丈夫面向女祭司，妻子面向男祭司。

女祭司：「你為何來這裡？」

丈夫：「我希望與……〔名字〕……分手。」

男祭司：「妳為何來這裡？」

妻子：「我希望與……〔名字〕……分手。」

女祭司：「你們兩位的願望，都是出於自己的自由意志嗎？」

丈夫與妻子：「是。」

男祭司：「你們之間有否協議出財產分配與孩子（如果有的話）的照顧？」

夫妻：「有。」

男祭司：「這一切有否正式的記錄、簽名與見證？」

擔任書記的巫會成員：「有。」

男祭司：「那麼讓我們繼續，並始終記得我們都在諸神的面前進行此事。」

夫妻握手。他們齊聲說話，逐句重複以下字句。

女祭司：「請跟著我唸以下的話：『我，⋯⋯〔名字〕⋯⋯，特以完全的自由意志解除我與⋯⋯〔配偶名字〕⋯⋯的伴侶關係。我係以完全的誠實與真摯在諸神面前進行此事，並由我的巫會弟兄姐妹在場見證。我們不再是一個整體，而是兩個個體，各自走上不同的道路。我們放下彼此之間的一切關聯，然而我們彼此將永遠保持尊重，如同我們對我們的威卡弟兄姐妹所抱持的愛與尊重那樣。感恩此事實現。』」

男祭司：「分手！」

夫妻雙方放開彼此的手，各自取下婚戒並交給女祭司。後者一邊為那些婚戒灑水及薰香，一邊說：

女祭司：「我以諸神之名清淨這些戒指。」

她把婚戒還給這對夫妻，由他們依自己的意思處理。

女祭司：「現在你們兩位已經分手。讓全部的人知曉你們現在的狀況。請在平安與愛當中——絕對別在痛苦當中——以巫術的方式分道揚鑣。感恩此事實現。」

所有人：「感恩此事實現。」

後續則是「糕點與麥酒」儀式以及「撤下神殿」儀式。

一般而言，巫者算是相當開明的人，特別在宗教方面更是如此。他們沒有明確嚴格的「誡命」（commandments），也沒有「要理」（catechisms）。他們覺得大家都應各自自由選擇最適合自己的宗教，因為明顯不可能有一體適用所有人的宗教。每個人的性情各不相同，有人熱衷儀式本身，有人尋求簡簡單單。所有的宗教都指向同一目標，只是到達那裡的道路各自不

同而已。因此，巫者覺得每個人都應自由選擇自己的道路——而這裡的每個人也包括巫者自己的孩子。孩子不應僅是因為父母的信仰而被迫信奉同樣的特定宗教，所以大多數巫者父母都會嘗試讓他們的孩子盡量廣泛了解宗教，好讓孩子在準備好的時候自由做出選擇。他們自是希望孩子選擇巫術，但不會勉強。因為與其敷衍應付父母的宗教，倒不如讓孩子快樂參與某個與父母不同的宗教，這才是更加重要的事。

基於以上理由，巫術沒有所謂的「洗禮」（baptism）。而身為父母的巫者，則是藉由某個簡單的儀式祈求諸神照看孩子，並在其成長後賜予進行選擇的智慧。只有當孩子長大到可以自行決定時，才會給予完整的啟蒙，至於長大的確切年齡自然因各個孩子而異。在孩子長大之前，應鼓勵他們參與巫會的活動並感受巫術的「氛圍」。在孩子做好準備之後，其啟蒙儀式將由男祭司與女祭司主持，或者若父母想要的話，也可換由父母擔任主持該儀式的男祭司與女祭司。

巫術的所有分支，幾乎都容許任何人依自己的意思隨時離開。而離開的人也能依自己的意思隨時回返，且無須再度進行啟蒙儀式。

） 出生儀式（或稱威卡歡迎儀式 Wiccaning） （

這儀式可在任何前述儀式之間，但於「糕點與麥酒」之前進行，或者本身當成一個完整儀式來進行，在它之前進行「立起神殿」，在它之後則是「糕點與麥酒」，最後當然還有「撤下神殿」。

先完成「立起神殿」。男祭司與女祭司相吻。

巫會成員：「我們有了新的成員。就讓我們給予她／他應有的歡迎吧！」

父母抱著孩子走到祭壇前面站立，面對男祭司與女祭司。

男祭司：「孩子的名字是什麼？」

父母為孩子取一個名字，而巫圓裡面的眾人都會以這名字稱呼孩子，直到孩子長大到可以選擇自己的名字為止。

男祭司：「……〔孩子名字〕……，我們歡迎妳／你。」

女祭司：「歡迎，我們都非常愛妳／你。」

男祭司與女祭司帶領父母與孩子以順繞圈方向繞行巫圓三圈。然後父母「奉獻」孩子──他們將孩子抱在祭壇的上空。

父母：「我們藉此向諸神獻上我們的愛之果實。祈願他們看顧她／他的成長過程。」

女祭司以手指沾上加鹽的水，輕輕擦拭嬰兒的臉。然後母親將孩子抱去，過一過薰香的煙霧。

女祭司：「願父神與母神永遠微笑待妳／你。」

男祭司：「願他們守護妳／你，並引導妳／你的人生。」

女祭司：「願他們幫助妳／你做出正確的選擇，並避免錯誤的選擇。」

男祭司：「願他們確保妳／你不受傷害，也使你不去傷害他人。」

女祭司（對父母）：「我們以男神與女神之名義賦予你們兩位以下的任務，即以愛帶這個孩子走過人生的高低起伏。將巫術之道教導她／他，讓她／他學會無傷無害，舉耀與尊重所有的生命。」

男祭司：「教導她／他關於父神與母神的事情，還有關於這段人生、過去諸多前世及未來可能性的知識。講述諸神的故事，並講授我們的巫術歷史。教導她／他致力尋求所有人都渴望的完美，並在適當的時候，希望──但不勉強──她／他能加入我們，真正成為我們摯愛的家族成員之一。」

父母：「我們會做這一切。這是我們的承諾。」

男祭司和女祭司：「就讓我們歡迎……〔孩子名字〕……。」

眾人：「歡迎！」

後續應進行「糕點與麥酒」儀式。

由於巫術相信輪迴，所以死亡是慶祝而不是悲傷的時候。死亡意謂某個學習階段的結束，個體已經「畢業」，將會繼續進行其他事情，因此應要慶祝。至於悲傷，則是自私的象

徵。我們其實為「自己」感到難過，因為被棄在後面的我們，不再有親近之人的愛與陪伴。

對於死後應如何處理屍體，巫術並沒有得要遵從的教導。畢竟，肉體僅是供靈或靈魂居住的外殼，死亡之後，靈魂業已不在。許多（我認為可能是大多數）巫者贊成火葬，還有人將他們的屍體捐給醫院。這是屬於個人的選擇。對於現今喪禮當中（為家屬安排）的精緻昂貴裝飾，巫者並不認為那是有意義的作法，如果有的話也僅是少數。

〉　過橋儀式（Crossing the Bridge，用於死亡時）〈

這儀式可在任何前述儀式之間，但於「糕點與麥酒」之前進行，或者本身當成一個完整儀式來進行，在它之前進行「立起神殿」，在它之後則是「糕點與麥酒」，最後當然還有「撤下神殿」。

完成「立起神殿」。男祭司與女祭司相吻。某位巫會成員用號角吹出一道長音。

巫會成員：「這號角是為……〔已逝巫者之名〕……而吹。」

全體：「感恩此事實現。」

女祭司：「今天……〔已逝巫者之名〕……已不在我們身邊，

不在這個巫圓裡面，

我們全都感到難過。

然而，就讓我們盡量不用感到悲傷吧。

因為，這不就代表

她／他已完成此生的事工嗎？

現在她／他可以自由繼續前進。

我們會再見面的，

絕對不要害怕，

因為屆時將會是另一場慶祝呢！」

男祭司：「就讓我們送上美好的祝福，支持她／他過橋去到彼岸。

願她／他無論何時想回來，就能回來與我們同在。」

眾人面朝男祭司與女祭司，舉起自己的巫刃，指向祭壇後方某處，並且想像已逝的巫者站在那個地方，其外觀則是個人記憶當中最記得的模樣。眾人專注於將愛、喜悅與快樂從身

體沿著巫刃傳送出去，進入那位想像出來的個體。這步驟會持續一段時間。女祭司放下自己的巫刃，讓眾人知道這步驟已經結束，然後她說：

女祭司：「我們希望妳／你得到
我們所有的愛與喜樂。
我們永遠不會忘記妳／你。
妳／你也別忘記我們。
每當我們在這裡聚會時，
我們都歡迎妳／你來。」
所有人：「感恩此事實現。」

此時**眾人**均坐下來，與會者若想表達自己對於死者的懷念，可以這樣做。若無人發言的話，至少男祭司與／或女祭司應表達自己對於已逝巫者的憶念，尤其是那些美好且快樂的時光。後續則是「糕點與麥酒」的儀式。

❳ 運用直覺 ❲

「靈通」（poychie），詞意謂與靈體或更高意識有關的事物；「祕術」（occult）一詞意謂隱藏不為未經啟蒙者所知的事物。但事實上，你的那些非屬物質實相的能力並沒有任何隱藏或神祕之處。它們是我們每個人的一部分，就像每個人都有臂膀與腿腳、手指與腳趾一樣，我們每個人也都有非屬物質實相的能力。這些能力在某些人身上非常明顯，但在其他某些人身上則是處於休眠，等著被辨認出來並加以運用。正如每個人的身體能力都不一樣，這些靈通能力也是如此。藉由進行不同的事項來測試自己的肉體能力，你會找出自己能夠做與做不到的事情。你的靈通力量也是如此。你需要去檢視它、鍛鍊並嘗試它，才能找出自己的真正能力。

讓我們先來看通靈（channeling）——這是為了獲得所需資訊而潛入集體意識的作法。

❳ 通靈的分類 ❲

通靈訊息的能力分成兩大類：**實體**與**心智**。

實體通靈（physical channeling）係指與現實物體相關或對其產生影響的方法，其中包括接觸感應（psychometry）、靈擺〔係感應力學（radiesthesia）的應用方式之一〕、茶葉占卜〔又稱杯占（tasseography）〕、牌占（cartomancy）等等。

心智通靈係指對於在某個意識層次接受種種印象之處理過程，此類能力包括靈視力〔clairvoyance，又稱透視力（clear seeing）〕、靈聽力（clairaudience）、靈覺力（clairsentience）與心電感應（telepathy，即思想感應）。

心智通靈亦含括那些在預知未來（precognitive，事發之前的知曉）、回溯過去（retrocognitive，事發之後的知曉）與當下等時間框架當中發揮作用的能力。此外也應了解通靈還有更進一步的分類，即「恍惚出神」（trance）及「具有意識」（conscious）的區分（恍惚出神又可分為深度、中度、輕度三種狀態）。一般而言，**恍惚出神**一詞係指通靈者或**靈媒**（channel）本身缺乏意識活動。在深度恍惚當中，靈媒不會有意識地覺知到那些在通靈過程當中發生的事情，也不會保留對於那些事件的任何記憶。在中度或半恍惚狀態當中，靈媒的意識通常對發生的事情具有某些程度的覺知，並且保留了一些記憶。在這情況下，具有意識的心智僅擔任觀察者的角色，但不會積極參與資訊的傳遞。在輕度恍惚的狀態下，靈媒對於那些事件的知道與後續記憶會更清楚，然而具有意識的記憶也僅發揮觀察的功能而已，不會積極參與其中。

至於具有意識的通靈，其通靈者的意識覺察能夠積極參與其中，而且經常如此。不僅靈媒的較高意識層次在接收與吸收資訊，其具有意識的個人覺察也同時在接收與分析實質層面的數據（例如情緒反應的肉體表現，包括身體語言、臉部表情及語氣變化）。

） 清理通靈管道 （

要成為通靈資訊的管道，你必須清除那些阻擋或妨礙資訊流的廢物。你必得清除那些在此生當中逐漸堆積起來的垃圾，使自己能有乾淨的環境來發展那些潛藏在自己裡面的力量。你必須克服自己的限制信念、虛假的價值觀、疑慮、猶豫以及來自他人的批判。以下是一些主要的檢視步驟：

一、管控心智——若要為更高層次的心智清出道路，你必須學會管控及專注意識心智。想想看，你似乎在任何時候都有無數個想法到處奔流，這顯示出你如何分散自己的能量：每次只將一小部分能量用於任何一個想法或行動。若學會管控自己的心智能量並予以全神貫注，你就擁有力量，那是能達成任何目標的力量，是創造的力量。

二、移除情緒——憂慮、恐懼、憤怒、嫉妒、催迫與抱怨對你的靈性系統之毒害，就像砒霜對你的身體之毒害一樣。真實的靈性品質則會完全消滅這些毒素。十足的信心使憂慮無從生根。無限的愛使仇恨、嫉妒、憤怒與貪婪沒有餘地。

三、自我反省——身為真理追尋者，你會持續檢視自己。你必須確定自己的理念與信仰。你對於是非對錯必須有著清楚簡要的定見。正如你不能評斷別人那樣，能夠評斷你的人也不會是別人，只能是你自己而已。你必須確定自己的抱負並分析自己的動機。你必須確定自己的目標並予以清楚的定義。若無特定的目標，你無法完成旅程。舉例來說，你要去拜訪朋友，不會只是去某個城市就行，還要去到特定的街道、特定的建築物與特定的公寓才能見到他。你不僅必須定義自己的目標，還得將它們排出優先順序並依序追求之。而在選擇、優先考慮及追求自己的目標時，你必須堅持「無傷無害」的信念。

四、占有慾——對許多人來說，占有慾算是最難克服的障礙之一。我們的所有物（包括人與物）僅是假裝成我們的奴隸，其實控制著我們。他／它們索求我們的時間與金錢，把我們束縛在特定的地方，使我們的生活變得非常複雜。他／它們帶來嫉妒、貪婪、羨慕與仇恨。然而這並不代表我們應當放棄自己的所有物。我們註定擁有一切、分享一切，並具有支配一切的力量，為了掌控一兩樣東西而放棄其他事物的作法，並不是我們該做的事情。請思考你對於自己的所有物之感受。誰是主人？誰是奴隸？請學著將卑微的占有慾望轉化成分享與團結一體的偉大靈性感受。

五、愛——學習真正地愛。關於這主題有許多誤解，常被視為比較自私的情緒或慾求。你必須學習更高層次的愛，即無私之愛。學習好好地愛，愛到足以使人與事物自由，而不是緊抓不放。你的愛應是了解與寬容。你需要了解每個人為了充分發展自己，都有屬於自己的道路要走，有屬於自己的經驗去要吸收。你必須讓每個個體依自己的步調走自己的路。你應給予愛。你應是愛。你必須學習同理（empathy）所有對象——以及不去同情（sympathy）任何對象。

六、冥想——最後，你必須掌握靜默，因為那是高我說話的時候。正如敵人在前一課的討論，你可以透過冥想學習專注，並將注意力聚焦在更高的意識層次。每日的冥想能夠清理雜亂的心智，並產生出可以任你隨意運用的乾淨資訊通道。

在持續執行上述六個步驟的同時，你的資訊通道將逐漸暢通，資訊片段開始透得過來。通常這過程緩慢漸進到使你無法察覺它已開始。在許多事例當中，關於這過程的最初線索會是一些不具已知來源的知識片段。它們可能是嶄新的想法、概念，或是新真理的具現。而記憶力變好也可以是管道變得通暢的表現。不過無論如何，這過程很少是戲劇性地變化。你不會突然「通了」……而是在一段時間當中逐漸擁有新的真理、新的知識與新的覺察。

直覺資訊的傳導應為正常的覺察狀態。隨著個人的發展，你會發現自己並不能完全隨意地將其打開與關閉，它經常是頗為非自主的過程。你可能跟某人是初次見面，但意識到自己「知道」對方的事情。你也許會感覺到對方在過去或未來的情況，也許會「看見」與其生活相關的人事物。在其他場合，你也許想要知道或感受某些事物，但一點感覺都沒有。隨著時間過去，隨著持續運用及鍛鍊這些能力，你會發現資訊變得越來越容易取得。最後你會發現自己幾乎可以隨意調用資訊。

☽ 傾聽 ☾

協助你發展能力的方法之一，即是練習傾聽內在的衝動。舉例來說，假設你下班回家總是沿著一條特定的路線開車。然而某天下午，當你下班開車到某個路口時，卻想要彎進某條林蔭小路。當然，意識心智會立刻開始提出種種理由反對，像是「你沒有時間」、「家人在等你回家」、「天黑前必須修剪草皮」。忽略意識心智，傾聽那股內在衝動，就是彎進那條小路。那是有原因的。你也許會發現美麗的池塘，鮮花盛開的庭園或小山坡，使你滿懷對於大自然的喜悅，並給予你需要的靈性提升。但你也有可能看似沒有留意到任何有價值的事情。你也許在沒有出現某些明顯經驗的情況下沿著不同的路線回到家裡。你也可能永遠不會知道那場在相隔兩條街的十字路口出現的可怕事故——其發生的時間點剛好就是你沿著原本的路線開車經過的那一刻！無論有沒有出現明顯的經驗，都是有原因的！

☽ 外在的意識焦點 ☾

靈擺（Pendulum）

如果你正在尋求某個特定問題的答案，運用外在物體當成意識焦點通常會有幫助，可以消除來自外界的影響與來自意識心智的扭曲。對於此類物體的運用完全不會影響所得資訊，僅是要求個人將意識全神貫注在某個特定的焦點。靈擺即是用於意識聚焦的道具之一，它使你能夠針對特定問題得出簡單的「是」、「否」或「還未確定」等答案。

靈擺本身應屬天然礦石製成的產品，其擺錘應連接在一條大約長9英寸（約22.9公分）的小鏈條上（鏈條材質除了不能是動物產品之外，幾乎沒有什麼限制）。靈擺的擺錘材質首選為金屬，例如金、銀、黃銅或銅，但不推薦使用鋁，因為它的電解製程可能會對你的氣場造成破壞性地影響。

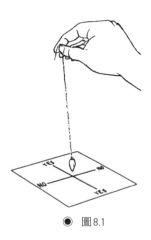

● 圖8.1

你也可以併用如圖8.1所示的「是／否」回答卡。

使用靈擺時，請將回答卡置在平坦表面上，像是餐桌或辦公桌。舒適地坐在回答卡的前面，然後清除腦海中所有無關的想法。想要的話，也可以做個簡單的祈禱，像是第二課的〈西雅克斯－威卡讚歌〉，向諸神祈求保護與指引，以獲得真正的答案。用右手（慣用左手的人就用左手）拿住鏈條，其位置應在距離重錘約7英寸（約17.8公分）之處。然後將重錘懸在回答卡的中心上空約半英寸（約1.3公分）之處。穩定拿住靈擺，並問出你的問題——你要確保那問題可用「是」或「否」來回答。過程中不要刻意使靈擺擺動。你將會發現，雖然你已試圖使自己的手保持不動，然而靈擺還是會沿著紙上的某一條線來回擺動以回答你的問題。你不需要大聲說出問題，可以只用想的就好。

如果靈擺以繞圈方式擺動，或者根本不擺動，那麼有可能是因你的問題過於籠統（若屬此情況的話，就需改用更為清楚的措辭），或是出於某種原因而無法給出答案。

靈擺不僅可以用來回答問題，還能像探測棒那樣尋物與尋人。靈擺的好處在於你能舒服地待在家裡使用它。其背後概念為，靈擺能以小範圍的指示來象徵在大範圍或遠處發生的事情。就以下所列的任何單一事情而言——找路、尋找失物、尋水，甚至診斷疾病——最好使用一副具有清楚尖端的靈擺。坐在桌旁，將標有欲探測所在之地圖鋪在面前的桌上，地圖的比例越大越好。然後在地圖上緩慢移動靈擺，就像你在該地行走的模樣。等到你「抵達」自己要找的物體所在位置時，靈擺會以快速轉圈擺動或旋轉的方式做出指示。在尋找走失的人或被盜財物時，你也可以按照類似的步驟進行。在找失物時，先畫出自己認為的失物所在區域、家屋或房間的粗略草圖，然後有系統地移動靈擺，同時專心想著失物。它將會以旋轉的方式指示物品所在位置。另一方法則是將靈擺放在回答卡上，一邊用另一隻手的手指逐一指著粗略草圖的各部分，一邊逐一提出「它在這裡嗎？」之類的問句。

如要找路的話，就沿著地圖上顯示的道路緩慢移動靈擺，並在每個路口詢問靈擺走哪條路才對。藉由這方式，你可以輕鬆找出從甲地點到乙地點的應走路線。

關於靈擺的更多資訊，請參閱雷蒙德・巴克蘭所著的《色彩魔法》（*Color Magick*, Llewellyn Publications, 1983 & 2002）一書。

學習接觸感應

　　學習接觸感應的步驟相當簡單，只需耐心來練習。先取八至十種不同物料——各類布料、皮革、毛皮、木頭、金屬、石頭等等——的樣本。安靜坐著，將那些物品一次一個地拿在手裡並專注其上。感受它的質感、思索它的來處。試著想像給出手上這塊木頭的樹長什麼樣子，給出手上這片毛皮的動物有什麼模樣等等。要經常拿這些物品來反覆練習，至於要練習多久取決於你個人對每個物品的感受，只要感覺舒服就可以繼續下去，不過每次都要把整套物品全部練習到。你也許馬上就有非常明顯的感受。若沒有的話，還是繼續以下的步驟。

　　經過最初幾週的練習之後，將每個物品分別放進不同的信封。所有的信封均應相同，使你無法從外表分辨出來。將它們依英文字母表的順序一一標上字母。然後反覆進行前述的專注練習，但在這階段嘗試去抓取關於信封內容物的線索。你可以猜測物品本身，或者獲取與其來源相關的印象——也就是你在之前的專注練習時所對準的事物。用筆記本記錄你對於標識特定字母的信封其內容物的印象。這樣進行幾天或幾週（取決於你練習的頻率）之後，你可能會有一份像是以下所列的結果：

實體內容	信封標識	第幾次猜測						
		1	2	3	4	5	6	7
棉	A	絲	棉	絲	羊毛	棉	棉	棉
絲	B	棉	絲	絲絨	絲	絲	棉	絲
絲絨	C	羊毛	羽毛	竹	絲絨	羊毛	絲絨	橡木
蛇皮	D	象牙	羽毛	蛇皮	橡木	羽毛	蛇皮	羽毛
貝殼	E	橡木	象牙	貝殼	象牙	貝殼	貝殼	象牙
羊毛	F	貝殼	橡木	絲絨	羊毛	羊毛	鐵	羊毛
象牙	G	羽毛	貝殼	象牙	象牙	象牙	貝殼	貝殼
陶土	H	鐵	鐵	陶土	絲絨	羽毛	陶土	陶土
鐵	I	絲絨	蛇皮	象牙	鐵	絲	竹	鐵
竹	J	橡木	絲絨	竹	橡木	竹	橡木	橡木
橡木	K	橡木	羊毛	橡木	橡木	橡木	竹	竹
羽毛	L	陶土	羊毛	棉	絲絨	蛇皮	羽毛	羽毛

你會注意到這裡面呈現出特定的模式，像是你到第七次嘗試（就上述示範而言）就已能答對50％。即使答錯的部分也很接近，例如這裡面常混淆的兩個物品名稱是「橡木」與「竹」，而「蛇皮」與「羽毛」也有同樣的狀況。

繼續用那些封口的信封來練習，然後加入其他物品。當你感覺自己可以維持不錯的分數時，再嘗試其他沒被封起來的物品，像是朋友的戒指、某封信、某照片、某副手錶等等。首先就從物件本身開始思索，然後自問：最常接觸它們的人是誰？它們來自何處？是什麼時候製作的？請持續練習。只是諸如硬幣之類容易經眾人之手的事物，難以累積任何可以有所感應的氛圍，所以最好多多採用具有個人特質的物品來練習。只要時間許可，回頭檢視自己達到的成果並做成文字記錄。你就能藉此觀察自己的進步情況。

用團體來進行以上練習也有很好的效果，甚至可以安排兩個隊伍來比較準確度。至於其他相關的練習與測試將會適時自行出現。請持續嘗試，不要氣餒……而且要好好保存這些記錄。

《超自然事物的口袋指南》（*A Pocket Guide to the Supernatural*）

雷蒙德·巴克蘭

Ace Books, 1969

接觸感應

所有實體物質都有記憶，這不是屬於意識心智的記憶，而是曾與該物質接觸過的具現能量之殘留。此外，若某人觸碰過某個特定物體，那麼這兩者之間就會建立起一種宇宙性的連結，而這樣的連結至少會持續到此人辭世，但經常在他離開之後也能持續很長一段時間。所以，若你曾觸碰某張椅具，另一具備成熟通靈能力的人能在接觸它的時候「讀出」你的資訊，無論你當時身在何處。該靈媒可以「看見」你的過去、現在甚至未來，就像你本人來給他看一樣容易。

那麼，**接觸感應**即是從實質物體接收印象。而那些印象可能會以感覺、場景、想法、色彩、情緒等形式呈現。它們可以單獨出現，也能組合出現。無論你接收到什麼想法、感覺或感受，都應仔細記錄下來。

如要練習接觸感應，請從可以輕鬆拿在手中的小物品開始，像是珠寶飾品。最好是已與主人長期接觸的紀念性物體，這是因為身體與情感兩方面的連結已經建立，能量的集中程度會更加強烈。

就跟運用直覺的方法一樣，在開始接觸感應之前應清理自己的心智。然後用雙手輕輕握住物體，感受它散發出來的能量或振動。你有什麼感覺？冷？溫暖？還是刺痛？你感受到的色彩是什麼？會想到什麼場景？有感覺到什麼情緒？再次提醒一下，別抱持任何期望，就是單純接受──感覺、傾聽、往第三眼看進去。探入自己感知到的一切印象，檢視並融入其中。然後按照接收時的樣貌忠實記錄下來。別讓你的意識心智干擾過程。有人發現用單手拿著物體會比雙手更能獲得成果，有的人則是把物體貼在額頭第三眼的位置，有人則是把它貼在胸口靠近心臟的部位。就是去實驗看看，找出哪種方式最適合你。

〉 解讀通靈資訊 〈

在面對通靈個案（有時則是個案當事人）時，最大的問題會是解讀。通靈就跟夢一樣，最好由當事人進行解讀。如果你為自己接收關於自己的資訊，這方面的問題不大。不過，若你是為他人進行解讀，就必須格外小心，資訊應完全按照接收的原樣呈現。

許多通靈資訊都關乎未來，這是因為過去已經過去，個人從當下這個時間點開始進行的事情才具有真正的重要性。既然你是自身命運的主人，就必須接受自己的行為造成的後果。因此，沒有什麼事情是預先決定的，基於當前的情況，未來的任何訊息也僅屬可能性而已，也許會發生變化。靈訊指出的災難關係，可透過避免關係本身，或透過改變對待該關係相關人員的態度，從而避免災難。靈訊提到的身體疾病，也可透過修正可能原因（像是飲食不當、平衡情緒狀態等等）來避免。**不會有必得發生的事情！** 通靈資訊僅是指明，就目前已存在的狀況來說，這是可能的結果而已。若想要不一樣的結果，那麼個人也有力量將其實現，也就是所謂**我們創造自己的實相**。

氣場

人的「身體」其實係由七個不同元件組成，前三者（固體、液體與氣體）構成肉體。第四個元件稱為乙太體（the etheric body），與肉體混雜在一起，通常它會超出肉體的範圍約1英寸（2.5公分）。接下來是星光體（the astral body），其範圍會延伸到乙太體之外數英寸。然後在星光體之外則是心智體（the mental body）與靈性體（the spiritual body），由於其彈性及發揮作用的速度，不可能為這兩者定出物理性的限制。

　　眾多證據顯示，靈體在傳達訊息給靈媒時，較少用比較直接的聽覺方式，大多傾向用圖像的方式讓靈媒看見並描述之。靈體以某種方式將圖像呈現在靈媒的心智，靈媒對再該圖像進行描述並加以解讀。然而這樣的解讀通常有著相當的錯誤，導致後續產生有瑕疵的夢境分析。如此一來，即便靈體傳遞了十分符合實情的訊息，我們仍無法辨識其訊息。

　　讓我們就這方面多做解釋。假設只會講英語的你想要告訴某個不會講英語的中國人去隔壁房間拿某樣物品——手錶或懷錶（watch）——的話，講出「watch」這個單字對這位對象來說毫無意義，因為他不曉得那個單字的意思。因此你可能會拍拍自己的手腕，做出為手錶或懷錶上發條或觀看錶面時間等之類的慣常動作，試圖藉此表達自己的意思。如果對方看不懂你的動作，那麼你要請他去隔壁房間拿手錶或懷錶這件事會變得非常困難。

　　現在假設上述的表演動作或其他類似的動作是某個靈體在嘗試傳達「錶」這個單字的方法，那麼當它想要向某位在場觀看的人士提示某一支在其生前常放在西裝背心口袋的特定懷錶時，也許會用以下方法表達：

　　靈媒：「他拍拍自己的肚子，並望向左側某個部位。似乎想要表明自己在腸胃不適經歷了不少苦頭，也許是左側的癌症。對，他剛才似乎從身體拿出某個東西，顯然當時有移除某些團塊。現在他在檢視自己的手，而且看得很專注。然後他用手指做了某個事情，我看不出是什麼，只是一個小小的動作。他活著的時候有連接上機械嗎？他現在正指著門……」等等。

　　像這種一邊描述其行為，一邊詮釋的作法，卻對該訊息做出完全錯誤的解讀。除了完全曲解靈體使用的象徵動作之意義之外，這靈體在生前也許未因癌症而死，也沒有腸胃問題、沒有動過手術，也從來沒有接上什麼機械，這些訊息很有可能源自靈媒的潛意識想像，甚至是個人猜測或刻意欺騙！然而，我們可以看到靈體的訊息在一開始完全符合實情，真正的問題在於靈媒錯誤解讀其象徵意義。

《通靈界的驚奇祕密》（*Amazing Secrets of the Psychic World*）
雷蒙德・巴克蘭與赫里沃德・卡林頓（Hereward Carrington）
Parker Publishing Co., N.Y. 1975

雖然這些非物質體的振動頻率太高，肉眼無法察覺，然而熟悉此道的人可以看見散放出來的能量樣式。這些能量樣式就是所謂的氣場。通常乙太體的能量會先因其密度而被檢測到或「看到」。隨著感知力的提高，你可以開始檢測到那些散發在乙太體之外的能量。其外觀通常像極光那樣，不斷流動、漲退與盤旋。至於檢測到的色彩通常表示當事人的存在狀態。因此，某個靈性狀態較為沉穩之人可能會表現出藍色與薰衣草色，愛得很深的人可能表現出粉紅色等等（參見第七課「通用符號象徵：色彩」）。你在嘗試看到別人看見的事物時應要謹慎小心。例如若你與友人在閱讀氣場時，其中一人看見藍色而另一人看見黃色，請勿驚訝。你們兩人都不一定有錯。因為個體的敏感度會有差異，說不定你對特定的振動比較敏感，而你的朋友對於其他振動有更高的接受性。

個人任何存在狀態都會引發氣場的反應。情緒狀態主要影響其色彩。而身體狀況不僅會影響色彩，還會使氣場出現特殊圖樣，例如漩渦、洞，有時還有黑點。在處理氣場相關資訊時應要謹慎，例如你也許會認為某位男性友人的身體有問題，因其氣場看似有出現缺陷。你可以詢問他在那特定區域是否有問題，不過若是對方否認的話，就放下不再追問。那是因為當時對你來說可能看起來很嚴重的狀況，其實也許僅是某個幾乎已完全療癒的輕微發炎而已。務必記住，建議的力量很強，對某些人而言或許會造成相當嚴重的傷害。

尋找失物

你有多少次花幾分鐘、幾小時甚至幾天瘋狂尋找失物呢？無論是自己不小心弄丟，或是有人在你不知情的時候移走，其實你沒有必要將大量時間與精力浪費在尋找上面。首先，若你對失去某物品充滿恐慌與恐懼，也許是因為你在占有慾方面還有要學的課題。第二，若你真的把它弄丟，那麼無論是邏輯還是情緒都不會有什麼幫助。當然啦，如果你搬走房子裡面的所有東西（假設失物在房子裡面），再進行有條有理的搜索，也許終究會找到它。不過，即便意識心智無法輕易找到它，你自己的某些面向卻可以做到，你只需傾聽它們即可。

首先，冷靜下來。關閉意識心智、放下情緒。一旦達到完全的平靜與安寧，你只需順隨自己的內在衝動。別去思考！就是順著內在引導移動、步行。我曾使用這技藝，在野草叢生的田野當中找到被丟在那裡的兩把鑰匙。我沒看到鑰匙被丟在哪裡，然而我順隨自己的內在引導，走到某個地方，然後彎腰、伸手，那些鑰匙就在距離我的手不到三英寸的地方呢！

有時失物怎麼找就是找不回來，但還是可以趁機吸取教訓。我們的高我有時會選用這種方式來讓我們思索自己在個人價值觀的定位，或是藉此推動一系列需要的經驗。至於其他的可能性，也許你需要的是外界的「幫助」，或者也許是我們的指導靈與高我，一起為了某個急需學習的課題而創造出那些狀況。

如前所述，靈擺自然是尋找失物的上好方法，可別小看它哦！

）　感官剝奪　（

　　近期美國國防部及太空計畫為了協助發展或產生超感官知覺（extrasensory perception），將相關研究轉向所謂的「感官剝奪」（sensory deprivation）。該理論認為，我們的正常生活模式會限制我們在清醒時只會對準某程度的知覺（無論那是心智、肉體或情緒層面）。若關閉這些在清醒時對準的知覺，並限制身體的移動，身體就會放鬆，心智與情緒層面的緊張就會消退，而意識就會達至無與倫比的自由。相關的實驗室研究運用潛水艙（diving tank），使浸沒在液體中的測試對象保持在無重與靜止的狀態。此類測試的文件記錄指出，這樣會產生包括意象（imagery）在內的超感官現象。

）　巫者搖籃　（

　　透由外在的方法剝奪肉身感官完全不是新的概念。幾百年以來，阿拉伯的苦行僧（dervish）會用繩子繫住手腕將自己懸吊起來，而印度教徒則以蓮花座的瑜伽坐姿維持數天、數週，甚至數月。巫術的信徒則運用名為「巫者搖籃」（the Witches' cradle）的裝置，使意識與肉身層面分離。

　　巫者搖籃有多種變化，本書的圖示為其中兩種。這些裝置的基本功能都一樣，即將個人與自己的物質環境區隔開來，並使身體無法移動。在這些條件下，意識會從肉身的束縛解脫，可以自由漫遊到肉身邊界的外面。

　　如圖8.2所示，第一種巫者搖籃會用皮革或布將個人包裹成像是木乃伊的模樣，手臂則會用類似緊身衣的方式繫緊。之後用皮帶將身體固定在鐵架中，而皮革頭罩則可隔絕視覺與聲響。如圖所示，頭部係由皮帶或鐵帶固定。再用一根繩索將搖籃懸吊起來，使其可以自由擺動與旋轉，從而使當事人完全失去跟地面的定向感覺。

　　另一種不同的樣式（圖8.3）則由皮袖懸吊。整副皮套裡面有毛皮襯墊（現行版本則使用橡膠泡棉）以提高舒適度。其橫桿則以一根繩索懸吊在軛木底下，同樣亦是使當事人失去跟地面的定向感覺。這裡要注意的是，在此兩種巫者搖籃裡面的當事人均保持脊柱直立。巫者搖籃不僅具有協助解放意識的感官隔離功能，而且也能協助當事人將意識投射到肉體之外——即所謂的星光體投射（astral projection）。

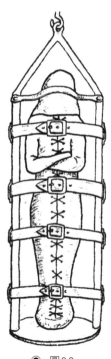

◉　圖8.2

在正常情況下，個人沒有必要也不建議獨自使用巫者搖籃。此類設備只能在完全了解其使用方式的人員密切監督下使用。然而，我們可以且應當運用巫者搖籃所具有的好處之本質。本書第七課給出的冥想方法有概述產生出適合意識解放條件的程序。若正確且持續運用這些冥想步驟，它們也能提供感官剝奪、身體安適及去除感官知覺，從而使意識得以解放。

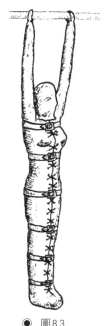

◉　圖8.3

第八課問題

一、寫下你自己的繫手儀式。

二、在底下空白處記下舉行出生儀式（威卡歡迎儀式）及過橋儀式的日子。

三、列出你曾用於清理自身直覺管道的方法。你個人當時在通靈方面受到什麼樣的阻礙（堵塞）？請將後續通靈資訊記錄在底下空白處。

四、列出你曾用來發展自身靈通能力的一些方法。在使用這些技術後有得到什麼結果？

第八課試題

一、威卡繫手儀式是否將新郎與新娘綁定
　　一生呢？

二、孩童到幾歲可以啟蒙進入巫術呢？

三、通靈的兩大類別是什麼？

四、若要為通靈清理自身心智，請你提出
　　五個一定要留意的重點。

五、你忘記自己把汽車鑰匙放在哪裡，不
　　曉得它們是否在臥室、客廳、廚房還
　　是辦公室裡面。你要怎樣找到它們？
　　請提出兩個方法。

六、你看到自己的父親在靠近心臟的氣場
　　區域出現大片破損，會怎麼跟他說？
　　原因是什麼？

請閱讀下列作品：

《如何讀氣場》（*How to Read the Aura*）、《如何發展接觸感應》（*How to Develop Psychometry*）及《如何發展靈視》（*How to Develop Clairvoyance*），均為華特・厄尼斯特・巴特勒（W. E. Butler）著

《色彩魔法》，雷蒙德・巴克蘭著

推薦的補充讀物：

The Principles and Practice of Radiesthesia by Abbé Mermet

Amazing Secrets of the Psychic World by Hereward Carrington

第九課

占卜
DIVINATION

任何人都可以看到未來、占測即將發生的事情——這樣的概念對於門外漢來說，實在太過奇幻了些。《韋氏字典》（*Webster's Dictionary*）對於「占卜」（divination）一詞的定義是「藉由較高層次的存在（諸神？）或特定儀式、實驗、觀察之協助，以預測未來事件或發現祕密或隱蔽事物的技藝」。根據這定義，那麼我們在電視或報紙看到的天氣「預報」，應當要改成更為正確的名稱——天氣「預言」！儘管如此，占卜是有用的工具，並且在巫術裡面佔有一席之地。

有許多方式可以看到未來……「看到未來？」更正確的說法應是：覺察到當下正在運作且將在未來產生**可能結果**的那些力量。我們創造自己的實相。事無命定；物無定貌。如果某人欲求不一樣的結果，她或他擁有使那結果發生的力量。

☽ 塔羅（Tarot）☾

身為巫者的你是用什麼方法看到未來？我們在前面已討論過通靈以及靈擺的使用，然而塔羅（其原文的發音「tarrow」跟 narrow 有相同的韻腳）是最常見、最流行且巫者與非巫者都有在用的工具。塔羅屬於**牌占**（cartomancy）——即使用牌卡進行占卜——的一種。在已知的套牌當中，塔羅牌最為古老，至於其來源為何的精確資訊已不可考。而最為流行的理論，則稱塔羅牌係由吉卜賽人帶到歐洲，至於其來源，則應該跟吉卜賽人一樣源自印度。目前已知最早的塔羅套牌，年代為十四世紀。

塔羅套牌本身係由78張牌卡構成，分成兩大部分，即所謂的小阿爾克那（the minor arcana）與大阿爾克那（the major arcana）。小阿爾克那係由56張牌卡構成，分成四個牌組，每個牌組有14張牌卡。我們現今每天在玩的牌卡[16]，就是源自塔羅套牌的小阿爾克那。塔羅牌

---

[16] 譯註：應指撲克牌。

組分別為寶劍（Swords）、星盤〔Pentacles，有時則稱為「錢幣」（Coins）〕、權杖〔Wands，或是棍棒（Staves）〕以及聖杯（Cups）。而其現代對應依序是黑桃（spades）、方塊（diamonds）、梅花（clubs）與紅心（hearts）。每個牌組會有1號牌至10號牌各一張，1號牌或稱王牌（ace），以及侍者牌（Page）、騎士牌（Knight）、王后牌（Queen）與國王牌（King）各一張。在塔羅的後續發展過程中，騎士牌被移出牌組，而侍者牌變成所謂的衛士／侍從牌（Jack 或 Knave）。

　　大阿爾克那，也就是所謂的大牌（trumps major），係有22張牌卡，均為具有象徵性意義的比喻形象。對於許多祕術家來說，這些形象對應到希伯來字母表的22個字母：

1	魔術師（Magician）	Aleph
2	女祭司（High Priestess）	Beth
3	皇后（Empress）	Gimel
4	皇帝（Emperor）	Daleth
5	教皇（Hierophant）	Heh
6	戀人（Lovers）	Vav
7	戰車（Chariot）	Zain
8	正義（Justice）	Cheth
9	隱者（Hermit）	Teth
10	命運之輪（Wheel of Fortune）	Yod
11	力量（Strength）	Kaph
12	吊人（Hanged Man）	Lamed
13	死神（Death）	Mem
14	節制（Temperance）	Nun
15	惡魔（Devil）	Samekh
16	高塔（Tower）	Ayin
17	星星（Star）	Peh
18	月亮（Moon）	Tzaddi
19	太陽（Sun）	Qoph
20	審判（Judgement）	Resh
21	世界（World）	Shin
0	愚者（Fool）	Tav

　　然而不幸地是，祕術家無法完全接受上述的對應。例如麥克葛瑞格‧馬瑟斯（MacGregor Mathers），他在塔羅牌的對應如同敝人所列，但是保羅‧佛斯特‧凱斯（Paul F. Case）將「愚者」放在最前面，因此所有其他牌卡的對應也跟著往後移動一位：

0	愚者（Fool）	Aleph
1	魔術師（Magician）	Beth
2	女祭司 (High Priestess)	Gimel
以下依此類推		

更甚的是，亞瑟・愛德華・偉特（A. E. Waite）與保羅・佛斯特・凱斯還將數字8對應「力量」、數字11對應「正義」，而其他作者與套牌則幾乎都是以數字8為「正義」、數字11為「力量」呢！

諸多塔羅領域的作者對其描述與詮釋，有著不必要的遮掩與高傲態度，嚇走了許多原本想要學習塔羅的人。其中有位作者在論及大阿卡那時是這樣說的：「它們的象徵記號是形上學與神祕學的速寫形式。其所含有的某種秩序真理如此精微與神聖，人的語言無法做出相稱的表達，那樣會是褻瀆。只有玄妙的象徵記號能為追尋者的內在靈魂揭露這些真理。」然而這位作者還是繼續用人的語言來解釋那些象徵記號！而我得承認自己也打算做同樣的事情喔！

這些牌卡如何運作、如何使用呢？諸如塔羅、水晶球、茶葉等等，一切用於占卜的工具僅能算是通靈的安慰劑，它們都只是為你的靈通力量提供一個焦點。優秀的通靈者可用一套全為空白的牌卡來做讀牌個案，而你只要多點練習，也能做得到。但是，何不從簡單的方式開始？如果這些工具能使通靈過程變得比較容易的話，你沒有理由不用它們。

目前有很多種可以使用的擺牌方式或所謂的牌陣，而且每個人看似都有各自的偏好。我會在本課詳述二至三種牌陣，讓你可以嘗試看看，並從中找出一個或多個偏好的牌陣。許多牌陣都需要一張**指示牌**（significator），係用於代表請你讀牌的當事人，這位當事人——或許就是你自己（如果你在為自己算牌的話）——即所謂的「詢問者」（querant）。許多書籍會建議用特定卡片來代表，像是請你讀牌的當事人是個年長的黑髮女士，就用「寶劍王后」來代表。**請無視這些建議**。每個人都是獨特的個體。如果你為兩位女士讀牌，而她們恰好都是年長的黑髮女士，那麼用這張牌來一概代表她們兩位並不一定合適。為了選出指示牌，**請研究你的詢問者**。看進對方的眼睛深處、握住她（或他，這是當然的吧）的手，將自己對上她（或他）的振動，然後瀏覽所有牌卡以找出能夠適當代表對方者。你也許要把整套牌前前後後看過幾遍，才能決定出最適合的牌卡，但也有可能馬上挑選出來。

將指示牌拿出來，剩下的牌交給詢問者，而詢問者應當將它們拿在手上，一邊洗牌，一邊專心想著自己的特定問題或困難。待詢問者洗牌一陣子之後，請她用左手切牌，並從自己的右邊往左將牌卡切成三個牌堆：

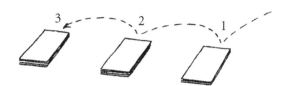

　　然後你依下列順序將牌卡重新堆疊：先拿中間的牌堆，再拿靠近你右邊的牌堆疊上去，再拿靠近你左邊的牌堆疊在上頭：

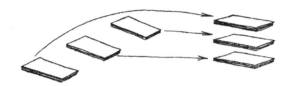

　　然後將牌卡以牌面朝下的方式攤成橫跨牌桌的直線。請詢問者從中一一隨機挑出十張牌卡，並疊成另一牌堆，此時牌面仍然朝下。這就是你要讀的十張牌卡。

　　第一種擺牌方式，或是牌陣，就是我們認為最為流行、然而非常準確的牌陣，那就是古老的凱爾特牌陣（Keltic spread）：

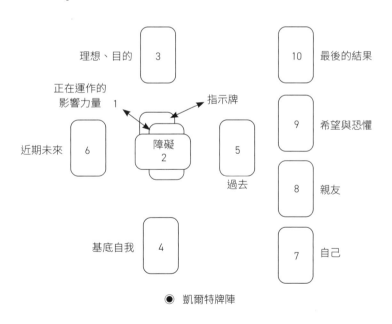

◉ 凱爾特牌陣

　　將指示牌（即你選來代表詢問者的牌，在此例為某位女士）放在牌桌中央，牌面朝上。這張牌顯示（或是指出）的是當事人所戴上的「對外面貌」。它指出當事人喜歡他人對於自己的印象種類。接著這張牌會被詢問者所選的第一張牌以牌面朝下的方式覆蓋其上。這張牌就

是所謂「她的現況」（what covers her）。詢問者所選的第二張牌則橫向疊在前兩張的上面，這就是所謂「她的阻礙」（what crosses her）。第三張牌則放在上方，即「她的王冠」（what crowns her）；第四張放在下方，即「她的基底」（what is beneath her）。第五張牌放在右方，即「她的過去」（what is behind her）；第六張牌則放在左方，即「她的近期未來」（what is before her）。剩下的四張牌則依第七、八、九、十張牌的順序由下至上擺置在最右邊，其名稱分別為「她自己」（herself）、「她的親友」（her house）、「她的希望與恐懼」（her hopes and fears）、「最後的結果」（the final outcome）。

　　接著你再將這些牌一一翻至正面，並同時就牌卡的位置個別解讀牌卡（解讀方式會在後面說明）。

　　每個位置的意義詳述如下：第一張牌（她的現況）顯示當事人或其所提出的問題或困難（不一定要說出來；這裡係指詢問者在洗牌時專心想著的問題或困難）及其周遭氛圍。第二張牌則顯示目前正在與她作對的力量或影響，甚至會用某種方式明指或暗示某位正在阻礙她或招惹她的現實人物。第三張牌顯示她的理想、她想要達到──但不一定到得了（會由第十張牌指出）──的目標。第四張牌顯示她或他的真實模樣、她的無意識自我，或是其現實基礎。第五張牌顯示已經發生的事情，也許是指才剛發生不久的事情，但也有可能概括意指詢問者的整個過往人生。第六張牌則恰好相反，它指出即將發生的事態，而後續六張牌所指的是接下來六個月到最多十二個月之內會發生的事態。

　　第七張牌顯示較多關於當事人本身的事態，還有她的人生──特別是近期的未來──大致上會過得如何。第八張牌則是跟她親近──不論有無血緣關係──的親友有關。第九張牌是她的希望與恐懼，而第十張牌則顯示她的最後結果。

　　我們可以看到有些牌可以用於確認其他牌。例如第四張牌與第七張牌、第二張牌與第九張牌應有相似之處。對於第十張牌的預期，應可從整個牌陣找到一些指示。如果牌陣中的大阿爾克那占多數，那麼你可以確定的是那些參與此事態的力量十分強大，而任何改變皆會是相當戲劇化的改變，任何阻礙皆會是嚴重的阻礙，而任何進步也將會是非常重大的進步。

☽ 解讀 ☾

　　話說回來，你要怎麼解讀那些牌卡呢？市面上有許多論述塔羅的書籍，絕大多數都會提供每張牌的可能解釋，或許你可以購入其中一本。我會推薦你讀伊登・葛雷（Eden Gray）的著作之一，即《塔羅揭密》（*The Tarot Revealed*）或是《塔羅完全指南》（*A Complete Guide To the Tarot*）。將整本書讀完，讓自己對傳統的解讀有個印象，然後……**把書放到一邊**。請讓我再

次強調：**沒有兩個人是一樣的**。若你為兩個不同的人讀牌，而各自的牌陣在同樣位置出現同樣的牌，你在分別為他們解讀時應是幾乎不可能沿用同樣的意思（即書本給予的解釋）。他們都是獨特的個體，代表他們各自有不同之處。

那麼，要怎麼解讀呢？就順著自己的本能、感受與直覺來進行。每當翻開每一張牌時，想想它所在的位置。例如，牌陣的第六個位置是近期的未來，那麼當你把那裡的牌卡翻開看到那圖畫的時候，什麼最吸引你呢？在整個畫面當中，必然有某個東西──圖中的某個細節──最先「映入」你的眼裡。思索那個物體、色彩或符號，在詢問者的近期未來（就此例而言）會有什麼相關意義？例如，假設你使用的是萊德－偉特（Rider-Waite）塔羅套牌（後面會討論塔羅套牌的不同系統），而在這位置翻開的牌是「死神」（參見圖9.1）。這代表詢問者的近期未來會出現死亡嗎？當然不是！某一本書為這張牌提供的解釋為「轉變；改變。有時係指毀滅之前或之後的事態。有時係指新生或更新。」所以這張牌可以代表某個想法或某個工作的「結束」──而且後續也許會「重生」成新的工作。（順便趁機提醒一下，最好無視大阿爾克那各牌的標題。「死神」不一定得是死亡，「正義」不一定得是正義，而「惡魔」也不一定得是惡魔，其他請依此類推。）

繼續運用前述方式，你會發現可能性竟然如此眾多。你也許會注意到背景的小船，並認為它跟旅行有關。或是你覺得那在右邊兩座塔中間升起（還是落下？）的太陽很吸睛？還是旗幟上的玫瑰，又或是那個看似是主教的人像⋯⋯能夠強烈吸引你的事物實在很多。你會發現每次讀牌都不一樣，為每個當事者提供不同的解釋，而這樣的解釋會貼近個人許多。因此，別照本宣科⋯⋯運用你自己的力量吧！

在解讀時，你也許要記得「寶劍」牌組通常關聯到麻煩與不幸（並關聯到風元素）、「聖杯」牌組關聯到愛與快樂（且關聯到水元素）、「權杖」牌組關聯到企圖心、名聲與性（且關聯到火元素），而「錢幣」牌組跟錢財有關（並關聯到土元素）。不過，當然這並不代表翻出來的每張「寶劍」牌卡（舉例而言）都是在反映麻煩與不幸喔！這些只是大致上的關聯，因此只要記得就好。

你應嘗試使用「生命之樹牌陣」（Tree of Life spread），看看自己喜不喜歡。這牌陣也用到十張牌卡及指示卡：

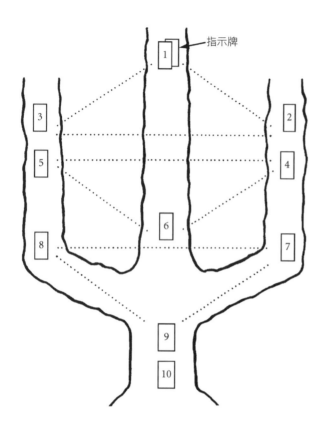

指示牌

1：詢問者的最高智性、理想

2：創造力

3：生命、智慧

4：美德、良善特質

5：征服

6：健康

7：愛、慾

8：技藝、技術、生育

9：想像、創意

10：自身所處的現實環境（Earthly home）

接下來的「西雅克斯－威卡之徑」（Seax-Wica Path）牌陣非常好用，特別適合用於快速讀牌的場合，會用到八張牌卡（由詢問者挑選）與指示牌：

S：指示牌

1：內在自我

2：目標（理想）

3：過去

4：家庭

5：健康

6：宗教

7：朋友

8：最後結果（未來）

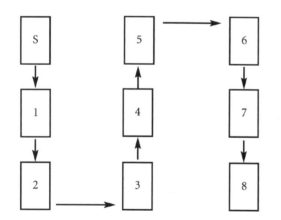

請盡量練習，也就是去為每個人解牌，不論否彼此很熟或完全陌生。不要害怕說出自己所看見的事物，只是措辭要稍微謹慎一點。例如，如果你**真的**看見死亡，或即將發生的糟糕意外事故，**不要**說：「你快要死

了！」而是跟當事人説，就目前出現的力量來看，最近要非常謹慎小心，這樣會比較妥當，因為有發生意外的**可能性**。它就是可能性而已，未來要怎麼發生，我們還是「可以」改變喔！

為同一個對象（或是你自己）解牌別過於頻繁，而牌陣中的大阿爾克那牌數量會是不錯的指標。如果牌陣中有數張（四張或五張以上）大阿爾克那牌，代表正在運作的力量非常強勢，所以接下來的一個月應該不會有太大的改變，因此在這期間進行另一次讀牌毫無意義（但若用於檢視完全不同的問題，自然是沒問題的）。如果牌陣中的大阿爾克那牌數量很少或完全沒有，代表目前運作的力量較輕且一直在變，那麼每週重複檢視一下事態也許比較好。

市面上有非常多種塔羅套牌，最近計算的結果接近 250 種[17]！最著名者應是萊德－偉特套牌，不論對初學者或富有經驗的讀牌者而言都很好用。其優點在於每張牌卡，即大阿爾克那**與**小阿爾克那，都有不同的全幅圖像。許多塔羅套牌的小阿爾克那牌卡並沒有象徵畫面，像是「寶劍3」只畫有三柄寶劍、「寶劍4」則是四柄寶劍等等。而萊德－偉特套牌的「寶劍3」與「寶劍4」，則是兩幅完全相異的場景，裡面分別有三柄寶劍與四柄寶劍。這樣的確讓讀牌者多出許多能夠運用的線索。

另一不錯的塔羅套牌名為「摩根－吉爾」（Morgan-Greer），係以萊德－偉特套牌為基礎。事實上，若與偉特牌相較，我個人比較喜歡這副牌。如要換換口味——以及一些刺激的象徵——我會非常推薦「托特」（Thoth）牌，其設計者是阿列斯特‧克勞利。請多去嘗試不同的塔羅套牌，找出你喜好的牌卡。

⟩ 觀、窺 ⟨

觀、窺（Scrying，原文字彙的韻尾與 crying 相同）是非常棒的習修方式，因為，如同字面之意，它使你能「看見」未來（或是現在，或是過去）。幾乎任何具有反射表面的事物均能使用，而水晶球與窺鏡（gazing mirror）應是其中兩種最好的選擇。我們先來看水晶球。

用於觀、窺的水晶球應當沒有瑕疵，即表面沒有刮痕、裡面沒有氣泡。新出來的壓克力玻璃（acrylicplexiglass）[18]「水晶」還滿好用的，只是很容易刮傷。將水晶球放在某一黑色背景之上，像黑色絨布就很適合，它可以舖在你面前的桌上，若想捧住水晶球的話，也可以先把布蓋在手掌上。這片黑色背景是為了確保自己在觀看水晶球時不會看到球體周遭事物而分心。在一開始，你應在安靜且黑暗的房間裡面獨自進行。而你的神殿自然是最理想的地方。將照明限縮到只留一盞微小光源，最好是燭光。光源的擺放位置，要調整到你不會從水晶球

---

[17] 譯註：這裡的「最近」係指著書的時候，即 1986 年（初版）之前。
[18] 譯註：又稱有機玻璃。

◉ 黑色窺鏡

◉ 黑色窺鏡的範例

的反射表面直接看見它的程度。將好聞的燃香點起來，畢竟它可以幫助你專心。整個過程請在已經聖化的巫圓裡面進行，至少在一開始這樣做，待後來想在別的地方使用水晶球時，就可以僅是想像自己完全被白光包攏其中就好，但我強烈建議你還是用巫刃在自己的周圍劃個小圓比較妥當。開始時先唸一些保護性的禱文（像是〈西雅克斯－威卡讚歌〉），然後向母神與父神請求指引與保護。

然後坐下來望入水晶球的深處，盡量使自己的心智保持空白。這部分並不容易，會需要一些練習。在凝望水晶球時，請不要不眨眼，這樣做只會使你的眼睛疲勞而已！凝望——並視需要自然眨眼即可。別嘗試想像球裡面有什麼東西，只要心智保持空白就好。過一陣子之後（約二到十分鐘），水晶球的裡面就會看似有白霧或白煙注入其中，並且越來越濃，直到看似填滿整顆球。然後那道煙霧會逐漸消散，留下一個畫面，幾乎就像是某臺迷你電視呈現的畫面。它也許只有黑白兩色，不過大多應該是彩色。畫面也許是靜止不動，也有可能不斷移動。它也許來自過去、現在或未來。此外，它非常有可能是象徵性的圖畫，會需要做一些解讀——跟夢境很像。

在剛開始時，你不太能操控自己所看到的畫面，只得接受出現的一切。而當你比較熟練時，也許可以在觀看自己想要看見的事物之前先做一下冥想，然後在開始凝望時，淨空自己的心智並盡量保持空白。絕大多數人看似都能成功進行「觀」。如果你的首次嘗試沒有成果，那麼第二天晚上、第三天晚上都再嘗試看看。你也許要嘗試一週之後才會有所收穫，但就持續嘗試下去。不過，每次嘗試觀看的時間最多十分鐘左右就好，不要超過。

如果無法入手水晶球，也許可以使用一般用於放大的凸面透鏡，亦即將其拭淨並放在黑色絨布上，就能發揮出近似水晶球的效果。不論你是用水晶球或是透鏡，確保它只會用在觀、窺，而且別讓他人使用，甚至連拿取都不行。將它包在布（黑色絨布或黑色絲綢）裡面保存，

不讓它照到陽光。水晶球的傳統「充能」方式，即是每月一次趁滿月時將其捧在手上曬月光。

對某些人來說，黑色窺鏡比水晶球好用。自行製作窺鏡也不困難，這會需要用到一片毫無瑕疵與缺點的玻璃，並在其中一面用瀝青（asphaltum; asphalt）[19] 敷上三遍。玻璃先用松節油（turpentine）仔細清理以確保瀝青的黏著，再用駝毛刷（camel-hair brush）將瀝青塗布上去。

更加省事的作法，則是在玻璃背面噴上全黑的瓷漆（enamel paint）[20]。（這方法雖然看似很沒有魔法的格調，但請不要忘記窺鏡僅是讓你集中精神的焦點而已，真正的「畫面」係靠你的力量投射出來，並不是來自窺鏡或水晶球的本體。）凹面玻璃是最理想的材質。有時可在古董店找到老舊時鐘的凸面玻璃鐘面，將那塊玻璃翻轉過來就是凹面玻璃。

將玻璃安入框架，框架的形狀並不重要：圓形、橢圓形、矩形、正方形。在框架刻上或漆上用符文或其他魔法字母表（參見第十二課）書寫的母神與父神之名。在進行這步驟——其實是整個製作窺鏡的過程——的同時，將你的思想專注在這面鏡子的**用途**——投射來自過去、現在與未來的場景。

在你的巫圓裡面，用第五課所提到的聖化儀式——裡面原本的「短刃」字彙自然要更換成「鏡子」——來聖化這面窺鏡。不用的時候，就裹在黑布裡面，直到下次使用才拿出來。

在挹注金錢與心力購買水晶球或製作窺鏡之前，你也可以先用一杯清水讓自己輕鬆體驗觀的過程。你只需要將一個普通大小的透明玻璃水杯注滿清水即可，而觀的作法同前面所述，應該會有不錯的效果。

） 撒克遜筮棒 （

對於單一問題，撒克遜筮棒（Saxon wands）相當適合用來獲取直接、明快的答案。它們在某方面類似《易經》（I Ching），只是完全沒那麼複雜。

這個方式會用到七根由木圓棒（wood dowel）製成的短棒，其中三根的長度為 9 英寸（約22.9 公分），另四根的長度為 12 英寸（約 30.5 公分）。其中一根 12 英寸的木棒會以某種方式標示或裝飾，當成「賢者」（witan）之杖來用。其實，如果想要的話，也可以用符文及符號來裝飾所有筮棒，只是要確保賢者之杖跟與其他筮棒有著明顯的不同。

使用筮棒時，採取跪姿，並將賢者之杖放在自己面前的地上，剩下六根筮棒則用手握住懸在賢者之杖的上空。然後閉上眼睛，用兩手一起握住那些筮棒，一邊將其混雜，一邊專心想著自己的問題。之後繼續閉上眼睛，將那些筮棒交由右手握住（慣用左手者則用左手握

---

[19] 譯註：這裡應指用於繪畫的瀝青粉，不是用於鋪馬路的瀝青。

[20] 譯註：又名琺瑯漆。

住），用另一隻手的手指從棒端拿起一根筮棒。接著再花些時間專心想著那個問題，然後鬆開右手。至此，除了你的左手手指拿住的那個筮棒之外，其他筮棒都會落在地上。然後睜開眼睛。

一、若地上的長棒數量比短棒多，那麼該問題的答案是肯定的。

二、若地上的短棒數量比長棒多（賢者之杖不算在內），那麼該問題的答案是否定的。

三、若有任何筮棒碰到賢者之杖，代表這答案非常明確，有強勢的力量在運作當中。

四、若出現沒有觸地的筮棒（架在其他筮棒上面），那麼無論出現的是第一項或第二項，均代表目前態勢還未能給出明確答案（雖然力量還是有在運作）。

五、若所有筮棒都指向賢者之杖，那麼你（或是向你提問的人）能夠影響這問題的走向。

六、若所有筮棒都沒有指向賢者之杖，那麼你（或是詢問者）無法影響這問題的走向。

如同前面講的水晶球與塔羅牌，別讓他人使用你的筮棒，它們是專屬於你的工具。不用時就將它們包裹在黑布裡面。

） 手相 （

掌相（Palmistry），或稱手相（cheiromancy，其發音近似「凱若門希」），是另一門流行但又準確的占卜方式，其名係由十九世紀著名的掌相師路易斯・哈蒙（Louis Hamon / Leich de Hamong）所取，而他本人也被稱為「凱若」（Cheiro）[21]。這是中世紀時期的常見技藝，目前已知它在希臘與羅馬的巔峰時期就已存在。根據我們對於凱爾特歐洲文化（Keltic Europe）的零碎資訊，可以相信當時的人們也認為手會反映其所有者。手相如同其他類型的占卜方式，需要學習固定的某一整套意義——這裡係指手相圖及掌紋的意義——而且還要謹慎運用一些直覺。

在你的一生當中，手相會不停改變。你目前所看到的掌紋，跟一年前的掌紋已不太相同，也許跟五年前的掌紋差異甚大。即使你的手相會顯示你這一生的輪廓，那也只是暫時的輪廓而已，你還是要為自己的生命發展做出最終的決定。無論喜歡與否，你都是自身靈魂的船長。

就像醫師的診察，掌相是純屬診斷的占看方式。它可以指出那些在你或他人內在運作的力量，並且能夠指出這些力量的合理結果。你可以照單全收這些資訊，或是開始改變它們。在講述自己從對方掌相所看出的事情時要注意措辭，這一點跟塔羅一樣。有些紋路也許會顯示你的對象在某特定領域有嚴重的問題，然而在表述時則應當這麼說：「某某領域有潛在的

---

[21] 譯註：字面是「手」的意思。

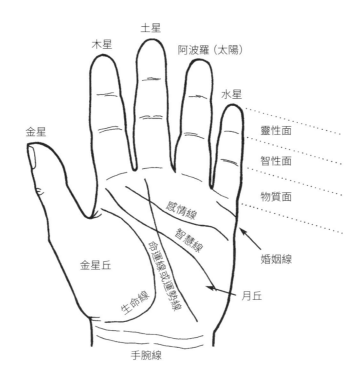

木星
土星
阿波羅（太陽）
水星
金星
靈性面
智性面
物質面
感情線
智慧線
命運線或運勢線
婚姻線
金星丘
月丘
生命線
手腕線

◉ 掌相閱讀

弱點，應要特別注意。」你也許會遇到暗示早死的紋路組合，雖然這樣的機會不多，但如果真的遇到的話，別脫口說出自己看到的事情，反倒應去強調未來需要多加留意，以避免疾病、意外、暴力事件，或掌中其他部分看似在暗示的任何可能原因。請謹記這一點：掌相僅是診斷，永遠不會是最終判決。身為掌相師，你的態度非常重要。絕對不要企圖藉由現場觀察，以及事先知道的一些不在掌中顯現的事實，來「推測」對方的用意。如果你是在讀掌相，那麼就是只讀掌相而已。在理想情況下，你應對掌紋個案對象一無所知。對方的手加上你的直覺應該就夠了。

每當與他人初次見面時，你可以藉由悄悄觀察對方手上的紋路來形塑出關於對方性格的第一印象，這資訊雖然粗略，但非常有用。

❭ 最初的觀察 ❬

不同的掌相師會有各自不同的工作方式，畢竟這是相當專屬個人的技藝。有些掌相師會向對象逐步解釋自己所見並說明為何如此，有的掌相師只會說出自己看到的情況。以下文字係依據前者的操作方式撰寫，不過所有的掌相閱讀幾乎都是依循類似模式來進行。

一開始看到的手型會是很好的線索，然而你應當等到後面跟著其他觀察結果一起講述。一般來說，人們若具有明顯關節的長型手掌與指頭，會偏好深入思考且具有藝術的傾向；而手掌與指頭偏短寬者，則傾向享受生命、享受做事，較不會去特別關心事物背後更為深奧的意義。

就慣用右手的人來說，其左手顯示出她或他與生俱來的特質，以及若是任其人生自由展現不做改變的話，將會往哪個方向發展；其右手則顯示對象從出生到現在為自己人生所做的事情。持續改善自己、避免倚賴他者的人，其左右手非常有可能出現差異甚大的掌相。（如果對方是慣用左手者，則前述左右手的角色定位就要對調。）最好先從能夠顯示對象與生俱來的特質及仍隱藏在潛意識心智之事物的那隻手開始看起。

如果手上的紋路深刻清晰，代表當事人對於自己一生當中的苦與樂大多已有經驗與了解。然而，當事人的掌上紋路若非常淺細，則有流於膚淺、無趣的傾向，這樣的人若願意出門享受生命的話，將會受益良多。

若某線條形成「鎖鏈」狀，代表該線條所象徵的領域有著弱點。若線條相當繁複，代表對象是相當複雜的人。

） 生命線 （

生命線（Life）是手上的主要線條，大致指出你的人生會走什麼樣的路。如同前圖所示，生命線是一條繞著拇指彎曲的線條，其起頭通常與智慧線（Head）相連，而生命線與智慧線分開的點則代表你在感情層面變得獨立、不依賴父母的相關時間點。如果這兩條線在一開始就沒有相連的話，代表這個人應非常獨立。

掌紋當中只有生命線能依長度比例來換算時間，因此可以用來預測重大事情的發生，大概差距為一年左右。用一支筆芯軟黑的鉛筆，將自己的生命線分成三等分。前三分之一的部分（包括與智慧線相連的部分）代表人生最前面的二十五年，而在讀掌相時還可以對此做進一步的細分。中間與後面三分之一的部分也是應用同樣的原則，只是後者的年分劃分應會比較緊密一點。

生命線若是深刻清晰且平順完整的線條，預示應有良好健康且豐富圓滿的人生。線條若呈現鎖鏈狀，代表健康較差的可能。如果這條線是在後面的部分出現鎖鏈狀，應請當事人留意年長以後健康不良的狀況。

在生命線靠金星丘一側出現與之平行的線條，代表當事者具備有益的好運以及自然的生命力，必然是好的徵象。

在絕大多數的手掌上，可以看到有許多細線從智慧線延伸到生命線，每一條都象徵將會達成的某種目標。如果謹慎沿用之前提到的時間換算方法，應能預測重大事件發生的歲數，差距約在兩年之內。至於那些事件會是什麼？抱歉啦，這已經超過掌相的範疇囉！

從生命線頂端往下約至其三分之二的位置，有時會有另兩條細線與生命線的一部分構成一個三角形。若有出現這種三角形（尺寸也許大小不一），代表對象能夠掌握某種才能，且該技藝能有令其滿意的成長。如果當事人沒有馬上覺知那份才能，就請她或他好好研究、檢視自己的興趣，它會在那裡。

生命線若出現折角或方向突然改變，代表人生的走向將會改變，因此可以計算出大致的時間並加以留意。人生到了那段指示的時期，就需多加注意，因為生活方式會出現巨幅的變化。與之相似的是生命線出現分支的情況，這代表到了分支發生處所指示的時間，當事人可從兩條重大的人生道路擇一前進，因此在那時應要仔細考量與謹慎規劃。

生命線若有斷裂，代表遇到困難。若兩隻手的生命線同時出現斷裂的話，必須特別謹慎小心，不然可能有危害生命的情形。不過，若有一條新線在斷裂處前出現或是與生命線平行，並沿著金星丘伸長沒有間斷的話，這個難關應該不會太過戲劇化。

） 智慧線與感情線 （

留意智慧線與感情線（Heart）的長度比例，因為這會告訴你，對象在面對事情時是傾向理性分析，或仰賴情緒及其附帶的直覺（這很有用）。許多人的這兩條線幾乎長度相等，有些人則是或多或少有些差異，因此掌相師須自行判斷這種差異的重要程度。

） 智慧線 （

智慧線的長度與深度，代表對象的智性潛能。如同前段所述，智慧線與感情線總要一起評估，因為這兩條線能為對象的心智與情緒之間非常重要的關係提供洞見。長、深且清晰的智慧線顯示清晰、強壯的智能，對當事人而言很有價值。如果智慧線很長但沒橫越手掌，反倒往下傾斜的話，那麼你遇到的對象也許是具有高度智能，但傾向把這樣的聰明用在錯誤的目標……她或他也許會偏好「左手道途」（the left-hand path）。這樣的人也許相當強大，如果可以的話，就引導他們追求更好的事物，但絕對不要惹惱他們喔！

你偶爾會遇到智慧線與感情線合在一起，形成一條很深且直接橫越手掌紋路的情況。這樣的人應是有趣的研究對象，因為這代表頭與心的結合，沒有什麼阻礙能擋得住智性與直覺

如此一致的人。這樣的人也許是個天才，無論他自己是否有自覺到這一點，但通常會啦！然而，她或他應當持續緊密管控且嚴謹規範自己的心智，因為控制良好的強大心智與失控混亂的失衡心智之間，其分際其實很薄。就像是配備強力引擎的賽車，這樣的人的確可以做出輝煌的表現，但必須十分小心謹慎才行。

❯ 感情線 ❮

感情線的長度與深度，代表個人的情緒力量及直覺能力。如同之前所述，這條線應與智慧線一同評估，因為它們兩者之間的關係挺重要的。

感情線長且深的人，很有可能對於自己人生的好壞與苦樂有著很深刻的感受。情緒對於這樣的人很重要，而其依判斷與預感得到的結果很有可能不一樣。

有趣的是，現今許多人的左手（或潛意識）感情線比右手（或意識）感情線還要強。像這樣的狀況，應可以看到右手的智慧線有著很好的發展。原因很簡單——現代的文明無論好壞都比較重視智性，而不是心。不過，依據同樣的理由，你也必然會發現，自己在進入巫術領域並藉其教導及哲學而有所成長之後，右手感情線會回復到跟左手感情線一樣的長度。

❯ 命運線 ❮

命運線（Fate），有時稱作運勢線（Luck），則不一定每個人都有，其長度與深度代表你會擁有多少好運。有些人的命運線是一條從手腕連到中指、既深又明顯無斷的線條，像這樣的人，其幸運似乎早已待命供其自由揮霍，沒花什麼力氣就能有不錯的發展。然而就絕大多數的人來說，其命運線看似軟弱易斷或根本沒有……這代表如要招來「好運」，唯有透過辛勤工作才行。

關於那些不常表現出來的個人性格缺點，命運線可以提供非常有用的洞見。例如，命運線雖然很深且沒有斷裂，然而卻在接觸感情線之後斷裂或消失。具有這種命運線的人，通常會任由情緒阻礙絕大多數原本會來到自己身邊的好運。無論是否有自覺這狀況，他們的發展都會受到擔憂、恐懼、脾氣等等的限制。若能針對這點給予小小的建議，確實會很有價值。

命運線若在與智慧線交會處出現斷裂或就此終止也是類似的意思，代表當事人會過度謹慎與鑽牛角尖而阻礙了自己。當他們總算下定決心時，機會早已過去而一無所獲。藉由解讀掌紋，上述問題都能在造成損害之前各別得到更正。

有些人的命運線是從月丘（Mount of the Moon）起頭，這樣的人也許會有平靜與滿意的人

生。就古老的傳統來看，會認為她或他的「歡喜毫不費力」。若命運線是從手腕起頭，則會有繼承的財富或是得到一份很有意義的事業。如果命運線的下方出現分支，且其中一條支線延伸到月丘裡面，好運將會以婚姻或其他關係的形式到來。

☽ 婚姻線 ☾

婚姻線（Marriage）恰如其分地出現在感情線開始處的上方。當事人的婚姻線可能不只一條，甚至可能多到四、五條。這些被稱為婚姻線的紋路並不代表當事人會有相應數量的婚姻，倒不如說它們標記了那些翻攪內心的愛，亦即那些或是苦甜互摻，或是甜甜蜜蜜，但必定永誌不忘的情事。每條紋路的長度與深度，各自代表某個對象在當事人的心中留下多深的印記。而婚姻線是否靠近感情線可以用來指出約略的時間，即靠近感情線者代表會在當事人的人生早期，靠近小指關節者則在其人生的晚期。

☽ 手腕線 ☾

手掌底部的手腕線可約略指出壽命的長度，每條構成良好的完整紋路各自代表完整的二十年。然而手腕線在人的一生當中會有很大的變化，因此壽命的長度最後還是取決於個人選擇與生活方式。

☽ 金星丘 ☾

拇指及其根部區域會受到金星的影響。拇指根部，即金星丘（Mount of Venus），能描繪出當事人內在關於溫暖、關懷與用情方面的有趣畫面。如果金星丘顯得溫暖且圓潤飽實，代表當事人受到金星的最佳影響：她／他會是個好相處的朋友、令人愉悅的戀人，而她／他所給出去的關懷都會得到溫暖的回應。

不過，金星丘若呈現薄瘦且乾燥粗糙的話，代表當事人較為冷酷、愛挑剔，吝於向他人表達善意，也得不太到他人的善意回應……但是別跟當事人這樣説喔！反倒應該建議她或他應當放鬆一點並學著去喜歡其他人。

你常會注意到有些人的金星丘上有許多縱紋與橫紋。像這樣的人，無論其掌相有什麼説法，都不會像其外在呈現那樣寧靜安詳。其內在有著交錯奔流的強烈情緒，然而她／他會持續隱藏這部分。

☽ 月丘 ☾

互古以來，月亮都被認為跟靈通能力有關，這是當然的吧，因此在掌相也是如此。月丘上若有三角形，象徵當事人會有一些屬於奧祕領域的天生才能。任何從此處起頭的線條，本身即暗示潛意識的魔法或與之密切相關的事物，或是男女之間的愛。

從手掌側邊連向月丘的紋路，預示航海或航空的旅行。

最後還能看月丘的厚實度與飽滿度，可以大略指出當事者在結合可行性與想像力方面會有多好的表現。

☽ 手指 ☾

如同前圖所示，每根手指都關聯到某一占星象徵，因此能表現對應象徵的好面向或壞面向。每個手指的根部就是其對應占星象徵的突丘（例如食指根部就是木星丘）。各個突丘的飽滿或貧薄則顯示對應的占星象徵對於當事人的影響程度。

如同前圖所示，每根手指各自分成三部分，顯示當事人在各相關占星象徵，即木星、土星、阿波羅（太陽）與水星之靈性面、智性面與物質面的發展。例如，小指底部若明顯大於其他兩部分，而且發展得比較好，象徵當事人在管理與銷售方面特別有能力。就像這樣，運用判斷與直覺，還有以下所列的占星性質，可以找出那些屬於其他占星象徵的特徵。

食指（木星）

男／女族長的形象；所謂的「老闆」；指揮官；領袖；主管。此占星象徵的主要關聯特徵為驕傲、野心與自信。

中指（土星）

年邁智者或智女，通常是老年及生命終點的擬人化象徵。此占星象徵的主要關聯特徵為智慧、單獨、羞怯、哀傷及孤身一人的凄涼。

無名指（阿波羅）

太陽；一切明亮且美好的事物。技藝、醫藥。此占星象徵的主要關聯特徵為對於美的愛。

小指（水星）

心智的敏銳與迅速；聰明；精明狡猾。此占星象徵的主要關聯特徵為愉悅、友善、精於管理與商業。

研究你自己的雙手，看看能否得出一些初步結論。請記得每個占星象徵都有好與壞的特質。從推薦的占星書籍挑出一本，花些時間閱讀裡面關於上述占星象徵的論述。然而最重要的是，在解讀他人的長相時請運用直覺所支持的知識，因為這會是最好的學習方式。

〉 茶葉占卜 〈

茶葉占卜（tea leaf reading），或稱杯占（tasseography），人們對這種占卜技藝的喜愛歷久不衰，而且學會它不太困難。為得到最好的結果，請用中國茶（China tea）[22]，並用無濾網（這是當然的吧）的茶壺來泡，然後將茶湯倒入寬口窄底的杯子。不要用杯壁繪有任何圖案或紋路的杯子，會很干擾喔！

當事者應將茶喝下，但在杯底留有足夠的茶湯，可在轉杯子時將茶葉分散到周邊。請她或他握住杯柄，讓剩餘的茶湯來到靠近杯口的地方，並以順時針方向緩慢轉動杯子三圈以分散之，最後將杯子完整反蓋在碟子上[23]。

此時你就能拿起杯子開始占卜。你要做的是解讀留在杯壁與杯底的茶葉所構成的各種不同形狀。如要使占卜有某些準確度，你得要記住出現位置之於時間的關係：杯口，以及鄰近杯口的區域，代表現在及未來二至三週；沿著杯壁，越往杯底方向走代表往未來走得更遠；而杯底則是代表非常遙遠的未來。你的解讀起點是杯柄的位置，它代表當事人，所以靠近杯柄的象徵圖案會對她或他有著直接的影響，位於杯柄對面的象徵圖案也許只有短暫或附帶的影響。

如果你看到的象徵圖案有著特別清楚的形狀，代表當事人非常幸運。形狀越不清楚就越不確定，且越偏向阻礙。星星暗示成功，三角形則是財運，正方形代表保護，而圓圈則有挫折的意思。直線代表明確的計畫，曲線象徵不確定，點狀線條意指旅行。任何看到的數字，也許是對於幾年、幾月、幾週、幾天或幾個小時的指示。通常來說，位於杯子上半部的數字可以想成是幾個小時或幾天；位於杯子下半部的數字可以想成是幾週、幾月或是幾年。至於出現的字母，則是跟當事者有關的重要人物之姓名縮寫，也許是朋友、親人或是同僚。

如同絕大多數的占法，你應解讀自己對於所見象徵的**感受**，而不是照本宣科其「意義」。然而在剛開始練習時，可以參考本章所列的一些常見象徵之傳統解釋。若你拿第七課夢境解

---

[22] 譯註：應指茶葉在製作過程沒有磨成碎末或粉狀者。
[23] 譯註：請於事前選擇可以完整反蓋在碟子上的杯子。

茶葉占卜解讀

錨：旅行的結束。安全降落或上岸。生意或私人關係的最終成功結果。問題被意外地解決。

箭：爭執。對立。對於旅行的指示。一封信或一個字母。

鐘、鈴：好消息。一場婚禮。

鳥：消息或新聞，好壞都有可能。旅行的可能。友伴或伴侶關係。

船：旅行。友誼的結束。

瓶罐：慶祝。成功。

橋：到國外或海外旅行。夥伴關係。新朋友或新事業的引介。

掃帚：某個問題的結束。換工作。家務或馴化。

蝴蝶：虛偽。

駱駝：長程旅行。暫時移居或遷移。

車輛：本地旅行。新事業或者新同僚的引介。

蠟燭：創新。突然的好主意。

城堡：傳統或遺產。財務方面意料之外的好運。好的生活。

貓：女性朋友。家務或馴養方面的問題。

椅具：娛樂。放鬆。

教堂：婚姻。重病（不是死亡）。

首蓿：好運。意料之外的成功。

十字：困難。不舒服。不幸。

王冠：榮譽。讚揚或名望。升遷。

杯子：愛。友誼。和諧。

短刀：危險。悲劇。生意方面有複雜的狀況。

大象：這個當下需要建議，最好向老朋友尋求。

扇子：魯莽。不忠。背叛。

旗幟：需要防禦。警告。

花：不愉快的戀情。

大門：機會、進步或升職的可能性。

槍：麻煩。爭論。不忠。

錘子：會得到不錯獎賞的辛苦工作。

手：友誼。在需要時的協助。建議。

豎琴：滿足。放鬆或舒適。

心：愛或愛人。自信。

馬：工作。

馬蹄鐵：好運。開始成功的新事業。

房屋：安全。權威。

鑰匙：機會。

風箏：謹慎行事。三思而後行。

小刀：背叛。口是心非。誤解。

梯子：升遷。拿到機會。

人：陌生人。訪客。預料之外的助力。

蘑菇：干擾或混亂。生意方面有複雜的狀況。

棕櫚樹：考慮期間。休息時期。暫時放鬆或緩解。

菸斗：即將要動腦筋與專注心力。調查所有的可能性。

剪刀：爭吵，通常是指家裡的爭吵。兩面手法。

蛇：某個敵人。個人的傷痛或情事。

樹：達成的目標。舒適。休息。

傘：暫時的遮蓋、躲避處或避難處。

輪子：因努力而得到升遷。金錢。

風車：大筆的生意交易。

◉ 茶葉占卜

讀的象徵來比較，將會發現一些有趣之處。

土占（geomancy）則是杯占的形式之一，可用土或砂來進行。其作法是在地上畫一個直徑約3英尺（約91.4公分）的圓圈，請當事人拿起一把砂土往圈內丟，然後你再解讀出現的象徵圖案，方法跟茶葉占卜一樣。規模較小的類似作法，則是在一張紙上畫一個圓圈，矇住當事人的眼睛，讓她或他拿起馬克筆或類似的筆，在圓中隨機點下多點，然後再用同樣方式解讀這些點。而這兩個方式都要標示出當事者所站或所坐的位置，即相當於杯柄的意思。

❱ 數字學 ❰

之前的第三課有對數字學做簡短的介紹。畢達哥拉斯曾說：「這世界係以數字之力構築起來。」將通用的數字縮減成九個主要數字是畢達哥拉斯的貢獻，任何數字無論多大都能進行縮減，例如7,548,327這個數字就能縮減成36（7＋5＋4＋8＋3＋2＋7），然後更進一步縮減成數字9（3＋6）。所有數字都能以此方式縮減成單一數字，而字母或字彙也可依此方式處理（參見第三課）。

人們為這些主要數字配賦了特定的玄祕價值，並各自關聯到九顆行星之一[24]。例如，數字1（字母為A、J、S，參見第三課）關聯到太陽，象徵領導力、創造力與樂觀態度。這些價值與關聯會在後面解釋。

藉由數字學，你可以發現許多事情，像是最適合你的工作類型、最與你和諧同調的可能地理位置，還有最適合你的結婚伴侶。

你從第三課知道了自己的**出生數字**。在為重要事情擇日時，這個數字應總是列入考量。它象徵那些在你出生時的影響力量，因此它類似你的左手（參見前面的「手相」），並在許多方面也對應到左手。而出生數字在許多方面也會關聯到你的出生星盤。

---

[24] 編註：古代占星學將太陽、月亮與冥王星都視為行星。

假設你的出生數字是1，那麼任何契約的簽訂日期也應訂在那些能夠縮減成數字1的日期。由於你的行星象徵是太陽，為火元素的象徵，那麼選擇其元素象徵與你相合的人為伴侶應會有最快樂的婚姻，例如對方的元素象徵同樣是火或是風，其行星象徵就會是太陽、木星、火星、天王星或水星，其生日數字就會是1、3、9、4、5。以下是主要數字、行星與元素的關聯列表：

1——太陽——火

2——月亮——水

3——木星——火

4——天王星——風

5——水星——風

6——金星——土

7——海王星——水

8——土星——土

9——火星——火

〉 姓名數字 〈

由你的姓名轉換成數值後進行加總縮減所得到的單一主要數字，就是你的姓名數字。所以你應會發現，自己得到的姓名是否與出生數字相合還真得要碰運氣，這也是我們在巫術入門時會取新名字的原因，好使自己一個能與出生數字達到完美平衡的名字。讓我們現在來看這些主要數字各自被賦予的玄祕價值。

數字1：太陽——字母A、J、S

即那股推動一切的生命力。領袖。富有野心。比較沒有耐心。探索者。外向的人。自動站上發號施令的位置。經常是罩人的「大哥」或「大姐」。喜好或厭惡的情緒非常強烈。會不自覺地傷到他人，但也許是因為還沒了解自己的力量。能夠接受讚賞，並認為這是自己應得的事物。讚賞可促使此人追逐更加偉大的目標。

數字2：月亮——字母B、K、T

敏感、偏好家居生活。會有情緒化、容易受影響而掉淚的傾向。具有豐富的想像力。非常戀家。愛自己的國家。接受周遭環境的變化。喜歡生活在接近水域的地方。通常會有音樂天賦，也會是非常優秀的靈媒。

數字3：木星——字母 C、L、U

調查員；科學家；尋求者。相較於靈性事物，對於世俗事物比較有興趣。對於宗教的看法經常改變。有很好的幽默感。對於錢財沒有很高的興趣。對一切非常信任，但會想要知道「原因」與「過程」。

數字4：天王星——字母 D、M、V

其表現有奇異古怪的傾向，因為她或他通常走在自身所處時代的前面。對於玄祕事物與心靈研究非常有興趣。偏好任何脫離常軌的事物。具有強勢的直覺傾向。激怒她／他的話，會招來辛辣的嘲諷。相信自由與平等。通常能預測行動或商業的可能成果。

數字5：水星——字母 E、N、W

主動積極，不論在物質或心智層面均是如此。愛打聽、好探索。喜歡閱讀與研究。對語言的掌握很好。會是非常好的老師、作家與祕書。容易結識朋友。通常行事有條理、有法度，並熟於簡化系統。

數字6：金星——字母 F、O、X

溫文儒雅、相處舒服的社交達人。通常有不錯的外貌。天生的和事佬；能安撫人們的惱怒情緒。通常在財務方面會遇到許多問題。擅於擔任主持人或東道主的角色。是令人感到愉快的友善之人。

數字7：海王星——字母 G、P、Y

常有超感官知覺能力（ESP）[25]。「通靈」資質特高。內向的人。雖然話不多，但通常知道很多。具有神祕的氣質。通常對心理學、精神病學、化學與植物學有興趣。對於占星及所有玄祕領域有著豐富的知識。喜歡釣魚。會有「劫富濟貧」的傾向。

數字8：土星——字母 H、Q、Z

傾向冷酷悲觀。沒什麼幽默感。時常起步緩慢，但到後面通常變成領頭羊。容易成功，特別跟錢財有關的事情更是如此。常跟礦業、不動產與法律有關，也與墓地與當鋪有關。相信「任何人從未因辛勤工作而死」。通常會以過去的想法預設立場。

---

[25] 編註：ESP 為 extrasensory perception 的縮寫，俗稱第六感。

數字9：火星——字母 I、R

非常情緒化。會有極端的嫉妒心。主動積極，雖然是由情緒主導。非常執著於家庭背景。忠貞。容易對陌生人起疑。衝動。火星會有害怕未知事物的傾向。通常跟外科手術、身體與心智的疾病有關。

現在你已準備好從數字學的角度來研究某個朋友了。假設你的朋友叫作 Jane Doe（這雖然不是什麼新梗，但用來當範例剛好），出生在 1947 年 6 月 23 日。她打算在 1986 年 2 月搬去紐澤西州特倫頓市的某間公寓。那麼你可以給她什麼意見與建議呢？我們一步一步來做。首先計算出她的出生數字：

1947 年 6 月 23 日 = 1 + 9 + 4 + 7 + 6 + 2 + 3 = 5

然後計算她的姓名數字：

Jane Doe = 1 + 1 + 5 + 5 + 4 + 6 + 5 = 27 = 9

現在手上已有這兩個重要數字，你會說出什麼意見呢？一開始先看這位女士本身，也就是數字9。她可能變得非常情緒化，嫉妒心也非常重。她容易衝動，非常在乎自己的家庭背景；容易懷疑陌生人並害怕未知的事物。從最後兩項陳述，你就知道她其實經過相當多的深思熟慮，才會得出要搬去新公寓的決定。在此同時，容易衝動的她覺得，既然決定搬家，就越快搬去越好。她的新公寓會在某些方面反映她的家庭背景，也許用裝潢，也許用建築物的類型來表現。如果她決定要找室友，你也許可以推薦姓名數字與她的火元素相合的人給她，即姓名數字為1、3、4、5或9的人。

現在來看她搬去的地方與時間：

紐澤西州特倫頓（Trenton, New Jersey）

2 + 9 + 5 + 5 + 2 + 6 + 5 + 5 + 5 + 5 +

1 + 5 + 9 + 1 + 5 + 7 = 77 = 14 = 5

新住處的地理位置數字跟她的出生數字一樣，所以應是適合她的地方。這地方將會確實讓她有「回家」的感受。

她計劃在1986年2月搬過去，而2月就是當年的第二個月：

$$1+9+8+6+2=8$$

至此，你需要加上適合的日期，使整排時間數字可以縮減成數字5，也就是與她的出生數字相同。那麼1986年2月6日、15日或24日會是最有利的日子：

1986年2月6日 ＝ 32 ＝ 5
1986年2月15日 ＝ 32 ＝ 5
1986年2月24日 ＝ 32 ＝ 5

在裝飾新公寓方面，你甚至可以繼續向她建議顏色的選擇，因為顏色與數字也是有關聯的：

） 主要色彩 （

1——紅色

2——橙色

3——黃色

4——綠色

5——藍色

6——靛藍色

7——紫羅蘭色

8——玫瑰色（Rose）

9——金色

） 次要色彩 （

1——棕色、黃色、金色

2——綠色、奶油色（cream）、白色

3——淡紫色（mauve）、紫羅蘭色、
紫丁香色

4——藍色、灰色

5——任何顏色的淺色調

6——藍色的所有深淺色調

7——綠色與黃色的淺色調

8——深灰、藍色、紫色、黑色

9——紅色、猩紅色、粉紅色

如果你想送一張音樂專輯給她，當成是喬遷新家的祝賀禮物的話，要怎麼選？她的音樂喜好也可從數字學來看。根據凱若（他是第一流的掌相師，也是數字學大師之一）所言，數字1的人喜歡振奮人心的軍樂，數字3與數字9的人也是如此。數字2與數字7的人偏好吹奏的樂器與弦樂器，像是大小提琴、豎琴、吉他、單簧管與笛子。數字4與數字8的人均熱愛改編成合唱的曲目、管風琴，還有宗教音樂。數字5的人喜歡有點不一樣的事物，像是迷幻搖滾、重搖滾，或是迪克西蘭爵士樂（Dixieland）。數字6的人是浪漫主義者，偏好有著輕快活潑的歌聲與韻律的好聽音樂。

這樣的對應還可以繼續下去。你可以用數字學來檢視健康狀況、選出最有效的藥草療法、賽馬或棒球比賽的可能贏家等等數不盡的事物。數字學是令人著迷的學問，還能同時為你帶來無盡的娛樂。

〉 占星學 〈

最常被「路人甲」拿來用的占星學，也許是最受歡迎的玄祕學問之一。大約有九成的人堅決表示自己不相信這種事情，但只要拿起每日的報紙或每月的雜誌，就會貪婪地審視占星運勢，以知曉當天、當週或當月會遇到什麼樣的事情。跟這樣的人說「這種占星運勢多因籠統而完全無用」是沒有用的。我們在以下篇章將會看到某些要素，它們使真正的天宮圖（horoscope）變成專屬個人的事物，其預測只適用於為其排盤的當事人。

個人的天宮圖，或是**出生星盤**（natal chart）——即利用天體運動來解讀當事人的人生所用的星盤——歸屬在**本命占星學**（genethliacal astrology），這名稱聽起來還真不錯。而這種星盤，其實是顯示當事人出生時候的太陽、月亮與諸行星如何呈現的地圖。

在當事人出生時，每顆行星都各自對其產生了特定影響，也會對其他行星產生特定影響，就看彼此接近的程度。在為當事者做出或繪出這種星盤時，必須知道一些特定資訊。首先是包括幾年、幾月、幾日的出生**日期**，再來是出生**地點**的地理位置，最後則是出生時間，即實際上是當日的幾點出生，最好精確到幾分。為何需要這些資訊呢？

從地球來看，太陽似乎沿著某個巨大的圓圈行進，而這個路徑被稱為黃道（ecliptic）。而黃道在東方地平線升起時，地平線所指的黃道度數就稱為**上升點**（Ascendant; ASC）。而上升之名也會套用在任何時間於東方地平線升起的黃道星座。每過四分鐘，東方地平線所指向的上升星座之角度就會不一樣。因此不難發現，如要獲得出生時的正確上升星座與黃道上升點，就必須有關於出生日期、出生地點與出生時間的正確記錄資料。

占星學最初是在美索不達米亞發展，而當時該術的關注焦點比較是諸王與人民，而不是個人的命運。**左圖最右**：這塊黏土版上面的楔形文字是依月亮的觀測資料所做的占星預報。

摘自《人、神話與魔法》（*Man, Myth & Magic*, Richard Cavendish, editor Marshall Cavendish, N.Y. 1970）

太陽於每年走完一整圈的過程中，它會經過天上的十二個不同區域與星座。這就是**黃道十二宮**（the Houses of the zodiac），而它們會像手錶的指針那樣依著圓形軌跡橫越天空。星座之間的分隔線則是所謂的**宮首**（Cusps）。太陽經過每個黃道星座的時間約為一個月，如下所示：

牡羊座（Aries）——3月21日至4月19日
金牛座（Taurus）——4月20日至5月19日
雙子座（Gemini）——5月20日至6月20日
巨蟹座（Cancer）——6月21日至7月22日
獅子座（Leo）——7月23日至8月21日
處女座（Virgo）——8月22日至9月22日
天秤座（Libra）——9月23日至10月22日
天蠍座（Scorpio）——10月23日至11月21日
射手座（Sagittarius）——11月22日至12月21日
摩羯座（Capricorn）——12月22日至1月20日
水瓶座（Aquarius）——1月21日至2月19日
雙魚座（Pisces）——2月20日至3月20日

● 古埃及的天圖，即「丹達臘黃道帶」（Zodiac of Denderah）。我們目前所知的黃道，係結合埃及人與巴比倫人的發想而成。

事實上，這些日期在每年都會有點不一樣，所以要看的日期若剛好在宮首或其附近的話，就得檢視該日期所在的年分。

在規劃這份眾天體之地圖時，會需要一些協助以確立眾行星在一年之中諸多不同時分的位置。而占星家的協助工具就是**星曆**（ephemeris）與**宮位表**（Table of Houses）。星曆指出眾行星在不同時間的位置，而宮位表則指出關於出生地點的修正數值。這裡的時間量度是用所謂的

恆星時（sidereal time; S.T.）來呈現，代表該時間係依據眾恆星來測量，而不是太陽。眾恆星繞天一周的速度比太陽快，所以在計算恆星時必須納入這特性。

那麼，首先你得計算出生時候的恆星時，這就要從星曆下手。如果出生時間早於中午，則得要從星曆所指出的恆星時減去相應的時分，畢竟星曆只會顯示當日中午的恆星時。同理，出生時間晚於中午者，就得從從星曆所指出的恆星時加上相應的時分。此外，每比中午多或少一個小時，就要增減額外十秒鐘，這就是所謂的**間距加速**（acceleration on interval）。之後還要依據出生地點做更進一步的調整。星曆使用格林威治平均時（Greenwich Mean Time; G.M.T.）為基準。例如某人出生在美國紐約，就要把當地的出生時間加上五小時，因為這就是英國倫敦（格林威治天文臺所在區域）與美國紐約之間的時差。這人在紐約的出生時間若為下午2點45分，就等於倫敦的晚上7點45分。

讓我們用某位男士為範例，他是在1934年8月31日上午11點45分於美國紐約出生，換算成格林威治平均時要加上五小時，所以就是下午4點45分。然而若要找出該格林威治平均時間所對應的精確恆星時，就要查星曆在這個出生日期所指出的恆星時，而該數值為10小時35分54秒。請記住這是出生當天中午的恆星時。若要調整到真正的出生時間，即格林威治平均時的下午4點45分，就需要加入4小時45分。

	10小時	35分	54秒
+	4小時	45分	0秒
	15小時	20分	54秒

現在將間距加速納入考量，即4.75（小時）×10（秒／小時）＝47.5秒。將這秒數加入前述時間：

	15小時	20分	54秒
+			48秒
	15小時	21分	42秒

這個時間就是該位男士在出生時的格林威治恆星時，接著再將它轉換成紐約的恆星時。

紐約在格林威治的西方，其經度相距74度。如要將經度的差距轉換成時差，就要將這度數乘以4，亦即：74（度）×4（分鐘／度）＝296分鐘＝4小時56分。由於紐約位於格林威治的西方，就要將前面得出的恆星時減掉這裡算出來的時差（如果出生地點位在格林威治的東方，就要加上時差）：

$$
\begin{array}{r r r}
15\text{小時} & 21\text{分} & 42\text{秒} \\
-\quad 4\text{小時} & 56\text{分} & 0\text{秒} \\
\hline
10\text{小時} & 25\text{分} & 42\text{秒}
\end{array}
$$

這就是這位男士在當地（紐約）出生時候的恆星時。

相較於經度，緯度的計算正常許多。你可從宮位表找出剛計算出來的當地恆星時所對應的上升點。紐約的緯度是北緯40度43分（這裡的北係指赤道以北），查閱宮位表就可以發現最靠近衛星時10小時25分42秒的上升點資訊為天蠍座22度35分（22° 35' Scorpio），時間只差四分鐘而已[26]。

做到這裡，總算可以為空白的天宮圖填上資料了。也許會先從星盤一邊的上升點經過星盤中央到星盤另一邊、上升點的正對面——所謂的下降點（Descendant）——畫出一條線。還有從宮位表可以查出相應的**天頂**（medium coeli; M.C.）——其正對面就是**天底**（imum coeli; I.C.）——係與連起來的上升點與下降點分別距離90度的中點。這些點與線條都會畫在星盤上[27]，將星盤分成四個象限。

繪製這張「地圖」的下一步驟，是畫上各宮位的界線。上升點是第一宮的開始，由此構建出十二個宮位（參見圖9.2）

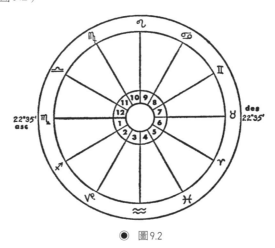

◉ 圖9.2

---

[26] 譯註：推測應指恆星時10小時30分的上升點。

[27] 譯註：天頂與天底也要畫線相連。

　　太陽、月亮與眾行星的定位方式如下：從星曆可以找到土星、海王星、木星、天王星與冥王星在出生當日中午的位置，由於這些行星的移動速度較慢，所以可以直接把這些資訊填進星盤裡面。不論在星盤還是表單，所有行星都是用象徵記號來表示。其傳統象徵記號如下：

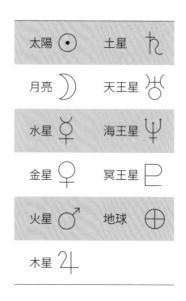

太陽 ☉		土星 ♄	
月亮 ☽		天王星 ♅	
水星 ☿		海王星 ♆	
金星 ♀		冥王星 ♇	
火星 ♂		地球 ⊕	
木星 ♃			

　　以下則是黃道星座的符號：

牡羊座 ♈	獅子座 ♌	射手座 ♐
金牛座 ♉	處女座 ♍	摩羯座 ♑
雙子座 ♊	天秤座 ♎	水瓶座 ♒
巨蟹座 ♋	天蠍座 ♏	雙魚座 ♓

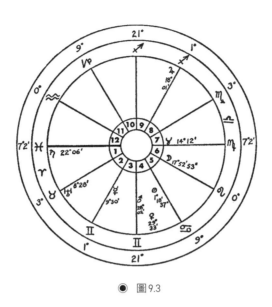

◉　圖9.3

　　至於移動較為快速的行星，即太陽、月亮、金星與水星，就要多做一點計算，以導出中午時分與真正出生時間之間的行星移動。如果實際出生時間在中午以後，就查閱行星在當日中午的度數。從星曆的對數表（logarithmic tables）找出行星移動度數的對數[28]，然後加上當日中午到出生時間的時間差距之對數（出生時間為傍晚6:30的話，與中午的時間差距就是6小時30分鐘。用此相加所得數值反查對數表以得出度數，這就是出生時的行星位置與當日中午位置的移動差距，接著再把星曆顯示的行星於當天中午的位置加上此移動差距[29]。如果實際出生時間在當日中午之前，那麼也要查閱行星在前一日中午的位置，然後依上法計算。如果行星在表中有「R」的記號，代表它那時正在逆行（retrograde），那麼就要將行星於中午的度數減去移動差距。事先提醒一下，在將眾行星的位置填進星盤的過程中，別忘記將格林威治的恆星時轉換成當地的恆星時。進行到這階段的星盤也許看起來像圖9.3。

　　在嘗試解讀天宮圖之前，你必須知道行星與行星之間的相對位置所代表的含義，也就是「相位」（aspect）。兩顆行星，其一正在升起，另一正在落下，且彼此相距180度，會被稱作「對分相」（opposition）。兩顆行星若相距在10度以內，則稱為「合相」（conjunction），而這相位可好可壞，就依行星而定。兩顆行星若相距90度則為「四分相」（square），算是不好的相位，而相距60度即六分相（sextile）是好的相位。最後，主要相位還有行星相距120度的大好相位，稱為三分相（trine）。當然，在用行星位置計算相位時會容許一些誤差，像是合相或對分相通常會容許10至12度的誤差，而六分相的容許誤差大約是7度左右。這些誤差容許範圍則稱為「容許度」（orb）。

---

[28] 譯註：還需要次日中午的度數。行星在兩日中午之間的度數差距即是它的移動度數，再查表取對數。對數表的完整名稱為「比例對數表」（Table of Proportional Logarithms）。

[29] 譯註：就能得出行星在出生時間的度數。

❫ 解讀 ❪

　　如同其他占法，天宮圖最難的部分就是解讀。其解讀會從列出盤中各種不同相位開始，接著是太陽與黃道十二宮位的關係、月亮與黃道十二宮位的關係、上升點的位置、正在升起與正在落下的行星、行星位置在地平線之上或之下、行星對於宮位及星座的關係，以及10度區間（Decanates）。所有這些面向都需探究與解釋。例如，你也許會在星盤上看見這樣的例子——火星與土星四分；木星與太陽對分，或是木星與水星六分。火土的四分相暗示某種程度的麻木不仁，係因火星的無情與衝動加上土星的隔絕與內向所致。木日的對分相可能意謂某個有些自我中心且流於奢侈鋪張的人，係因太陽的強勢與決心遇上木星的擴張財富。木水的六分相應是不錯，顯示具有判斷力的決心與知識。

　　眾行星本身也有特定性質，即風、水、火、土。就傳統而言，雙子座、水瓶座與天秤座是風象星座；巨蟹座、天蠍座與雙魚座是水象星座；牡羊座、獅子座與射手座是火象星座；金牛座、處女座與摩羯座則是土象星座。風象星座應是偏重智性、開明與善於表達；水象星座應是偏重情緒；火象星座則是熱情與熱誠；土象星座則為謹慎、單調與務實。對於星座更加詳細的描述（當然這是根據傳統上的解釋，占星學的所有解讀幾乎也都是依據傳統），還會提到其特定屬性：例如牡羊座非常像領導者或先驅，該星座因其野心具有一定程度的不耐煩。金牛座是辛勤的工人，自豪於自己的強大力氣與堅持不懈。雙子座易於適應，什麼都知道一點，具有語言、交際及處事的天分，但總是有些膚淺。非常敏感的巨蟹座是追隨傳統者，是非常戀家的人。外向的獅子座充滿自信，具有豐富的個性、強烈的戲劇感並樂意給出愛。

　　處女座是評論家，本身喜好整潔與保守，但總是充滿魅力及受人喜愛。處女座是最好的計劃者與組織者，喜歡動腦且非常擅於分析。天秤座具有直覺與遠見，愛好和平且非常有正義感。天蠍座有著固執與毅力，自制力很強，但是對自己不太坦率，有時還會做出完全不像自己的表現，即嫉妒與苛求。仁慈且和善的射手座不知恐懼，行事坦率且直言不諱。摩羯座具有強烈的野心且非常物質取向，懼於不足與貧乏，不是非常沮喪就是非常快樂。水瓶座是計劃者，永遠向前看，既誠實且仁慈，但他人難以了解自己。她或他會非常獨立，具有很好的判斷力。雙魚座敏感、高尚、仁慈與溫柔，但也有呆滯茫然的時候，而且有過度樂觀的傾向。富有同情心、具有自我犧牲情懷的雙魚座會是非常棒的交際人才。

　　土星是矜持、堅忍、謹慎，常沉默寡言、低調內斂，跟法律、礦業、出版印刷、牙科醫學、建築與不動產、二手書、農業及死亡有關。天王星是容易興奮且難以預料，傾向諷刺挖苦的態度，對於大自然及科技產品有天生的親和度，跟電氣技師、發明家、占星家——還有絕大多數的祕術領域——有關。海王星傾向神祕主義以及獨特性，知道但不說出來。海王星

可能是令人感到非常疑慮、會做出謀殺或強暴等事情的人物。有時模糊、有時困惑的海王星跟飲食場所、酒吧、賣淫、毒品、導航、海洋、護理與廣告業有關。冥王星一般與孩童及年輕人、領導者、想依自己的方式行事、對於法律的厭惡有關，也跟嗜好、運動、戶外活動、演員、政治家有關。木星是和諧、教育、法律、道德的行星，還有宗教、信心及不錯的幽默感。木星會優先考量真理，而知識、自我教育的能力、藉由閱讀而學習的能力，也都是木星的一部分。與財富打交道的人，像是銀行家、法官與神職者[30]都相當仰賴這顆行星。

　　太陽是首要的陽性行星，充滿生命力。它具有決心，滿懷仁慈與愛心，願意付出大愛。它具有權威的形象，總是一直前進。相反地，月亮則具有陰性的形象，非常敏感，偏重情緒與家庭。月亮喜愛水與愛國心，並對公眾利益有興趣。機智的水星有著非常活躍的心智，有利於研究、探險、分析與評判，適合當作家、教師與演說家。金星當然也是陰性行星，且其絕大多數性質都跟愛有關。金星關聯到友誼、肉體的吸引力、感受、調解、享樂，也與音樂家、珠寶匠、演員、裁縫、藝術家與護士有關。火星偏好行動，具有龐大的能量與勇氣，也許會有殘酷與嫉妒的表現，常引發跟性有關的問題。火星容易衝動，忠實且害怕未知，關聯到軍人、外科醫生、運動選手與工匠。

　　前述的十二個黃道星座都各自有「主宰」的行星，這意思是指星座與其主宰行星有著很強的親和度，若主宰行星被歸類為「火」或「水」，其相關星座就會歸至同一類型。牡羊座係由火星主宰；金牛座係由金星主宰；雙子座係由水星主宰；巨蟹座係由月亮主宰；獅子座係由太陽主宰；處女座係由水星主宰；天秤座係由金星主宰；天蠍座係由火星主宰；射手座係由木星主宰；摩羯座係由土星主宰；水瓶座係由土星主宰（有些占星師偏好天王星）；雙魚座係由木星主宰（有些占星師偏好海王星）。一般來說，火象星座跟水象星座處不好，水象星座與風象星座也有同樣的狀況，然而風象星座跟火象星座合得來，其他依此類推。

　　我們現在來看天宮圖的十二個影響區間及各自關注的主題。在星盤上的它們會依序以數字標示。而第一區間是影響肉體外表、身體；第二區間則是金錢、得失、投資等等；第三區間則是關於溝通、交通運輸、寫字與傳輸，還有親戚與近鄰；第四區間是家庭與財產，跟出生地、不動產、礦業與地下處所有關，也跟男性當事人的母親或是女性當事人的父親有關。至於享受、愛、性、娛樂與教育則呈現在第五區間，特別是感官享樂。第六區間則會看到家畜、健康及會影響健康的狀況，衣著、僕役與物質層面的舒適也歸屬在此。

　　第七影響區間所顯示的是女性當事者的丈夫，或是男性當事者的妻子，一般的夥伴也在這裡。第八區間則是失去，包括死亡，還有金錢與財物的失去，也包括遺囑與遺產的細節。第九區間則囊括宗教、靈性事物、外地旅遊以及姻親。第十區間則含括你的工作、事業、人

---

[30] 譯註：銀行家、法官與神職者分別是管理財富、分配財富與累積天上財富的人。

望與收益。第十一區間則包括你的朋友與熟人、希望與恐懼，還有祈願。第十二影響區間顯示你可能會遇到的任何限制——牢房、驅逐出境、流放，而它還顯示了敵人，還有大型動物（很奇怪吧）。

藉由以上資訊，你就真的可以開始進行解讀，例如上升點落在雙魚座。第一宮的主題是肉身外觀，還有雙魚座的敏感、高尚、仁慈與溫和，暗示當事人的身材應為矮至中等、膚色淺淡、高顴，以及淺色的頭髮與眼睛。至於第六宮有月亮——我想你也曉得第六宮的主題是健康與物質層面的舒適，而月亮是敏感、偏重情緒——那麼你可以說這樣的人也許容易有情緒不安、神經衰弱的傾向。他們也許樂於服務他人，畢竟這個宮位也跟僕役有關。第九宮則有和諧行星之稱的木星。這行星如前述係與教育及宗教有關，而其所在的第九宮之主題也包含宗教與靈性事物。這種組合必然指出當事人在處理宗教事務時會有很大的成功，在面對哲學或法律事務時也是如此，畢竟這也是木星掌管的項目。這樣的解讀會順著宮位一一解釋，然後再輪到你先前列出來的相位，此時就可以根據不同行星彼此的關聯來解讀。

從前面所述的一切，你也許會認為光是知道某人在某年的出生時間，就足以馬上得出一些非常概略的性格描述，然而若是沒有出生時間**以及出生地點**兩者的更多資訊，並依此構建出生星盤——即出生當地當時的諸行星位置圖——的話，必然無法得出大量且精確的細節。

敝人之前提到，出生星盤——即出生時的天宮圖——可顯示當事人的人生大致表現。然而依照類似的繪製方式，也可得出因應任何特定目的的星盤，像是找出特定年分或其他時期的影響力量，或是繪製的對象不是個人，而是國家或村莊。也可以為了找出最適合立卜新建物基石的時間而繪製天宮圖，婚姻、金錢、健康、生意——其實任何目的——都可以是繪製天宮圖的理由。世上有無數生意人會找專業占星師為即將到來的會計年度製作星盤，慎重地依循星盤的指示——並且於次年十分滿意地回來諮詢下一年度的狀況。這些生意人相當認真地看待他們的天宮圖，那是應該的——如果占星師夠稱職的話。

當某日報的占星專欄稱，當週週一早上對於所有出生在4月20日到5月20日之間的人而言會漫長又疲累時，那麼，雖然也許這說法在當時非常準確地應驗，但你可以確信這裡面沒有繪製星盤、沒有查表計算，也沒有解讀行星的位置。然而繪製、計算與解讀才是占星的有趣所在呢！

❯ 火觀（Fire Scrying） ❮

　　巫者有時會使用的火觀是另一種占卜形式。日落之後於海邊用漂流木燒火（如果你住在距離海邊很遠的地方，就用風化磨損的老舊木頭來做，其來源可以是老舊穀倉或諸如此類的地方）。當那木頭已經全部燃燒並火焰開始逐漸熄滅時，將一塊雪松木、一塊杜松木以及三大把檀香木碎片放在上面。讓它們充分燃燒，之後等火焰開始逐漸熄滅時，深深望進那正逐漸熄滅的餘燼。你會在那餘燼裡面看到過去、現在與未來的情境。你也許會看到真實的情境，但更有可能看到的是需要解讀的象徵情境。這種火觀方式有時被稱作**愛瑟瑞爾之火**（the Fire of Azrael），而迪翁・福春（Dion Fortune）的著作《海之女祭司》（*The Sea Priestess*）也有描述這方式。世上有眾多占卜方式——多到無法全部放進這章節呢！

第九課問題

一、在你做完自己的塔羅研究之後，決定
自己想要排出什麼牌陣。哪個方法對
你最有用呢？

二、哪些塔羅牌卡馬上深深吸引到你呢？
好好聆聽它們，並說明它們各自對你
具有什麼樣的重要性。

三、在另一張紙上製作你的左右掌印，並
觀察掌紋每年的變化。（製作掌印的
方式：將手掌沾上絹印油墨或其他顏
料，然後印在紙上時盡量把手掌壓
平。）描述自己對於手相學的親身經
驗。當你開始研究手相時，比較會看
到什麼重點？而這些印象在後來有多
準確？你在自己的手上看到什麼呢？

四、製作你自己的出生天宮圖，並列出各
　　行星看似最符合你個人的基本解釋。

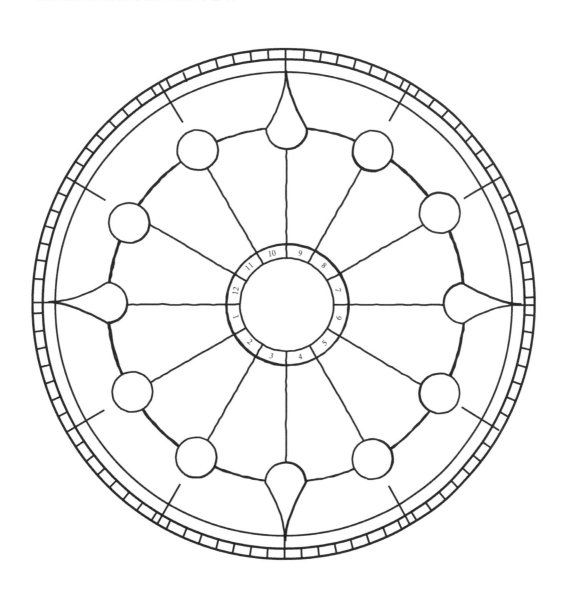

第九課試題

一、在嘗試至少三種不同的牌陣且每種牌陣至少做過六次解讀個案之後,寫下你最喜歡的牌陣以及理由。

二、想像你正用萊德－偉特牌組為某個朋友做塔羅解讀個案,而大阿爾克那的「高塔」出現在牌陣的「近期未來」位置,那麼你會給予什麼樣的解釋呢?(我們都曉得這其實大多取決於它周邊的牌卡,但現在請就這張牌給出你的解讀即可。)

三、同上題,你朋友的牌陣在「最後的結果」是錢幣五,那麼你對於這張在此位置的牌卡有什麼解讀呢?

四、如果你沒有水晶球,但仍然想要嘗試「觀」的話,你會用什麼來代替呢?

五、就手相而言,左手與右手在解讀方面的差別在哪裡呢?

六、你在做茶葉占卜時，看到杯柄那裡的杯子內壁近杯底處有一個鐘以及一副馬蹄鐵。那是什麼意思呢？

七、（一）若純用數字學來看的話，你要怎麼講約翰・甘迺迪（John F. Kennedy）這個人呢？（二）純用數字學來看，拿破崙（Napoleon）以及約瑟芬（Josephine）彼此相合嗎？

八、某張占星盤指出上升點在雙魚座。你要怎麼描述該占星盤的當事人呢？

請閱讀下列作品：

《變易之書》（*The Book of Changes*），
約翰・布羅費爾德（J. Blofeld）著

《易經》（*I-Ching*），
理查・威爾罕姆（R.Wilhelm）著

《第七感》（*The Seventh Sense*），
肯尼斯・羅伯茨（Kenneth Roberts）著

《數字學》（*Numerology*），
文森特・洛佩茲（Vincent Lopez）著

《天宮圖繪製與描述的新百科全書》（*The New A to Z Horoscope Maker and Delineator*），盧埃林・喬治（Llewellyn George）著

《綜觀掌相》（*Palmistry, the Whole View*），
茱蒂絲・希普斯欽德（Judith Hipskind）著

推薦的補充讀物：

Crystal Gazing by T. Besterman

Medical Palmistry by Marten Steinbach

A Pocket Guide to the Supernatural by Raymond Buckland

第十課
藥草療法
HERBALISM

） 藥草知識 （

　　傳統上，巫者對於藥草及其療癒性質有著龐大的知識。藉由現在的回歸自然運動以及想在現世生存下去的欲望，這樣的知識對於今日的我們而言會有極大的好處，也可能是巫者回歸藥草療法「智者、智女」（the Wise Ones）角色之重要關鍵。雖然敝人不會建議你從此丟掉自己的醫療保險或全民健保之類的事物，但我的確相信你可以為自己與他人多加運用那些古老療方。然而，基於法律方面的考量，我得聲明本課所載資訊僅是敝人的一己之見，包括藥草在健康方面的使用，還有敝人對於藥草運用歷史的個人研究結果。我不曾提供專業醫療建議，像這樣的建議應當要找稱職的專業人員來提供。

　　藥草療法的歷史可以溯至數千年以前，係從女人／男人對於健康與氣力的需要、對於疾病的治療與傷勢的處理當中發展出來。現代許多藥物都是源自這種原始的植物相關知識之彙集。有些植物已被棄用，並代以更為強效且效果應該更加明確的人工合成藥物，然而其他植物至今仍以其自然型態在全球許多地方為人所用。

　　某些野生植物、花朵與藥草自古至今都被認為具有神祕的療癒力量，而過去那些「自然醫者」（巫者）對這類自然療法相當熟悉。但不幸地是，絕大多數的現代醫師，除非看到科學認可這類古老藥草療法，不然還是會嘲笑這些相傳好幾世紀的民俗療法。然而，有的時候則是醫生重新發現這些古老療法，並把它們當成是現代研究與科學的成果！例如英國醫師威廉‧威瑟林（William Withering）從毛地黃（foxglove; digitalis）的葉子分離出有效成分，係治療心臟的關鍵用藥之一，然而數世紀以來的巫者都是用毛地黃葉子泡成的茶湯給心臟不好的人服用。史丹福大學的契尼醫師（Dr. Cheney）「發現」生高麗菜的汁液可以協助療癒胃潰瘍——然而這也是巫者傳承數百年的知識。藥草的蒐集與備料雖然都是相當專業的工作，然而在經過

適當訓練之後，任何具備一般聰明才智的人都能安全進行這類工作。（市面上還有透過供應生藥、酊劑及各種備料方式來滿足藥草師所需的特殊倉儲與實驗室。這些資訊會列在後面。）

　　據說身為自然療者的巫者，應當是研究病患性格與精神病理學的心理學家。巫者也應學習解剖學與生理學以了解身體的運作機制。此外，她或他應是膳食營養師，研究個別病患的最適膳食，也應具備關於一般人及個案對象之常識。而敝人必定會建議巫術的學生學習解剖學與生理學，以獲取關於治療運作機制的有用知識。

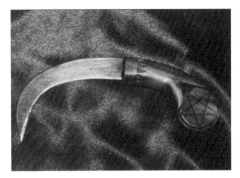

● 傳統上，巫者會用一種名為 boleen 的鐮狀小刀割取藥草。你可以做一個給自己用，只要遵循第三課製作巫刃的一般原則即可。別忘記要將它聖化，並且只用於割取藥草。

　　在出發採集藥草之前，先決定要採集的種類，每一趟訂出一兩種就好。最重要的是，找出一天之中最適合採集它們的時間。這部分可以參考更加詳細的藥草誌（herbals），像是庫爾佩珀（Culpeper）的著作（參見列於本課末尾的推薦讀物）。選出自己需要的植物之後，僅採集你要用來乾燥與後製的部位就好，不然的話，你除了把一堆廢棄物料帶回家之外，也阻礙了植物於次年的生長。

　　在摘採植物之前，要謹慎核對其眾多不同特徵以確保自己採收的是正確植物。許多不同的植物具有足以造成混淆的類似之處。你花在研究圖畫、照片以學習辨識不同植物種類的時間再怎麼多都不算浪費。蒐集藥草時，請確保摘採時別損傷植物。將摘採下來的藥草以一小束、一小束的方式蒐集起來，不要壓壞它們，以免縮減能夠提取的有效成分。

　　在選擇植物時，總是盡量用它們的拉丁學名來指稱，因為學名不會改變。如果你用植物的俗名，可能會大為混淆，因為絕大多數的藥草具有許多不同俗名。同一植物若出現在不同地方，就可能有多達二十個來自不同地方的俗名。然而每一種植物只會有一**個**拉丁學名。而拉丁學名在眾多藥草誌當中均以斜體英文字母呈現，且其發音也許照字面顯示來唸即可。為了在一定程度上「使你能夠逐漸適應」，敝人在本課會使用最常見的俗名，並在其後加上相應的拉丁學名。然而請要記住，為了正確辨識植物，應當總是用其拉丁學名指稱之。

　　下列藥草名單是目前已知會對人類或家畜、家禽造成負面影響者。至於本章的其他藥草名單都有歷史的背景，過去也許看似安全的藥草，並不代表就現今知識而言也是安全的喔！

目前已知具有毒性效應的藥草

以下植物可能在攝入時造成傷害
（名稱末尾有＊者，代表其傷害也許會致命）

Barberry 黃蘆木

Bayberry (wax) 蠟楊梅（蠟質）

Bearberry (*A. uva-ursi*) 熊果

Bittersweet 歐白英

Black birch 黑樺、水樺

Black cherries (bark, leaves, seeds) 黑櫻桃
（樹皮、葉、種子）

Black haw 櫻葉莢蒾（果實可能會導致噁心）

Blue flag 藍旗（又名變色鳶尾）

Bog bean (fresh) 睡菜（新鮮者）

Boneset 貫葉澤蘭

Cascara 鼠李

Castor oil (seeds)＊ 蓖麻油（種子）＊

Celandine 白屈菜

Coltsfoot 款冬

Comfrey 康復力
（根與葉具致癌性）

Cramp (berries) 歐洲莢蒾（果）

Culver's Root (fresh root) 北美腹水草（新鮮的根）

Fringe tree 流蘇樹

Hawthorn berries
山楂果（可能會影響心率、血壓）

Horsetail grass 木賊
（對家畜有害）

Juniper berries 杜松果

Linden flowers 歐洲椴花

Lobelia 半邊蓮

Male fern 歐洲鱗毛蕨

May apple or mandrake＊ 毒茄蔘 ＊

Mullein 毛蕊花

Paraguay tea 瑪黛茶

Passion flowers 西番蓮

Pennyroyal (essential oil) 唇萼薄荷（精油）

Peppermint (oil) 胡椒薄荷（油）

Pleurisy root 柳葉馬利筋根

Poison hemlock＊ 毒參 ＊

Poke (all parts) 美洲商陸（所有部位）

Quaking aspen 美洲顫楊（含有水楊苷，結構類似阿斯匹靈）

Ragwort 千里光

Sassafras 北美檫樹（油具致癌性）

Skunk cabbage＊ 臭菘 ＊

Spearmint (oil) 綠薄荷（油）

Spigelia 赤根草

Squaw weed 圓葉千里光

Stone root 二蕊紫蘇

Vervain 馬鞭草（對牛有毒）

White oak 北美白橡

Wild cherries 腺葉桂櫻

Wild indigo 贗靛

Wintergreen (essential oil) 北美冬青樹（精油）

Wood sorrel 酸模

Wormseed 土荊芥

Wormwood 苦艾

Yarrow 西洋蓍草

Yellow dock 皺葉酸模（大劑量會導致腹瀉）

Yellow root 黃根木

目前已知具有毒性效應的藥草

以下植物可能會（對易敏者）
造成接觸性皮膚炎或過敏反應

Blood staunch 地榆

Chamomile 洋甘菊（豕草過敏者）

Cleavers (juice) 豬殃殃（汁液）

Fennel 茴香

Feverfew 小白菊

Fleabane 飛蓬

German rue 德國芸香

Golden rod 一枝黃花（豕草過敏者）

Hops 蛇麻、啤酒花

Horehound (plant juice) 歐夏至草（植物汁液）

May apple or mandrake 毒茄蔘

Mayweed 臭春黃菊

Mugwort 艾草

Peppermint 胡椒薄荷

Pipsissewa (poultice) 喜冬草（用於溼敷時）

Shepherd's purse (seeds) 薺菜（種子）

Thyme 百里香

Wild carrot 野胡蘿蔔

Yarrow 西洋蓍草

婦女懷孕或哺乳期間應避免的植物

Black cohosh 黑升麻

Sage (breast-feeding) 鼠尾草（哺乳期間）

Goldenseal 北美黃連（金印草）

） 提取藥草的最大功效 （

　　許多藥材之所以廢棄或腐敗，僅是因為使用者並沒有以最大利益為目的進行備料或使用藥材。這現象自然使許多人感到氣餒而不再繼續嘗試藥草。由於絕大多數的藥草效果都屬溫和，因此對它們進行充分的測試以得出結果是非常重要的環節。

　　某些藥草必須以正確方式處理且以正確方式服用才能獲得益處，例如，貫葉澤蘭（boneset，學名為 *Eupatorium perfoliatum*）應在睡前喝它的**熱**浸液以誘導發汗，且應在清晨喝它的**冷**浸液以利用其輕瀉效果。滑榆（slippery elm，學名為 *Ulmus fulva*）的樹皮磨粉後當成浣腸藥來使用可舒緩腸道，然而若在注入這種藥草液之前沒先將腸道灌洗乾淨的話就沒有這種效果。蛇麻（hops，學名為 *Humulus lupulus*）的淡薄浸液會使其芳香成分消失，較濃的浸液則會去除苦味滋補成分，而其煎劑則去除了澀味成分。每種處理方式會有不同的結果，而同樣的植物會依不同處理方式，例如煎煮（decoction）與浸出（infusion），釋出不同的成分。**煎煮**會得到可供萃取的苦味樹脂成分，**浸出**則能萃取大量的芳香揮發成分、精油等等。

煎煮、浸出，這是什麼術語？這些是藥草採集回來後的加工處理方式。還有磨碎（comminution）、萃取（extraction）、滲濾（percolation）、過濾（filtration）、澄清（clarification）、浸提（digestion）、壓榨（expression），敝人將逐一解釋。

磨碎

磨碎是將藥草降縮成細小顆粒的處理方式。所有使用這種處理方式的材料都必須去除一切水分，然而含有揮發油成分的藥草在乾燥過程不能接觸高溫。市面上已有用於藥草切割與磨粉的機器，但巫術圈子裡面仍有喜愛老派**碾杵**（pestle）與**研缽**（mortar）的人。

將藥草乾燥的第一個步驟即是趁它們還新鮮時將其切成小塊。某些藥草——例如芸香（rue; *Ruta graveolens*）、胡椒薄荷（peppermint; *Mentha piperita*）、菊蒿（tansy; *Tanacetum vulgare*）——需要用盡可能低的溫度進行乾燥。至於其他植物，例如西洋蓍草（yarrow; *Achillea millefolium*）、連錢草（ground ivy; *Nepeta hederacea*），應迅速乾燥，不需要特殊的乾燥設備，只需依照敝人以下所列的方法即可[31]：

一、選定並採收自己想要的藥草。請在乾燥的日子採收。

二、將藥草兩兩相捆成小束，每一束均綁上一條細繩，再用這細繩將這些小束藥草吊掛在曬衣繩上。**注意**：這裡有個重點，在晚上及／或每當天氣變得潮溼時，請將藥草束吊掛在室內。若藥草在乾燥過程受潮，就會發霉。

如果你只採集植物的葉或花，請將它們放進細紗布袋晾乾。每個袋子裡面別放太多藥草，不然空氣無法經過所有藥草。一般來說，藥草的乾燥需時三天至週。這裡的重點是使它們乾燥，所以要每天移動藥草束以得到充足的陽光。若沒有日照而只能在室內乾燥藥草時，請將它們吊掛在約華氏65至70度（約攝氏18.3至21.1度）的定溫環境。

三、在藥草束乾燥後，再用絞肉機（meat mincer/grinder）[32]處理。先用粗的刀片，再換用細的刀片處理。如果藥草在處理前已適當乾燥，處理後的成品應大致呈粉末狀。將藥草粉末用具有螺旋蓋的罐具或瓶具收藏於暗處。它們能以這種形式保存數年，不會失去其天然顏色或藥用性質。

---

[31] 譯註：請留意當地氣候是否適用此法。
[32] 譯註：應是指食材調理機。

● **體積**

1量滴（minim; min.）約為 0.0592毫升

1液量打蘭（fluid dram; fl. dr.）約為 3.5516毫升＝60量滴

1液量盎司（fluid ounce; fl. oz.）約為 28.4131毫升＝8液量打蘭

1品脫（pint; pt.）約為 568.26毫升＝20液量盎司

1加侖（gallon; gal.）約為 4.546公升＝8品脫

● **重量（常衡制 avoirdupois）（譯註：本書第十二課適用）**

1盎司（ounce; oz.）約為 28.35公克＝437.5喱（grain; gr.）

1磅（pound; lb.）約為 453.6公克＝16盎司（7000喱）

● **藥衡制（Apothecaries）重量單位（譯註：本書第十課適用）**

1喱（grain; gr.）約為 64.8毫克

1吩（scruple; ei.）約為 1.296公克＝20喱

1打蘭（dram; dr.）約為 3.888公克＝3吩（60喱）

1（藥衡）盎司約為 31.1048公克＝8打蘭（480喱）

1（藥衡）磅約為 373.282公克＝12（藥衡）盎司（5760喱）

萃取

萃取藥草有效成分之主要方法有：

一、**煎煮**──於活性成分係為容易自植物提取且不會被沸水破壞的萃取物質時使用，例如洋甘菊（chamomile; *Anthemis nobilis*）、龍膽（gentian; *Gentiana lutea*）、金雀花（broom; *Spartium scoparius*）。

二、**浸出**──藉由熱水獲得萃取物質，只是這裡不會用到沸水。事實上，某些情況下甚至會用冷水。

三、**浸漬（maceration）**──此方法係運用酒精或其稀釋液進行長時間的浸出，包括將材料置於密閉容器中浸泡一段時間，並在過程中每隔一段時間便搖動它。該方法係用於提取流質的萃取成分或是製作酊劑。

滲濾

如要獲取藥草的可溶成分,滲濾算是最完美的方法。其過程會有讓溶劑(menstruum)緩慢滴滲裝滿材料的管柱,類似煮咖啡的滲濾過程。

過濾

過濾係指將液體與以物理方式,使懸浮其中的物質分離的過程。最簡單的方法就是使用濾紙。

澄清

澄清是物質在處理後使其澄澈的過程,像是蜂蜜、糖漿、豬油等等,係透過融化(melting)、乳油分離(skimming)或以合適材料進行過濾來完成。

浸提

浸提則是在約華氏100度(約攝氏37.8度)的恆溫下進行長時間浸漬的單純處理過程。

壓榨

壓榨則是透過壓榨藥草以萃取汁液的方法,其實就是將具有療效的汁液從藥草擠壓出來。通常使用的壓榨器有兩種,其一是單純的螺旋壓榨機(screw press),類似於印刷機的壓印器具;其二則是大型實驗室使用的液壓機。

⟩ 單方藥湯、糖漿、油膏、藥糊與粉劑的製作 ⟨

單方藥湯(simples)的製作

這要用到業經細磨或切碎的單方藥材(simples)。將1滿茶匙藥草在1杯熱水(不是沸水)裡面浸20分鐘。每餐之前及睡前各服用一杯。

根與樹皮:植物的根應用小火燉煮半小時以上以萃取精華。別使水過於沸騰。

花與葉絕對不要用煮沸的方式。將它們浸在熱水(不是沸水)裡面20分鐘,且杯口在浸泡過程都要蓋住,以保留可能會揮發的油質成分。

藥草粉末可混進熱水或冷水。將半茶匙藥草粉末混入1杯水喝下，然後再喝1杯普通的飲用水。若飲用熱水的話，藥草會更快見效。

> 切勿使用鋁製器具來煮藥草
> 或是後續要用於藥草的水，
> 因為這種金屬會破壞藥草
> 具有的細緻油質成分。

糖漿（Syrups）的製作

如要製作單純的糖漿，可將3磅（約1.35公斤）的黑糖（brown sugar）溶於1品脫（約0.6公升）的沸水，再煮至濃稠狀即可。完成之後，你就能將它加入任何物質。想要的話，也可用麥芽糖膏與蜂蜜製作糖漿。如要製作藥草糖漿，只需在煮糖漿前加入切碎的藥草，然後煮至糖漿的黏稠度即可，接著用折成雙層的起司紗布（cheesecloth）過濾並裝瓶。如果糖漿的瓶子是用軟木塞塞住的話，可以一直保存沒有期限。

藥草（油）膏（Herb Salves (Ointments)）的製作

盡可能使用新鮮的藥草，不過若無新鮮藥草，還是可以使用乾燥過的藥草。確保藥草要切得非常細碎。再加入1至1.5磅（0.45至0.675公斤）的可可脂（cocoa fat）、豬油或任何純淨的植物脂（vegetable fat），以及4盎司（約113.4公克）的蜂蠟，並加以混合，然後蓋上蓋子放在烈日底下（或放進熱度很低的烤箱中）約4小時，之後用細目的篩子或布進行過濾。它在凝固之後會變硬，至此即可使用。若要把它裝進容器裡面，就趁它還熱的時候裝進去，讓它在容器裡面凝固。已經凝固的成品不要再次融化。

藥糊（Poultices）的製作

使用此法的藥草最好先壓碎，再混入水及玉米粉（cornmeal）製成黏稠的糊狀物。若使用新鮮葉片，可將它們直接放在患處。藥糊對於腫脹、腺體腫大之類的狀況非常有效。換藥時，用過的藥糊絕不重複使用，一律換上未用過的藥糊。

下列敷料可以安全使用：

滑榆——它很有用，能與其他藥草組合成好的藥糊。

半邊蓮與滑榆——比例為半邊蓮1份配滑榆2份。對於血液中毒（blood poisoning）[33]、癤子

---

[33] 譯註：現行多以毒血症、敗血症稱之，此屬急症，請立即就醫治療。

（boils）等非常有效，對風溼症（rheumatism）也非常有用。

炭末（charcoal）與啤酒花——可迅速消除膽石造成的疼痛。

炭末與水蓼（smartweed）——對腸道的炎症有用。在用於治療舊瘡及潰瘍時，可再加進紫錐菊（echinacea）、北美黃連或沒藥（myrrh）的粉末，或是以上三種各取少量一起加入。

美洲商陸與玉米粉——非常適合用於發炎的乳房。

牛蒡（burdock）葉——此種藥糊具有冷卻、收乾患處的效果。將根打成粉末後，加入鹽製成的藥糊可以舒緩動物造成的傷口產生的疼痛，例如被狗咬傷。[34]

車前草（plantain）——防止血液中毒的極佳藥糊。

蕁麻（nettle）與北美冬青——用於消融腫塊。

胡蘿蔔與北美黃連——用於唇疱疹（cold sores），會迅速療癒。

鼠尾草——任何炎症均適用。

牛膝草（hyssop）——會消除瘀傷的褪色。其藥糊應盡量趁熱使用，並在熱度消散後立即更換。重複使用同一藥糊不會有用。

「組合粉」（Composition Powder）的製作

「組合粉」在因應感冒、流感、抽筋、風溼或剛開始發燒等等有不錯的效果。它們算是居家必備的良藥，因為它們對每個人而言都安全且有效。若有發燒與感冒，就每小時服用一杯用複方藥草粉末浸出的茶，直到出汗為止。這會清除身體裡面的毒素並把發燒降下來。以下是非常有用的一些精選配方[35]：

---

[34] 譯註：若被動物抓傷或咬傷，請先就醫治療。
[35] 譯註：以下配方使用的水量均應為1杯水。
[36] 譯註：原文經查為 Tsuga canadensis 的別稱。
[37] 譯註：此藥草常誤譯為地榆或虎耳草茴芹，前者葉片相似，故有相似俗名，然而它不是地榆；後者藥性與虎耳草屬植物相似，故其學名中的種名與虎耳草的屬名相似，但它也不是虎耳草。因無適當的中譯名詞，故直譯學名，其「石碎」係指粉碎泌尿道結石之意。）

4盎司	蠟楊梅
2盎司	薑
1盎司	五葉松
1打蘭	丁香
1打蘭	卡宴辣椒

將以上所有藥草粉末混合。取1茶匙粉末投於水中，將容器蓋妥之後浸15分鐘，之後濾除沉澱物，飲用清澈的湯液。

2盎司	蠟楊梅樹皮粉末
1盎司	薑粉
½盎司	加拿大鐵杉（pinus canadensis）[36] 粉末
1打蘭	丁香
1打蘭	卡宴辣椒

劑量（成人）：在熱水或冷水中加入1茶匙粉末，可視需要加入甜味，後續作法同上。

較不刺激的「組合粉」

1盎司	野百里香細末
1盎司	馬鬱蘭粉末
1盎司	石碎茴芹[37] 粉末
1盎司	柳葉馬利筋根細末
1盎司	肉桂粉

劑量（成人）：於感冒、胃病、猩紅熱或類似疾病的初期，用1茶匙的分量，後續作法同上。

） 單方藥材 （

下列單方藥材僅供一般參考。根據常被運用的部位而定，單方藥材會有植物的花、樹皮或全株之分。目前可用的單方藥材大約有五百種，一般流通買賣係以秤重（每盎司或磅）來算。至於「治胸」、「收斂」等術語，則於本課後續列出。

Agrimony 龍牙草——這是具輕微收斂效果的滋補藥。用於咳嗽、慢傳輸型的便祕及頻繁水便。

Angelica 歐白芷——具芳香性質的刺激藥。用於處理腎臟及促進發汗。

Ash leaves 歐洲白蠟樹葉——用於痛風症狀、關節炎等等。

Avens herb 歐亞路邊青——具止血效果的滋補藥。用於頻繁水便等情況。

Balm 香蜂草——使發燒降溫，並引發輕微發汗。

Balmony 白龜頭花——具治膽汁病又有清潔效果的滋補藥。用於慢性便祕、消化不良、黃疸及兒童的寄生蟲病等狀況。

Blackberry leaves 黑莓葉——滋補藥，適合用於頻繁水便的狀況。

Black currant leaves 黑醋栗葉——退燒藥，用於喉嚨痛、咳嗽、黏膜炎（catarrh）等情況。

Bladderwrack 墨角藻——用於治療關節炎與風溼症狀的藥浴。

Blue mallow 歐錦葵——治胸藥，用於一般咳嗽與感冒。

Boneset 貫葉澤蘭——具有溫和瀉下效果的滋補藥；舒緩發燒與骨內疼痛。

Borage 琉璃苣——對胸部的病症有用。

Broom 金雀花——用於膀胱與膽囊的某些問題，特別是膽結石。

Buchu 布枯——用於泌尿問題與膀胱炎症的刺激藥。

Buckbean 睡菜——良好的滋補藥，用於肝病與皮膚病，也可用於關節炎等病症。

Burdock 牛蒡——用於淨化血液。

Burr marigold 苦艾菊——用於痛風症狀。

Greater celandine 白屈菜——用於眼部感染，黃疸也會用到。

Chamomile 洋甘菊——用於神經性歇斯底里及婦女的一切神經病症。

Cleavers 豬殃殃（有時也稱為 Clivers）——是具退燒效果的滋補藥，能使發燒降溫下來。用於砂狀結石（gravel）與膽結石。

Cloves 丁香——丁香油是治療消化不良的藥，其最佳劑量是2滴油滴入1茶匙的糖。丁香油也是牙痛的專用藥，可塗抹牙痛的區域。

Coltsfoot 款冬——用於所有氣喘相關病症。與其他藥草混合製成的藥煙對氣喘有用[38]。

Damiana 透納樹——此滋補藥可用於神經質且虛弱的人；也被當成性刺激藥來用。

Dandelion root 蒲公英根——通常會先乾燥後使用。蒲公英的葉子可以放在沙拉裡面食用。從莖取得的白色汁液可在短時間內治癒疣及疣狀團塊。其根在烘烤與磨粉之後可以做成不錯的咖啡。

Elder leaves 接骨木葉——用於泌尿問題與感冒的治療。果實會與其他藥草一起用於處理感冒與咳嗽；果實乾燥後常被用來替代小顆的葡萄乾（currant）。

Eyebright 小米草——用於虛弱的眼睛，也是眼睛的通用滋補藥。常用於複方。

Goldenseal 北美黃連——是非常好的滋補藥與黏膜炎治療藥。其酊劑應謹慎使用，其單次劑量應為1滴，並只與水一起服用。

Ground ivy 連錢草——其常用俗名為 alehoof，它雖然不是真正的常春藤（ivy），但對於風溼病、消化不良和腎臟問題效果不錯。

Lung wort 療肺草——用於咳嗽與所有胸部疾病。

Marigold 金盞花——這是另一種居家常備良藥，作成藥膏可以治癒許多皮膚問題，作成酊劑比碘液更能加速癒合。花與葉可放入沙拉食用。

Mouse ear 鼠耳山柳菊——對百日咳效果良好。

Nettles 蕁麻（即眾所皆知的刺蕁麻 stinging nettles）——用於淨化血液。

Pilewort 榕葉毛茛——顧名思義，它是用於治療痔瘡（pile）。通常與金縷梅一起運用。其俗名是小白屈菜（lesser celandine），然而它與白屈菜（greater celandine）完全無關。

Plantain 車前草——具有降熱效果的藥草。立即使用其新鮮葉子，可緩解蚊蟲叮咬。經常與其他藥草一起用於血液方面的藥方。

Raspberry leaves 覆盆子葉——它在用於順產方面相當有名。黑莓及草莓的葉子也具有相似的特性，但覆盆子的葉子被認為具有最好的效果。

Senna leaves 番瀉葉——其作用類似於番瀉的莢果（pods）。其葉通常與薑一起服用以治療便祕。

---

[38] 譯註：此藥草含肝毒性的致癌生物鹼，若不確定自己拿到的款冬有沒有去除生物鹼，務請不要服用或吸嗅。

Slippery elm 滑榆——常被當成皮膚清潔劑與滋補藥來用。其樹皮可用於製作「專供體弱者食用的食品」（invalid food），即使最為虛弱的消化器官也能消化它，而且不會將它嘔吐出來。若用於皂中，它是上好的護膚成分（skin soother）。

Tansy 菊蒿——鮮葉可用於沙拉；乾燥後的藥草則用於治療歇斯底里、孕吐及驅除兒童體內的寄生蟲。

Valerian 纈草——其根用於治療失眠，但不會有類似吃安眠藥的效果（drugging effect）。也用於治療身體許多部位的疼痛。

Violet 紫羅蘭——也能用於沙拉。與紅花三葉草的頭狀花序（red clover heads）一起使用時，被認為可以治療腫瘤的癌化發展。

Witch hazel 金縷梅——用於抑制痔瘡及傷口的出血情況。其藥劑可用於大多數的狀況，當然也可用於一切割傷、扭傷、瘀傷等等。

　　以上列出的藥草雖少，但應有所幫助。不過，我得再次強烈建議學生應去研讀更好的藥草書以獲得更好的理解。

⟩ 藥效術語定義 ⟨

　　就現存的數千種藥草而言，本書的確無法給予含括一切的簡要說明。但你會發現下列術語列表在參考其他相關主題的書籍時相當有用。

Alterative 致變——在不知不覺中產生有益健康的改變。

Anodyne 止痛——緩和疼痛。

Anthelmintic 打蟲——驅出[39]腸道的寄生蟲。

Aperient 通便——未及腸道淨空程度的溫和瀉下作用。

Aromatic 芳香——具有刺激、芳香的特性。

Astringent 收斂——促進收縮並停止泌液。

Antibilious 治膽汁病——作用於膽汁，緩解膽汁病（biliousness）。

Antimetic 止吐——停止嘔吐。

Antileptic 抗癲癇——舒緩癲癇發作。

Antiperiodic 抗瘧——減緩或停止週期性發作的病情。

Anthilic 抗結石——避免形成泌尿器官裡面的結石。

Antirheumatic 抗風溼——緩解並同時治療風溼症。

Antiscorbutic 抗壞血病——治療及預防壞血病。

Antiseptic 防腐——用於停止腐敗。

Antispasmodic 鎮痙——緩解及避免痙攣。

Antisyphilitic 抗梅毒——對於性病具有影響或治療的效果。

Carminative 祛風——驅出胃腸道的風[40]。

Cathartic 導瀉——能使腸道淨空（的瀉下作用）。

Cephalic 治頭——用於頭部疾病。

Cholagogue 利膽——促進膽汁流動。

Condiment 調味——改善食物的味道。

Demulcent 緩和——安撫；緩解發炎情況。

Deobstruent 通阻——移除阻塞。

Depurative 淨血——淨化血液。

Detergent 清潔——用於清潔癤、潰瘍、傷口等等。

Diaphoretic 發汗——促使發汗。

Discutient 消腫——消解並治療腫塊。

Diuretic 利尿——增加尿液的產生與流量。

Emetic 催吐——促使嘔吐。

Emmenagogue 通經——催通月經。

Emollient 潤膚——使發炎部位軟化及舒緩。

Esculent 可食——可當成食物來吃。

Exanthematous 治疹——用於皮膚的痘疹與疾病。

Expectorant 祛痰——促進排痰（使其容易

---

[39] 譯註：還有殺死。

[40] 譯註：即脹氣。

咳出）。

Febrifuge 解熱——緩和、減輕發燒的情況。

Hepatic 治肝——用於肝病。

Herpetic 疱疹——用於各種皮膚病。

Laxative 瀉下——促進排便。

Lithontriptic 溶石——消溶泌尿器官裡面的結石。

Maturating 促熟——使癤成熟並冒出膿頭。

Mucilaginous 膠質——緩和所有發炎情況。

Nauseant 致嘔——產生嘔吐。

Nervine 安神——專門作用在神經系統；停止神經的興奮。

Ophthalmicus 治眼——用於眼病。

Parturient 催產——在生產時誘發並促進分娩過程。

Pectoral 治肺——用於肺病。

Refrigerant 退燒——使發燒的熱度降下來。

Resolvent 消解——消解癤與腫塊。

Rubefacient 發紅——促進循環，會使皮膚發紅。

Sedative 鎮靜——滋補神經，誘發睡眠。

Sialogogue 催涎——增加唾涎的分泌。

Stomatic 健胃——使胃健壯；解除消化不良。

Styptic 止血——阻止流血。

Sudorific 流汗——促使大量流汗。

Tonic 滋補——增進活力，具有強健的效果。

Vermifuge 驅蟲——驅出體內的寄生蟲。

》 《藥物誌》裡面的藥草 《

　　以下是從《藥物誌》（*Materia Medica*）擷取的藥草列表，讓你能在拿到完整詳盡的藥草書之前至少有些部分可以方便參考。這份清單明顯並不完整，對於每種提到的藥草也沒有給予完整的藥性說明。為了能有完整的概括了解，請從本課末尾列出的藥草書當中挑一本來用。這裡列出的藥草絕大多數都能以藥草茶的形式服用，或是可以購得做成膠囊或藥錠的形式。它們算是最為普遍常用的藥草，對初學者而言很有價值[41]。

藥草	藥效	使用
Agrimony 龍牙草 *Agrimonia eupatoria*	致變、滋補、利尿	胸部疾病、咳嗽
All heal 林地水蘇 *Stachys sylvatica*	鎮痙、治肝、安神	疝痛或腹絞痛（colic）、痛風、肝
Angelica 歐白芷 *Angelica atropurpurea*	芳香、滋補、興奮（stimulant）	心、脾、腎
Ash tree leaves 歐洲白蠟樹葉 *Fraxinus excelsior*	降脂（antifat）、利尿、收斂	消解脂肪腫塊、癬
Avens 歐亞路邊青 *Geum urbanum*	收斂、滋補、健胃	補心、促進恢復
Balm 香蜂草 *Melissa officinalis*	鎮痙、安神、利尿	作用於肝、使皮膚恢復、 通用的恢復藥
Balmony 白龜頭花 *Chelone glabra*	瀉下、滋補、驅蟲	便祕、黃疸、消化不良
Barberry 黃蘆木 *Berberis vulgaris*	移除黃疸症狀	使潰瘍（canker）停止發展， 通用的補藥
Bayberry bark 蠟楊梅樹皮 *Myrica cerifera*	收斂、興奮、vulinary	痛風、關節炎、風溼
Blessed thistle 聖薊 *Carduus benedictus*	抗壞血病、治肝、健胃	淨化血液、皮膚病、眩暈
Bogbean 睡菜 *Menyanthes trifoliata*	抗壞血病、健胃	增加食慾、促進膽汁分泌、 對痛風很好
Boneset 貫葉澤蘭 *Eupatorium perfoliatum*	導瀉、催吐、驅蟲、瀉下	氣喘、感冒、消化不良、虛弱
Broom 金雀花 *Spartium scoparius*	利尿、滋補、發汗	骨折時做成敷劑使用；淨化全身系統，長期使用有療癒腫瘤的效果
Burdock 牛蒡 *Arctium lappa*	抗壞血病、健胃、鎮痙、滋補	所有腎病、汞中毒的解藥、 一切皮膚問題適用

---

[41] 譯註：例如《本草綱目》，它就是中醫的 *Materia Medica*。所以在選購歐美藥草療法的參考書時，務必用 *Materia Medica* 來找，才會是「涵括絕大部分藥草及其藥用資訊」的藥草書。

藥草	藥效	使用
Cascara sagrada　美鼠李 *Rhamnus purshiana*	通便、滋補	便祕，但不應一直使用；老少都可安全使用
Catmint　貓薄荷 *Nepeta cataria*	鎮痙、安神、流汗、袪風	排除婦科的阻塞問題；用於歇斯底里、眩暈
Cleavers　豬殃殃 *Galium aparine*	抗壞血病、利尿、退燒	皮膚病的最佳藥草之一；改善氣色，使毛孔張開以排除毒素
Dandelion　蒲公英 *Taraxacum leontodon*	鎮痙、安神、治肺、驅蟲	一切內科問題均可用的安全藥材；根經烘烤及磨粉後可做成飲料
Dead nettle　白花野芝麻 *Lamium album*	防腐、收斂、滋補	瘀傷、坐骨神經痛、痛風
Garlic　蒜 *Allium sativum*	鎮痙、安神、驅蟲	具有多種好處，可以淨血、用於百日咳；清腸胃，解除便祕
Greater celandine　白屈菜 *Chelidonium majus*	辛辣（acrid）、致變、導瀉	外用則適用於生長緩慢的腫塊；作成油膏則適用於痔瘡
Heartsease　三色堇 *Viola tricolor*	促癒（balsamic）、治肺、	雖然無味，卻有強力的淨血效果；適用於癲癇、胸膜炎、發癢
Hops　蛇麻 *Humulus lupulus*	利尿、治肺、瀉下、滋補	具淨血效果，強化膽汁分泌；填入啤酒花的枕頭能治癒失眠
Pennyroyal　唇萼薄荷 *Mentha pulegium*	芳香、袪風、興奮	適用於婦科病；能使胃的血降溫
Red clover　紅花三葉草 *Trifolium pratense*	抗壞血病、安神、滋補	最好的淨血藥；其花做成的藥草茶是適合兒童及體弱者的上好補品
Rue　芸香 *Ruta graveolens*	利尿、驅蟲、滋補	非常適用於婦科疾病；最好與其他藥草混用
Scullcap　黃芩 *Scutellaria lateriflora*	利尿、安神、滋補	神經疾病、容易興奮、能使歇斯底里的人安靜
Solomon's seal　多花黃精 *Convallaria multiflora*	促癒、緩和	瘀傷，有助於血液循環
Tansy　菊蒿 *Tanacetum vulgare*	通經、驅蟲	味道欠佳但非常適用於婦科病、腎
Vervain　馬鞭草 *Verbena officinalis*	利尿、滋補	腸胃不適的通用補藥；以大劑量服用
Wood sage 加拿大香科科 *Teucrium canadensis*	利尿、滋補	去除肝膽區域的阻塞
Yarrow　西洋蓍草 *Achillea millefolium*	收斂、流汗、滋補	淨化皮膚，使皮孔張開並去除阻塞

　　藥草學的學習相當漫長，認真的學生若去研讀本課末尾列出的所有書籍，將會有所收穫，因為他們就能了解各種不同藥草在生理方面發揮效用的機制。在真正的藥草學當中，我們盡可能不去使用具有毒性的藥草。不過，此類藥草當中也有一種可在運用時發揮良好效果者，那就是野葛（*Rhus toxicodendron*，又名毒橡、毒藤）。這種藥草製成的酊劑**不應內服**，然而它在外用時對於所有纖維組織炎（fibrositis）、風溼症及相關的疼痛都有很好的效果。若在足浴時於水中滴入幾滴酊劑，可以馬上舒緩疲勞的雙腳。

　　雖然疾病的症狀在處理後也許會消失，但你必須採取一些措施以防止它再次發生，這一點無論何時都務請記住。大多數疾病均係身體系統長期存在的問題所引發，而疾病的症狀是身體用來排除廢物的某種方式。請要記住，疾病不會在健康的身體組織裡面生長，所以務請採取一些措施，確保身體得到正確的滋養，使其能夠保持清淨。

關鍵字

bk. = bark 樹皮

hb. = herb 藥草全株、全草

fls. = flowers 花

lvs. = leaves 葉

rt. = root 根

致變藥（Alteratives）

　　係指傾向逐漸改變病況的藥。致變藥通常會與列於「芳香藥」、「苦味滋補藥」及「緩和藥」底下的植物藥結合使用。以下是一些可歸類為致變藥的植物藥：

American spikenard rt. or berries　美洲楤木，根或果

Bittersweet twigs　歐白英，細枝

Black cohosh rt.　黑升麻，根

Blue flag rt.　藍旗，根

Blue nettle rt.　雜交藿香，根

Burdock rt.　牛蒡，根

Condurango rt.　牛嬭菜，根

Echinacea rt.　紫錐菊，根

Guaiac raspings　癒創木，木屑

Oregon grape rt.　冬青葉小蘗，根

Pipsissewa lvs.　喜冬草，葉

Poke rt.　美洲商陸，根

Prickly ash bk.　美洲花椒，樹皮

Red clover fls.　紅花三葉草，花

Sarsaparilla rt.　洋菝契，根

Sassafras rt.　北美檫樹，根

Stillingia rt.　女王根，根

Wild sarsaparilla rt.　裸莖楤木，根

Yellow dock rt.　皺葉酸模，根

Yellow parilla rt.　加拿大蝙蝠葛，根

打蟲藥（Anthelmintics）或
驅蟲藥（Vermifuges）

係指能夠消滅或驅除腸道寄生蟲的藥物。
打蟲藥只能由醫生開藥。

Areca nuts　檳榔核果

Balmony hb.　白龜頭花，全草

Kousso fls.　苦蘇，花

Male fern　歐洲鱗毛蕨

Melia azedarach bk.　棟樹，樹皮

Pomegranate rind bk. or rt.　石榴，果皮，樹
皮或根

Pumpkin seed　南瓜籽

Spigelia rt.　赤根草，根

Wormseed hb.　土荊芥，全草

Wormwood hb.　苦艾，全草

收斂藥（Astringents）

暫時收緊，收縮皮膚或黏膜，或增加該部位
的緊實程度。它們在抑制過多分泌物的效果
很有價值，所以會被當成外用的清洗液，漱
口液，乳液，洗口液等等來用。收斂藥在製

作時也許會先把濃度做得很高（亦即使用更
多的藥草並在沸水中煮更久），然後再「稀
釋」到需要的濃度。

強烈收斂藥

Agrimony hb.　龍牙草，全草

Alum Root rt.　斑點老鸛草，根

Bayberry bk.　蠟楊梅，樹皮

Beech drops hb.　維吉尼亞青岡寄生，全草

Bearberry lvs.　熊果，葉

Bethroot rt.　紅色延齡草，根

Black alder bk.　歐洲赤楊，樹皮

Black cherries　黑櫻桃

Black oak bk.　美洲黑櫟，樹皮

Black willow bk.　黑柳，樹皮

Butternut bk.　白胡桃，樹皮

Button snakeroot rt.　蛇鞭菊，根

Catechu gum　兒茶，樹膠

Indian Chocolate rt.　紫萼路邊青，根

Cinquefoil　委陵菜

Congo Root rt.　長柄補骨脂，根

Cranesbill rt.　老鸛草，根

Fleabane hb.　飛蓬，全草

Goldenrod hb.　一枝黃花，全草

Hardhack hb.　毛枝絨毛繡線菊，全草

Hawthorne berries　山楂，果

Heal-all hb.　二蕊紫蘇，全草

Hemlock bk.　毒參，樹皮

Hickory bk.　山核桃，樹皮

Jambul seed　印度蒲桃，籽

Kola nuts　可樂果

Logwood　墨水樹

Lycopus virginicus　維吉尼亞地筍

Maidenhair fern　鐵線蕨

Mountain ash bk.　歐洲花楸，樹皮

Pilewort hb.　榕葉毛茛，全草

Potentilla hb.　委陵菜，全草

Purple loosestrife hb.　千屈菜，全草

Queen of the Meadow hb.　旋果蚊子草，全草

Rattlesnake rt.　白豬牙花，根

Red Root rt.　澤西茶，根

Rhatany rt.　刺球果，根

Sage hb.　鼠尾草，全草

Sanicle rt.　軟雀花，根

Sampson's snakeroot rt.　山普森蛇根，根

Shepherd's purse hb.　薺菜，全草

Sumbul rt.　麝香阿魏，根

Sumach bk. or rt.　鹽膚木，樹皮或根

Tormentil rt.　洋委陵菜，根

Wafer ash bk.　榆橘，樹皮

Water avens rt.　紫萼路邊青，根

Water lily rt.　睡蓮，根

White ash bk.　北美白蠟樹，樹皮

White oak bk.　北美白橡，樹皮

Wild indigo bk.　贗靛，樹皮

Witch hazel twigs　金縷梅，嫩枝

溫和收斂劑

Blackberry rt.　黑莓，根

Black birch lvs.　黑樺，葉

Celandine　白屈菜

German rue　德國芸香

Rosa gallica petals　法國薔薇，花瓣

St. John's wort　聖約翰草

Sweet fern hb.　甜蕨，全草

苦味滋補藥（Bitter Tonics）

用於暫時性食慾不振，可刺激唾液和胃液的流動，幫助消化過程。

Angostura bk.　安古斯圖拉樹，樹皮

Balmony hb.　白龜頭花，全草

Barberry rt. and bk.　黃蘆木，根與樹皮

Bayberry lvs.　蠟楊梅，葉

Blackberry lvs.　黑莓，葉

Black haw bk.　櫻葉莢蒾，樹皮

Blessed thistle　聖薊

Bogbean hb.　睡菜，全草

Boldo lvs.　波爾多，葉

Cascarilla bk.　加斯加利剌，樹皮

Chamomile fls.　洋甘菊，花

Chiretta hb.　印度獐牙菜，全草

Calumba rt.　卡倫巴，根

Condurango rt.　牛嬭菜，根

Dandelion rt.　蒲公英，根

Fringetree bk.　流蘇樹，樹皮

Gentian rt.　龍膽，根

Goldenseal rt.　北美黃連，根

Gold Thread rt.　黃連，根

Hop fls.　蛇麻，花

Mugwort hb.　艾草，全草

Quassia chips　苦木，碎木片

Sabatia; American Centaury rt.　玫瑰龍膽，根

Serpentaria rt.　錢葉珍珠菜，根

Turkey corn rt.　加拿大荷包牡丹，根

Wild cherry bk.　野櫻，樹皮

Wormwood hb.　苦艾，全草

Yellow root rt.(*Xanthorrhiza*)　黃根木，根

鎮定藥（Calmatives）

具有溫和的平靜心神效用，一般係於睡前以溫熱茶湯形式服用。

Catnip hb.　貓薄荷，全草

Chamomile fls.　洋甘菊，花

Fennel seed　茴香子

Hops　蛇麻

Linden fls.　歐洲椴樹，花

祛風藥（Carminatives）與芳香藥（Aromatics）

其芳香能對味蕾產生特別的溫暖與辛辣感受。在吞下此類藥草時，胃部會產生相應的衝動，傳遞到身體的其他部位。芳香藥有助於排出胃腸裡面的氣體，主要用於提高其他藥物配方的適口性。

Allspice—unripe fruit　多香果（甘椒），取未熟者

Anise seed　大茴香籽

Angelica seed　歐白芷，籽

Capsicum fruit　番椒果

Caraway seed　葛縷子，籽

Cardamon seed　小豆蔻，籽

Catnip hb.　貓薄荷，全草

Celery seed　芹菜籽

Cinnamon bk.　肉桂，樹皮

Cloves buds　丁香，花蕾

Coriander seed　胡荽籽

Cumin seed　安息茴香（孜然）籽

Eucalyptus lvs.　尤加利，葉

Fennel seed　茴香籽

Ginger rt.　薑，根

Lovage rt.　圓葉當歸，根

Mace　肉荳蔻皮

Melilot fls.　草木樨，花

Mustard seed　芥末籽

Nutmeg　肉荳蔻

Peppermint hb.　胡椒薄荷，全草

Spearmint hb.　綠薄荷，全草

Valerian rt.　纈草，根

Wild ginger rt.　野薑，根

導瀉藥（Cathartics）

其對於消化道的作用能促使腸道排空。導瀉藥可分為兩種：一、瀉下藥（laxatives）或通便藥（aperients），其作用較為溫和或輕微；二、峻下藥（purgatives）具有誘發腸胃大幅排空的作用。導瀉藥通常用於成人比較嚴重的的便祕情況，或與其他藥材一起使用以調整或增加它們的效用。若患者可能有盲腸炎，或正值懷孕期間，不應使用瀉下藥或峻下藥。導瀉藥應只用在偶爾的便祕情況。

Agar-agar　洋菜

Aloes　蘆薈

Barberry bk.　黃蘆木，樹皮

Blue flag rt.　藍旗，根

Buckthorn bk.　藥鼠李，樹皮

Butternut inner bk.　白胡桃，內層樹皮

Cascara bk.　鼠李，樹皮

Cassia fistula　阿勃勒

Castor oil　蓖麻油

Culver's rt.　北美腹水草，根

Jalap rt.　瀉根，根

Karaya gum　刺梧桐膠

Manna　甘露蜜

May apple or mandrake rt.　毒茄蔘，根

Psyllium seed　車前子

Rhubarb rt.　大黃，根

Senna (Egyptian) lvs.　（埃及）番瀉，葉

Senna (American)　（美洲）番瀉

Senna pods　番瀉莢

Tamarind pulp　羅望子（酸豆）果肉

Kauri gum　考里松樹膠

Licorice rt.　甘草，根

Marshmallow rt. and lvs.**　藥蜀葵，根與葉 **

Okra pods**　秋葵種莢 **

Oatmeal**　燕麥片 **

Psyllium seed　車前子

Quince seed　榲桲籽

Sago rt.　西穀，根

Salep rt.　沙列布，根

Sassafras pith　北美檫樹木髓

Sesame lvs.　芝麻，葉

Slippery elm bk.**　滑榆，樹皮 **

Solomon's seal rt.　多花黃精，根

Tragacanth gum　西黃蓍膠

緩和藥（Demulcents）

通常是無味的黏液物質，因其舒緩及能形成保護塗層的特性而用於內服（外用者請參見「潤膚藥」），也能用於緩和黏膜的發炎。它們被用於治療一般感冒引發的咳嗽，以及緩和喉嚨的輕微發炎。最溫和、最有舒緩效果的緩和藥以 ** 標示。

Agar-agar　洋菜

Arrow rt.　葛鬱金，根

Cheeses hb.　藥蜀葵，全草

Coltsfoot hb.　款冬，全草

Comfrey rt.**　康復力，根 **

Couch grass rt.　偃麥草，根

Flaxseed**　亞麻仁 **

Gum arabic**　阿拉伯樹膠 **

Iceland moss　冰島苔蘚

Irish moss　愛爾蘭苔蘚

發汗藥（Diaphoretics）

具增加發汗的效果，通常用來協助緩解一般的感冒。發汗藥若在睡前熱服會有最好的效果。以下標有 ** 者常被稱為流汗藥（sudorifics），具導致大量流汗的效果。

Agueweed hb.**　治瘧草，全草 **

Angelica rt.　歐白芷，根

Balm hb.　香蜂草，全草

Blessed thistle hb.　聖薊，全草

Canada snake rt.　加拿大細辛，根

Catnip hb.　貓薄荷，全草

Chamomile hb.　洋甘菊，花

Elder fls.　接骨木，花

Ginger rt.**　薑，根 **

Guaiac raspings　癒創木、木屑

Hyssop hb.**　牛膝草、全草 **

Linden fls. 歐洲椴樹，花

Lobelia 半邊蓮

Mtn. mint (Koellia) hb.

Pennyroyal** 唇萼薄荷 **

Pleurisy rt. 柳葉馬利筋，根

Prickly ash bk. 美洲花椒，樹皮

Ragwort hb. 千里光，全草

Sassafras bk. or rt. 北美檫樹，樹皮或根

Senega rt. 北美遠志，根

Serpentaria rt.** 錢葉珍珠菜，根 **

Spice bush or fever bush twigs 美國山胡椒或加拿大冬青，嫩枝

Thyme hb. 百里香，全草

Eryngo rt. 海冬青，根

Wood sage hb. 加拿大香科科，全草

Yarrow hb. 西洋蓍草，全草

利尿藥（Diuretics）

此術語用於指涉能夠增加尿液分泌的藥或飲料。通常白天空腹飲下液狀利尿藥會有最快的效果。身體勞動會延遲利尿藥的效果。它們通常與緩和藥一起運用（例如藥蜀葵根、偃麥草等），將其緩和效果運用在已有發炎的地方。

Bearberry or uva-ursi lvs. 熊果，葉

Bilberry lvs. 山桑果，葉

Broom tops 金雀花頂部

Buchu lvs. 布枯，葉

Burdock seeds 牛蒡子

Button snakeroot rt. 蛇鞭菊，根

Canada fleabane hb. 加拿大蓬，全草

Cleavers hb. 豬殃殃，全草

Copaiba balsam 古巴香脂

Corn silk 玉米鬚

Cubeb berries 蓽澄茄果

Dog grass rt. 偃麥草，根

Dwarf elder bk. 矮接骨木，樹皮

Elecampane rt. 土木香，根

Gravel plant lvs. 紫花蘭香草，葉

Haircap moss 金髮苔

Horsetail grass 木賊

Juniper berries 杜松，果

Kava-kava rt. 卡瓦胡椒，根

Matico lvs. 狹葉胡椒，葉

Pareira brava rt. 絨毛錫毒藤，根

Parsley rt. 荷蘭芹，根

Princess pine lvs. 喜冬草，葉

Seven barks 喬木繡球，樹皮

Stone root 二蕊紫蘇

Eryngo rt. 海冬青，根

White birch lvs. 白樺，葉

Wild carrot hb. 野胡蘿蔔，全草

潤膚藥（Emollients）

通常具有油性或膠質的性質，因其具柔軟，易敷或舒緩的特性而用於外用。

Comfrey rt. 康復力，根

Flaxseed meal 亞麻仁粉

Marshmallow lvs. or rt. 藥蜀葵，根或葉

Oatmeal 燕麥片

Quince seed 榲桲籽

Slippery elm bk. 滑榆，樹皮

祛痰藥（Expectorants）

用於排出或鬆動支氣管與鼻腔黏膜的痰液。祛痰藥通常會結合緩和藥一起作為治療因感冒引起的咳嗽藥方成分。強效的祛痰藥以 ** 標示。

Asafetida gum　阿魏

Balm of Gilead Buds　香白楊樹芽[42]

Balsam of tolu　吐魯香脂

Bethroot rt.　紅色延齡草，根

Benzoin tincture or gum 安息香，酊劑或樹脂

Bloodroot rt.**　血根草，根 **

Cocillana bk.　柯西拉那楝，樹皮

Coltsfoot hb.　款冬，全草

Comfrey hb.　康復力，全草

Elecampane rt.　土木香，根

Grindelia hb.　膠草，全草

Gum galbanum　白松香

Horehound hb.　歐夏至草，全草

Ipecac rt.**　吐根，根 **

Licorice rt.　甘草，根

Maidenhair fern hb.　鐵線蕨，全草

Marshmallow rt.　藥蜀葵，根

Mullein hb.　毛蕊花，全草

Myrrh gum　沒藥，樹脂

Pleurisy rt.　柳葉馬利筋，根

Senega rt.**　北美遠志，根 **

Skunk cabbage rt.　臭菘，根

Slippery elm bk.　滑榆，樹皮

Wild cherry bk.　野櫻，樹皮

Yerba santa hb.　馬黛茶，全草

安神藥（Nervines）

其作用為減輕或暫時放鬆那些因興奮、緊張或疲勞而造成，但還不嚴重的神經刺激。

Asafetida gum　阿魏

Betony hb.　藥水蘇，全草

Catnip hb.　貓薄荷，全草

Chamomile fls.　洋甘菊，花

Hop fls.　蛇麻，花

Nerve-root　纈草

Passion fls.　西番蓮，花

Scullcap hb.　黃芩，全草

Skunk cabbage rt.　臭菘，根

Valerian rt.　纈草，根

Yarrow hb.　西洋蓍草，全草

神經興奮藥（Nerve Stimulants）

可在身體狀況並無禁止使用咖啡因的情況下，用於暫時「提振精神」。

Cocoa beans　可可豆

Coffee beans　咖啡豆

Guarana　瓜拉那

Yerba mate　馬黛茶

Tea lvs.　茶葉

咖啡與瓜拉那在緩解因煩惱引發的單純頭痛相當有用。可可則是最具營養價值的飲料之一。

---

[42]　譯註：這不是一般認為產自中東的基列香脂樹（利用部位為其樹脂），只是美洲地區將香白楊（balsam poplar; *Populus balsamifera*）稱為 Balm of Gilead，其利用部位為樹芽。

退熱藥（Refrigerants）

一般是使身體降熱的飲料。

Borage hb.　琉璃苣，全草

Burnet hb.　地榆，全草

Licorice rt.　甘草，根

Melissa hb.　香蜂草，全草

Pimpernel hb.　琉璃繁縷，全草

Raspberry fruit　覆盆子，果實

Tamarind pulp　羅望子（酸豆）果肉

Wood sorrel rt.　酸模，根

鎮靜藥（Sedatives）

常被女性用於應付即將到來的月經所附帶的輕微不適（但不適用於月經已有延遲的狀況）。

Black cohosh rt.　黑升麻，根

Black haw bk.　櫻葉莢蒾，樹皮

Catnip hb.　貓薄荷，全草

Chamomile fls.　洋甘菊，花

Cramp bk.　歐洲莢蒾，樹皮

Motherwort hb.　益母草，全草

Squaw weed　圓葉千里光

Yarrow hb.　西洋蓍草，全草

興奮藥（Stimulants）

加速或增進身體系統的各種功能動作。若攝取過多動物性食物，興奮藥不會作用，而且對於大量飲酒的人其發揮效果的速度也必定低於預期。

Angostura bk.　三葉苦笛香，樹皮

Bayberry lvs.　蠟楊梅，葉

Black pepper　黑胡椒

Bloodroot　血根草

Boneset hb.　貫葉澤蘭，全草

Camphor gum　樟腦膠

Canada snake root　加拿大細辛，根

Capsicum fruit　番椒果

Cascarilla bk.　加斯加利刺，樹皮

Cassena lvs.　達宏冬青，葉

Cayenne pepper　卡宴辣椒

Cinnamon bk.　肉桂，樹皮

Cloves—fruit　丁香，果實

Cocash rt.　沼澤紫菀，根

Damiana hb.　透納樹，全草

Feverfew hb.　小白菊，全草

Fleabane hb.　飛蓬，全草

Ginger rt.　薑，根

Golden rod hb.　一枝黃花，全草

Horseradish rt.　辣根，根[43]

Hyssop hb.　牛膝草，全草

Jaborandi rt.　毛果芸香，根

Matico lvs.　狹葉胡椒，葉

Mayweed hb.　臭春黃菊，全草

Motherwort hb.　益母草，全草

Muira Puama　巴西槐槐木

Mustard　芥末

Nutmeg　肉荳蔻

Paraguay tea　瑪黛茶

Pleurisy rt.　柳葉馬利筋，根

Pennyroyal hb.　唇萼薄荷，全草

---

[43] 譯註：不是山葵。

Peppermint hb.　胡椒薄荷，全草

Prickly ash bk.　美洲花椒，樹皮

Quaking aspen bk.　美洲顫楊，樹皮

Sarsaparilla rt.　洋菝契，根

Serpentaria rt.　錢葉珍珠菜，根

Spearmint hb.　綠薄荷，全草

Summer savory hb.　夏香薄荷，全草

Sweet gum　楓香

Sweet shrub bk.　美洲蠟梅，樹皮

Vervain hb.　馬鞭草，全草

White pepper　白胡椒

Wintergreen　北美冬青

Yarrow hb.　西洋蓍草，全草

Yerba mate lvs.　馬黛茶，葉

Yellow root　黃根木

創傷藥（Vulneraries）

適用於輕微的外部傷口。任何不含刺激成分的綠色植物，幾乎都可用於處理小傷口，因為它們含有葉綠素。使用新鮮藥草，通常最有效。

All heal hb.　林地水蘇，全草

Blood staunch or fleabane hb.　加拿大蓬，全草

Fleabane hb.　飛蓬，全草

Calendula hb.　金盞花，全草

Centaurea hb.　矢車菊，全草

Clown's woundwort hb.　沼生水蘇，全草

Heal-all hb. (*Srophularia marilandica*)　北美玄參，全草

Healing herb or comfrey hb. and rt.　康復力，全草與根

Horsetail grass　木賊

Live for ever lvs.　異株蝶鬚，葉

Marshmallow hb. or rt.　藥蜀葵，全草或根

Plantain lvs.　車前草，葉

Self heal or heal-all hb. (Prunella vulgaris)　夏枯草，全草

藥草裡面的維生素

植物會在體內製造維生素，品種與生長條件是控制因子，然而植物的健康與活力也有一定程度的影響。人工栽培的植物幾乎完全依賴化肥，而海藻是從海洋中吸收幾乎無限供應的元素。在野生環境下生長的植物，通常只能在未經開墾的土地或是能夠提供其必需養分的土壤中茁壯成長。當土壤的養分枯竭時，這些植物要不設法通過吸取、攀爬、種子等方式繼續生長，不然就是最後被鄰近的植物擠掉。

與源自魚或動物的維生素及礦物質相較，植物的維生素要容易消化許多。

維生素 A：夜間視力，還有皮膚及黏膜細胞的功能運作都會用到它。身體會儲存維生素 A，然而這些有餘的部分會因壓力與勞損而迅速消耗殆盡。*植物來源*──墨角藻（bladderwrack）、紅皮藻（dulse）、胡蘆巴（fenugreek）、褐藻（kelp）、秋葵（okra）、小麥胚芽（wheat germ）。

維生素 B₁（硫胺素）： 係生長發育及維持正常食慾所需。*植物來源*──墨角藻、紅皮藻、胡蘆巴、褐藻、秋葵、小麥胚芽。

維生素 B₂（核黃素 riboflavin）： 係兒童正常生長所需。這種維生素對成人也很好。*植物來源*──墨角藻、紅皮藻、胡蘆巴、褐藻、番紅花（saffron）。

維生素 B₁₂： 係紅血球正常發展過程的必需物質。B₁₂ 還能當成兒童的生長因子來用，可幫助體重不足的兒童增加重量。*植物來源*──紫花苜蓿（alfalfa）、墨角藻、紅皮藻、褐藻。

維生素 C： 係維持健康的牙齒與牙齦所需，還有預防壞血病。熱、烹調、低溫及氧化均會破壞維生素 C。由於身體無法儲存它，所以必須每天攝取。*植物來源*──水牛果（buffalo berry）、牛蒡子、番椒、款冬、接骨木果、金盞花（marigold）、奧勒岡葉（oregano）、紅椒（paprika）、荷蘭芹、玫瑰果（rose hips）、水芹（watercress）。

維生素 D： 建構與維護良好的骨骼與牙齒所需，可預防佝僂病（rickets），但身體能儲存的量很有限。*植物來源*──胭脂樹種子（annato seed）、水芹、小麥胚芽。

維生素 E： 許多植物的種子含有豐富的維生素 E，然而人體對於維生素 E 的需求尚未完全確立，但營養若要充分且適當的話，就少不了它。*植物來源*──紫花苜蓿、燕麥（*avena sativa*）、墨角藻、蒲公英葉、紅皮藻、褐藻、亞麻仁、芝麻、水芹、小麥胚芽。

維生素 G（B₂）： 用於預防因營養缺乏造成的疾病，是相當關鍵的營養。*植物來源*──雷公根（*Hydrocotyle asiatica*）。

維生素 K： 是凝血程序的必需物質。*植物來源*──紫花苜蓿、栗葉（chestnut leaves）、薺菜。

維生素 P（芸香苷）： 據信利於強化微血管。*植物來源*──蕎麥（buckwheat）、德國芸香、紅椒。

菸鹼酸（B 群維生素之一）： 預防糙皮病。*植物來源*──紫花苜蓿葉、藍莓葉（blueberry leaves）、牛蒡子、胡蘆巴、荷蘭芹、水芹、小麥胚芽。

〗 藥草處方的開立 〖

在開立藥草處方時，應當隨時注意以下條件：年齡、性別、性格、習慣、氣候、胃腸狀況與特別癖好。

年齡。如果某藥方的成人劑量為 1 打蘭的話，那麼：

幼兒在 1 歲（含）之前，其劑量應為 $1/12$ 打蘭（或 5 喱）；

1 歲到 2 歲（含），其劑量應為 $1/8$ 打蘭（或 8 喱）；

2 歲到 3 歲（含），其劑量應為 $1/6$ 打蘭（或 10 喱）；

3 歲到 4 歲（含），其劑量應為 $1/4$ 打蘭（或 15 喱）；

4 歲到 7 歲（含），其劑量應為 $1/3$ 打蘭（或 1 吩）；

7 歲到 14 歲（含），其劑量應為 $1/2$ 打蘭；

14 歲到 20 歲（含），其劑量應為 $2/3$ 打蘭（或 2 吩）；

超過 20 歲以上則是完整的成人劑量，即 1 打蘭；

超過 65 歲以上則將前列順序倒轉過來逐漸減少劑量。

性別。女性需要的劑量比男性少，且其子宮系統狀況絕對不能忽視。

性格。與痰氣旺（phlegmatic，即冷淡）的人相比，血氣旺（sanguine，即樂觀）的人更容易受到興奮藥與峻下藥的影響，所以前者需要的劑量較小。[44]

習慣。一定要清楚知道對象的習慣。對於習慣使用興奮藥的人，例如習慣吸菸與飲酒者，藥物的劑量需要更多才能對他們產生影響，而那些習慣使用鹽類瀉藥（saline purgatives）的人，則比較容易受到藥物的影響。

氣候。即使是同一對象，藥物在夏季與冬季的作用不會一樣，不同的氣候、不同的國家或地區也是如此。一般來說，天氣越暖，所需劑量越少。

胃腸狀況。有些只具最低效果的藥，會因為特定的腸胃狀況或體質傾向，而在某些人身上產生非常猛烈的效果，而且跟性格沒有關係。不過，這情況只會偶然遇到。

在開立處方時，應當都要調整藥物服用的間隔，使對象在第一劑的效果完全消失之前就已服用第二劑。若不這樣做，那麼療癒「總是在發動，但從未進行」。不過，應當要一直記

---

[44] 譯註：這裡用到的是西方的四體液（4 humors）學說。

住，像是洋地黃、鴉片之類容易在體內積聚的藥物，其投藥間隔過近就會有危險。

藥物的劑量一定都要經過秤量——絕對不要用猜的。以下用於解讀的列表，應當能在你閱讀許多教科書及／或撰擬藥方與處方時幫得上忙。

配方與處方寫法的含義

縮寫	原文	意義
R	Recipe	服用
F. S. A.	Fiat secundum artem	將……依常規製作
M.	Misce	混合
MSD	Miscae signa da	將藥混合，並將使用指示寫下來，一起交予病患
M. F. Mixt.	Misce fiat mixtura	製成混合液
Div	Divide	分成
Sol	Solve	溶解
Fasc	Fasciculus	一束
Man. j.	Manipulus	一把
Pugil j.	Pubillus or pugillum	一撮
Cyat j.	Cyathus	一杯
Coch j.	Cochlear	一匙
Gutt.	Gutta	一滴
No. 1, 2, 3, etc.		具有許多物件時的編號，曾寫成像是「j., jl., jll., jill.」之類的格式
Ana	or aa	各一
P. aeq.	Partes aequales	同等分量
Q. S.	Quantum sufficit	到足夠的量
Q. L.	Quantum libet	到希望的量
Q.V.	Quantum volueris	到想要的量
lb.	Libra	1磅
oz.	Uncia	1盎司
Dr.	Drachma or dram	1德拉克馬（drachma）或1打蘭
Scr.	Scrupulus	1吩
Gr.	Granum A grain	1喱
Pil	Pilulae	丸劑
Pot	Piot or potassa	藥水
Pulv	Pulvis	粉劑
Pulv	Pulvis factus	打粉
Tinc	Tinctura	酊劑
Ext	Extractum	萃取物（常為液體）

縮寫	原文	意義
Chartul	Chartula	醫用的小紙張
Collyr.	Collyrium	洗眼
Collut.	Collutorium	洗口
Decoct.	Decoction	煎煮
Garg.	Gargarisma	漱口
Haust.	Haustus	頓服劑
Iams.	Infusum	浸液
Mist.	Mistura	混合物
Ss.	Semisses	一半
ZZ	Zingiber	薑
Ol or Oi		1 品脫
E. A.	Ex aqua	加入水中
A. c.	Anta cibum	飯前
P. c.	Post cibum	飯後
Tus urg	Tussal urg.	當咳嗽變得很不舒服的時候
H. s.	Hora somni	就寢時
SOS		依需要
Pro oc	Pro. occula	用於眼部
= part	oe p	均等分量
M. D.		依指示使用……
Addendua		把……加進……
Agit. vas	Agitato vase	搖動瓶子
Ante		在……之前
Applic	Appliceteur	用在……
Aqua Fervens		將水煮沸
Cat	Cataplasm	敷劑
Dies		日期或某日
Dictus		提及、說
Dur dolor	Durante dolore	在疼痛還未停止時
Grad	Gradation	分級
Ad lib	Ad libitum	隨意、任意、自由服用
Sine mora		毫不延遲；緊急
①		一年生 (Annual) 藥草
②		二年生 (Biennial) 藥草
♃		多年生 (Perennial) 藥草
☿		完全花 (Flowers perfect) [45]

---

[45] 譯註：係指某植物的花朵具有花萼、花冠、雄蕊與雌蕊等四部分。

⟩ 一些簡易療方 ⟨

請要記住，藥物在製備時不應用鋁製容器煮沸。請使用銅器或陶器，或用更好的耐火玻璃（Pyrex）器皿，以免汙染藥物。以下是一些簡單的配方，可以用來練習（或用於實際狀況！）。若你無法自行蒐集藥草，請參考本課末尾的購買管道列表。

藥飲

◆ **用於食慾不佳與病弱**

1盎司　藥水蘇

1盎司　黃蘆木樹皮

1盎司　睡菜

在 $1/2$ 加侖的水中煮沸15分鐘。用蜂蜜增添甜味，並在冷卻後加入2茶匙優質啤酒酵母。將整個容器連內容物一起靜置12小時。撇除浮於頂部的東西，並將剩下的液體裝瓶，之後的24小時以內不得使用。

劑量：自由服用。

◆ **用於腹瀉**

以下藥材取相等分量

老鸛草

蠟楊梅樹皮

薺菜

混入4品脫的水，並小火燉煮15-20分鐘。用蜂蜜（不用糖）增添甜味。

劑量：以 $1/2$ 酒杯（wineglass）[46]的量自由服用。

---

[46]　譯註：1酒杯約為71公撮。但此配方並不完整，缺少藥材的各自重量或總重。

藥用糖漿

◆ 用於咳嗽

3盎司　血根草（壓碎）

浸於優質醋或醋酸中2週，之後過濾並添加$1^1/_2$磅優質蜂蜜，然後用小火慢燉至體積縮減為三分之二的程度。[47]

劑量：每次$^1/_2$茶匙。

◆ 用於頻咳

1盎司　吐根糖漿

1盎司　北美檫樹（搗碎）

2盎司　大茴香籽

4盎司　蜂蜜

2盎司　小花杓蘭（American valerian）

2盎司　粗燕麥（black oats）

2夸脫　水

將以上所有材料煮沸30分鐘，再加入1品脫烈酒。

劑量：咳到非常嚴重時喝$^1/_2$酒杯。

煎劑

◆ 用於清血

北美檫樹煎劑

2盎司　北美檫樹（搗碎）

1夸脫　沸水

小火煎煮30分鐘，然後加入蜂蜜增添甜味。

服法：一次1吉爾（gill）[48]，一日3次。

---

[47] 譯註：這配方並不完整，缺少醋或醋酸的量。

[48] 譯註：1吉爾約為142公撮

◆ **用於咳嗽及肺病**

香白楊煎劑

1茶匙　香白楊樹芽[49]

1品脫　雨水

混合後煎煮30分鐘。

注意：所有不加防腐成分（例如白蘭地、蜂蜜）的煎劑與藥湯，其保存時間不得超過數日，不然會變得渾濁，代表其已失去作為藥物的用途。

◆ **使人精神振奮的漱口液**

以下藥材取相等分量

鹽膚木果

北美黃連

煎煮15分鐘之後過濾。每1品脫加入1打蘭硼酸[50]。

藥茶

◆ **用於消除腹部絞痛與發炎**

貓薄荷茶

1盎司　貓薄荷葉與花

1/2盎司　黑糖

1湯匙　牛奶

1品脫　沸水

---

[49]　譯註：這不是一般認為源自中東的基列香脂樹（利用部位為其樹脂），而是美洲地區的香白楊（balsam poplar; *Populus balsamifera*），當地稱為 Balm of Gilead，利用部位為其樹芽。

[50]　譯註：這配方並不完整，缺少藥材重量及煎煮的水量。請留意硼酸對人體的毒性。

將上列材料放入沸水浸泡25分鐘，然後濾除藥渣。非常適合兒童（劑量為$1/2$湯匙）[51]。若茶湯只用水與貓薄荷葉及花泡成的話，則可作為非常有效的灌腸劑來潔淨胃腸道。

◆ 使月經增量

且可消滅一切腸道寄生蟲。

1盎司　艾菊葉
1湯匙　黑糖
1品脫　沸水

將上列材料放入沸水浸泡30分鐘，然後濾除藥渣。
劑量：偶爾飲用，每次$1/2$酒杯。

◆ 洗眼液

適用於眼瞼炎與眼部發炎。

1盎司　北美黃連酊劑（tinc. hydrastis can）
1打蘭　血根草酊劑（tinc. sanguinaria）
$1/2$打蘭　硼酸

將上列成分混合均勻。
劑量：將10滴混合液加進$1/2$矮酒杯（tumbler）[52]的水中，用作洗眼液。

藥用合劑

◆ 用於昏厥、歇斯底里及病弱患者的神經合劑

$1/2$盎司　琉璃繁縷酊劑
$1 1/2$盎司　薄荷純露（綠薄荷，*Menths virdis*）
1打蘭　纈草酊劑
$1/2$盎司　複方荳蔻酊劑

---

[51] 譯註：兒童若出現腹部絞痛或發炎，先盡速送醫診斷。
[52] 譯註：1矮酒杯約為284公撮。請留意硼酸對人體的毒性。

將上列成分混合均勻。

劑量：每次2湯匙，每日3次。

◆ **用於咳嗽的合劑**

2打蘭　吐根糖漿

2打蘭　海蔥糖漿（syrup of squils）

2打蘭　血根草酊劑

將上列成分混合均勻。

劑量：每天1至1$\frac{1}{2}$茶匙，或在咳嗽嚴重時服用。

◆ **提振性慾**

$\frac{1}{2}$盎司　仙杖花

$\frac{1}{2}$盎司　聖約翰草酊劑

$\frac{1}{2}$盎司　透納樹酊劑

將上列成分混合均勻。

劑量：每6小時服用30至60滴。

油膏

◆ **用於惡性腫瘤、痔瘡、癬等等的北美黃連軟膏**

2盎司　北美黃連根

1盎司　含甲醇的變性酒精[53]

1盎司　甘油

1盎司　水

將北美黃連根搗得很碎，然後加入其他材料拌勻。將容器緊緊塞住並靜置於溫暖處所
1　週，然後榨出所有液體，將殘留物與4盎司液狀豬油澈底混合，再倒進具有螺旋蓋
的罐子裡面。

---

[53] 譯註：由於甲醇具有毒性，請改用其他較為安全的變性酒精。

）巫者藥典（

　　非巫者（cowan; non-Witch）對巫術的常見誤解之一，即是我們會用自己的大鍋煮各式各樣的邪惡材料！這種扭曲的看法到底是怎麼發生的呢？啊，那是因為，一般藥草會有許多不同的地方俗名。人們也許會因為某藥草的外觀看起來像是某種模樣，就為它取個生動的名字，一旦這個以外觀來取的名字持續出現，人們要不了多久就會接受。龍血（Dragon's blood）就是很好的例子，這樹脂係因其具有類似乾血塊的紅褐色而得此名稱，且其來源植物——（血竭 *Calamus draco*）、龍樹（*Dracoena draco*）、龍血樹（*Pterocarpus draco*）——又是以北半球星座天龍座（Draco the Dragon）為名。它不是某條龍留下的乾血塊啦，不過還是有許多人相信呢！

　　以下列出一些藥草及其俗名，當你下次遇到像是寫有馬舌與貓眼的古老配方時，就會知道其真正意義。[54]

巫名	俗名	學名
蝮蛇嘴 Adder's mouth	Stitch wort	繁縷 *Stellaria media*
蝮蛇肉 Adder's meat	Adder's meat	洋繁縷 *Rabelera holostea*
蝮蛇舌 Adder's tongue	Dog's-tooth violet	美洲豬牙花 *Erythronium Americanum*
驢耳 Ass's ear	康復力 Comfrey	聚合草 *Symphytum officinale*
熊耳 Bear's ear	Auricula	耳狀報春花 *Primula auricula*
熊足 Bear's foot	Stinking hellebore	臭嚏根草 *Helleborus foetidus*
蜂巢 Beehive	蝸牛草 Snail plant	蝸牛苜蓿 *Medicago scutellata*
乞丐的壁蝨 Beggar's tick	Cockhold	多葉鬼針草（對應巫名） *Bidens frondosa* 紫莖鬼針草（對應俗名） *Bidens connata*
鳥眼 Bird's eye	春福壽草 False hellebore	春側金盞花 *Adonis vernalis*
鳥舌 Bird's tongue	歐洲白蠟樹 European ash	歐洲梣樹 *Fraxinus excelsior*
黑仔 Blackboy	黑仔樹、澳洲草樹 Blackboy	澳洲刺葉樹 *Xanthorrhoea australis*
血指 Bloody fingers	Foxglove	毛地黃 *Digitalis purpurea*
公牛眼 Bull's eyes	沼澤金盞花 Marsh marigold	沼澤驢蹄草 *Caltha palustris*
公牛足 Bull's foot	幼馬足 Coltsfoot	款冬 *Tussilago farfara*
犢牛鼻 Calf's snout	Toadflax	柳穿魚 *Linaria vulgaris*

● 康復力 Comfrey
（*Symphytum officinale*）

● 款冬 Coltsfoot
（*Tussilaga farfara*）

---

[54] 譯註：藥草若無中文俗名，或其中文俗名即是學名，則只譯學名。植物的學名若有更新，則直接譯新的學名；若找不到中文的正式稱法，就會用「種名在前、屬名在後」的方式直譯。）

巫名	俗名	學名
貓腸 Catgut	惡魔鞋帶 Hoary pea	維吉尼亞灰毛豆 *Tephrosia virginiana*
貓眼 Cat's eye	Starflower scabious	星花山蘿蔔 *Scabiosa stellata*
貓足 Cat's foot	加拿大蛇根草 Canada snake root	加拿大細辛 *Asarum canadense*
貓足／掌 Cat's foot /paw	連錢草、大馬蹄草 Ground ivy	金錢薄荷 *Nepeta glechoma*
牛奶 Cat's milk	Wartwort	澤漆 *Euphorbia helioscopia*
雞趾 Chicken toe	Coral root	秋珊瑚蘭 *Corallorhiza odontorhiza*
雞冠 Cock's comb	Yellow rattle	小鼻花 *Rhinanthus christa-galli*
牛尾 Cow's tail	Canada fleabane	加拿大蓬 *Erigeron canadense*
鴉足 Crow foot	老鸛草 Cranesbill	斑點老鸛草 *Geranium maculatum*
惡魔奶 Devil's milk	Wartwort	澤漆 *Euphorbia helioscopia*
狗舌 Dog's tongue	藥用倒提壺 Dog's tongue	紅花琉璃草 *Cynoglossum officinale*
驢眼 Donkey's eyes	Cowage plant	白花黎豆（種子）*Mucuna pruriens* (seeds)
鴿足 Dove's foot	老鸛草 Cranesbill	林地老鸛草 *Geranium sylvaticum*
龍爪 Dragon's claw	Coral root	秋珊瑚蘭 *Corallorrhiza odontorhiza*
龍眼 Dragon's eye	Dragon's eye	龍眼 *Nephelium longana*
鴨足 Duck's foot	北美蔓陀蘿 American mandrake	盾葉鬼臼 *Podophyllum peltatum*
仙靈手指／手套 Fairy fingers /gloves	Foxglove	毛地黃 *Digitalis purpurea*
血肉之軀、親生骨肉 Flesh and blood	Tormentil	洋委陵菜 *Potentilla tormentilla*
狐尾 Fox tail	（假）石松 Club moss	（棒狀）石松 *Lycopodium clavatum*
幼馬足 Foal's foot	Coltsfoot	款冬 *Tussilago farfara*
蛙足 Frog's foot	Bulbous buttercup	球根毛茛 *Ranunculus bulbosus*
山羊鬍 Goat's beard	西洋牛蒡 Vegetable oyster	波羅門參 *Tragopogon porrifolius*
山羊足 Goat's foot	Ash weed	田足羊角芹 *Aegopodium podagraria*
野兔足 Hare's foot	三葉草 Clover	兔足菽草 *Trifolium arvense*

● 毛地黃 Foxglove
(*Digitalis purpurea*)

薺菜 Shepherd's purse
(*Cabella bursa pastoris*)

巫名	俗名	學名
馬尾 Horsetail	Scouring rush	木賊 *Equisetum hyemale*
馬舌 Horse tongue	Hart's tongue fern	阿爾泰鐵角蕨 *Scolopendrium vulgare*
鹿舌 Deer's tongue	鹿舌草 Vanilla leaf	*Liatris odoratissima*
猶太人的耳朵 Jew's ear	黑木耳 Fungus on elder or elm	猶大木耳 *Pziza auricula*
羔羊舌 Lamb's tongue	Ribwort plantain	長葉車前草 *Plantago lanceolata*
蜥蜴尾 Lizard's tail	蜥尾草 Breast weed	垂尾三白草 *Saururus cernuus*
蜥蜴舌 Lizard's tongue	Lizard's tongue	蜥舌蘭屬 *Sauroglossum*
母親的心 Mother's heart	Shepherd's purse	薺菜 *Capsella bursa-pastoris*
鼠耳 Mouse ear	鼠血草 Mouse blood wort	綠茅山柳菊 *Hieracium pilosella*
鼠尾 Mouse tail	Common stonecrop	辣景天 *Sedum acre*
黑人頭 Negro head	象牙果 Vegetable ivory	大果象牙棕櫚 *Phytelephas macrocarpa*
老人鬍 Old man's beard	Fringe tree	美國流蘇樹 *Chionanthus virginica*
公牛舌 Ox tongue	Bugloss	牛舌草 *Anchusa officinalis*
兔足 Rabbit's foot	Field clover	兔足三葉草 *Trifolium arvense*
牧羊人的心 Shepherd's heart	Shepherd's purse	薺菜 *Capsella bursa-pastoris*
蛇頭／龜頭 Snake head / Turtlehead	Balmony	白龜頭花 *Chelone glabra*
蛇奶 Snake milk	Flowering spurge	花大戟 *Euphorbia corollata*
蛇舌 Snake's tongue	Adder's tongue fern	瓶爾小草 *Ophioglossum vulgatum*
松鼠耳 Squirrel ear	White plantain	袖珍斑葉蘭 *Goodyera repens*
雄鹿角 Stag horn	（假）石松 Club moss	（棒狀）石松 *Lycopodium clavatum*
臭鵝足 Stinking goose foot	Stinking goose foot	偽多花刺藜 *Chenopodium foetidum*
豬鼻 Swine snout	Dandelion	蒲公英 *Taraxacum dens-leonis*
蟾蜍 Toad	Toadflax	柳穿魚 *Linaria vulgaris*
獨角獸的角 Unicorn's horn	仙杖花 False unicorn	黃地百合 *Helonias dioica*
狼爪 Wolf's claw	（假）石松 Lycopodium	（棒狀）石松 *Lycopodium clavatum*
狼足 Wolf's foot	Bugle weed	維吉尼亞地筍 *Lycopus virginicus*

● 柳穿魚 Toadflax
(*Linaria vulgaris*)

白龜頭花
Balmony/Turtlehead
(*Chelone glabra*)

） 購買藥草管道 （

Aphrodisia Products, Inc.
62 Kent Street
Brooklyn, NY 11222

Glenbrook Farms Herbs & Such
15922 76th Street
Live Oak, FL 32060

The Herb Society of America
300 Massachusetts Avenue
Boston, MA 02115

Horizon Herbs
P.O. Box 69
Williams, OR 97544

Indiana Botanic Gardens
3401 West 37th Avenue
Hobart, IN 46342

Kiehl Pharmacy
109 Third Avenue
New York, NY 10003

Lingle's Herbs
2055 N. Lomina Avenue
Long Beach, CA 90815

Mountain Rose Herbs
85472 Dilley Lane
Eugene, OR 97405

Richters
Goodwood
Ontario PQ L0C 1A0, CANADA

The Society of Herbalists
Culpeper House, 21 Bruton Street
Berkeley Square, London W1X 7DA, ENGLAND

1001 Herbs
c/o Global Alliance, Inc.
P.O. Box 142
Elizabeth, CO 80107

在托馬斯・米德爾頓（Thomas Middleton）的戲劇《女巫》（*The Witch*, 1612）中，名為赫卡蒂（Hecate）的角色要拿東西塞住某個未受洗的孩子之嘴巴與鼻孔，然後將孩子烹煮取其脂肪（！）。她一邊拿那些材料來用，一邊說[55]：

> **赫卡蒂**：將神奇藥草塞進他的喉嚨；
> 把他的嘴巴塞滿，
> 耳朵與鼻孔也都塞滿；
> 最後，我會塞進野芹（eleoselinum）、
> 烏頭（aconitum）、楊樹葉（frondes populeas）及煤灰。
> 澤芹（sium）、菖蒲（acorum vulgare）也塞進去，
> 還有委陵菜（pentaphyllon）、飛行小鼠（flitter-mouse）的血、
> 睡茄（Solanum somnificum）以及油（oleum）。

這看似是某種可怕的混合物——但經過仔細檢視就不是如此了。eleoselinum 僅是一般的荷蘭芹（common parsley）[56]。烏頭是耐寒的草本植物，可內服與外用，用於治療風溼與神經痛[57]。frondes populeas 是楊樹的葉芽；sium 則是澤芹（water parsnip）；acorum vulgare 是菖蒲（calamus），用於治療胃病。pentaphyllon 是委陵菜（cinquefoil）的希臘名稱，飛行小鼠自然是蝙蝠。茄屬（Solanum）植物有很多，包括馬鈴薯、歐白英（bitter-sweet）與茄子等等，而 somnificum[58] 可能是指龍葵（nightshade）一類的茄屬植物。而 oleum 很有可能是用來結合這些無害材料的油（oil）。

摘自《圈內人所認識的巫術》
雷蒙德・巴克蘭
Llewellyn, Mn. 1971

---

[55] 譯註：該劇作者所寫的這段文字，似乎取材自文藝復興時期反對獵巫的歐洲學者 Giovanni Della Porta 對當時巫者在用的「飛行膏」（flying ointments）之調查（*Magiae Naturali*, 1561）。

[56] 譯註：應是「野芹」（smallage）。

[57] 譯註：烏頭屬的植物有很高的毒性。

[58] 譯註：字面有致眠之意。

第十課問題

一、敘述你自己在使用藥草的一些成功經驗。列出自己嘗試過的藥草以及觀察到的結果。

二、列出你個人目前手邊隨時可以使用的藥草庫存。這些藥草的用途分別為何？（即它們各自據稱擁有或展現的療效是什麼？）

三、在這一頁列出你喜歡的配方、煎汁、
　　浸液等等之類的事物。

四、說明你如何蒐集自己的藥草庫存（包括
　　地點與時間）。列出你找到的良好供應
　　商或供應者。

五、你在進行藥草工作時，用過哪些書、藥
　　草誌或其他資訊來源？有跟當地的藥草
　　專家交談過嗎？當時有學到什麼呢？

第十課試題

一、身為好的療者要具備什麼條件？

二、提及植物時，為何總要用拉丁學名來稱呼呢？

三、什麼是（一）浸出（二）澄清？

四、為了使藥草能夠用於治療，請提出三種不同的備料方法。

五、你會將滑榆（*Ulmus fulva*）用在什麼地方呢？

六、下列術語意思為何？（一）祛風藥（二）祛痰藥（三）發紅藥（四）發汗藥？

七、如果某藥物的成人劑量是2打蘭，那麼要給7歲孩童服用這藥物的話，你會開多少劑量呢？

八、下列術語的簡寫為何？（一）同等分量（二）一匙（三）搖動瓶子（四）飯後？

請閱讀下列作品：

《追蹤有益健康的藥草》（*Stalking the Healthful Herbs*），尤爾·吉本斯（Euell Gibbons）著

《藥草書》（*The Herb Book*），約翰·勒斯特（John Lust）著

《樹》（*The Tree*），雷蒙德·巴克蘭著，閱讀關於「藥草知識」的篇章。

推薦的補充讀物：

Common and Uncommon Uses of Herbs for Healthful Living by Richard Lucas

The Herbalist by J. E. Meyer

Potter's New Cyclopaedia of Botanical Drugs and Preparations by R. C. Potter

Complete Herbal by Nicholas Culpeper

Complete Herbal by John Gerard

Herbal Manual by H. Ward

第十一課

魔法

MAGICK

> 注意：這堂課對學生而言十分重要，切莫求快而囫圇吞棗。請仔細閱讀及研習，甚至多讀幾遍。你應要完全熟悉本課內容。

就最重要的本質而言，巫術是一種宗教，因此崇拜父神與母神才是巫者的重心。魔法的重要性排在崇拜後面。

然而魔法在絕大多數宗教（如果不是全部的話）當中的確占有一定分量——像羅馬天主教的「變體論」（transubstantiation）根本就是魔法。因此我們也會在巫術裡面發現魔法——不過我得再次強調，魔法僅是巫術的次要面向。

魔法本身就是實修法門的一種。如果你只想行使魔法，其實並不需要成為巫者。任何人都可以行使魔法……或是至少能夠嘗試看看。像這樣的人就是魔法師。

世上有許多不同形式的魔法，其數量有到數十種，甚至數百種。有些魔法可能非常危險，例如在儀式魔法（Ceremonial Magick）當中，魔法師得召喚及驅使各種不同的存在個體為其工作，然而這些個體絕大多數明確與魔法師為敵。巫術的某些傳統，也因著各種理由而在其魔法操作當中偏好儀式魔法的此一面向，並且確實召喚出了各種不同存在個體。然而這種作法具有危險性。不僅危險，敵人還認為完全沒有必要，因為這有點像企圖將一千伏特電壓的電源接上電晶體收音機那樣！倘若一顆乾電池就能做得很好而且沒有高壓電的危險問題，那麼為何要冒險接高壓電呢？本書探討的魔法，儘管跟任何其他魔法一樣有效，但它是**安全**的……你不會受到傷害。

不過，「魔法」（magick）到底**是**什麼？不同的人在使用此詞時會有不同的意思。首先，我這裡講的不會是舞臺「魔術」（stage "magic"）── 即戲法（conjuring），或是技法（prestidigitation）。像是從帽子裡拿出兔子，還有將年輕女子鋸成兩半，這些都是純粹的幻象。

　　原始人藉由**想像**自己想要的事物來進行魔法。他坐下來，「看見」自己正在狩獵某隻動物。他「看見」自己正在攻擊並殺死牠。接著他「看見」自己在享用食物。有的時候，為了幫助自己看見這些事情，他會將自己狩獵與殺死動物的模樣繪成圖畫或雕成模型。這一切都是所謂「交感」魔法的一部分……你可以做一些練習來幫助自己「看見」或觀想、視覺化。第一步很簡單。

　　從雜誌上挑一張照片——假設那是某棟房子的照片。仔仔細細地觀看它、研究它。觀看房子及其他部分的所有細節。觀看屋頂、窗戶的形狀及其位置。觀看這房子的門與屋前階梯（如果有的話）。觀看它的花園與圍欄（如果有的話）。觀看房子外面的道路，還有任何呈現在照片上的人物。

　　然後將這照片撕成兩半。將其中一半放在一張白紙上面仔細觀察。**觀想這照片缺失的那一半**。使自己看到**完整**的照片畫面。使自己看見自己記得的所有細節。然後，再將照片的另一半拿出來檢視，看自己是否正確（參見圖1）。[59]

《伏都信仰的日常修習》（ *The Everyday Practice of Voodoo* ）

柏柯・蓋迪（Boko Gede）

CBE Books, Calif. 1984

　　你可以用越來越複雜的圖片來練習，直到能夠輕易觀想出所有的細節（參見圖2）。

　　然後為某個人照張相片（這可以有許多用途，其一就是用於治療）……你必須對那張照片看個仔細，直到你可以在沒有照片的情況下清晰看見他或她的所有細節。你需要能夠看見、觀想他或她做著你想要他們做的事情……看見照片顯示的形象——並專注其上（參見圖3）。

《伏都信仰的日常修習》

柏柯・蓋迪

CBE Books, Calif. 1984

---

[59] 譯註：此頁提到的圖1至圖3在下一頁。

其實，為了要區分魔術與真正的魔法——也就是巫術與神祕界所使用的魔法——後者的原文名稱拼法詞尾會多一個「k」，這是魔法原文名稱的古老拼寫形式。依善之目的而行使的魔法被分為「白魔法」（white magick），以惡之目的而行使的魔法則被分為「黑魔法」（black magick）。這些術語並沒有關於人種方面的暗示，而是來自古波斯人的善惡概念。祆教創始人瑣羅亞斯德 Zoroaster，又稱查拉圖斯特拉（Zarathustra）認定，當時在眾多善良的靈體或神祇當中，只有一位是**全善**（all-good）——即阿胡拉・馬茲達（Ahura Mazda），也就是太陽、光。那麼，若你有個全善的神祇，就會需要某個全惡（all-evil）的事物作為對立（白色要等到你用黑色作為對比才能找得出來），而這角色就交給阿利曼（Ahriman）——也就是黑暗。其他次級神祇則變成「惡魔」（devils）。這個「全善／全惡」的概念後來被密特羅教（Mithraism）採用，然後向西移動，進入基督信仰當中。因此，我們從波斯那裡得到關於白魔法與黑魔法的基本概念。

◉ 圖1

◉ 圖2

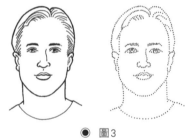

◉ 圖3

阿列斯特・克勞利則將魔法定義為「使改變順應意志發生的技藝或科學」（the art or science of causing change to occur in conformity with Will），換句話說就是使自己想要發生的事情發生的方法。那麼我們該如何使這些事情發生呢？就是運用我們每個人內在都有的那股「力量」（抱歉，找不到更好的字詞來表示）。有的時候，我們還是得向諸神祈求增添自己的力量，然而就絕大多數事情而言，我們自己就可以產生自己所需的一切。

☽ 肉體 ☾

為了能夠產生力量，我們必須保持處在好的狀態。俗話說病樹少果。請將自己保持在良好的身體狀態。要做到這一點，你其實不需要靠每天跑五到十英里或是重量訓練，只要確保自己不會變得過重（或過輕）就可以了。注意自己的飲食。減少攝取垃圾食品並嘗試保持「均衡」的飲食，只是每個人的均衡飲食不一定相同。盡量吃天然食物，避開白糖（它有個更加貼切的暱稱：白色死神！）與白麵粉。多吃蔬菜與水果。我並沒有建議你成為素食者，只是別對肉類過度耽溺。你會知道自己處在良好的狀態，因為你屆時會有不錯的感覺。

進行魔法之前，潔淨是很重要的。藉由禁食進行自身內在的潔淨是個不錯的方法。在儀式開始之前的24小時之內，飲食只限水、蜂蜜與全麥麵包。不攝取任何酒精或尼古丁，不進行任何性行為（這一點在進行性魔法前特別重要，後面會講到）。儀式開始前，先用一湯匙的鹽（最好是海鹽，可在大多數超市或保健食品店買到）溶入浴缸的水，並浸浴其中。

☽ 巫圓 ☾

巫圓本身相當重要。在即將進行魔法的時候，巫圓的構建須比平常所為更加謹慎仔細。其尺寸可依前述課程所述，然而在進行「立起神殿」的步驟時必須非常仔細地展開與聖化巫圓。確保巫會之劍或巫刃的尖端完全依著巫圓的線條來劃。展開巫圓的人應當把自己的能量盡量透過工具往下傳遞並注入巫圓，還有完完整整地灑水與薰香。魔法自然是在巫圓的定期聚會舉行，所以屆時會先進行定期聚會及／或滿月（或新月）儀式，接著是「糕點與麥酒」。大家會在「糕點與麥酒」充分討論後續要進行哪種操作（魔法）以及到時要做的**確切步驟**。然後在實際開始魔法操作之前，讓男祭司或女祭司再次拿起劍或巫刃繞巫圓一圈以鞏固之（但毋需進行第二次灑水與薰香）。接下來應花幾分鐘冥想欲作之事的整個畫面。然後如同你等

如果「人類透過超自然力量來控制自然力量」不是巫術的話，什麼是巫術？人類透過禁食與唸咒、透過召喚而捕捉到那股力量並使用之——但他們並不真確知道自己在用的是什麼事物。因此巫術即是關於那股力量的學問，一切奧祕都在對這力量的信仰當中相互糾纏與融合。

《巫者仍在世上》（*Witches Still Live*）
賽達·肯永（Theda Kenyon）
Washburn, N.Y. 1929

絕不要「只為了看看有沒有效」而運用魔法——這樣做大概不會生效——也不要只是為了向他人證明魔法有效而這樣做。只有在真正需要的時候才可以使用魔法，而且若想在行使魔法時能運用得當，你就得勤學苦練。

● 圖 11.1A

● 圖 11.1B

● 圖 11.1C

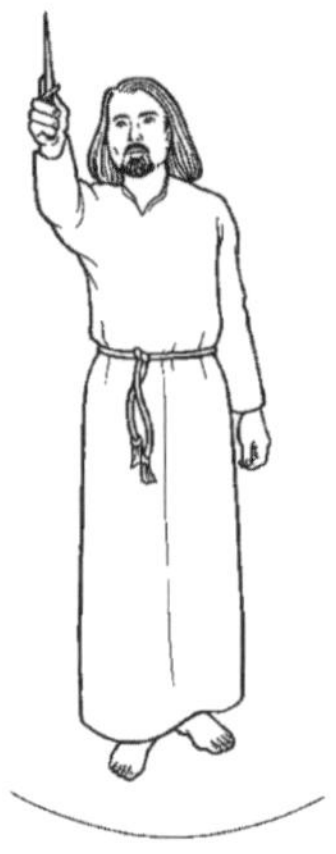

一下會看到的部分，在實際行使魔法時，你會專注在最終結果，不過在最開始的時候，請冥想所有要去完成的事情。

☽ 進出巫圓 ☾

行使魔法期間，巫圓不應斷開。至於其他時間，雖說**可以**中途離開巫圓再回來，但這動作在進行時總要非常謹慎——而且只在絕對必要的時候才做。

☽ 中途離開巫圓 ☾

手持巫刃站在巫圓東側，接下來的動作就像是垂直切過巫圓的所有線條那樣，先在你的右方劃一下，然後在你的左方劃一下（參見圖11.1A-B）。之後你就能從這兩劃之間走出巫圓。想要的話，也可以想像自己在巫圓東側切出開口或通道。

有些巫者則會從自身一側的地面開始切，接著起身劃出一道頂端跟自己的身高一樣高的弧線，再到另一側一路往下劃到地面，就像切出一條大型門徑那樣。但這樣的作法其實並沒有那麼必要，因為光是用巫刃切過聖化巫圓線條的動作就足以打開巫圓。

☽ 再度進入巫圓 ☾

返回巫圓時，就從同一道東側開口走回去，並透過「重新連結」（reconnecting）巫圓的所有線條將它「關閉」。巫圓在最初展開時一共畫出三個圓圈：一個用劍劃成、一個用鹽水灑成、一個用香

● 圖 11.1D

爐薰成。因此，你要重新連結的線有三條。為達此目的，用巫刃沿著巫圓的線條來回揮劃即可（參見圖11.1C）。順便說明一下，這就是巫刃之所以要雙面開鋒的原因之一——如此就能在上述動作及其他類似的魔法操作當中進行雙向的「切割」。

◉ 召喚五芒星

完成之後，舉起你的巫刃，移動刃身劃出五芒星以「封印」切過的地方。移動的方式如下：從頂端開始，將巫刃往左下劃，然後將巫刃往右且稍微往上的方向劃，再向左平劃，接著往右下劃，最後回到頂端（參見圖11.1D）。接著親吻巫刃的刃身並回到自己的位置。

正常來說，巫圓的活動一旦開始，直到「撤下神殿」完成之前，任何人都不應離開。因此，除非絕對必要（例如有人真的得要上洗手間！），不然巫圓不應斷開。若某人預計在切出開口出去之後會離開一段時間，那麼她或他應該執行步驟11.1A及11.1B，接著通過巫圓，然後執行步驟11.1C，將巫圓暫時關閉。在返回時，她或他將再次切穿巫圓（於同一處進行步驟11.1A及11.1B），接著通過巫圓，然後依往常那樣以步驟11.1C關閉巫圓，然後執行11.1D步驟將巫圓密封。

法術一旦開始，絕對不能斷開巫圓。

❱ 力量之錐（Cone of Power） ❰

我們的身體裡面都有力量，而氣場就是這股力量的外在呈現，它可用於治療，還能移動無生命的物體，讓你透過水晶球或塔羅牌看見事物。這是一股非常了不起的力量，而你即將學習運用這股可以改變人生的力量。

在以整個巫會進行魔法操作時，可以從眾人身上汲取這股力量——而經過聖化的巫圓就是承載這股力量的容器——混合形成一個「使改變順應意志發生」的巨大工具。自不用說，巫會眾人的意志均須指向同一結果。這股力量，無論是由一個或多個巫者產生出來，都會在巫圓上方積聚並形成圓錐的形狀。一旦產生足夠的力量，那麼這道力量之錐就能加以導引。

◉ 力量之錐

無論何時操作魔法，都要確保自己不會受到打擾，因為你需要將全部的能量與注意力集中於自己正在操作的魔法上面。

經常行使的魔法會是什麼類型？主要是療癒方面的種種操作，不過也沒有到一定如此的程度。我們也許會想要舉出幾個例子，若分別來看，都可用「巧合」一詞來解釋。雖然巧合是個方便的詞彙，但是在大量事例已經出現時，仍用「巧合」一詞帶過就顯得有些勉強。巫者已做足功夫，證明魔法對他們而言不是巧合。無論有沒有人相信都不重要——**他們**相信就已足夠。

《圈內人所認識的巫術》
雷蒙德・巴克蘭
Llewellyn, Mn 1971

如果你還在隱約擔心有人會看到你、鄰居會來抱怨噪音、電話會響（所以要記得斷開線路），或是其他任何形式的可能打擾，就無法進行此事。**請讓自己感到安心**。

) 舞與頌 (

有多種方式可將自己的內在能量於釋放之前進行累積。敝人會先來講述最為常見的方法，即舞（dancing）與頌（chanting）。無論是古文明，甚至現今許多部落社群，包括美洲印第安人、非洲人、澳洲人等等，均能看到舞與頌的活動。

傑拉德・加德納在其著作《現今巫術》舉例說明音樂（此例為簡單的鼓點）如何影響心智：「他們跟我說他們能讓我氣到想揍人。但我不相信，所以他們請我坐在某張椅子並且把我綁在那裡無法掙脫。然後有個人坐在我前面，拍起小鼓，沒有任何音調，僅只是穩定的咚－咚－咚而已。我們在一開始是邊笑邊聊天的……然而這過程似乎已經很久，雖然我可以看到時鐘且知道這段時間並不長。咚－咚－咚的聲響一直持續，他們仍帶著笑意看著我，但我覺得自己很傻，而他們的笑容讓我很生氣。我有意識到咚咚聲的速度似乎有點加快，而我的心似乎跳得非常用力。熱意陣陣襲上的我對他們的傻笑感到憤怒。突然間，我感到抓狂般的怒意，想從椅子掙脫。我後來掙離束縛，準備要找他們算帳。就在我開始動的時候，他們改變擊鼓的節奏，而我不再憤怒。」

藉由在某個圓圈裡面繞行舞動，特別是那種伴隨規律鼓聲或頌咒韻律的舞動，可以使力量逐漸充滿身體。隨著舞動與節奏的加速，你的心跳也會跟著變快。你會覺得更熱、更興奮，而力量會逐漸累積起來。至於依著巫圓而行的舞動，絕大多數都以較為緩慢的節奏開始，然後逐漸加速、越來越快，直到巔峰。

身為巫會成員的你們，可依順繞圈的方向一起牽手舞動或各自舞動。然而牽手舞動可以匯聚眾人的能量，且能平均協助每一個人累積力量。至於具體的舞步與適合的音樂範例可在本書〈附錄四〉找到。

跳舞時要唱頌什麼呢？你會需要一些簡單且有節奏的東西。我所說的簡單，不僅是指不複雜，而且還得明白易懂。沒有莫名其妙的東西！某些巫者團體在繞圈舞動時，會唱頌無人知曉含義的奇怪話語。試問，若你不曉得自己在說什麼，你要怎麼把感受融入自己所說的話語？你想要行使魔法吸引金錢嗎？……那麼就唱頌跟吸引金錢有關的話語。與其唸頌「拉馬喀、拉馬喀、巴洽洛斯、卡巴哈吉、薩波利歐斯、巴利歐斯」之類的話語，何不這麼唸：「父神與母神，我們是你們的巫者。讓我們快樂，令我們有錢。」這段話語也許看似庸俗且毫不神祕，但能讓你非常容易地把感受融入其中（以及記住這些字）。它不僅簡單、易懂，而且還有節奏感。它具有明確的節拍，讓你可以套用在舞步當中。正如前述傑拉德‧加德納的實驗，節拍很重要，它真的會影響你。

所以魔法必須適合個人，或適合個別的巫會。沒有固定的詞句、沒有現成的咒語，也沒有「翻到第27頁，唸頌第33號咒語」可以給你或你們使用。巫會眾人可以在「糕點與麥酒」儀式——或是在定期聚會之前特別安排的「事務」會議——當中一起坐下來，確定你們真心想要說出且大家都感覺舒服的話語。至於獨修巫者，這一切自然得靠自己完成。記住這兩個要點：**簡單與節奏**。

）感受（

感受……也許是魔法在操作當中唯一且最強力的元素。如要產生力量，你必須對自己試圖進行的事情有著強烈的感受。假設某個巫會想要協助某個老人家從犯罪率高的社區遷離，那麼每個巫會成員都必須：

一、**強烈感受到**老人家遷離這件事是對的，而且……
二、知道大家要協助他搬去**哪個地方**。

巫會（或是個人，如果是獨修巫者的話）必須像對待自己的父親那樣地關心這位老人。他們必須**真心想要**幫助他。這就是為自己進行魔法比較容易的原因——而且比起為別人做魔法，為自己做魔法不是更加應該嗎？對於欲行之事，最適合為其進行魔法的人，就是對於此事具有最為強烈感受、最渴望其成功的人——也就是當事人。

在腦海中清晰想像出自己要去完成的事情之畫面，特別要去想著**最終成果**。例如，假設你想寫一本暢銷小說。別想像自己親手**撰寫**小說的場景，反倒要想像那本小說已經寫好（自然是你寫的吧），而出版社接受它並予以出版，並在自己的心目中看到這本小說的**成品**、看到穿著精裝書衣（或是平裝封面）的它擺在書店裡面、看見書的上面有你的名字、看見人們在買它、看見它在暢銷書榜上、看見自己參與簽書會。在腦海中清晰想像這個或這些圖像，並將你的能量往那個成果聚集。觀想一股白光（或者任何你傾向想像的能量流形式）從你自己朝外奔流而出，並藉著你的引導流向那個最終成果。**不要觀想事情正在運作的模樣——而是觀想它已經完成**。

就之前提到的例子而言，不要想像那老人家搬出目前居住的社區，而是觀想他在**新的社區**過得快快樂樂。這就是魔法能成功運作的祕訣之一——對於**最終成果**的觀想。

） 引下力量 （

儀式魔法裡面有一經常使用的工具，稱為權杖（wand），或稱魔法棒（magick wand）。某些巫術傳統如加德納傳統、亞歷桑德斯傳統、胡頌傳統[60]從儀式魔法借取魔法棒及其他工具，但敝人覺得工具本身並非必要。無論魔法師的魔法棒可以做到什麼事情，浸淫於巫術的我們有著同樣可以做到那一切的工具……就是巫刃。魔法棒被視為魔法師手臂之投射或延伸，可以用來儲存與投射他或她的力量。巫刃也同樣有這功能，那為何還要費事去用魔法棒呢？

若你有需要強化自己打算提升的力量，或覺得（也許這對獨修巫者而言是頗為真實的感受）可能無法產生**足夠**的力量來完成自己想要完成的事情，那麼你可以從諸神「引下」（draw down）能量來支援自己。當你舞動完畢、於釋放力量（參見下一段）之前，拿出你的巫刃，雙手握住刃柄高舉過頭。運用你所用的父神與母神之名呼喊他們（可用默想或出聲的方式），並感受一股龐大的能量瞬間從巫刃傳導下來，經過雙臂進入你的身體，然後將巫刃往下揮並指向外面，釋放那力量。

---

[60] 譯註：也許是指保羅‧胡頌（Paul Huson）的巫術系統。

❩ 釋放力量 ❨

你的目的是盡可能將力量提升至最為高漲的點，然後釋放它以引發改變或運作魔法。可以把它想像成是孩童在玩的空氣槍：孩童先為空氣槍打氣進去——打進去的氣越多，力量就越強——然後孩童瞄準目標，並扣壓扳機以釋放力量。你則是透過舞與頌來為自己的力量「打氣」，現在輪到瞄準與扣壓扳機的階段。

請確保自己已經打氣打到最滿。舞動得越來越快、唱頌得越快越大聲，直到你覺得自己準備好要爆發了。然後停下舞動，跪在地上（或平攤在地，或採用自己覺得很棒的其他姿勢。你可以藉由實驗來確定）。如果有需要的話，就引下能量。接著進行瞄準：把那畫面呈現在腦海中並專注其上。當你專注的時候，會感到內在的能量，你會感到那能量正企圖要爆發出來。盡量停在這狀態，同時維持腦海中的畫面。當你感到自己已擋不住它的時候，將它釋放——並在它從你裡面爆發出來的同時，**喊出**關鍵字。如果你進行這魔法是為了錢，那就喊出「錢！」；若是為了愛，就喊出「愛！」；如果是為了新工作，就喊出「工作！」

所以在稍早的商量階段，也就是在「糕點與麥酒」的時候，就要決定使用哪個關鍵詞。這一步驟就是釋放，也就是扣壓板機。而且要**喊**出來！不要有自我意識、不要擔心鄰居、別去想「別人會怎麼想？」只要把它喊出來，釋出所有積聚的力量。自然，巫會眾人不會一起在同一時間點釋放。那也沒問題。每個人都是在自己準備好的時候釋放能量。在這之後，你可能會倒在地上，完全精疲力竭……但你會感覺**很棒**！從容恢復自己的體力，並在進行後續的撤下神殿儀式之前喝杯紅酒（或果汁）放鬆一下。

在某些傳統當中，巫會眾人將這力量送往男祭司或女祭司，並由他或她進行這魔法應要進行的指向與釋放。這方式雖然相當有效，但敝人發現它需要強壯的男祭司或女祭司以**妥善**處理力量的積聚與指向，所以通常不太建議使用。

❩ 時機 ❨

若要操作魔法，知曉適合的時機相當重要。敝人在先前課程當中有提到各種月相。月亮是你操作魔法的時鐘與曆法。若月亮正處漸盈，那麼就是進行增益魔法的最佳時機——而其最佳時機應是盡可能接近滿月的時間。如果月亮正處漸虧，那麼就是進行減損魔法的最佳時機——而其最佳時機應是盡可能接近新月的時間。

增益魔法（Constructive magick）即用於增加的魔法。例如使某位老人家從不好的社區搬到好的社區，明顯會提高他的幸福。愛情魔法算是增益魔法，而用於獲得新工作、財富、成功與健康的魔法也屬此類。

減損魔法（Destructive magick）通常會跟事物的結束有關，像是結束某段戀情、不良習慣或生活方式。

請仔細思索問題，並定出最好的魔法運作方式。例如，若想擺脫女友或男友並找到新的對象，你會把魔法運作在結束那段關係，還是開始新的關係？還是兩者兼顧？答案可以總括為「用正向來思考」，換句話說就是盡可能專注在增益的面向。若你專注在找到新女友或男友，那麼舊有的關係也許會因此自然得到解決。若不確定的話，就在月盈期間進行魔法。

請永遠牢記「威卡箴言」：「只要無傷無害，儘管任意而行。」不要進行任何會以任何方式傷害任何人的魔法，也別干涉他人的自由意志。如有疑慮，就不要做。

在一段時間之內數次運作同一魔法通常會是不錯的作法，特別在處理諸如療癒等相當重要之事的時候（當然你不應浪費時間與精力在不重要的事情上）。例如，你可以在某一月相期間每週運作一次魔法。假設新月在7月30日，滿月在8月15日，那麼你就可以在8月1日開始運作魔法，8月8日重複一次，然後在8月15日滿月晚上運作最後一次。

一星期的每一天也可以起到作用。例如，星期五總是與女神維納斯有關，而維納斯又與愛情有關。所以如果可以的話，愛情魔法請在星期五進行。一星期的每一天與諸行星的關聯性，及其掌管的性質如下所示。請根據這些資訊選擇運作魔法的日子。

星期一	月亮	商品、貨物、夢、盜竊
星期二	火星	婚姻、戰爭、敵人、監獄
星期三	水星	債務、恐懼、損失
星期四	木星	名聲、財富、衣著、欲望
星期五	金星	愛、友誼、陌生人
星期六	土星	生命、建造、教條、保護
星期日	太陽	運氣、希望、金錢

） 繩索魔法 （

　　諸多巫會與巫者會使用繩索魔法。你需為此準備一條繩索——有時被稱作腰帶（cingulum），長度為9英尺（即3乘3；魔法常數，約274.3公分），顏色為紅色（血的顏色；生命力）。這條繩索最好由自己編織而成：取三條紅色的絲線（或羊毛、尼龍等你個人喜好的材料，但最好是天然材質）編成。在編織時，專注將自己的能量灌入其中，使它成為你的一部分。這條繩索就像你的巫刃，只有你可以使用。最後在繩索兩端打結以防止它散開，並確保它的長度為9英尺。

　　繩索編織完成後，要進行聖化。使用第五課提到的聖化儀式，但改用以下話語：「我在此呈上自己的**繩索**以獲得你們的認可……從今以後，願它成為我在事奉你們時所使用的工具。」某些傳統會將他們的繩索用於繫束長袍，並於巫圓的活動全程佩戴。敝人建議你把它收好，只在使用魔法時才拿出來用，畢竟它純粹是一件魔法工具。繩索不用時，可以拿一塊乾淨的白色亞麻布或絲綢把它包裹起來。

　　繩索的魔法用途之一是當成力量的「儲存庫」來用。不同於團體繞圈舞動及共同行使法術，巫會在行使繩索魔法時係以個體進行，即大家各自坐下來一邊唱頌，一邊拿著繩索（獨修巫者也是如此進行）。隨著力量開始累積，巫會成員各自依自己的節奏暫停唱頌，並將繩索打一個結，完全忽略其他人或是在腦海中將自己與其他人區隔開來。第一個結打在繩索的某一端，並同時唸頌以下詞句：「一之結，術已始。」然後再回到唱頌當中——通常伴隨左右或前後搖擺身體——直到覺得該打下一個結才停。第二個結打在繩索的另一端，並同時唸頌「二之結，法已成。」然後又回到唱頌。巫會眾人一邊唱頌，一邊觀想他們所希望的畫面——也就是敝人在「釋放力量」所述的「瞄準」。依此不斷反覆唱頌、觀想，然後打一個結。隨著力量逐漸累積，繩結也越打越多，直到繩索上面有九個結。這些結係依特定的順序而打，並配以適當的詞語。如上所述，第一個結打在繩索的某一端、第二個結打在另一端、第三個結打在繩索中間、第四個結打在第一與第三個結的中間、第五個結打在第二與第三個結的中間。以下是繩結的順序、綁的位置及配合的恰當詞句：

一之結，術已始；

二之結，法已成；

三之結，謝實現；

四之結，力已儲；

五之結，咒已活；

六之結，吾法固；

七之結，事已動；

八之結，運已定；

九之結，果歸吾。

在打上最後一個（第九個）繩結的同時，所有的力量已全都灌入繩索與上面的繩結，再進行最後一次觀想所要達到的成果。力量已被提升上來，並「儲存」在這些繩結裡面。某些古老的中世紀木版畫描繪了巫者向船員販售打結的繩索。他們應是將風綁在繩結裡面，讓船員能在需要風時，只需解開一個結就可以得到風——解開一個結是微風，解開二個結則是強風，解開三個結就是大風[61]了！

為何要將魔法儲存起來呢？就某些魔法而言，使其發生的時機十分重要。例如，你想讓一些增益性質的事情發生，然其最適時機恰好在新月之前。那麼你會在月虧進行增益魔法嗎？不會吧，你應會提早在滿月利用繩索進行你的魔法。*

如此一來，這力量已被適當提升，只是加以儲存留待使用。

完成之後會有九個繩結。雖然它們都在同一儀式打成，但須連續九天、一天一個地解開。須依先前打結的順序解開它們，**不是**倒反解開。換言之，在第一天解開第一個打上的結（在繩索的一端），第二天解開第二個打上的結（在繩索的另一端），以此類推。如此一來，最後一個要解開的結，也就是**在結繩儀式的高潮時**打上的第九個結，會在第九天解開。每一天在你實際解開繩結之前，先專注在想要發生的成果，同時搖晃身體並再度積蓄力量。然後在解開繩結的同時，以一聲吶喊釋放力量。

繩索的另一用途則是用在舞動的時候。每個巫者均用雙手拿著自己的繩索兩端，並將繩索的中央與同處巫圓的對面巫者之繩索中央互相套住：

　　如此一來，巫會眾人就不是一起牽手繞圈舞動，而是以相互交織的繩索彼此相連，就像一個具有許多輻條的龐大車輪那樣。

〉　蠟燭魔法　〈

　　敝人在之前的課程有提到古人的交感魔法，即塑出想要獵到的動物之形象，然後攻擊那些土偶。歷史上的類似例子還有：西元前一千二百年左右，某位埃及財政官員將小蠟像用於一項針對拉美西斯三世的陰謀；埃及法老內克塔內布二世（西元前三百五十年），總會在打仗之前運用小蠟像。至於在同類型的交感魔法中，使用蠟燭而非土偶或蠟像的歷史，若沒有數千年，至少也有數百年之久，且散見於各種族與宗教。蠟燭不僅用於代表人物，還用於代表事物，像愛情、金錢、吸引力、紛爭等等。許多魔法可以透過燃燒不同的蠟燭並以不同的運用方式來操作。

　　蠟燭可以是任何一種，其**顏色**是關鍵所在。所以，後面提到的桌子就很重要——蠟燭魔法雖然可在一般祭壇上進行，然而由於此種儀式多要求蠟燭須安放在某處一段時間，因此使用輔助祭壇也許是個好主意。輔助祭壇可以是牌桌、咖啡桌、箱子、櫥櫃的頂部——幾乎任何東西都可以。你會在它上面擺置一根白色的祭壇蠟燭（如果想要的話，也可以在蠟燭兩側分別擺置父神與母神的小塑像）。祭壇蠟燭前面，則擺置你的香爐、水與鹽。以上就是祭壇的基本擺設。

　　現在讓我們來看看典型的燃燭儀式。這個儀式是「贏得他人的愛」，應是很好的例子。在祭壇的一側（你的左邊）放置一根代表祈請者（你自己或是你用儀式協助的對象）的蠟燭，在祭壇另一側則放置另一根蠟燭，代表希望吸引過來的對象。

　　這裡先讓敝人插嘴提醒一下，你**永不**應企圖干涉他人的自由意志。因此，你絕對不能用類似這樣的儀式對某一特定個體操作魔法。因此在選用第二根蠟燭方面，你要選的是符合自己想要吸引的**對象類型**之蠟燭，例如想要一個充滿愛與深厚情感的對象，就用粉紅色蠟燭；想要一個活力充沛、性愛方面也很厲害的對象，就用紅色蠟燭。你也可以用巨蟹座的蠟燭吸引感性且愛家的對象，用獅子座的蠟燭吸引強勢的領導者，或用處女座的蠟燭來吸引注重理性分析且認真勤勉的對象。當然，任何一兩種顏色都不可能完全代表你的愛戀對象所擁有的全部特質，所以你也許會傾向選擇普通的白色蠟燭。無論選用哪種顏色的蠟燭，你都可以在為蠟燭「加工」（dress）時詳細表達自己的願望（詳見下文）。至於代表祈請者的蠟燭（立在你左邊的那根蠟燭），就以出生日期查詢「表1」來選擇。

色彩在魔法的象徵意義

表1：星座與色彩的對應

太陽星座	出生日期	首要對應色彩	第二對應色彩
水瓶座	1月20日至2月18日	藍	綠
雙魚座	2月19日至3月20日	白	綠
牡羊座	3月21日至4月19日	白	粉紅
金牛座	4月20日至5月20日	紅	黃
雙子座	5月21日至6月21日	紅	藍
巨蟹座	6月22日至7月22日	綠	棕
獅子座	7月23日至8月22日	紅	綠
處女座	8月23日至9月22日	金	黑
天秤座	9月23日至10月22日	黑	藍
天蠍座	10月23日至11月21日	棕	黑
射手座	11月22日至12月21日	金	紅
摩羯座	12月22日至1月19日	紅	棕

表2：色彩的象徵意義

白	純真、真實、認真
紅	力量、健康、活力、性愛
淺藍	寧靜、了解、耐心、健康
深藍	衝動、沮喪、可變性
綠	財務、豐產、運氣
金／黃	吸引、說服（勸動）、魅力、自信
棕	遲疑、不確定、中立
粉紅	榮耀、愛、道德
黑	邪惡、喪失、紛爭、混淆
紫	緊張、野心、事業進展、權力
銀／灰	取消、中立、僵局（逼和）
橙	鼓勵、適應、刺激、吸引
綠黃	病痛、懦弱、憤怒、嫉妒、紛爭

表3：一星期的色彩對應

星期日	黃
星期一	白
星期二	紅
星期三	紫
星期四	藍
星期五	綠
星期六	黑

依上述兩個原則而選出的蠟燭，須在使用之前進行「加工」，其作法就是用油膏抹（anoint）整根蠟燭。如果無法取得專門的蠟燭膏抹用油（candle-anointing oil），可以用一般的橄欖油來代替。從蠟燭中央向兩端抹油（參見圖11.2），並在這過程當中專注想像蠟燭所代表的對象。在為第一根蠟燭抹油時，觀想自己（或是協助對象）。在腦海中為這根蠟燭命名，宣稱這根蠟燭代表自己（或協助對象）。至於第二根蠟燭，自然不用人名，而是在心目中專心想著自己要吸引的未知對象所應具備的種種特質。

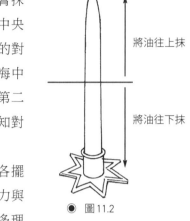

將油往上抹

將油往下抹

◉ 圖11.2

這二根蠟燭即**星光蠟燭**（astral candles），還可以在它們旁邊各擺上一根紅色蠟燭。你可從「表2」看到紅色代表力量、健康、活力與性愛，所以這些紅色奉獻蠟燭將會確保你們會為你已想好的諸多理由彼此吸引。

然後是實際吸引的部分，亦即為你自己的星光蠟燭旁邊放置一根金色的蠟燭。你可從「表2」看到金色（或黃色）象徵吸引、勸動、魅力與自信。因此，藉由你的魅力與自信，你將會吸引到自己想要的對象，或是勸動他或她來到你面前。

現在，你的祭壇布置應如下圖所示。

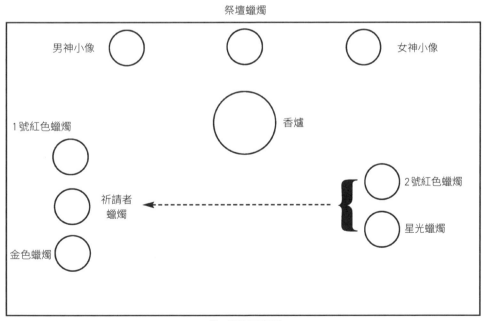

◉ 祭壇示意圖

　　這儀式的開始，即是用巫刃在你與祭壇的周圍畫出一個圓，並依平常程序將其聖化。然後用一點時間冥想自己想要達成的目的。

　　點燃代表祈請者的蠟燭，並說：

　　　　「這是……〔祈請者之名〕……，這根蠟燭就是他／她。這道火焰就像他／她的靈魂那樣地燃燒。」

　　點燃1號紅色蠟燭，並說：

　　　　「展現在這裡的……〔祈請者之名〕……之愛如此龐大。眾人都在尋求這股良善且強烈的愛。」

　　點燃那根代表愛戀對象之星光蠟燭，並說：

　　　　「這是另一人的心，屬於他／她將愛戀與渴望的對象。我將他／她觀想在我面前。」

　　點燃2號紅色蠟燭，並說：

　　　　「她／他對於……〔祈請者之名〕……
　　　　的愛會隨著這火焰而增長。
　　　　如同這道燭光，那股愛將會燃燒，
　　　　且持續朝他／她靠近。
　　　　他們對於彼此的愛
　　　　都是如此龐大。」

　　點燃金色蠟燭，並說：

　　　　「此為相互吸引之力，
　　　　他們的愛都能感受到這股力量。
　　　　此燭燃亮，不斷將他們吸引靠近。

如此勸動的力量真是強大。

他一直感到那股牽引，

對她的思念常駐心頭。

他在日間渴慕她，

他在夜晚欲求她。

希能結合在一起，

是他唯一的願望。

希能永遠在一起，

是他立即的需要。

直到躺在她身邊，

他才能放鬆下來。

她的每個心願，他都會去完成、去滿足、

去活出來——而非以死彰顯。

他無法抗拒如此強烈的牽引，

也不會想要反抗；

他只希望順隨這股流動去到她身邊，

那裡就是他的旅程終點。

日頭升起，願她有愛人相伴；

日頭落下，望他有愛人等候。」

　　繼續靜坐片刻，然後將蠟燭熄滅（用吹熄的方式，而不是掐滅）。每天重複這個儀式，每次都將星光蠟燭與2號紅色蠟燭往祈請者蠟燭移動1英寸（約2.5公分）。如此每天進行儀式，直到星光蠟燭與2號紅色蠟燭最後觸及祈請者蠟燭為止。

　　你應能夠看出上述儀式所具有的交感性質，這就是燃燭魔法的典型模式。當然，本課並沒有足夠的空間列出所有可能的儀式給你。你可以創造自己的儀式，或者你也許會喜歡參考敝人的另一著作《魔法蠟燭寶典》（*Practical Candleburning Rituals*, Llewellyn Publications, 1982。中譯本由橡實文化出版），其內容為滿足近三十種不同需求的眾多儀式。

　　燃燭魔法可由整個巫會完成，並由其中一人或多人負責唸頌、燃燭，以及在必要時移動蠟燭。

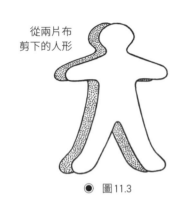

從兩片布
剪下的人形

● 圖11.3

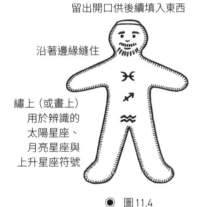

留出開口供後續填入東西

沿著邊緣縫住

繡上（或畫上）
用於辨識的
太陽星座、
月亮星座與
上升星座符號

● 圖11.4

● 圖11.5

） 愛情魔法 （

「愛情藥」（love philtres）與「愛情水」（love potions）應是最受關注的魔法形式，然而絕大多數都屬虛構。不過，有些儀式的確有這種效果，其中以使用「魔偶」（poppets）的儀式最著名且最有效。這些魔偶代表戀人。如同任何交感魔法，對魔偶所做的一切事情都會發生在戀人身上。

魔偶是特別製作的布娃娃，是用兩塊布一起裁剪出某個簡單粗糙的形象（參見圖11.3）。在剪裁布料時，你應該專注在它所要代表的人物，然後也許再用刺繡為其加上臉部特徵與特色（例如鬍鬚、柔順長髮），甚至還可將人物的星座放上去。如果不怎麼擅長刺繡，那麼可用奇異筆畫上這些細節。之後沿著人形的邊緣縫合，只留下頂部的開口（參見圖11.4）。接著使用適合的藥草填充人像，同時再度專注於它所要代表的人物。可使用馬鞭草屬植物（verbena）、馬鞭草、小白菊、蒿屬植物（artemisia）、西洋蓍草、纈草、益母草、玫瑰花蕾（rosebuds）、接骨木或透納樹等等屬於金星掌管的藥草。最後再將頂部開口縫上。

依上述方法做出兩個人像，其一象徵男性，另一象徵女性。當然，上述這些準備動作都應在巫圓裡面進行，而且可由個人完成或由整個巫會共同完成。

既然你正在尋求自己的「理想伴侶」，那麼就像前述燃燭儀式那樣製作第二個人像，並為其賦予你所尋求的所有品質。這個人像雖然沒有名字，然而可以表現你對於這個人應具有的身體特徵之想望（例如長長的金髮），且具有你想要的所有屬性。請要記住，這個魔法很強，其目的是締結永久的親密關係，所以請不要只是為了短暫情愛而用它來得到伴侶。

準備妥當之後，將兩具魔偶放在祭壇上，它們應該

在你的劍或巫刃的前面，其一在劍或巫刃的左端，另一在劍或巫刃的右端。[62]此外，在祭壇上放置一條長度為21英寸（52.5公分）的紅色緞帶。

　　祈請者：「大能的父神與母神，請傾聽我的祈求。我要為……〔名字〕……及她的渴望祈求真愛。」[63]

　　祈請者拿起其中一具魔偶，用手指沾取鹽水為它灑遍全身。然後一邊薰香，一邊轉動它，使它的每個部分都被香的煙氣薰到，同時說：

祈請者：「我將此魔偶命名為
……〔祈請者之名〕……。
它在各方面都是她本人。
只要她還活著，這魔偶也就活著。
不論我為這魔偶做什麼事，都是做在她身上。」

　　祈請者將魔偶放回原本的位置，拿起另一具魔偶，為其灑水與薰香，並說：

祈請者：「這具魔偶在各方面
都是她所想望的伴侶。只要他還活著，
這魔偶也就活著。
不論我對這魔偶做什麼事，
都是做在他身上。」

　　祈請者將魔偶放回原本的位置，然後用雙手各別輕輕按住一具魔偶，並在祭壇前面跪下。閉上眼睛，她觀想魔偶所代表的那兩個人逐漸靠近、相見、接吻以及擁抱。並在觀想同時（此步驟不應匆促），她應該慢慢地沿著橫置的劍身移動那兩具魔偶，直到它們終於相遇。至此，她可以睜開眼睛，將那兩具魔偶面對面地一起握住，並說：

---

[62] 譯註：劍或巫刃是橫置在祭壇上，請參考本書第37頁的祭壇繪像。
[63] 譯註：此例的祈請者是女性。

祈請者：「祈願他們彼此吸引，

如此強烈，如此真摯。

永永遠遠

結合在一起。

他們將不再分離、

不再寂寞，

而是彼此相繫，

成為一體。」

兩具魔偶現應一起躺在祭壇中間，而劍橫置在它們上頭。接著祈請者（若是獨修巫者）或整個巫會可依平常方式開始繞圓跳舞，並將魔法力量導向使兩個人在一起的結果，過程約為10分鐘。

另一種替代作法則是祈請者或整個巫會僅是靜坐冥想，專注於觀想兩個人在一起——快樂、歡笑、享受彼此的陪伴且明顯彼此相愛。

這儀式應在月盈期間的星期五進行，並且在接續的二個星期五重複進行。如果時間方面沒找到均處於月盈期間的連續三個星期五，那麼則應安排在均處於月盈期間的星期五－星期三－星期五進行。並且總要使最後一個星期五的儀式盡可能接近滿月。在這三次儀式的間隔期間，若祭壇無法放置兩具魔偶（它們須躺在劍下），則應收起來（將它們保持面對面地貼在一起），並用一塊乾淨的白布包好，放在不會被干擾的地方。

在最後一個星期五，於完成上述儀式之後，繼續進行以下步驟：

祈請者：「謹此祈請父神與母神

將他們兩個繫在一起，

如同我在這裡將他們繫在一起。」

她拿起魔偶，並用紅色緞帶纏繞它們好幾圈，最後將緞帶兩端綁在魔偶身邊。[64]

祈請者：「他們現在永遠結合在一起，

就像父神與母神他們那樣。

願他們彼此成為對方的一部分，

---

[64] 譯註：先使兩具魔偶「面對面地貼緊」再纏繞緞帶。

如此真確到若各分東西的話，

他們會看似不再完整。

感恩此事實現。」

祈請者將繫住的魔偶放回劍的下方，並冥想片刻（此時不用舞動或唱頌）。

完成儀式以後，應將魔偶裏在乾淨的白布裡面，並謹慎地保存在它們永遠不會被解開的地方。

） 性魔法 （

這是最為強大的魔法形式之一，因為我們其實是在運用生命力量。約翰‧孟福德博士（Dr. John Mumford）在其著作《性之祕術》（Sexual Occultism）宣稱，在個人的一生當中，最重要的心理－生理事件就是性高潮。性魔法是運用性高潮——甚至是整個性經驗——來達到魔法目的之技藝。成功的性魔法涉及四個因素的交互作用：一、在性興奮期間，所有的超感官知覺都會提高；二、在即將高潮、高潮期間與高潮之後，心智會處在某種超敏感的狀態；三、與性相關的感官之持續高峰狀態有助於連結到無意識的領域；四、在高潮期間，許多人經驗到無時間感及自我的完全消融感受，並伴隨「被」自己的伴侶「吸收」的主觀感受。

性行為明顯是產生魔法所需力量的最佳且最自然的途徑。整個交合過程則依循以下的模式：從緩慢開始，並逐漸增強，變得越來越快，直到最終的高潮爆發。這可以由單獨一對情侶，或整個巫會，或一個獨修巫者在巫圓裡面完成，你等一下就會讀到。

請先像平常一樣短暫冥想自己想要達成的目標。然後男女成對以跪姿相對（獨修巫者的作法會在後面講）。閉上眼睛，用雙手在你的伴侶身體上緩慢遊移，持續輕摸與愛撫。這過程不應匆促，而其目的，自然是為了引起性的興奮反應。在準備好後，男人應雙腿交叉坐著，女人則面對著男人坐上去，並將男人的陰莖納進自己體內。此時應會出現輕柔的前後搖擺動作。男人應該努力保持勃起，但不衝至高潮。在這個時候，應將注意力轉移到魔法的目標上（這也有助於推遲性高潮）——也就是魔法的「瞄準」步驟。男人要在腦海中觀想出那個圖像並專注其上。持續努力，不斷產生出內在的能量——你必定會感覺到它逐漸積聚起來——同時盡可能推遲高潮。當男人感覺擋不住時，應讓自己向後倒，躺平在地板上。而在高潮時，他應釋放出這股力量——亦即在自己的腦海中，真確地看見它以一道白光從他那裡閃現出去。女人應努力在同時達到高潮，如有需要，可用手指刺激陰蒂以完成這動作。在高潮後，她可以（輕輕地！）向前倒，躺在伴侶身上達幾分鐘，期間仍維持交合。

男人若難以控制射精，也許在開始進行時（即愛撫階段結束之後）就平躺下來，讓女人騎坐在自己身上並指示女人如何移動，或許會比較好。

如同約翰·孟福德所言，「若將達到性高潮看作是類似發射火箭去擊中月球（也就是性高潮）的作法，那麼就神經系統的路徑而言，性的火箭要怎麼發射其實無關緊要。因為神經系統只會在乎那一陣發生在內在空間的接觸爆炸，至於發射的方式，無論是自慰、同性戀還是異性戀，都無關緊要。只有最終結果（高潮）是重要的，而任何形式的性行為都只是達到目的的手段而已。」所以對獨修巫者來說，能夠進行的方式就是自慰，請記得住盡可能推遲高潮。高潮推遲越久，產生的能量就越多。

至於情侶，當然有一些替代交合的作法，像是女人正處經期、情侶是同性，或是因某種強烈理由而無法縱容自己享受交合（我們多被早期基督教的宣傳植入維多利亞時代的節慾觀念，就讓我們嘗試把它擺脫掉吧）。替代方案之一是相互自慰，另一種則是口交。這裡再次引用孟福德博士的話：「西方人對口交的厭惡係源自對於身體分泌物（不再需要的廢物）與性分泌物（充滿營養的液體）之間的差異有著廣泛的混淆……生物化學已經發現新鮮的精液裡面有豐富的鈣質、鐵質、磷與維生素 C*。如要完全消除懷孕的可能性，口交當然特別適合使用在這狀況。」

我在前面已經強調過身體潔淨對於魔法的重要性，這一點在進行性魔法時尤其重要。

性魔法也可作為諸如占卜與星光體投射等方式的輔助工具，十分有用。若性魔法被用來當成繩索充能的方式，則打上各結的操作應先由女人打第一個結，而男人則打第二個結，其餘以此類推。在打第九個結之後，於接近高潮時用這條繩索將兩人繫在一起。

最後要提醒大家，性魔法僅是眾多魔法法門的一種。若你覺得它不適合自己，就別用。事情就是這麼簡單，你就是不用而已，不會有人說身為巫者就要使用性魔法。同理，若你想使用性魔法，但覺得自己無法在整個巫會當中使用的話，那麼就只以個人的方式使用就好。重要的是，你必須能安心接受自己所做的事情——這一點在巫術的所有面向也是如此。你不應被強迫作任何事情。

☽ 束縛法術（Binding Spell） ☾

這是用來防止某人洩露祕密的方法，也是交感魔法的一種形式。此魔法也許會用到黏土或蠟製成的小人像，或是布製的魔偶。在儀式當中，會用象徵的人物來命名該人像。然後，

---

* 被譽為**極品**的譚崔面膜，就是在臉部皮膚塗抹新鮮且溫暖的大量精液，並特別著重於額頭與鼻子等出油較多的地方。塗上去的精液在乾掉之後產生的收斂效果，會關閉毛孔、緊膚除皺，同時滋養皮膚細胞，如此可使臉部回春、皮膚光滑。

巫者會一邊說出適當的話語，一邊拿起穿有紅色絲線（長度為21英寸／52.5公分）的針，縫住此人像的嘴巴。最後再把紅色絲線纏繞人像全身。心思聚焦在某個事實——此人無法談論某個被禁止的主題，無論那被保護的祕密是什麼。在儀式結束時，魔偶會被存放在某個安全之處，並用一塊白布包裹起來。只要線還在原位，人像代表的人就會受到束縛。

） 保護 （

即使是最好的人，也可能有敵人。有人也許會嫉妒你、誤解你，或僅因你的髮型而不喜歡你！許多人曾對我說：「我不需要保護。我沒有任何敵人。」但是，你不會知道剛才提到的這些「敵人」。他們也許表面上對你好到不行，但背地對你懷有怨恨般的嫉妒或其他負面情緒。你要如何保護自己不受他們的負面情緒影響呢？若遇到某些性格扭曲的人決定要用魔法對付你，那麼你又該如何保護自己？你不想傷害他們，但必定想要保護自己。

最好的作法應是使用名為「巫瓶」的古老防護法門，這在民間傳說相當有名。它係依據個人量身製作。其目的是保護自己，同時「送返」那些針對自己的攻擊。你絕不能成為傷害的發起者，也不能尋求報復，但是你當然可以保護自己。

以下是製作巫瓶的方式。取一個普通的罐子，例如容量為6盎司的即溶咖啡罐，用尖銳物品（碎玻璃、舊刮鬍刀片、生鏽的鐵釘與螺絲、大頭針、針等等）裝到一半。將罐子裝到一半之後，排尿進去將它填滿。若準備巫瓶者為女性，她也應設法把一些經血放進去。然後蓋上瓶蓋，並用膠帶密封。將它埋進某個偏僻地方的地下，至少要有12英寸（約30.5公分）深，使它保持不受干擾。如果你住在城市裡面，那麼為了埋下巫瓶而出城旅行到偏遠地方的作法是值得的。

只要巫瓶持續埋在地下且沒有受到破壞，它就能保護你，抵擋任何針對你的惡意，無論那惡意是由個人還是團體發起均是如此。巫瓶不僅保護你，還會將惡意送返那些發起者。所以，那些人對你發送的傷害越多，他們對自己造成的傷害也就越多。

像這樣的瓶子應是永久不壞，但為保險起見，敝人建議每年重新進行儀式一次。就目前房地產的發展速度來看，你永遠不知道自己的瓶子何時會被挖出來或意外砸破。

） 儀式的構成 （

如你所見，魔法的運用方式如此多樣，遠遠超出本課所能涵括的範圍。至於尚未探討的療癒魔法，會留在第十三課詳述。

別害怕試驗，不過既然要玩，就一定要玩得安全。敝人推薦的魔法都不是那種要去召喚未知及無可預料的存在個體之類型。**請避開那種魔法。**它們可能會使你深陷麻煩之中。威卡魔法若經適當操作的話，會跟其他類型的魔法一樣強大（或許更加強大）。

就讓敝人擇要敍述魔法操作的基本儀式構成：

- 仔細地展開巫圓。如果是在巫會的定期聚會之後進行魔法，請在開始魔法之前強化巫圓。
- 絕對別在操作魔法時破開巫圓。你的力量將會流失，而且天曉得會召來什麼東西。
- 一起討論應該怎麼做，確保每個人都非常清楚該怎麼做。如果有唱頌的話，訂定精確的措辭及釋放力量的關鍵字詞。
- 在開始前進行簡短的冥想，觀想出整篇故事——從現況到最終（期望）成果的行為模式變化。
- 透過以下任何一種或組合多種方式來蓄積提升力量：舞動、唱頌、繩索、性、燃燭、魔偶。
- 瞄準目標——即觀想最終成果。
- 釋放能量。

本課很重要，望你能善加學習。現在的你正逐漸按近實際應用一切所學的時候。或許此時是個好機會，開始全面複習敝人之前討論的所有內容。請回頭重新閱讀這些課程。

） 重要提醒 （

敝人在本課與下一課的內容及試題當中，都使用了「愛情魔法」的例子。請永遠記住，絕對不應進行針對特定個人的愛情魔法，因為這樣的作法就是在干涉他人的自由意志，迫使他們做出自己通常不會做或不希望做的事情。唯一可以容許進行的愛情魔法，是用「無特定對象」的方式進行對準……亦即你會吸引來「某個人」，但不會確切知道那個人是誰。然而還有比這魔法更好的作法，就是將魔法只用在自己身上，專注提升自己的整體吸引力，而不是嘗試改變別人。

第十一課問題

一、在經過驗證之後，哪些魔法操作方法對你最有效？

二、描述你在行使魔法時的一些經驗及事後呈現的效果。

三、寫出一些在你的魔法操作當中相當合適好用的頌詞。

四、畫出一個你會在儀式當中使用的魔偶。你會用什麼東西填充它？關於魔偶的更多資訊，請參閱雷‧馬爾布羅（Ray Malbrough）所著的《咒具、咒術與魔法》（*Charms, Spells and Formulas*, Llewellyn, 1986）。

五、畫出你在進行蠟燭魔法時的祭壇布置圖。對於特定的魔法操作，你會使用什麼顏色的蠟燭？將自己進行儀式的日期及其結果記錄下來。留意行星影響、色彩及星期幾等等之類的模式。

六、描述並解釋你如何構建用於魔法操作的巫圓。

七、請詳述你進行「引下力量」的步驟。

第十一課試題

一、什麼是魔法？在真正踏進巫圓之前，你如何為魔法做準備？會在什麼時候使用魔法？

二、你會在哪裡創造力量之錐？步驟是什麼呢？

三、為下列狀況分別寫出一段頌文：
　　(一) 促成公正的法庭判決
　　(二) 增加某位農夫的田地收成
　　(三) 找回被盜物品
　　並列出在為上述各狀況釋放力量時使用的關鍵字詞。

四、某位年輕婦女被丈夫拋棄（他跟她的「閨蜜」跑了），她得獨自面對三個孩子及一大堆帳單。請詳細說明你會為她做哪些魔法，包括方法、從現況到最終期望的故事之整體規劃、頌文與關鍵字詞。

五、撰寫一篇短文，說明吟頌與韻律之所以重要的理由。

請閱讀下列作品：

《魔法蠟燭寶典》，雷蒙德・巴克蘭著

《色彩魔法》，雷蒙德・巴克蘭著

六、有位親近的友人向身為獨修巫者的你求助。那麼你會給出什麼建議？（請記得誰才是最適合行使魔法的人。）

推薦的補充讀物：

Sexual Occultism by John Mumford

Magical Herbalism by Scott Cunningham

Earth Power by Scott Cunningham

第十二課

書寫文字的力量

THE POWER OF THE WRITTEN WORD

敝人在上一課談到言語的力量，即通過吟頌與韻律，可以形成力量之錐來進行魔法。那麼現在來探討書寫文字的力量。

在中世紀時期，當成千上萬的人因被控行使巫術而被殺死時，仍有許多人（包括基督教教會的高層人士）不受限制地公開進行魔法實作。他們能如此自由進行的原因在於「操作」（practice）這個詞。巫術是一種宗教，所以會被基督教視為競爭對象。然而各式各樣的儀式魔法僅只是一種操作，基督教的教會沒有理由關注它。由於其性質，儀式魔法的操作相當昂貴且需要豐富的知識，因此只有少數精英能夠這樣做。在這些精英當中，神職人員的比例很高，他們不僅有時間專注於這種追尋，而且總是能夠取得必需的資金。當時已知有許多主教、大主教，甚至教宗在操作「技藝魔法」（art magick）。後來成為教宗思維二世（Pope Sylvester II）的葛培特主教（Gerbert the Bishop）是公認的偉大魔法師。其他還有很多魔法實作者，包括教宗良三世（Pope Leo III）、教宗和諾理三世（Pope Honorius III）、教宗伍朋五世（Pope Urban V）、君士坦丁堡普世牧首（Patriarch of Constantinople）尼基弗魯斯（Nicephorus）、日耳曼皇帝魯道夫二世（Rudolf II）、法蘭西國王查理五世（Charles V）、樞機主教庫薩（Cusa）與嘉耶當（Cajetan）、卡塞塔教區（Caserta）主教伯爾納鐸．德．米蘭朵拉（Bernard de Mirandole），以及特倫托教區（Trent）主教烏代里克．德．弗隆斯佩格（Udairic de Fronsperg）等等。

這些魔法師都是獨自鑽研，並以提防的心態保護自己的操作方法。他們提防的對象不是教會的權力機構，而是其他魔法師。他們運用祕密字母表來保護自己的工作不被窺探。現在，許多這類字母表已廣為人知，其使用者不僅有魔法師，還有巫者及其他玄祕法門的修習者。為何巫者會對使用這些書寫文字有興趣呢？有人可能是為了保密，但大多數人是為了另一個非常好的理由……**將適當的文字寫在某物件上，並在過程中將自身能量注入寫出來的文字，會是將力量置入某物件的方法之一。**

譯註：「魯斯韋爾」應指魯斯韋爾十字碑（Ruthwell Cross）上面的符文；「維也納」應指位於維也納的奧地利國立圖書館藏品 Codex Vindobonensis 795 手抄本裡面的符文；「泰晤士」係指在泰晤士河發現的西雅克斯短刃（Thames scramasax; Seax of Beagnoth）上面刻的符文。

日耳曼盧恩符文

丹麥盧恩符文

瑞典－諾斯盧恩符文

盎格魯－撒克遜盧恩符文

西雅克斯－威卡盧恩符文

首先來看日耳曼盧恩符文，它基本上使用24個不同的符文字母，只是不同地區也許會有所不同。日耳曼盧恩符文的通用名稱是 *futhark*，也就是字母表的前六個字母（這裡的 th 在盧恩符文是一個字母：t）。斯堪地那維亞盧恩符文（包括丹麥盧恩符文與瑞典－挪威盧恩符文，或是諾斯盧恩符文）則有16個符文字母，同樣也有（多到無可計數的）變體。

盎格魯－撒克遜盧恩符文之類所含符文字母數量不一，從28個到31個之間都有。事實上，在九世紀的諾森布里亞（Northumbria）還發現了使用33個符文字母的紀錄。盎格魯－撒克遜盧恩符文的通用名稱是 *futhorc*，同樣取自其字母表的前六個字母。

依循加德納傳統與凱爾特傳統的巫會有時會使用某種「凱爾特」（Celtic）形式的盧恩符文。而依循西雅克斯－威卡傳統的巫會則偏好「撒克遜」（Saxon）盧恩符文。

摘自《樹：撒克遜巫術全書》

雷蒙德·巴克蘭

Samuel Weiser, N.Y. 1974

當你用每天都會看到的普通英文字母來書寫時，往往無法專注其上。你已如此習慣書寫那些字母，就像單靠自己的手就能自動完成這件事那樣，以至於你在過程中幾乎都在放飛自己的心思。相較之下，在用不太熟悉的字母表來書寫時，你就必須專心，得將心思約束於自己正在進行的事情。因此，透過使用不常見的書寫文字，你可以將自己的能量、自己的力量導入自己正在進行的事物上。

） 盧恩符文 （

魔法師會使用前述方法來為自己所需的一切事物注入力量，像是他們的劍、香爐、杖、巫刃、搖鈴、小號、三叉戟（trident）等等。他們甚至會在長袍與紙帽上面書寫力量文字。你之前在製作巫刃的時候，也是在進行類似的事情，例如將自己的名字或魔法花押雕刻在刀柄上或蝕刻在刀身上。這種作法能幫助你將自己的個人力量置入工具之中。

　　盧恩符文（rune）在古英語及相關語言的意思是「神祕」或「祕密」。它必定含有許多言外之意，而它之所以如此係有相當合理的理由。盧恩符文一直都不是緊貼現實用途的文字，最早被日耳曼人拿來運用時，就是用在占卜及儀式相關活動之中。

　　與其他字母表相比，盧恩符文具有較多的變體數量。其變體主要分成三類：日耳曼盧恩符文、斯堪地那維亞盧恩符文及盎格魯－撒克遜盧恩符文。而它們各自又有許多分支與變化（參見第302頁）。

❫ 歐甘樹文 ❪

　　早期的凱爾特人及其祭司——也就是德魯伊（Druids）——具有專屬自己的字母表，名為「歐甘樹文」（Ogam Bethluisnion）。這是一種非常簡單的書寫形式，較常用在木石雕刻，兒少用於一般書寫。由於具有一條中間線，因此特別適合用在沿順石頭或木塊邊緣的雕刻。

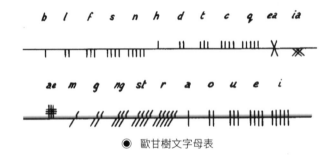

◉ 歐甘樹文字母表

❫ 埃及象形文字 ❪

　　古今許多魔法團體都相當依靠古埃及的背景。對他們來說，埃及象形文字自是理想的魔法字母表。華利斯・布吉爵士（Sir Wallis Budge）的《埃及語言》（*Egyptian Language*）是相當有用的參考書籍。以下是基本的埃及字母表。

　　回到敝人在一開始提到的中世紀魔法師，我們藉由他們而找到了各式各樣的魔法字母表。這些字母表都是從歐美圖書館及私人收藏裡面的古老魔法書（grimoires，此字源自古法文的「文法」）擷取出來，因為魔法書就是魔法師的儀式書。

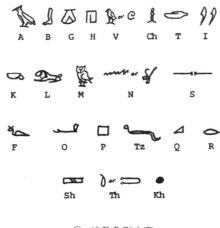

◉ 埃及象形文字

） 底比斯字母 （

底比斯字母（the Theban Script）也被稱為「賀諾里爾斯」（Honorian）字母，是常見的字母表，廣為許多加德納傳統巫者使用。它另有「巫者符文」（the Witches' Runes，應為誤稱，畢竟它根本不是符文）、「巫者字母表」（the Witches' Alphabet）的名稱。

A	ꭓ	O	ꭤ
B	ꭣ	P	ꭥ
C	ꭢ	Q	ꭦ
D	ꭧ	R	ꭨ
E	ꭩ	S	꭪
F	꭫	T	꭬
G	꭭	U, V	꭮
H	꭯	X	ꭰ
I, J	ꭱ	Y	ꭲ
K	ꭳ	Z	ꭴ
L	ꭵ	Symbol designating the end of a sentence	ꭶ
M	ꭷ	（用於標示句末的符號）	
N	ꭸ		

◉ 底比斯字母表

） 渡河字母 （

渡河字母表（The Passing the River alphabet）幾乎只有儀式魔法師在用，雖然有時可能會看到某個巫者將它用在護身符上面。

◉ 渡河字母表

） 天使字母 （

天使字母表（Angelic alphabet）又稱天界（Celestial）字母表，這也是幾乎只有儀式魔法師在用的字母表。

◉ 天使字母表

） 使者字母 （

使者字母表（Malachim alphabet）有時又稱「術士語」（Language of the Magi），同樣也是幾乎只有儀式魔法師在用。

◉ 使者字母表

）皮克特文字（

佩克提威塔（PectiWita，更多關於這個蘇格蘭傳統的資訊請參見第十五課）有兩種有趣的魔法文字形式。其一是盧恩符文的變體，另一則基於極具裝飾性的古代皮克特文字（Pictish script）。這兩種書寫形式都是首度在此呈現。

如同其他盧恩符文字母，皮克特字母也是全由直線構成。不過，它們的組合方式會需要費點心思學習。它們基本上是用音標拼寫，意謂單字的拼寫方式與發音相同。英文有很多單字的拼寫方式與發音完全不同。例如以下幾個單字：bough、cough、through、though、thought，它們裡面都有 ough 的拼字，然而發音都不相同！若用發音方式來拼出這些單字，就會變成：bow、coff、throo 或 thru、thoe、thot。佩克提威塔符文的基礎就是如此——文字係以發音方式拼寫而成。現在，就剛才給出的例子而言，through 可以是 throo 或 thru，那麼讓我們來看母音的發音方式。字母「A」的發音可以是 hat 的〔a〕，也可以是 hate 的〔ā〕。字母「E」的發音可以是 let 的〔e〕，也可以是 sleep 的〔ē〕。字母「I」的發音可以是 lit 的〔i〕，也可以是 light 的〔ī〕。字母「O」的發音可以是 dot 的〔o〕，也可以是 vote 的〔ō〕。字母「U」的發音可以是 cup 的〔u〕，也可以是 lute 的〔ū〕。我們可用字母上面加橫線（ā、ē、ī、ō、ū）的方式來表示母音的硬（hard）發音，以與軟（soft）發音區分。這就是皮克特符文的母音表示方式：

A =	△	或	△̄
E =	◁	或	◁̄
I =	Α	或	Ā
O =	◇	或	◇̄
U =	∀	或	∀̄

◉ 皮克特字母表

我們還可以更加深入探究這些符文。當母音字母與「R」（ar、er、ir 等等）放在一起，或是與另一母音字母及「R」（air、ear、ere、our 等等）放在一起時，其發音會不一樣。為了表示這些變化，會將對應符號標示在母音字母上方：

⟫̂ = ar, ae, air

⟪̂ = er, ere, ear, eir

Â = ir, ire

◇̂ = or, ore, our, ow

∀̂ = ur, ure

如果你覺得這系統看似複雜，請忍耐一下。你會發現，在經過一些練習之後，它其實滿容易的。（請記住，若你已盡力嘗試但仍無法理解，那麼就直接拼寫單字，再用符文代替字母就好，不必考慮發音變化。但是在走到這一步之前，還是先努力嘗試一番吧，拜託。）

關於母音，還有最後一個重點要說。皮克特符文就像希伯來文一樣，母音會書寫在字母列的上方，而不是與子音字母並列，就像這樣：the vowel is written above the line（母音會寫在字母列的上方）。若依據發音來拼寫的話，會是這樣：thē vôel is riten abuv thē līn。

以下是完整的佩克提威塔符文字母表：

A = ⟫ ⟫̄	G = ⌐	ch = ⊣	R = ⌐	ar, ae, air = ⟫̂
E = ⟪ ⟪̄	H = ∟	sh = ⊟	S = ⊿	er, ere, ear, eir = ⟪̂
I = ∧ Ā	J = ⊣	th = ⊟	T = ⊦	ir, ire = Â
O = ◇ ◇̄	K = ⊠	gh = ⊒	V = ⊿	or, ore, our, ow = ◇̂
U = ∀ ∀̄	L = ⊴	ng = ⊐	W = ∀	ur, ure = ∀̂
B = ⌐	M = ⋀	N = ∧	Y = ⌐	
D = ⊿		P = ⌐	Z = ⊿	
F = ⊐				

　　你會注意到沒有英文字母 C、Q 與 X，運用發音拼寫的方式就會有這種狀況。英文字母「C」的發音，若不是跟字母「S」一樣（例如 cease 的發音），就是跟字母「K」一樣（例如 escape 的發音），因此真的沒有必要用到字母「C」。同理，英文字母「Q」的發音為兩個字母「kw」（例如 quick 的發音拼法即是 kwik），字母「X」的發音為三個字母「eks」（例如 eksaktli 即是 exactly 的發音拼法），所以它們不是必要的字母。至於 ch、sh、th、gh 與 ng 則分別對應單一符文。以下是一些使用發音拼法的範例：

THING 　ᚠᚷ

TAUGHT 　ᛈᛈ

CHOOSE 　ᚳᛈ

QUICKLY 　ᛕᚢᛕᛈ

COME 　ᛕᛆ

　　希望你可以看出它其實沒有很難，而且事實上還挺有趣的。以下再列出幾個例子，希望能對你有幫助：（範例文句的意思：這些是運用佩克提威塔符文的範例。如你所見，它們其實看起來非常吸睛。）

	THESE	ARE	EXAMPLES	OF	HOW
發音拼法	Thēz	ar	eksampls	of	how
佩克提威塔符文					

	THE	PECTWITA	RUNES	ARE
發音拼法	the	PektiWita	rūnz	ar
佩克提威塔符文				

	USED.	AS	YOU	CAN	SEE,	THEY	CAN
發音拼法	ūzd	As	ū	kan	sē,	thā	kan
佩克提威塔符文							

	ACTUALLY	LOOK	VERY
發音拼法	aktūali	luk	veri
佩克提威塔符文			

	ATTRACTIVE
發音拼法	atraktif.
佩克提威塔符文	

有些佩克提威塔信徒則是更進一步，將所有字母連在一起，並使用「＋」表示區隔：
注意：別將符文斜寫（無論是這種符文或任何其他符文）。符文的書寫皆要保持直立。

　　皮克特人（the Picts）因其複雜的「漩渦」書寫風格而聞名。相較於上面的符文，這種書寫方式比較直接，因為它不是按照發音來寫，且母音與子音併列，所以只需用皮克特的符號代換對應的字母即可。然而這些符號較為複雜，運用時需要相當謹慎以避免混淆。至於 ch、sh、th、gh 與 ng 在這裡也有各自對應的單一符號。

A—　　K—　　U—
B—　　L—　　V—
C—　　M—　　W—
D—　　N—　　X—
E—　　O—　　Y—
F—　　P—　　Z—
G—　　Q—　　CH—
H—　　R—　　SH—
I—　　S—　　TH—
J—　　T—　　GH—
　　　　　　　NG—

　　以下是運用皮克特文字的幾個範例：（範例文句的意思：皮克特人在運用裝飾性設計方面非常聰明。皮克特的藝術成果後來由凱爾特人採納，特別是愛爾蘭的凱爾特人。）

"T H E   P I C T S   W E R E

V E R Y   C L E V E R   I N

T H E   U S E   O F

O R N A M E N T A L   D E S I G N.

P I C T I S H   A R T W O R K   W A S

L A T E R   A D O P T E D   B Y   T H E

K E L T S,   E S P E C I A L L Y   T H E

I R I S H   K E L T S."

） 護身符與護身物 （

護身符（talisman）是被賦予魔法力量的人造物品，特別是用於保護擁有者免受邪惡影響或為其帶來好運。就這層意義而言，玫瑰經、十字架、聖克里斯多福飾片（St. Christopher medal）等等都算是護身符。不過，你也知道，魔法若由將會受其影響的當事人進行操作，效力最為強大。同理，護身符若由需要它的人實際製作而成，也會有最為強大的效果。某人為他人製作的護身符永遠不可能像為自己製作的護身符一樣強大。

根據魔法團體「黃金黎明協會」（Hermetic Order of the Golden Dawn）的說法，護身符是「魔法象徵，並被充入其應代表的力量」。而充入力量的方式，則先經過「刻寫」（inscription），後進行「聖化」（consecration）使其充滿代表的力量。它可以是任何形狀，不過先來看護身符的製作材料。

護身符可由任何材料製成，例如紙、銀、銅、鉛、石頭，但某些材料在傳統上比其他材料更加適合，如能使用的話將能賦予護身符更大的力量。例如，你也知道，一週當中的每一天都各由一顆行星掌管：星期日－太陽、星期一－月亮、星期二－火星、星期三－水星、星期四－木星、星期五－金星、星期六－土星。現在，這些行星各自也關聯到一種金屬：太陽－金、月亮－銀、火星－鐵、水星－汞、木星－錫、金星－銅、土星－鉛。

從上一課程（燃燭儀式的章節）提供的對應表中，你知道一週裡面的每一天各自掌管哪些屬性，因此可將這些屬性對應特定金屬：

星期日－太陽；**金**；運氣、希望、金錢

星期一－月亮；**銀**；商品、夢、盜竊

星期二－火星；**鐵**；婚姻、戰爭、敵人、監獄

星期三－水星；**汞**；債務、恐懼、損失

星期四－木星；**錫**；名聲、財富、衣著、欲望

星期五－金星；**銅**；愛、友誼、陌生人

星期六－土星；**鉛**；生命、建造、教條、保護

舉例來說，既然知道星期五與愛情有關（由金星掌管），而對應的金屬是銅，那麼你就曉得了愛情咒具若要發揮最大效果，應當用銅製作。

汞會有點問題，因為它是液態金屬。但可以將汞裝在迷你瓶具或類似物品中來使用，而更為常見——且更加容易——的方法，則是用金、銀或羊皮紙來替代（現在有時也用鋁來替代汞）。若無法取得其他金屬的話，也可用金、銀或羊皮紙來替代，不過，最好的材料仍屬

那些對應的特定金屬。找到完全正確的金屬不一定容易，但是不要輕言放棄。許多這類金屬可以在手作店／藝品店找到（特別是銅）。我還見過一些非常有創意的咒具，例如需要用到銀的時候，就在一元或五角銀幣上面刻字；需要用到銅的時候，則在一分銅幣或甚至是壓扁的銅質廚房量勺上面刻字。

選定金屬之後，應該在上面刻什麼呢？許多魔法書都載有護身符的設計圖，這圖係取自諸如《所羅門大鑰與小鑰》（*The Greater and Lesser Keys of Solomon*）、《黑色小母雞》（*The Black Pullet*）、《赤龍》（*Le Dragon Rouge*）之類的古老魔法書。不過，僅是複製這些設計而不清楚它們的意義或重要性，也沒有將它們個人化，是完全無用的。你的成品得是能夠專門用來協助自己、專門用來解決自身問題的事物。護身符最常見的形式是掛於項鏈上的金屬小圓碟，可當成胸墜來用。在金屬小圓碟的一面，你會放置將此物個人化的象徵，另一面則放上你的目的。以下由敝人舉個例子。

珍妮‧朵（Jane Doe）想要結婚。她已經有個男友，因此愛情不是她要尋求的事物。從對應表可以查到，掌管**婚姻**的行星是火星。所以她需要的是一個帶來婚姻的護身符。火星的對應金屬是鐵，而珍妮可以取得鐵製小圓碟並在上面刻字，或者選擇金、銀或羊皮紙——如果它們比鐵更容易取得的話。

她在小圓碟的其中一面放上將它個人化的象徵，而她打算把自己的名字及出生日期放上去。然而個人化若要更加具體，她應放上自己的巫名（並用盧恩符文或其他魔法字母表來呈現）。她還可以加上自己的魔法花押，自己的太陽星座、上升星座（上升點所在星座）、月亮星座及對應的主宰行星也可加上去。上述這些都可以排列在小圓碟上，就像圖12.1所示的模樣。它們的放置並沒有必得依循的特殊樣式，只要排起來美觀好看就好，圖12.2就是另一種排法。

在刻劃或書寫每個象徵符號時，珍妮應該專注於自己，觀想出自己最喜歡的模樣——迷人、快樂、自信。

在護身符的另一面，她應該放進傳統上與婚姻相關的象徵符號：婚禮鈴鐺、鮮花、戒指、愛心等等。她也可以放進一個利用數字方塊繪製而成的印記（sigil），其過程如下所示。

● 圖12.1

● 圖12.2

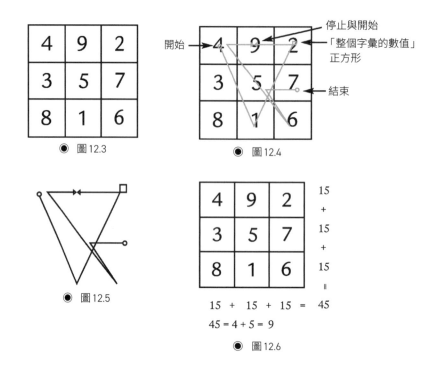

◉ 圖12.3

◉ 圖12.4

◉ 圖12.5

◉ 圖12.6

你可從數字學得出「matrimony」（婚姻）此字彙的數值，以下為計算過程：4 + 1 + 2 + 9 + 9 + 4 + 6 + 5 + 7 = 47 = 11 = 2（參見第三課）。接著，我們構建一個含括數字1至9的魔法方陣（magick square，參見圖12.3），然後從第一個字母（M = 4）開始，先畫個小圓圈作為開始，接著畫一條線到第二個字母／數字（A = 1）。然後到2，接著到9。這個字彙裡面有兩個9，因此用一個小三角形做出線條的停止點，再用另一個小三角形做出另一線條的開始點。依此要領繼續連線到最後一個字母，再畫個小圓圈表示結束。然後在數值為2（也就是這個字彙的數值47 = 11 = 2）的陣格裡面畫一個大的正方形。最後完成的圖案會像圖12.4。把魔法方陣移走之後，它會看起來像圖12.5。如此，你在圖12.5看到的圖案就是「matrimony」（婚姻）的印記，而珍妮須把它刻寫在護身符的另一面。在這樣做的同時，她應專注於婚姻過程本身：觀想自己成為新娘、觀想自己與丈夫交換戒指、觀想一場正為自己舉行的繫手禮等等。如此一來，這樣的印記會比傳統上與婚禮相關的鈴鐺、心形與戒指符號更加強大。

順帶提一下，這裡使用的魔法方陣，其數字排列方式無論橫向還是縱向相加，每一行或每一列的總和都相同。然後這三行或這三列的數值總和再以數字學的方式處理得到的數字還是等於9（參見圖12.6）。

一週七天當中，星期二是與婚姻主題關聯的日子，那麼珍妮應在星期二製作自己的護身符，而且也要在星期二將它聖化……聖化是為護身符充能的第二個必要步驟。護身符的聖化

不必跟製作擠在同一個星期二進行，然而分別進行這兩步驟的兩個星期二都要在月盈期間。至於珍妮要做的聖化，就跟第四課所述的方式一樣。

　　無論要做哪種用途的護身符，都請遵循以下程序：一、找出與你的欲求關聯的日子與金屬；二、將適當的金屬片其中一面做上個人化的象徵；三、利用魔法方陣，將關鍵字轉成相應的印記；四、在金屬片的另一面刻寫印記，視需要予以專注；五、聖化護身符。

　　護身符製作完成後，應配戴在身上三天三夜。可將其繫於項鍊並懸掛在頸部，或是置於絲質小袋並懸掛在頸部。三天之後就不需一直佩戴它，但可放在口袋或錢包隨身攜帶，然而每晚睡覺時應將它置於枕頭底下。

　　在每次新月，以優質的金屬清潔劑清潔護身符（羊皮紙的護身符只需用橡皮擦輕輕擦拭即可）。至於銅質的護身符，敝人建議使用鹽與醋來清洗，然後再用清水沖洗乾淨。在每次滿月，用手掌托著護身符去曬「沒被侷限」的月光。這裡所說的「沒被侷限」，就連透過窗戶玻璃也算是一種侷限。因此在進行這一步時，要打開窗戶曬月光，不然就是到戶外去曬。使它的每一面都曬大約五分鐘的月光，同時專注思索該護身符的最初目的（如果當天雲多而看不見月亮本體，還是可以進行）。

　　護身符也可以做成戒指的形式。通常這種形式會把護身符的目的做成雕刻呈現的主體，個人化的部分則做在邊緣。其製作仍應按上述程序進行。

) 護身物 (

　　護身符與護身物（amulet）的區別在於前者是人造物品，後者是自然物體。像熊爪、兔子腳、四葉苜蓿，這些都算是護身物。石頭的中間若有一個自然形成的穿透孔洞，大多會被認為是巫者的護身物⋯⋯它顯然與生育有關，因為那個穿透的洞是陰道的象徵。因此，護身物無法製作，只能採用。若你拿某個護身物，然後在上面依前述方式刻字及予以聖化的話，那麼它就變成了護身符。或者，若你喜歡的話，也可稱它為「做成護身符的護身物」（talismanic amulet）！

) 歌唱、舞蹈與節慶遊戲 (

　　音樂能帶來許多樂趣。以人聲或樂器創造音樂，會讓人產生相當深刻的滿足，聆聽音樂的樂趣也是如此。但許多人會反駁，說自己不懂音樂。沒錯，懂音樂的人在這方面自然能有最大程度的享受，然而沒學過音樂的人仍可以為自己帶來樂趣，像是學習歌唱，還有享受美

妙的歌曲及振奮的節奏。民俗音樂的特點就是簡單的旋律與明確的節奏，而絕大多數的巫術音樂與歌曲都有不甚複雜的旋律及明顯的節奏。傳統上，歌唱與舞蹈與巫術有關。其實，華爾滋最初源自一種名為「沃塔舞」（La Volta）的古老巫舞。

絕大多數的歌唱均可在巫圓裡面進行，不過在進行一般的舞蹈或遊戲之前，通常會先完成「撤下神殿」的儀式，當然也有例外，亦即操作魔法時用於提升力量的舞蹈。讓我們先來看提升力量的舞蹈。

）提升力量的舞蹈　（

敝人在第十一課談到韻律及穩定的節奏，並稱「身為巫會成員的你們，可依順繞圈的方向一起牽手舞動或各自舞動。……」最簡單的舞蹈，就是大家手牽著手、面向圓內，並用一般的左－右－左踏步以順時針的方向移動……只要在腳踏地時彎曲膝蓋一點，你們就會發現這會使你們繞行巫圓的移動多出一點躍動、一點節奏。在巫術中較受歡迎的舞步則是「雙步」（double step），其中會有將重心稍微往後晃到後腳，然後重心再向前晃以做出前移的動作。實際的移動方式如下[65]：

● 力量提升的舞步

● 左腳向前移動到1，接著……
● 右腳向前移動到2（位置仍落在左腳後面）。
● 然後左腳向前移動到3，
● 右腳再向前移動到4（位置落在左腳前面）。
● 現在左腳向前移動到5，
● 接著右腳向前移動到6，之後依此類推。

乍看可能有點複雜，但實際上不是如此。嘗試看看，你會驚訝自己居然很快就會了。

---

[65] 譯註：原文的圖沒有標示出說明的數字，請用鉛筆，依著說明標上對應數字，就會變得很清楚。提示：圖的最左邊有併站在一起的左腳（L）與右腳（R），請先在它們的中間標上數字0。

　　另一種簡單的舞步則是左跨步、單腳跳、右跨步、單腳跳、左跨步、單腳跳、右跨步、單腳跳，並依此接續下去。如果遇到自覺很難的舞步，那麼就只用自己感覺自然並與音樂、吟頌或節奏相符的舞步來跳就好。最重要的是，你的舞步應當自動進行，如此你才能專注於真正要進行的魔法。

　　另一種可以取代團體牽手的方式，則是伸出雙臂，環在身旁之人的腰部或肩膀周圍，這樣能形成非常緊密的圓圈。另一種方式則是大家彎起手肘挽在一起，即每個人的左臂都穿過自己左邊的人之右臂下方並相互挽住。

　　巫會也可以用各自舞動的方式進行團體移動。可用上述任何一種舞步，以順繞圈的方向單純繞行巫圓，也可以邊走邊做逐漸加快的旋轉（旋轉也同樣是順繞圈方向）。旋轉可以用固定速度進行，或是從慢速開始並逐漸加快速度。

> 注意：請一定要小心別轉到暈眩，否則可能會摔到蠟燭上或破壞巫圓。

　　總括來說，在進行魔法操作時，舞步越簡單越好。

　　如果你是邊舞動邊唱頌，不要害怕在節拍點上用力跺地。這樣除了能幫忙維持節奏，又有助於累積力量。至於歌唱，別擔心自己是否不懂音樂，這一點在吟唱所有巫歌時也是如此。若你無法一直唱對音的話，也沒關係……真正要緊的是那份感覺。

） 一般舞蹈 （

　　樂舞（fun dancing）——係指在巫圓內外進行不具魔法目的之舞蹈——則包括上述一切舞步，並且還更加強化。「成對旋轉」可以很有趣。這是兩名巫者背靠背，彎肘挽住彼此，然後他們會一起在巫圓裡面轉來轉去，有時其中一人會向前彎曲，將另一個人背起來。

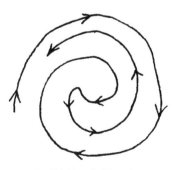

◉ 「盧扶」或「相見舞」

盧扶（Lufu，在古盎格魯－撒克遜的語言為「愛」的意思）則是滿受歡迎的舞蹈，通常在聚會開始時進行，特別是在幾個巫會一同慶祝某個巫術節慶的時候。它有時被稱為「相見舞」（Meeting Dance），由某個領頭人（不一定是男祭司或女祭司，任何人都可以領頭）帶著一連串由男女巫者交錯排列而成的長條隊伍。領頭人會帶領這一長串的人先繞成一個大圓，然後逐漸向圓心螺旋繞行。當領頭人走到圓心時，會回頭並開始往外繞行，與繞行方向相反的人相遇時，便親吻彼此。這長條隊伍會一直移動到整個解開、每個人都有親吻到其他人才停。

） 音樂與歌曲 （

若巫會裡面有樂手，那很好，不過要是沒有的話也不用擔心。就是找個鼓或鈴鼓來用，像邦哥鼓（bongo drum）就很不錯，或者類似美洲印第安人或海地人使用的鼓，又或是巴德蘭鼓（bodhran，即蘇格蘭／愛爾蘭的傳統手鼓）。順帶一提，巫者之鼓的舊名是泰泊鼓（tabor，其發音為「tay-ber」）。其實也可用簡單的方式做出鼓具。

只要能打出節奏就行，特別是用於提升力量的時候。吉他、德西馬琴（dulcimer）、直笛（recorder）、長笛、口琴、排笛（panpipes），甚至像沙鈴（maracas）之類的搖鈴，都是很好的巫會樂器。現在已經可以買到巫術及異教音樂的好書。敝人在〈附錄三〉有提供一些樂曲讓你嘗試看看。

） 節慶遊戲 （

巫術節慶在宗教的部分結束之後，就來到愉悅與歡樂的部分。傳統上除了唱歌與跳舞之外，還有一些遊戲可玩。有的遊戲能在展開巫圓之前進行，其他遊戲則需更多空間。以下是關於少數此類遊戲的細節，但你自己也許已經知道更多類似的遊戲。

蠟燭遊戲

選出一位巫者。其他巫者則圍坐成圓圈並面向圓心，選出的巫者站在這個圓圈的外面。將一根蠟燭點燃，若站在圓圈外面的人是女性，那麼圓圈裡面的男性會把那根點燃的蠟燭傳來傳去。它的傳遞方向沒有固定，可以順著圓圈一直傳遞，也可前前後後地在整個圓圈裡面傳遞。女性巫者會在圓圈周圍跑來跑去，試圖吹熄燭火。在成功吹熄燭火時，她會跟當時拿蠟燭的男性親吻，然後他們會交換位置。之後換圓圈裡面的女性傳遞蠟燭，而換去圓圈外面的男性則會在圓圈周圍跑來跑去，試圖吹熄燭火。

巫者耳語

大家坐成一圈。其中一人開始提出問題，任何與祕術相關的問題都可以，不過這應是需要回答幾個字詞的問題，而不是只要回答「是」或「否」的問題（例如「護身符在什麼時候聖化最好？」）。坐在提出問題者左邊的人要想出答案，然後用耳語告訴坐在自己左邊的人。而那個人也須將自己聽到的話語用耳語告訴下一個人（只講自己認為聽到的字句），如此依序傳遞。而當答案繞過一圈傳回到提出問題者，他或她會大聲重複說出問題，還有自己聽到的答案。答案在耳語傳遞的過程中必會錯亂到變得相當失真且有趣。在傳遞時不應刻意改變自己聽到的訊息，你將發現它會自然變得稍微錯亂呢！這遊戲的另一種玩法則是不用問問題，而是讓某個人開始傳遞一段簡單的陳述語句。當它傳回到起頭者時，他或她就能重複說出原本的陳述語句以及最後收到的內容。

傳送的圖

接收的圖

傳送的圖

接收的圖

傳送的圖

接收的圖

● 圖 12.7

靈能遊戲

測試靈能的遊戲非常受到歡迎。例如使巫會眾人兩兩相背並排成兩排坐下。每個人都有一張紙與一支鉛筆。其中一排是發送者，另一排是接收者。每個發送者想出某個物品，並在紙上畫出該物品的簡單圖案（最好是簡單的物品，例如車子、房子、月亮等等），然後專注其上。每個接收者都試圖感應各自的對象所發送的事物，並在自己的紙上畫出來。這樣的過程做三次，然後交換，即剛開始的發送者變成接收者，反之亦然。在看到許多這類圖畫顯現的相似程度後（參見圖 12.7），你應會相當驚訝。

❱ 戶外遊戲 ❰

有許多戶外遊戲可供巫會採用。其中一個遊戲是將一個木桶箍圈（或用厚紙板做一個大型紙環）用繩子懸吊在樹上並使它不斷搖動，巫者輪流嘗試從各自不同的距離向箍圈擲矛。另一廣受歡迎的消遣則是設靶練習射箭。

探測（dowsing）也算是有趣的「遊戲」。先讓某個人將一枚二角五的美國硬幣藏在地下或放在地上某處（如果是在室內玩的話，就是藏在屋內某處），再將另一枚二角五的硬幣作為「參考」（witness）貼在叉狀棍子上，並嘗試找出被藏起來的硬幣。這遊戲可同時多人尋找，也可使用靈擺（參見第八課）。當然，硬幣會歸給找到它的人。

敝人相信你自己可以想出更多刺激有趣的遊戲。這裡的重點在於巫術節慶應是歡樂有趣，畢竟它們是用來慶祝的日子。當然，它們的宗教面向非常重要，不過還是要在宗教活動之後進行歡樂、遊戲、美食與飲料，還有葡萄酒與啤酒……所以接下來就是：

⟩ 自製酒與麥酒、自製麵包 ⟨

如要準備下一次巫會聚會所需飲食，簡單的方法就是去商店購買，然而製作這些飲食也可以非常有趣。以下是一些簡易製作酒、啤酒、麵包的方法，還包括「糕點與麥酒」儀式的糕點作法[66]。

黃花九輪草酒（Cowslip Wine）

將2磅白糖混入5夸脫的水，並在加熱煮沸的同時加入1夸脫新鮮黃花九輪草的黃色部分。靜置24小時之後，將其過濾並加入2湯匙酵母——先將酵母塗抹在一片吐司上再放進去。蓋上蓋子並靜置10天，前面4天需每天攪拌2至3次。之後便可過濾與裝瓶。

蜂酒（Bee Wine）

用玻璃罐盛裝糖漿溶液（比例為每1品脫的水加入2湯匙糖），並加入很小一撮酒石酸（tartaric acid）與一塊大小如美國一角硬幣的酵母。將液體加熱到正常體溫的溫度（blood heat，約攝氏37度），然後將玻璃罐放在溫暖房間的靠窗處讓它發酵。一兩天之後，酵母會開始生長並積聚氣泡，因此會浮上浮下（就像一隻蜜蜂，所以才有這樣的酒名）。發酵會一直持續直到糖漿變成甜酒，此時可以兌入果汁調味。別讓它發酵太久，不然會變酸，最後變成醋。

---

[66] 譯註：以下為常衡制轉換成公制的算法。重量：1磅約等於0.45公斤、1盎司約等於28.35公克；液體體積：1加侖約等於4.546公升、1夸脫約等於1.137公升、1品脫約等於0.5683公升、1盎司約等於28.4131毫升。

番茄酒（Tomato Wine）

將一些外形完整的成熟番茄去莖，再用不鏽鋼小刀切成小塊。然後將番茄塊完全搗碎，並用細網篩過濾。得到的果汁用一點鹽與糖調味，然後裝進玻璃罐到將近全滿的程度。將罐口緊緊覆住[67]，只留一個小洞讓發酵的氣體能夠通過，然後靜置到發酵結束。將澄清液體裝瓶，並用瓶塞緊緊塞住，保存一段時間後再飲用。

蒲公英酒（Dandelion Wine）

取新鮮摘採的蒲公英花，摘下花瓣。將1加侖的花瓣放入盆或桶中，並倒入1加侖剛煮滾的水。將容器開口覆住，靜置10至12天並不時攪拌。然後將液體過濾到專用於煮果醬的鍋具（preserving pan）[68]，並依個人口味加入3至4磅的糖。將1顆柳橙與1顆檸檬的果皮薄削下來，再將兩顆水果的其餘部分切塊，在去除所有白皮與種子之後與薄削的果皮一起放進鍋子。以小火煮沸20分鐘，然後離火冷卻至微溫，加入1湯匙釀酒酵母（brewer's yeast）與1/4盎司壓縮酵母（compressed yeast）——塗抹在一片吐司上再放進去。將鍋口覆住並靜置幾天。然後裝入木桶，將桶塞塞上，等兩個月或更長時間之後裝瓶。

蘋果啤酒（Apple Beer）

在鍋中倒入4加侖的沸水，加入4磅磨碎的蘋果，每天攪拌達2週。然後過濾，加入2磅糖、2盎司生薑（root ginger），還有肉桂棒與丁香粒各1湯匙，之後倒進木桶並立即塞緊。等6週之後即可裝瓶。

蜂蜜啤酒（Honey Beer）

將1盎司的薑粉（ground ginger）與1/2加侖的水相混後煮沸30分鐘，然後放入燉鍋，並加入1磅白糖、2盎司萊姆汁、4盎司清澈流動的蜂蜜、3顆檸檬的汁液，再加入1/2加侖的冷水。當混合物達至微溫時，加入1大茶匙的酵母（先抹在一片吐司上再放進去）。靜置12小時之後用細紗濾布過濾。靜置1到2小時待其沉澱之後謹慎裝瓶。

---

[67] 譯註：原文未提用何種材料覆住罐口，也許是可以戳洞的保鮮膜。或是有留孔洞的罐蓋。）

[68] 譯註：另名 jam pot

蜜酒（Mead）

　　將4磅蜂蜜溶入1加侖的水，加入1盎司的啤酒花、$1/2$盎司的生薑，以及從2顆檸檬削下的果皮。煮沸45分鐘之後倒入木桶中，待其降低至微溫時倒進1盎司酵母。讓蜜酒靜置發酵，並在發酵結束後加入$1/4$盎司魚鰾膠（isinglass，可從釀酒用品店買到），然後將木桶塞緊。等6個月之後裝瓶。

　　上述蜜酒製法是養蜂人給的簡單配方。《凱內爾姆・迪格比爵士的藏酒室》（*The Closet Of Sir Kenelm Digby*，首版為1669年）所列出的蜜酒製法不少於26種，在在顯示蜜酒原本是一種非常重要且作工複雜的飲料。以下是烈蜜酒的製法，若製作得當（比上述食譜更具挑戰性），可以媲美都鐸王朝時代的任何蜜酒。

烈蜜酒（Sack Mead）

　　要求：第一，需要一個木製容器，用於混合蜂蜜與水，且能在約華氏60度（約攝氏15.6度）的恆定溫度下耐受一個月的發酵過程。第二，需要一個像是小木桶的容器，用來將發酵後的酒液儲存二到三年，待其熟成後飲用。第三，需要一個較小的容器（例如玻璃罐），具有足夠的密封性，能將一定數量的原初發酵酒液放入其中。這些酒液會用來補滿木桶裡面的酒液，因為酒液在木桶裡面儲存二至三年的過程中，體積會不斷收縮，因此需要足量的額外酒液來補滿木桶以排除空氣。這些額外酒液應在一開始的第一個月，亦即發酵之後儲存，儲存的量約占全部酒液的10％。隨著密封在玻璃容器的酒液因補滿木桶酒液而逐漸減少，須將剩下的酒液放入更小的容器中以填滿容器。若不這樣做，讓它繼續留在原本容器只占其中一半空間的話，有可能變成醋，在後續補滿木桶酒液時就會使其敗壞。

　　上述容器找好之後，接下來則是將蜂蜜溶入溫水中，比例為每1加侖的溫水配5.5磅的優質蜂蜜，將兩者混合至後者完全溶解的程度。然而在混合蜂蜜與水之前，要先取得高品質的酒母（wine yeast），例如釀造蘇玳葡萄酒（sauterne）、雪利酒（sherry）或馬拉加酒（malaga）的酒母，並且將它準備好。至於酒母的準備作法，則是將酒母放進一個小玻璃容器中，在幾天之內漸次添加少量混合水與蜂蜜的淡溶液，並置於約華氏60度（約攝氏15.6度）的溫度下，直到酒母開始發酵。酒母開始發酵後，待前述的蜂蜜與水混合液之溫度達到華氏70度（約攝氏21.1度）左右時加入其中。將蓋子鬆鬆地蓋住容器，並用布覆蓋，使空氣能觸及發酵的蜂蜜與水混合液，但不至於讓昆蟲與灰塵進去。

　　大約一週以後，酒液應該已經發酵，並會在一個月之後停止發酵。仔細過濾酒液過濾，移走所有酒渣，然後將酒液放入木桶[69]並牢牢封住，後續只會偶爾打開並依前述方式補充酒液。

---

[69] 譯註：還有一部分酒液會裝入另一個較小的容器，供後續補充木桶的酒液。

在一開始若沒為蜂蜜消毒殺菌的話，通常會有相當大的酸化風險，所以即使在品質方面會有某程度的喪失，還是會在一開始為蜂蜜消毒殺菌。至於通常的作法，則是在一開始將蜂蜜與水的混合液煮沸約15分鐘，如此可以殺死任何野生發酵菌種，並確保該「混合物」（must）相對無菌，以利後續添加酒母。酒桶及最初用於發酵的容器[70]也應消毒殺菌。

之所以使用酒母的根本原因，則是其發酵成果所含的酒精比例，會比一般釀酒酵母或麵包酵母（baker's yeasts）高出許多。

刺槐啤酒（Locust Beer）

蒐集刺槐（black locust）的長莢果並碎成小片，在木桶或瓦罐底部鋪成一層。加入成熟的柿子或切片的蘋果，再加入沸水直到淹沒所有材料，然後加入2杯糖蜜（molasses）。靜置3至4天之後再行使用以獲得最佳風味。

蕁麻啤酒（Nettle Beer）

這裡的蕁麻只使用嫩葉。將2加侖的蕁麻澈底清洗之後，放入燉鍋中，加入2加侖的水、$1/2$盎司的搗碎生薑、4磅的麥芽、2盎司的啤酒花和4盎司的洋菝契（sarsaparilla）。煮沸15分鐘之後過濾，汁液倒入盛有1.5磅細砂糖（castor sugar）的容器。攪拌至砂糖溶解，然後加入1盎司的液態酵母（creamed yeast）[71]。當啤酒開始發酵時，將其裝瓶、塞上瓶塞，並用繩子綁緊。這種啤酒不用久存[72]。

❱ 麵包與糕點 ❰

橡實麵包（Acorn Bread）

需要的材料：2杯牛奶、2湯匙油或奶油、2茶匙鹽、2湯匙乾酵母、4 $2/3$杯橡實粉（acorn flour，參見下列製作方式）、$1/3$杯蜂蜜與$1/3$杯微溫的水。

最佳的橡樹種類：白橡（white oak）、大果櫟（burr oak）與岩櫟（chestnut oak）。在成熟時於秋季蒐集。

製作橡實粉：橡實去殼，整個放在沸水裡面煮至少2個小時，煮的過程只要水變成淺棕色就換水繼續煮。橡實在煮過後應會變成深棕色，將它們放進華氏350度（約攝氏177

---

70 譯註：還有分裝額外酒液的較小容器。
71 譯註：另稱 liquid yeast
72 譯註：也許是指「保鮮期甚短，裝瓶後盡快喝完」的意思。

度）的烤箱烤1個小時，然後將它們切得細碎，再用磨粉機或食物研磨機磨成末狀。之後再送進烤箱烤半個小時使其乾燥。後面至少再用研磨機磨過兩遍。

將牛奶快速加熱至將近沸騰，然後攪入油或奶油、蜂蜜與鹽。倒入大碗，使其冷卻至微溫的程度。同時將酵母溶解於微溫的水中，待牛奶混合物變成微溫時加入其中，並逐漸攪入橡實粉。接著用毛巾蓋住大碗，放在溫暖的地方讓它發酵2小時。然後將麵團揉10分鐘，再桿開成厚的餅皮那樣。接著像在做果醬麵包捲那樣將餅皮捲起來，塑成2條麵包，並放在塗油的烤盤上。蓋上布，讓它繼續發酵2個小時，然後在已預熱至華氏375度（約攝氏191度）的烤箱烤40分鐘。之後從烤箱中取出，在麵包的上面刷油或融化的奶油。

印第安玉米麵包（Indian Hominy Bread）

需要的材料：2杯煮好的玉米粗粉（hominy grits）、2顆蛋（先打散）、2湯匙融化的奶油、2茶匙鹽、1/2杯牛奶。

在溫熱的玉米粗粉裡面混入牛奶、奶油與蛋。倒進抹油的烤盤，並在華氏375度（約攝氏191度）烤30分鐘。食用前再加熱。（註：這種混合物做成的薄糕餅也能用熱的平底鍋或鐵板來煎。）

印第安南瓜麵包（Indian Pumpkin Bread）

需要的材料：1杯玉米粉、1/2杯煮熟的南瓜、足夠溼潤混合物的水。

混合所有成分，直到麵團變得容易處理的程度，然後將它捏塑成許多扁平糕餅。該糕餅可以在塗油的烤盤中烘烤（就像烤餅乾那樣），或在明火上快速烤過。

愛爾蘭燕麥餅乾（Irish Oatcakes）

需要的材料：3杯燕麥片（oatmeal）、1條奶油、1/2茶匙鹽、1/3杯水、1/2茶匙小蘇打粉。

烤箱預熱至華氏350度（約攝氏177度）。將2杯燕麥粥與鹽及小蘇打混在一起。融化奶油並加入水，然後將該混合物拌進混好的燕麥粥，並攪拌均勻直到形成生麵團。在工作檯表面撒上剩下的燕麥粥，再將生麵團放在上面。用手將生麵團攤平，然後用擀麵棍擀至約1/4英寸（約為0.64公分）的厚度。使用非常小的餅乾模具或直接切割的方式，將它切成許多小正方形，然後放在未塗油的烤盤上。送進烤箱烘烤約20分鐘，然後將溫度降至華氏300度（約攝氏149度），烤至淺棕色即可。

蘇格蘭燕麥餅乾（Scotch Oatcakes）

（敝人最愛）需要的材料：1杯奶油或人造奶油、1杯燕麥粉（oat flour）、$1/4$杯麩皮（bran）[73]、1顆蛋、1杯牛奶、$1/4$茶匙鹽、$1/2$茶匙泡打粉以及$1/2$茶匙塔塔粉（cream of tartar）。（如要比較甜的餅乾，就再加入$1/4$茶匙香草精、$1/2$茶匙肉桂粉以及6茶匙糖。）

　　將奶油切塊並放進燕麥粉與麩皮裡面，再添入剩餘材料並充分混合。預熱烤箱至華氏425度（約攝氏218度）。用圓形湯匙滿滿舀起燕麥糊，逐一倒入抹油的餅乾模具中（若要餅乾的形狀較為一致，可以倒入抹油的瑪芬模具烤盤）。烘烤12至15分鐘或直到烤成淺棕色。上桌時隨附奶油（想要的話，還可以隨附果醬）。

玉米麵包（Corn Bread）

需要的材料：2杯粗磨的白玉米粉（white meal）、1杯麵粉、1杯牛奶、1湯匙糖、4茶匙泡打粉、1顆雞蛋與1茶匙鹽。

　　將所有乾料混合，然後加入雞蛋與足量的甜牛奶（sweet milk）[74]，攪拌成稀薄的玉米糊。倒入抹油的熱麵包模具烤盤，並在熱烤箱烤至棕色。

橡實餅乾

需要的材料：$1/2$杯油、$1/2$杯蜂蜜、2個打散的雞蛋、2杯橡實粉（製法參見前述的「橡實麵包」）、$1/2$茶匙杏仁精與1杯切碎的乾橡實。

　　混合油與蜂蜜，加入雞蛋打勻。再加入杏仁精、橡實粉與切碎的橡實。用茶匙將橡實糊放在抹上少許油的餅乾烤盤或淺烤盤上。在華氏375度（約攝氏191度）的烤箱中烤15分鐘。

❱ 重要提醒 ❰

　　敝人在本課與上一課都使用「愛情」魔法與護身符為例。請永遠記住，絕對不應進行針對特定個人的愛情魔法，因為這樣的作法就是在干涉他人的自由意志，迫使他們做出自己通常不會做或不希望做的事情。唯一可以容許進行的愛情魔法，是用「無特定對象」的方式進行對準……亦即你會吸引來「某個人」，但不會確切知道那個人是誰。然而還有比這魔法更好的作法，就是將魔法只用在自己身上，專注提升自己的整體吸引力，而不是嘗試改變別人。

---

[73] 譯註：也許是指燕麥麩。

[74] 譯註：也許上述材料裡面的糖是要加入牛奶裡面，沒有跟其他乾料混合。

第十二課問題

一、將你的名字用不同種類的符文書寫。
找一句特別的句子，並用自己喜愛的
魔法文字書寫風格來練習書寫看看。

三、描述你擁有的特殊護身物。你在哪裡
找到它？怎麼找到它的？你認為它最
好用於什麼目的？

二、定出自己製作護身符想達到的目的。
並依此決定要用哪種金屬、哪顆行星
的影響力，還有要刻寫什麼上去。將
你的護身符畫在下方空白處。

四、寫出你喜歡且有製作成功的食品及飲
料配方。

五、寫出你嘗試過的巫會遊戲及其結果。

第十二課試題

一、什麼是護身符？護身符（talisman）與護身物（amulet）有什麼不同之處？

二、為護身符充入力量會需要進行哪兩個主要步驟？

三、你如何為護身符進行個人化？如果要為名為 Frank Higgins（巫名為 Eldoriac，1942 年 6 月 27 日出生）的男人進行某個護身符的個人化，你會在該護身符放上什麼事物呢？

四、Mary Pagani（巫名為 Empira）希望在自己工作的地方得到更好的職位與待遇。目前有個職位即將出缺，而她想獲得該職位。對於她要配戴的護身符，請詳述你如何決定在該護身符放上的事物以確保她得到這個職位。你會選擇什麼時候製作該護身符，還有要如何製作它？Mary 的出生日期是 1954 年 2 月 14 日。

五、Henry Wilson 喜歡 Amy Kirshaw，但女方對他並沒有戀愛的感覺。對於他的護身符，請詳述你如何決定在該護身符放上什麼事物，還有製作時間及製作步驟。Henry 的出生日期是 1947 年 10 月 12 日，而 Amy 的出生日期是 1958 年 7 月 3 日。

六、用本書列出的所有魔法字母表來練習
　　書寫。為何不應嘗試記熟這些魔法字
　　母表呢？

請閱讀下列作品：

《盧恩符文及其他魔法字母表》（*The Runes and Other Magical Alphabets*），麥可‧哈沃德（Michael Howard）著

《護身符的製作與使用》（*How To Make and Use Talismans*），伊瑟瑞爾‧磊加棣（Israel Regardie）著

推薦的補充讀物：

The Book of Charms and Talismans by Sepharial

Egyptian Language by Sir Wallis Budge

第十三課

療 癒

HEALING

　　我必須重申自己在第十課開頭所說的話，即本課在療法方面的資訊僅是敝人的意見，再加上個人研究結果而已，而非醫療方面的建議。這類建議應請教稱職的專業人士。

　　在第十課當中，你除了研究藥草在療程的運用，還了解到了巫者長久以來都被認為是所屬社群的療者。本課則會讓你了解幾個用於巫術的其他療法形式，還有一些較為少見的藥草應用方式。

☽ 氣場 ☾

　　我在前面的課程有簡短談及氣場。概括來說，氣場就是人體散發出來的電磁能量。由於一切事物（像是椅具、房屋、樹木與鳥兒）都會散發能量，我們的身體當然會有振動，動植物也是如此。每一事物都是振動，因此各自都會散出氣場，然而最容易觀察的是人類的氣場（也許出於腦部活動）。

　　氣場有時被當成「自然力」（the odic force）來談。在五世紀至十六世紀基督信仰藝術作品當中，會常看到那些被認為具有強大靈性力量之人的畫像頭部周圍繪有被稱為光環（halo; gloria）的氣場。在穆斯林先知的畫像中，氣場則呈現為頭部周圍的火輪。祭司、國王與王后的頭飾也是用來象徵氣場。

　　基督信仰的《聖經》也有一些提及氣場的地方。在雕塑方面，米開朗基羅（Michelangelo）的「摩西」（Moses）像則是很棒的例子，其頭上的角讓許多人大惑不解。塑像頭上之所以會有角，係因翻譯時用於指稱「光束」的字彙與用於指稱「角」的字彙相似而混淆所致。所以事實上摩西在當時被認為「有光束從他的頭部出來」——而這裡的光束就是氣場。

﹚ 氣場療法（Auric Healing） ﹙

在運用氣場療法時，是藉由觀想特定色光圍繞對象個體的周圍來改變其狀況，色光的選擇則依患者的問題而定。例如在處理神經系統的問題時，就運用紫羅蘭色與薰衣草色以得到舒緩的效果；如要恢復活力，就用草綠色；需要靈感，就選擇黃色調與橙色調。

在處理身體血液與器官失調的情況時，就用透明深藍色調予以舒緩，用草綠色恢復生機，再用明亮的紅色予以激勵。

在處理發燒、高血壓或歇斯底里時，就用藍色；至於寒顫或身體的體溫上不來，就純用紅色來處理。

因此，如果某位女士正抱怨自己感覺好熱，且有發燒及大量流汗的情況時，若你能致力於觀想藍色光籠罩她且她在吸收藍色光，就會有很大的幫助。若這女士感覺肚痛，那麼就觀想一道舒緩的淺綠色光照在對應的部位。對於具有神經性頭痛的人，就認真觀想他們的頭部籠罩紫羅蘭色或薰衣草色的色光。在處理受傷流血的個案時，就觀想一道透明深藍色光照在傷口處。這樣的觀想請依自己可以的程度盡量長久維持下去。後面的「色彩療法」會講述更多細節。

﹚ 普拉納療法（Pranic Healing） ﹙

普拉納療法是從你的身體傳送「普拉納」（prana，即「生命力」）到患病或受影響的身體部位，激勵那裡的細胞與組織回歸正常活動，並容許廢棄物質離開那個系統。這過程會用到手的掃除與按住的動作。普拉納是什麼呢？它就是潛藏在身體一切生理運作之下的生命力量，使血液得以循環、細胞得以移動，而這副軀體的生命所仰賴的一切運作也是由它引動。它就是那股依著療者導引療癒之意志、從神經傳送出去的力量（請參考第一課提及奧圖‧拉恩教授與哈洛德‧伯爾博士的部分）。

你是從自己吃的食物、喝的水與吸入的空氣獲得普拉納。力量與能量的一切形式，都是源自同一個「最初因」（primal cause），而你在療癒領域的「天分」，係來自你對於增加自身普拉納的儲存量以及將普拉納**分享出去**的這份心甘情願。因此，每個人其實都具有療癒的「天分」呢！

如何提升自己的普拉納呢？就是靠深呼吸。在吸氣時，**觀想**能量與力量流入自己的身體。感覺它流進全身上下各個部位。感覺它沿著手臂移動，並順著雙腿往下流動。觀想母神與父神的愛進入自己。

1858年，工業家暨科學家卡爾‧凡‧賴辛巴赫男爵（Baron Karl von Reichenbach）宣稱，發現了從磁石、水晶、植物與動物散發出來的特定輻射，而這類輻射能被特定人士（敏感者）看見與感知。在1911年的倫敦，聖多默醫院的沃特‧基爾納醫生（Dr. Walter Kilner）發明出一些能夠顯示這些輻射的方法。其中一個方式就是透過某種名為**雙花青色素**（dicyanin）的煤焦油染料之稀釋溶液進行觀看，另一方式則是先透過高酒精含量的溶液觀看某個明亮光源，然後再看向對象。然而後者業經證實為非常危險的作法，會對眼睛造成傷害。而基爾納將自己使用雙花青色素的方法臻至完善，其產品就是所謂的「基爾納顯示鏡」（Kilner Screen）。

然而觀看氣場的最佳方式不需用到人造器械的協助。只需請對象站在黑色背景的前方讓你觀看，然後注視對象的第三眼位置（在雙眉中間稍微上面一點的地方）。你會發現，在一開始先稍微瞇眼來看會很有幫助。當你開始察覺到對方頭部周圍的氣場而直接轉去注視的時候⋯⋯它就會消失！別擔心，你終究能夠直視氣場，只是在一開始，把視力焦點放在對象的第三眼位置，用周邊的視覺觀看氣場即可。如果對象站在黑色背景前面的作法對你無效的話，那麼換成明亮背景試試看──有的人用黑色背景可以看到氣場，有的人要用明亮背景才行。

若你觀看的對象沒有裸身的話，頭部周圍的氣場會最明顯，若對象裸身的話，就可以看到圍繞整個身體的氣場。圍繞整個身體的氣場稱為**光暈**（aureole），圍繞頭部的氣場稱為**光環**（nimbus）。你也許會注意到對象的左側通常為某種橙色，右側通常是偏藍的色彩。如果你將手靠近對象的身體，應會發現其左側有溫暖的感覺，右側則有冷涼的感受。有趣的是，棒狀磁鐵的氣場也會有同樣的對應感受，其北端氣場會有冷涼與藍色的感受，而南端氣場會有溫暖與橙色的感受。如果你站在對象面前，將雙手手掌以掌心朝內的方式分別伸至對方頭部兩邊，也會感受到氣場。若將兩手手掌逐漸往對象的頭部靠近，你在過程中（可能是在距離10到15公分處）會有刺痛發麻或溫暖的感受，或是感覺到壓力逐漸增加。將你的雙手移近移遠以找到那種感覺。

《色彩魔法》
雷蒙德‧巴克蘭
Llewellyn, Mn. 1983 & 2002

正確的呼吸會使正向流動與負向流動之間出現動態的平衡。它能安定你的神經系統、調節心臟活動使其慢下來還可降低血壓並促進消化。在進行任何普拉納療法個案之前，請先進行下列深呼吸練習：

第一部分：

一、用鼻子緩慢地深深吸氣，並在腦海從一數到八。

二、用鼻子緩慢地深深吐氣，也是從一數到八。

第二部分：

三、用鼻子緩慢地深深吸氣，並在腦海從一數到八。

四、閉氣，在腦海從一數到四。

五、用嘴巴緩慢地深深吐氣，從一數到八。

在進行第四步閉氣時，感覺自己吸入的那股愛、能量、力道與力量正在自己的身體裡面到處循環。

進行第五步時，將自己的所有負面事物吐出去。第一部分做一遍，然後第二部分做三遍。

至此你已做好開始進行療癒個案的準備。至於最佳進行地點，即是巫圓裡面，不過如果不行的話——像是對象是在醫院或久臥在自家床上而不方便去你那裡——那麼至少用你的巫刃在對象的周圍劃一個圓，如果必要的話，連床也包在圓裡面，然後在開始之前用白光充滿整個圓。

東

西

◉ 圖13.1

如果可以調整對象躺臥位置的話，令其背部或頭部朝向東方，而雙腳併攏，雙手則分別擺在身體側邊。裸體不是必要，不過對象如果可以的話自然更好（其實你跟對象都是裸體的話會更好）。對象應當閉上眼睛，並專注於觀想自己被完全包攏在白色光球裡面。如果你慣用右手，就跪在對象的左腿旁邊；慣用左手的話，就跪在對象的右腿旁邊（參見圖13.1）。然後你前傾身體，伸出雙臂，雙手手心相對，放在對象頭部上方距皮膚約1英寸（2.54公分）

遠的空中（參見圖13.2）。然後做個深吸氣，接著一邊閉氣，一邊用兩手沿著對象身體兩側往雙腳掃過去，整個動作幾乎不會碰到對象的皮膚。在你的雙手掃離對象雙腳的那一刻，吐氣並**快速用力甩手**，就像在甩掉手上的水那樣，其實你是用這動作甩除自己從對象身上引出的負面事物。重複這整個過程**至少七次**，最好多做幾次。

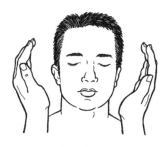

● 圖13.2

　　然後恢復坐姿，安靜片刻，同時觀想對象包攏在白光裡面。當你回復正常呼吸時（你會發現上面的步驟挺累的），就重複前述的呼吸練習——第一部分做一遍，第二部分做三遍。

　　然後將你的雙手分別輕按對象頭部兩側，雙手拇指則擺在對象頭部兩側的太陽穴（你如果想要的話，這裡可以閉上眼睛），同時將自己的所有能量、將母神與父神藉由你傳達的慈與愛往對象送進去，使其得以復元。如此進行一段時間之後，再次恢復坐姿，放鬆下來，同時想像對象處在白光之中。

　　然後再次做深呼吸練習，接著將你的雙手按在對象的心臟部位（或懸在心臟部位上方空中），並再度將普拉納力量往對象送進去。

　　做完之後恢復坐姿，一邊休息，一邊做深呼吸練習，然後將你的雙手按在有問題的特定部位（像是肚子、某一邊的腿或肩膀）並傳送能量。在這之後就是最後一次休息，請同時觀想對象處在白色光球裡面，整個療癒個案至此完成。

　　如果你發現自己在做完這類個案之後身體很累，請不用緊張，那是正常反應。若有人說這反應是因為個案做錯，請予以無視，因為事實恰好相反，感覺疲累是你做得很對的良好徵象喔！

〉 遠距療法（Absent Healing）〈

　　為無法親自來到巫圓的個人提供療癒服務是有可能的，也就是用第十一課裡面的任一方法（舞蹈、吟頌、繩索魔法或性魔法）提升力量，然後將這力量導引到生病的個體。蠟燭魔法在這方面特別有用（請參閱敝人由盧埃林出版的《魔法蠟燭寶典》，中譯本由橡實文化出版）。而氣場療法與普拉納療法也均能用對象的質優清晰照片來進行。請一併參閱後續「色彩療法」與「魔偶療法」。

〉 色彩療法（Color Healing）〈

敝人的《色彩魔法》（*Color Magick*, Llewellyn Publications, 1983 & 2002）一書對此主題有廣泛地探討，所以這裡只做簡要說明。光是以波為移動形式的發散能量，而其波長可以用名為「埃」（Angstrom; Å）的單位（一埃相當於千萬分之一毫米）來量測。例如，紫羅蘭色的波長範圍為4,000Å 到4,500Å，靛藍色則是4,500Å 到4,700Å，藍色是4,700Å 到5,100Å，綠色是5,100Å 到5,600Å，黃色是5,600Å 到5,900Å，橙色是5,900Å 到6,200Å，而紅色是6,200Å 到6,700Å。你的身體會從陽光挑選用於平衡所需的色彩，並將選出的振動吸收到體內。而運用色彩的療法（即 chromotherapy 或 chromopathy，「色彩治療」之意，後者係源自意指「色彩」與「受苦」的希臘字「kroma」即「nathos」），其原則係為患病的身體增添它所缺乏的色彩。色彩治療的好處之一是它的可行性，畢竟此療法運用的是自然的基本事物之一，任何人在使用時都不會有危險。其具體應用方式有許多種，等一下就會看到。基本上，光譜的紅色端會有激勵的效果，藍色端則有鎮定的效果。

以下是光譜中各個特定色彩之對應性質的簡述：

紅色：這是溫暖、提振活力的色彩，非常適合處理血液相關疾病。貧血的人會需要紅色，肝臟有感染狀況的人也是如此。

橙色：這色彩雖然不像紅色那樣刺激，但保留了紅色的許多性質。它特別適合用於呼吸系統，也適用於氣喘與支氣管炎的患者，還有滋補與輕瀉的效果。

黃色：非常適合用於肚腹與腸道。它具有溫和的鎮靜效果，有助於移除各種恐懼，使人振作起來。它有助於消化以及胃灼熱的狀況，也能應對便祕及痔瘡，月經的問題也可以用。

綠色：這是治療大師。相較於其他色彩，它係中性，具有很棒的滋補與恢復活力的效果。使用色彩療法時若拿不定主意的話，就用綠色。它特別適合用於心臟的問題、神經性頭痛、潰瘍、癤子與頭部的感冒症狀。

藍色：這是具有殺菌及清涼效果的色彩，特別適用於各種炎症，包括內臟的發炎。對割傷與燒傷有效，對風溼也有效果。

靛藍色：具有輕微的麻醉效果。能移除心智的恐懼、使害怕黑暗的人放心。適合用於情緒失常、耳聾，對眼睛特別有好處，甚至連白內障也能受益。

紫羅蘭色：適用於心智失常。可用於神經系統、禿頭及女性疾病（female complaints）。

） 導引色彩 （

重點在於**色彩**，所以只要是能夠產生色光的事物，就符合你的需要。至於這類事物，可以是具有色彩的玻璃、塑膠，甚至是玻璃紙。而且你也用不著等待日出，因為任何光源均能使用，包括人造的光線。如果你有能讓大片陽光曬進來的窗戶，那麼當然就好好運用它。你可以在那窗戶貼上一片有色玻璃、塑膠，甚至是透明薄紙，並請患者站在窗前，讓那色光直接照到她或他。確保色光有照在發生問題的區域，例如胃有不舒服，則使黃光照在胃區。每一天都將特定色光集中照射需要處理的部位至少30分鐘，但每天照兩次（早晚各一次），每次照30分鐘會更好。你將會發現，狀況幾乎在一開始照光時就出現了明顯的改善。

如果你沒有一扇方便讓陽光照進來的窗戶，那麼幻燈片投影機會是不錯的替代物，事實上它在許多方面比窗戶更好，畢竟你可以用它來專注處理特定部位。你可以從相片供應店買到空的幻燈片卡紙框，然後夾進小塊的長方形彩色塑膠片或投影片[75]，如此就能做出一套具有七種主要色彩的幻燈片[76]。

） 經過色彩充能的水 （

你可以用色光為普通的水充能，將其轉變為具有效果的藥物。將一只乾淨透明的瓶子注滿水，並在瓶壁外側用膠帶貼上一張彩色紙張或投影片（若能找到具有對應色彩的彩色瓶子會更好），然後將瓶子置於窗邊達6至8小時，即使太陽沒有直接照到瓶子，也能為裡面的水充能。做好的水則是每天喝3次，每次約一只葡萄酒杯的量，如此得到的效果會接近前述用色光照30分鐘的作法。

如果你覺得情緒「低落」，或是無精打采，那麼每天早上喝一杯用紅色充能的水可使你振作起來。同樣地，如果晚上睡不好的話，那麼睡前喝一杯用靛藍色充能的水會使你放鬆並協助你入眠。前面色彩療法列出的所有色彩均能使用，而這種運用水的治療方式稱為「色彩水療」（hydrochromopathy）。

） 遠距色彩療法 （

色彩也能用來進行遠距療法，同樣會用到相片（即運用「事物會吸引與之相似者」的交感魔法基本原則），即所謂的「色彩圖療」（graphochromopathy）。確保使用的相片裡面只有對象一人，並確定相片有照到對象的不適區域（例如某一條腿、胃部），然後用適當色光長久照

---

[75] 譯註：現多稱透明膠片。

[76] 譯註：由於科技與器材的進步，也許可以考慮使用電腦的簡報軟體製作簡報檔，然後直接連到投影機輸出色光。

著對象的相片。低瓦數的燈泡，也許是小夜燈之類者，非常適合用於此療法。在使用彩色投影片或玻璃紙時，你會發現將它們蓋在照片正面，比圍住燈泡來得方便許多。最好的作法，則是將相片連同彩色投影片一起用相框固定住，然後將相框立在燈泡或窗戶的前面。每天至少要讓這照片曬3小時的光以發揮效果。

〉 晶石療法 〈

你可以在六本討論寶石與半寶石及其玄祕特質的不同書籍當中，找到六種不同的對應使用意見。之所以有此現象，係因這些晶石通常會對應占星術的行星與星座，而其問題，就如同克洛（W. B. Crow）在其著作《寶石：其祕力與隱意》（*Precious Stones: Their Occult Power and Hidden Significance*）所言，在於「對應系統不只一種，在某狀況下會用某種對應系統，換到另一狀況時則換用另一適合的對應系統……自然的物體不會有純粹的太陽屬性、純粹的月亮屬性或純粹的土星屬性。」

因此就使用晶石進行療癒而言，最保險的作法應是古代德魯依所用的方式，即以晶石的顏色為依據，而其運用原則跟前揭「色彩療法」一樣。

例如，你知道黃色有助於處理胃腸不適與月經問題，那麼在面對這類問題時，就配戴黃色晶石，像是黃色的鑽石、碧玉、黃玉、綠柱石、石英水晶、琥珀等等。而其進行方式，則是每天都將對應晶石放在身體的不適區域表面至少1個小時，除此之外的時間均配戴該晶石的胸墜或戒指，持續至復原為止。

西元前六百四十年，內切普索（Necheps）將碧玉繞頸戴著以治療讓他容易想吐的胃部。西元1969年，紐約寶石協會的珠寶鑑定師芭芭拉・安通（Barbara Anton）向某位長年受苦於月經不規律的友人建議佩戴黃碧玉胸墜。而那位友人只要戴上黃碧玉胸墜，月經就會回歸正常的二十八天週期。

任何一本論述晶石與礦物的好書，都會詳細描述各種色彩對應的多種不同晶石。像是紅寶石、祖母綠及藍寶石，它們明顯分別屬於紅色、綠色及藍色，然而市面上還是有著效果一樣但價錢低廉許多的晶石。以下是關於一些晶石的資訊，包括在市面上可以取得的顏色，以及古代對於其療癒性質的信念。

〉 晶石屬性 〈

Agate **瑪瑙**（棕）：有助於鞏固牙齦及保護視力。

Amber **琥珀**（黃、橙）：改善視力差的狀況、耳聾、痢疾與喉部病痛、花粉熱、氣喘。

Amethyst **紫水晶**（紫至藍紫）：酒醉的解藥（！）、使心智安定。

Beryl **綠柱石**（綠、黃、藍、白）：肝病、橫膈膜。

Bloodstone **血石**（紅與綠）：出血、鼻血。

Carnelian **紅玉髓**（紅）：出血、鼻血、淨化血液。

Chrysolite **貴橄欖石**（橄欖綠、棕、黃、紅）：發燒、惡夢。

Coral **珊瑚**（紅、白）：止血、有助於消化方面的問題、兒童的癲癇、潰瘍、傷疤、眼睛疼痛。

Diamond **鑽石**（白、藍、黃）：咳嗽、黏液、淋巴系統、牙痛、失眠；痙攣。

Emerald **祖母綠**（綠）：眼病（有一傳統的洗眼劑即是只用祖母綠浸在水裡製成）、整體的療癒。

Garnet **石榴石**（紅）：貧血、血液疾病。

Jade **翡翠、硬玉**（綠）：腎病、胃痛、淨化血液、增強肌肉、泌尿問題、眼病（可以像祖母綠那樣用來製作洗眼劑）。

Jasper **碧玉**（黃、綠）：胃病、神經緊張。

Lapis **青金石**（又名 *Lapis lazuli*）：藍銅礦 *Lapis linguis*，深藍至天藍、紫藍、綠藍）：眼病；協助對準更高層次的靈性振動；活力；力量。孔雀綠（*Lapis ligurius*）：霍亂、風溼[77]。Moonstone **月光石**（淺藍，近似蛋白石）：跟「水或溼」有關的失調現象（"watery" disturbances）、水腫、賦予力量。

Opal **蛋白石**（紅至黃、黑、暗綠）：心臟、眼睛、腺鼠疫（bubonic plague）（！）[78]、賦予保護與和諧。

Pearl **珍珠**（白）：安慰、消解怒氣。

Ruby **紅寶石**（紅）：疼痛、結核病、肚子絞痛或疝痛、癤子、潰瘍、中毒、眼睛的問題、便祕。

Sardonyx **紅縞瑪瑙**（紅、棕紅、黑）：具有心智與情緒層面的效果、驅散悲傷、帶來喜悅。

Sapphire **藍寶石**（藍紫）：眼睛、癤子、風溼、肚子絞痛或疝痛。

---

[77] 譯註：藍銅礦與孔雀綠的常見英文名稱分別為 Azurite 與 Malachite。

[78] 譯註：即黑死病。

Topaz **黃玉**（黃至白、綠、藍、紅）：視力、出血；流血。

Turquoise **綠松石**（藍、藍綠、綠）：視力、回春。

☽ 魔偶 ☾

你在第十一課已經學到魔偶的建構方式，我在那一課討論了它在愛情魔法的應用。然而魔偶也可用於療癒，事實上這作法可能才是它的原始用途。

建構魔法的方式還是一樣：從布剪下兩片人形布塊，將它們縫在一起，然後標上用於識別的符號與特徵（整個過程請專心想著魔偶所要代表的對象）。然而，在為魔偶填入藥草時，應使用那些適合處理對象疾患的藥草──也就是依據你在第十課學到的資訊。如果還是拿不定主意要用什麼藥草填進魔偶，那麼就用金盞花（*Calendula officinalis*; calendula, marigold, marybud, holibud），因為它算是一種萬用藥（cure-all）。

如同在愛情魔法的範例，你亦應當為這具魔偶命名、灑水與薰香，然後將它平放在祭壇上。

如果你要進行療癒個案的對象剛完成外科手術，就在魔偶身上的對應部位劃一道切口。接著將魔偶從祭壇拿起來，一邊縫合切口，一邊專注於療癒工作並將自己的力量導入對象。

你也可以用魔偶代替真人來進行氣場療法或普拉納療法。魔偶一旦接受命名與聖化，那麼你對它做的任何事情，當然等於做在那個對象身上。

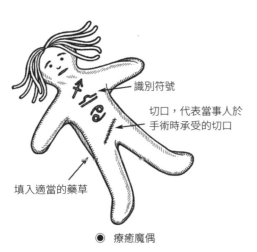

識別符號

切口，代表當事人於手術時承受的切口

填入適當的藥草

◉ 療癒魔偶

☽ 冥想與生理回饋 ☾

沒錯，冥想也可以是一種療癒方法。請要一直記得，無論有意或無意（較常如此），我們的實相係由我們自己所造。那麼，反正我們都要創造實相，當然也可以創造一個讓我們可以好好享受的健康實相。在你的日常冥想當中，觀想自己身體健康且身心安適。如果你正在生病，就觀想自己完全康復的模樣。請記住第十一課的教導──「不要觀想事情正在運作的模樣──而是觀想它已經完成。」

冥想與生理回饋業經科學家實驗，證實具有降低血壓、降低肌肉張力、控制疼痛及增加身心安適感的效果。生理回饋的原則，係為個人對於自身內在生理過程若有即時的了解，就

> 我們全是自然的一部分，
> 並沒有離開自然。

雷蒙德·巴克蘭

　　每個人都熟悉用針刺入小蠟像的情節，即使只在小說讀過而已。像這樣的小蠟像是典型的交感魔法，也是它最古老的形式之一。然而用針刺入蠟像以傷害某人所使用的基本原則，也能用於行使善事。例如，某人正因劇烈背痛所苦，那麼巫者會拿一些蠟或陶土，塑成一個小人像以代表那人。塑像並不需要做到維妙維肖的程度，事實上也許只是一個很像「薑餅人」的粗糙塑像。然而在塑像的過程，巫者會在腦海中一直維持住對方的清楚形象。若有一張對方的照片讓巫者能放在旁邊並專注其上，那會更好。當小人像做好之後，巫者會在其背部——或是疼痛所在之處——插上三、四根針。插針時，巫者會**盡量不去想**對象所經歷的疼痛，僅是把這步驟當成進行療癒個案的準備工作而已。

　　下一步則是正式用對象的名字為這塑像命名，過程可以是先經過灑水與薰香之後，說出下列語句使其生效：「躺在這裡的是王老五，他想要減輕疼痛。我在此為他做的所有事情，也會做在他本人身上。」接著巫者盡量專注在這個人，同時觀想他已無背痛的健全模樣。然後巫者將針逐一取出，同時想著（甚至會說一些符合效果的話）自己正從對象的身體取走疼痛。

摘自《古今巫術》
雷蒙德·巴克蘭
HC Publications, N.Y. 1970

膏抹用油配方

　　摘取新鮮薄荷——我比較喜歡貓薄荷（*Nepeta cataria*），鬆散地裝滿一個大罐子，然後用無香味的植物油注滿罐子。將罐蓋關緊並靜置24小時，其間每8小時將罐子倒置一次。之後用紗布（cheese cloth）小心過濾這罐油，並仔細擠壓[79]。再次於罐中放進新鮮薄荷，然後把剛濾好的油倒進去。再靜置24小時，其間每8小時將罐子倒置一次。這作法至少要重複三天才算完成。而最後過濾擠壓出來的油，就是帶有薄荷香氣、適合用於膏抹的油品。

---

[79] 譯註：應像用棉布榨西瓜汁那樣。

能夠學著去控制一些原本只會非自主進行的生理過程。當事者的目的是要達到完全地放鬆，並能藉由某個連接自身的回饋儀器觀看自己進行這個過程（市面上已有許多廠商供應多種生理回饋儀器，其價錢與複雜程度都有不少差異）。她或他會試著引發某種非常平靜但保持警覺的意識狀態，此時會出現一種容易分辨的腦部活動，即所謂的「阿爾發波」（alpha rhythms）。當事者若成功引發阿爾發波達十秒鐘，就達到了「阿爾發態」（alpha state）。

以下是用於冥想的燃燭儀式，你可以把它當成在進行創意觀想自己（或他人）的疾病已然痊癒之前的熱身活動。

「進行冥想」的祭壇

1號祭壇蠟燭	神像	2號祭壇蠟燭
	香爐	
1號淡藍色蠟燭	祈請者／冥想者之燭	2號淡藍色蠟燭
書	當日蠟燭	

點燃祭壇蠟燭。將香燃起。點燃當日蠟燭。點燃祈請者的蠟燭（即圖中祈請者／冥想者之燭），一邊想著自己，一邊說：

「這蠟燭是我自己，其燃燒如此穩定、如此確實。」

點燃1號與2號淡藍色蠟燭，並說：

「我在這裡找到平安與寧靜。這是與世隔絕之處，我能安全地進行冥想及增長靈性。」

以你自己的作法（像是第七課提到的超覺靜坐、梵咒瑜伽，或是你所找到的任何最適合自己的方式）進入冥想。在冥想過程中，觀想自己（或是療癒個案的對象）完全健康與復元。冥想結束時，依之前點燃蠟燭的順序倒反過來逐一熄滅蠟燭。

「重獲（或維持）良好健康」的祭壇

```
┌─────────────────────────────────────────────────┐
│  1號祭壇蠟燭          神像              2號祭壇蠟燭  │
│                                                 │
│                      香爐                        │
│                                   ⎧ 1號紅色蠟燭    │
│                                   ⎨ 2號紅色蠟燭    │
│  橙色蠟燭            祈請者之燭      ⎩ 3號紅色蠟燭    │
│                                                 │
│          書              當日蠟燭                 │
└─────────────────────────────────────────────────┘
```

這是一套更為深入的燃燭儀式，專用於重獲健康。

點燃祭壇蠟燭。將香燃起。點燃當日蠟燭。

坐下來，用一點時間思索母神與父神的力量、健康與善意流回祈請者的身體裡面。

點起祈請者的蠟燭，一邊想像祈請者的模樣，一邊說：

> 「這是……〔祈請者的名字〕……全然健康的模樣。母神與父神的祝福降臨在他／她身上，使他／她得以成長興盛。」

點燃橙色蠟燭，並說：

> 「這道火焰會為……〔祈請者的名字〕……召來一切好事，它會召來健康、力氣，以及他／她所欲求的一切事物。」

一一點燃三根紅色蠟燭，並說：

> 「這就是三倍的健康與力量，會被移入……〔祈請者的名字〕……的身體，並依母神與父神的旨意服務他／她、支持他／她。」

然後說：

「從一開始，事情一直都是如此。

為了活著，就得尋找，就得獵殺。

為了獵殺，就得有力。

為了有力，就得吃食與移動。

為了吃食與移動，就得尋找。

身為虛弱，也許永遠無法強壯。

身為強壯，就有活下去的機會。

若身為虛弱，那麼思想必得變得強壯；

因為思考就是行動。

藉由強壯的思想，

就可以尋找、獵殺與吃食。

因此，藉由強壯的思想，

就能變得強壯且能移動。

思考不會帶來食物，

但它的確帶來獲取食物的辦法。

事情就是如此！

願強者有力！

願弱者有力！

願其臂膀高舉獵矛！

願其臂膀甩擲石彈！

願其臂膀刺出標槍！

願力量永遠都在！

感恩此事實現！」

安靜坐著，向著自己現正享受且祈願者也會享受到的美好健康進行冥想。靜坐 10 至 15 分鐘之後，就依之前點燃蠟燭的順序倒反過來逐一熄滅蠟燭。此儀式需在星期五進行，並連續進行七週，每次都將三根紅色蠟燭往祈願者蠟燭移近一點。

） 動物與植物 （

前述的所有療法均能用在動物與植物身上，而且跟用在人身上同樣有效。請別忘記我們都是自然的一部分。如果某隻動物、某隻鳥、某棵植物或樹生病，那麼你的責任就是試著去協助牠或它。讓我們都能與自然和諧共存，都與眾神合而為一。

我會建議所有巫者不僅要了解本課所提到的療法，還要盡量去熟悉其他諸多可能性。當然，並不需要把每項技藝都摸透，光是知道什麼療法可以達到什麼效果就已很好，像是針灸、感應探測（radiesthesia）、電磁療法（radionics）、催眠等等。

） 正面思考 （

無論你選用何種療法，都要記得最重要的關鍵，那就是態度——你必須有正面的態度。如同我在討論魔法的課程所強調的概念，對於想要達到的目的，你應當想像的是事情已完成與最終成果。這概念在療癒領域特別重要。如果對象的腿斷了，就觀想那條腿已經痊癒，觀想她或他到處跑跳的樣子。如果對象的喉嚨疼痛，就觀想她或他大聲叫喊、唱歌與歡笑的模樣。請一直保持正面的思考並傳送正面的能量。

我會特別推薦你研讀以下書籍：

Aromatherapy: The Use of Plant Essences in Healing. Raymond Lautic and A. Passebecq.

The Complete Book of Natural Medicines. David Carroll.

The Bach Flower Remedies. Nora Weeks & Victor Bullen

The Twelve Healers. Edward Bach.

Handbook of Bach Flower Remedies. Philip M. Chancellor.

Alpha Brain Waves. Jodi Lawrence.

The Science and Fine Art of Fasting. Herbert M. Shelton.

Power Over Pain Without Drugs. Neal H. Olshan.

Yogi Therapy. Swami Shivananda Sarawati.

The Foot Book: Healing the Body Through Reflexology. Devaki Berkson.

Homeopathic Medicine At Home. Maesimund Panos and Joseph Heimlich.

Helping Yourself With Self Hypnosis. Frank S. Caprio & Joseph R. Berger.

Healing With Radionics. Elizabeth Baerlein and Lavender Dower.

Theory and Practice of Cosmic Ray Therapy. D. N. Khushalini and I. J. Gupta.

The Practice of Medical Radiesthesia. Vernon D. Wethered.

Acupuncture: The Ancient Chinese Art of Healing. Felix Mann.

Helping your Health With Pointed Pressure Therapy. Roy E. Bean.

第十三課問題

一、描述自己使用氣場療法的經驗。其中一些比較明顯的效果是什麼呢？

二、就你個人而言，哪種色彩療法最好用？得到的效果是什麼呢？

三、你曾用哪一種晶石進行療癒工作？當時的使用方式為何？有觀察到什麼效果嗎？

四、將你藉由實驗而發現的諸多晶石特性記錄下來，做成專屬個人使用的列表。

第十三課試題

一、有一年幼男孩在攀爬石堆時失足摔倒
在地，左腿骨折。腿骨已經接好，然
其癒合時間頗長。如要使用下列療法
來協助骨頭癒合，你會怎麼做呢？

（一）氣場療法：

（二）晶石療法：

（三）色彩圖療：

二、請就第一題所描述的個案對象，以自
己的方式（可以根據本課所述的概念，
例如交感魔法）構思以魔法支持這個男
孩的作法。

三、「普拉納」（prana）是什麼？在普拉納
療法中，為何每次掃動末尾的甩手動
作是必要的呢？若要為不在現場的療
癒對象進行普拉納療法的話，請列舉
兩種作法。

四、某位女士剛做完子宮切除手術，請描
述你會如何使用魔偶支持她復原。

五、請綜整自己在第十、十一、十二與十三課學到的知識，撰寫一篇主題為療癒的簡短論文。

請閱讀下列作品：

《色彩療法》（*Color Healing*），瑪莉‧安德森（Mary Anderson）著

《給每個人的療癒》
（*Healing for Everyone*），埃瓦賜‧盧米斯（E. Loomis）與 J‧保爾森（J. Paulson）著

《這是屬於你的日子嗎？》
（*Is This Your Day?*），喬治‧托曼
（George S. Thommen）著

《真實療癒的技藝》
（*The Art of True Healing*），
伊瑟瑞爾‧磊加棟（Israel Regardie）著

《寶石：其祕力與隱意》
（*Precious Stones; Their Occult Power and Hidden Significance*），
威廉‧伯納德‧克洛（W. B. Crow）著

推薦的補充讀物：

Magic and Healing by C. J. S. Thompson

Color Therapy by Linda Clark

Handbook of Bach Flower Remedies by Philip M. Chancellor

Handbook of Unusual and Unorthodox Healing Methods by J. V. Cerney

第十四課

建構設立

GETTING SET UP

☽ 儀式 ☾

「我可以打造自己的儀式嗎？」算是常被問到的問題，而答案是「可以」，然而這個「可以」得要有與之相襯的能力才行。巫術圈內有許多才華洋溢的人，應要允許——其實是鼓勵——他們發展自己的才能（巫術與才能兩者似會互相吸引）。然而在開始打造自己的儀式之前，不妨先暫時依敝人於本書提供的種種儀式內容來操作看看。我個人建議至少要用一年的時間來學習它們、了解它們、感受它們、活出它們。它們的創作係基於多年的經驗，不僅是對於巫術的經驗，還有對於祕術與人類學（anthropology）諸多面向之經驗，以及關於儀式要素的知識，其中又以後者最為重要（參見後面的「儀式的建構」）。每一要素都有其存在意義，所以不要只是因為覺得「這樣感覺不錯！」就胡亂修刪。

請特別注意以下儀式所展現的種種要素。

立起神殿——這是在建構與聖化你們的聚會場所，即你們的神殿。它是必定要進行的基礎儀式之一，以確保該區域與在場者其心靈、精神層次的潔淨。它也包含邀請母神及陪伴她的父神參與並見證後續那些用來榮耀他們的儀式。

撤下神殿——你必須向母神與父神致上謝意，並正式結束整個過程。

糕點與麥酒——它是聚會的儀式／崇拜部分與服務／社交部分之間的「連接環節」。如此普遍且重要，係因它其實是崇拜——為生活的必需事物感謝諸神——的完成階段。

上述內容，連同自我奉獻與啟蒙儀式等，是威卡信仰的主要元素、基本框架。

） 儀式的建構 （

韋氏（Webster）字典將「禮儀」（rite）定義為「正式的宗教行為……宗教典禮」，而「儀式」（ritual）則定義為「係由多個禮儀組成……宗教事工的進行方式。」

正式的宗教行為之所以會有……係因我們需要形式，我們需要明確的結構。至於儀式，可為宗教，可為魔法，但無論是哪一種，都具有必須依循的特定形式，而其基本要素即所謂的「言」（*legomena*，意思是「說出來的事情」）及「行」（*dromena*，意思是「做出來的事情」）。換言之，無論是宗教儀式還是魔法儀式，都必須「言」（words）、「行」（actions）合一，兩者缺一不可。它也必須具有：一、開始；二、目的；三、感恩（就巫術的宗教儀式而言）；四、結束。

若你想構建自己的儀式，開始與結束的部分已經存在，也就是「立起神殿」與「撤下神殿」，直接套用即可。至於感恩的部分也是套用「糕點與麥酒」的形式即可。因此，你在這方面的心思應該專注在**目的**上。

你為什麼要舉行儀式？為了何事舉行？是為了慶祝一年當中的某個季節時分（即巫術節慶）嗎？是定期聚會嗎？是繫手禮嗎？是出生儀式（威卡歡迎儀式）嗎？儀式開始之時，請在腦海中確實掌握此儀式的目的，以便知道自己應把重點放在哪裡。

請看以下實例，它係取自巫術的某個傳統：

女祭司長朗誦〈女神囑咐文〉（the *Goddess' Charge*），男祭司長朗誦〈角神祈請文〉，（*Invocation Of The Horned God*）。巫會眾人則一邊跳舞，一邊唱誦「一寇、一寇、阿乍拉克」（Eko Eko Azarak）諸如此類的誦文。然後，他們唸誦「巫者頌文」（the *Witches' Chant*）。

遵循這個傳統的所有其他巫術節慶儀式，均會出現以上所有內容。

最後，男祭司長說：

「大家看啊，那是生下世界之光的偉大母親。一寇、一寇、阿律答。（Eko Eko Arida）。一寇、一寇、刻努諾斯。（Eko Eko Kernunnos）。」

基本上，這樣就已摘整了該傳統的某個特定巫術節慶。但問題來了：這是哪一個巫術節慶？

這個儀式當中唯一不在其他七個巫術節慶出現的話語，就是男祭司長在最後講的那句：

「大家看啊，那是生下世界之光的偉大母親。」

敝人就不吊胃口了。這是他們的母孕日節慶……但誰會知道啊？因為在其「所說的話語」當中完全沒有指明對於該季節的慶祝。為了對照，我們再看看取自另一傳統的母孕日節慶儀式：

女祭司：「我們的父神已抵達旅程頂峰。

我們為他感到歡欣而相聚於此。

從現在到五朔節，

道路不再如此幽暗，

因為他能看到

在終點守候的母神。」

男祭司：「所有威卡信徒啊，

我鼓勵你們將自己的心

獻給我們的父神沃登（Woden）。

讓我們使這聚會成為火炬盛會，

引領他在光中前行，

投入母神弗蕾亞（Freya）的懷抱。」

……然後依此繼續下去，整個儀式都圍繞在這個特定時間點於一年當中的重要性，即母孕日是「黑暗半年」的中間點，位於重生節與五朔節的正中間。不會有人在其他時間（像是秋分）選擇這個特定儀式並期望能夠合用。然而，前述的另一傳統，其儀式可在任何時候進行，且依然合用！所以那儀式不會是**季節性**儀式的好範例——更別說是某個巫術節慶的儀式——自然遠遠不符你對它的期望。因此在撰擬儀式時，首先要牢牢記住儀式的**目的**。而這個目的也必須在**做的事情**——亦即慶祝者的行為——當中表現出來。在前述的第二個傳統當中，參與者會拿起蠟燭，並從男祭司與女祭司的蠟燭引火燃亮。然後他們會圍著祭壇，把蠟燭高高舉起。在父神最需要力量與光的時候，眾人感同身受地向他伸出援手。而第一個傳統的同一巫術節慶儀式同樣沒有類似的行為。

「參與」很重要。巫術是家庭宗教，意即巫會就像一個大家庭。而這個大家庭的所有成員應能自由參與家庭的活動。在基督教的聚會當中，所謂的參與者比較像是觀眾，他們坐在一棟大樓裡面觀看整個過程，偶爾會被允許加入歌唱與祈禱而已。相較之下，巫術的聚會則呈

現出美妙的對比，亦即巫會的「家人」會一起圍著祭壇坐下來，大家均等參與活動。

在你的儀式當中，請牢記這一點——「參與」很重要。除了男祭司與女祭司應說的話之外，也應納入由其他人說出的臺詞，即便只是大家一起說出「感恩此事實現！」都好。你若能為眾人設計出特定的動作或手勢，效果會更好。每個人都應能感覺到自己是當前儀式的一部分（而不是跟儀式分別）。你也許想將團體冥想納為儀式的一部分，因為就參與感而言，團體冥想可說是非常有效。你也可以將歌唱與舞動融入儀式當中。這方面的可能性實在很多。

敝人在本書所寫的定期聚會儀式包含一些非常重要的要素，其中最重要者，或許就是「個人的祈禱」——個人向諸神祈求自己所需要的事物，並為自己所擁有的一切感謝他們。這部分應總是由個人用自己的話語來表達。無論巫者自認自己的表達有多麼不足，出於心中的由衷言語仍比正確文法與句子結構更加重要許多。

本書所列的月亮儀式，則是依循崇敬母神的傳統形式，重點會放在他在過去、在其他地區及其他文明當中的身分。這裡要注意的是，女神是受邀參加聚會並跟大家說話，而不是受到「引下」——因為這動作有召喚或召請的意思。母神真正出現在巫會的時候其實很少，而且也需要非常強壯且成熟的女祭司來擔當。我個人覺得，若母神（父神也一樣）想在巫會當中現身，她必會這麼作。不過她只會在自己準備好的時候現身，不會只因受到召請／召出／召喚而來！我們有什麼資格命令母神啊？所以，若你覺得自己想要撰寫新的滿月或新月儀式的話，請好好記住這一點。

〉 哨塔守護者 〈

如同之前所言，許多儀式魔法在經過數個世紀以後流入了巫術的一些傳統，然其絕大多數除了少數巫術修習者之外無人能認得出來，例如魔法棒的使用，還有巫刃的英文字彙athame、白柄短刀及五芒星等等。你所知道的儀式魔法，會有召喚靈體存在並要求其執行魔法師的命令等動作。令人驚訝的是，許多巫術傳統的「立起神殿」——其中某些傳統則稱之為「形塑巫圓」（Forming the Circle）——也有相同的召喚動作。他們的儀式當中包括所謂的召喚「哨塔守護者」（Guardians of the Watchtowers）或「四域守護者」（Guardians of the Four Quarters）。這些守護者通常與特定的靈體存在有關，例如龍、火蜥（Salamanders）、地侏（Gnomes）、風精（Sylphs）與水靈（Undines）。使用這些方法的團體顯然冒著螯大的風險。其實，某個團體曾在儀式結束時「忘記」（！）送走屬於南方的火蜥。他們在散會後不久，驚見巫蘆的南方突然發生火災！

敝人不建議你耽溺在召喚這些「守護者」。邀請（是「邀請」喔，不是「命令」喔！）父神與母神前來參與並守護你，這樣就夠了吧？就巫者而言，還會有比這更加完善的保護嗎？所以，若你現在有聽到他人在準備自己的儀式時納入此類召喚，就應曉得這作法會牽涉到哪些事。若你有參與這樣的巫圓聚會，例如受邀作客，那麼為了安全起見，在下強烈建議你在腦海中升起白光保護罩圍住自己。

☽ 來源 ☾

最後一點，也是非常重要的一點，就是務必明示任何儀式的來源。我建議你先以敝人藉此書呈現的儀式為基礎來建構自己的書[80]，然後再加入**替代的儀式**（你甚至也許會想把它們收錄在獨立的篇章當中）。你能放入任何由自己撰寫或從其他來源獲得的儀式，但務請確保自己有說明這些儀式的作者是誰或從哪裡獲得。如此一來，你的巫會日後若有新成員，他們就能清楚知道哪些內容係為增補，並於何時為巫會接受。

撰寫儀式時應記住以下幾點：

不要為了改變而改變儀式。

儀式應讓人感到愉悅，不應是乏味的例行事務。

言語也能像音樂一樣用於累積力量。

「簡單」勝過「複雜」。

為新添加的資料列明來源及添加日期。

☽ 組成巫會 ☾

尋找會員

組成巫會的第一步自然是找到適合的人。無論你做什麼，**切莫匆促**。巫會就是一個家庭，是在完美的愛與完美的信任當中共同行事的一小群人。那樣的關係並不容易建立。

基本上，你能進行的方向有兩種，視所處環境而定。其一是大家明顯偏好的作法——即透過其他認識的巫者找人。另一方法較為迂迴，係用篩選的方式找出十分具有成為異教徒潛力的人。就讓我們來檢視這兩種作法。

---

[80] 譯註：應指巫會之書。

現今在美國已有不少異教與巫術節慶及研討會，可從諸如《巫圓網聞》（*Circle Network News*）等異教出版品列出的種種活動當中查到，你可藉此認識與了解到那些跟你來自同一地區的人們，至少他們對威卡信仰有某種程度的了解。你還可以透過這些出版品的聯繫名單來尋找那些居住在跟你同一地區的人。你甚至也許會想在那些出版品刊登廣告，藉此讓他人知道你想組成巫會且可以跟你聯繫。讓大家知道，你會**審查**那些關於組成巫會的申請。我這裡說的「審查」，不是要你保持冷淡疏離，僅是因為你需要找到最能與你相容的人。你沒有必要一概接受所有申請者入會。

以下是此種廣告文字的範例：「組成巫會。男（女）祭司會審查加入巫會的申請。有意者請將照片與詳細資料寄至……」。

敝人建議使用郵政信箱以確保隱私。與有意者單獨會面時，請安排在中立的場所，像是咖啡店、餐廳、公園或類似的地方。在邀請他們來你家之前，先透過幾次這樣的會面，深入

現今的巫者是什麼樣的人呢？首先，他們也許會被稱為「思考者」，亦即與其接受某論點或來自他人的說詞，反倒會自行調查、閱讀、研究，並從各角度進行檢視以得出自身結論的人。而他們可以是各行各業的人物，像家庭主婦、職員、教師、商人、卡車司機、軍人等等。

就占星學的觀點而言，我們在雙魚座時代（the Piscean Age）的第十二宮[81]已經走完三分之一。在這宮位的末尾，我們將迎來水瓶座時代。換句話說，現在是水瓶座時代的前夕，一般會有心神不寧的不滿感受，而這樣的不滿特別表現在宗教方面，還有對於「內在平安」的追求。人們對於奧祕知識的興趣在過去的四、五年當中出現了明顯的復甦，那是對於「思考」的真正文藝復興。年輕人已經了解自己不必遵循傳統，他們能夠為自己思考且應當如此。人們現正用批判的角度檢視宗教，拒絕盲目接受父母及先人的特定信仰……不論老幼，都一直有這樣的追尋。而很多人在追尋過程中找到威卡信仰，他們的反應都是「這就是我一直在找的！」的喜悅寬慰。

摘自《玄祕剖析》（*Anatomy of the Occult*）
雷蒙德·巴克蘭
Samuel Weiser, N.Y. 1977

---

[81] 譯註：即最後一個宮位。

了解對方。弄清楚他們對巫術的認識程度，他們讀過哪些書及對於所讀內容的看法。盡量多聽少說。

如果你得要從頭開始組成巫會，可從當地的靈通能力研究團體、占星團體、冥想團體等等開始找人。**不要**大聲嚷嚷自己正在招收想要入門成為巫者的人！再次強調，要多聽少說。藉著耐心，你會找到那些有著明顯傾向巫術道途且願意傾聽、樂意學習的人，即便他們當時也許還不曉得巫術的真貌，或對巫術仍存有一些錯誤的看法。

你或許得要迂迴進行，也就是成立自己的「靈通能力發展團體」，用來篩選出潛在的巫會成員。你可用第七、八、九課及補充讀物所呈現的資料為基礎來成立這樣的團體。藉由此類團體，你可以逐漸篩出那些支持巫術或立場逐漸轉向贊同巫術的人。你的團體也許會由各式各樣的人組成。加文・佛斯特（Gavin Frost）將待在這類靈通能力團體裡面的人分成四種：「熱衷者」（the enthusiasts）——總是想著自己要為靈通能力團體做哪些事情；「寄生者」（the parasites）——他們認為整個世界都在敵視自己，只能從靈通能力層面來解決自己所面對的無數問題；「自以為是者」（the know-it-alls）——會一直說你給他們的指示都是錯的；「天選之人」（the shining ones）——如果幸運的話，你會找到一兩個人適合成為你真正想成立的巫會之成員。只要找到最後一種人，一切辛苦都值得。

跟前面一樣，總是先在中立的場所與適合的可能成員見面。探詢他們，找出他們在這方面的知識程度與傾向。推薦一些書籍給他們讀，但是盡量由他們提出問題，而不是硬塞資訊給他們。總要記住，組成巫會的人數最少只要二個人，最多也不一定要十三個人——只要能在巫圓裡面一起舒適進行事工，人數更多也無所謂。

） 你的巫會 （

請你的巫會成員及可能的成員盡量多去閱讀巫術的相關資料。每個巫者都應對巫術歷史、先輩以及過去何事使我們能有現在的處境有著大致上的了解。你可從本書諸多課程教授他們很多知識，**但是**……小心別變成「師父」了！理想的巫會當中，每個成員的地位均為平等且各自都有可以貢獻的地方。別把自己——或是別被他人哄騙而把自己的地位抬到高於巫會其他成員之上。良好的巫會或是巫術傳統，應是基於民主，也就是說，巫會一旦組成（例如至少已有兩個成員），就透過共同討論與公開投票來做出所有重大決定。

〔敝人得在這裡離題一下，談論那些以級次制度運作的傳統。加德納巫術傳統是個很好的例子，但它絕對不是唯一如此的傳統。此類傳統通常（當然不是全部）聲稱平等，但那只

是說說而已。那裡的女祭司長與／或巫后是一切的中心。至於其他成員則依各自達到的級次往下排序。最高級次（通常是「第三級」）的所有成員均被歸成「長老」（Elders）階級，與女祭司長一起擔任決策者的角色。這制度曾經運作得相當良好，而且有很多優點。不幸地是，現在看似已非如此。現今能夠承擔女祭司長這種困難角色（特別是巫后或「節慶之后」這兩個角色還更困難）的女性很少。當然，還是有一些能夠勝任的人，讓我們能對未來寄予希望。但是目前有太多人為了追求自我滿足，將級次像撒糖果那樣散給眾人，企圖盡量聚集追隨者——並予以晉升級次——只是為了自己能夠宣稱「同樣是女祭司長／巫后，我比你更重要！」然而不幸地是，這樣的人雖屬少數，然其態度已在敗壞眾人對於某些此類傳統的觀感。在下呼籲所有新的巫術分支（無論是否有兼容多個傳統）持續提高警覺，防止出現類似這種背離真正巫術信念——「吾等均為輪中輻條，**沒有**先後。」——的行為。〕

除了了解巫術的過去之外，隨時跟進現況也是不錯。敝人建議訂閱以下期刊：《巫圓網聞》（*Circle Network News*, P.O. Box 219, Mt. Horeb, WI 53572）與《盧埃林的新世界》（*Llewellyn's New Worlds*, 2143 Wooddale Drive, Woodbury, MN 55125-2989）。雖然還有許多可供選擇的刊物，但它們的出刊看似時有時無，因此即使將它們列於此處大概也不會有什麼幫助。而上述兩本刊物似能穩定出刊，你也可以藉此了解其他刊物的可得性。你或許會更想要用「團體訂閱」的方式，即雜誌由大家一起分擔訂閱費用，並在團體裡面傳閱。

對於自己的巫會可以接受的新成員，請嘗試事先思索自己要設下什麼標準。例如，在下有聽說有人不會讓身障人士加入他們的巫會！就敝人來看，這個要求除了顯然是個人考量以外，沒有什麼道理可言。此外，也請預先構思要怎麼回應那些屬於不同種族、年齡、性取向、社會階層的可能成員。有些人（我希望是很多人）會說：「大家都來吧！」，但有一些人可能會發現自己得去面對一些隱藏很久的偏見……而他們也需要這麼做。敝人在此提出一點想法供你參考：別只因為警察之類的人所具有的執法身分，就把他們拒絕在外。巫術信仰沒有任何非法之處，事實上，我們越去讓法律相關人士對此留下良好印象越好。因此，不要拒絕他們，反倒應要鼓勵他們。

新成員必須簽署一份保密宣誓或誓約的作法，可能是個不錯的主意。這作法基本上算是在維護個人的隱私權利，誓約應簡單明瞭，係在聲明當事者將永遠不會透露巫會其他成員的名字，即便他或她日後離開巫會也是如此。當然啦，也不需拿任何嚴厲懲罰來威脅不得有背誓的行為。

前面已經提過，你的巫會之最高容納人數其實沒有上限，真正的標準在於可以一起舒適行事的人數。敝人建議巫圓的最佳設定應是傳統直徑9英尺（約274.3公分）的圓，因此8至10

個成員也許就是一起行事——例如大家合作完成諸如巫會的祭壇、巫會之劍與巫會之書等項目——的最佳人數上限。在遇到必須用投票來決定的時候，可以的話應要達到每個人都完全同意的程度，而非只得到多數同意就好。因為諸如巫會衣著應是穿長袍或以天為衣之類的決定，所有人完全同意至關重要。

成員一起決定這個由大家組成的團體要成為什麼樣的巫會。請始終都要記得，巫術就最重要的本質而言是一種宗教，你們之所以聚在一起，主要是為了崇拜。你可能覺得這完全就是你們想要做的事情。那很好。然而，有些團體希望探索及使用自己的集體「力量」，想要進行療癒、操作魔法、占卜或是努力發展個人的靈通能力。那也很好……只是這類事工的重要性必須總是排在宗教後面。即便是這種事工導向的團體，也不應覺得自己於**每一次**定期聚會都得進行事工／魔法。雖然一定程度的實驗是可以理解與接受，但你應**只在需要的時候**，才去進行事工／魔法。

也許你想為自己的巫會取個名字。很多巫會都有取名，像是野林巫會（the Coven of the Open Forest）、北極星巫會（Coven of the North Star）、重生母神巫會（Coven of Our Lady of Rebirth）、沙海巫會（Sand-Sea Coven）、全圓巫會（Coven of the Complete Circle）、威卡家族巫會（Coven of Family Wicca）。此外，許多巫會還會設計自己的標誌或徽章，印在信紙、便條紙上，以及巫術節慶使用的旗幟上（參見圖14.1）。

在某些傳統當中——通常是具有級次制度者——個別巫者於簽署文件時會在名字旁邊標示某個符號（參見圖14.2）。如果你想要用這類符號，即便自己所屬傳統並沒有套用級次制度，敝人會建議選用圖14.3的符號。它是一個倒三角形，其上繪有五芒星與凱爾特十字——亦即在啟蒙儀式中繪於身體的線條圖案（參見第四課）。

◉ 圖14.1

◉ 圖14.2

◉ 圖14.3

巫會也許要設立一些規定。若是如此，那些規定應該盡量保持簡單且越少越好。它們的涵蓋範圍可能包括邀請訪客參加巫圓活動、每個人的建議捐獻金額（用於支付聚會所需的酒、香、炭、燭等等的費用。不應期望由某個人單獨承擔這些必需品的費用）、在巫圓裡面的行為（例如是否可以抽菸──敝人強烈建議不可以）等事項。我個人會有點反對嚴格到不容變通的規矩。敝人覺得所有浮現出來的問題都能透過團體的討論與決定來處理，並且也已經發現事情的確如此。不過，有些人在最開始可能會覺得需要某個較有結構的形式。只要記住，任何規則都是為巫會的好處而制定，所以它們應有彈性。加德納傳統（以及其他一些傳統）的《影書》列有所謂的「律法」（Laws）。任何明智的人在讀這些律法時都能看出：一、它們源自以前的時代，也只適用那個時候；二、許多律法事實上與包括「威卡箴言」在內的巫術教義相互矛盾。傑拉德‧加德納自己也說過，這些律法只是出於興趣才納進《影書》裡面。但有些威卡信徒似乎把那些律法當作是不得違背的規定！請記住，真正的威卡律法只有一條：「只要無傷無害，儘管任意而行。」

〉 建立教會 〈

這裡討論的「教會」（church），指的是「具有領導者為其核心的一群信仰者」，而不僅指稱建築物而已[82]。我們的建築物，或聚會場所（當然可以在戶外野地），就是我們的「神殿」。

不幸地是，「教會」一詞在某程度上有暗喻基督教的意思，但為了保持簡單起見，在下還是會暫用此詞。值得一提的是，church 的古英文拼字為 ċiriċe，發音為「ki reek」。

（在美國，）分屬不同巫術傳統的許多巫會已成為合法的教會，例如威斯康辛州的「巫圓威卡」（Circle Wicca）、北卡羅來納州的「威卡教會」（Church of Wicca）、喬治亞州的「鴉木之屋」（House of Ravenwood）、明尼蘇達州的「明尼蘇達威卡教會」（Minnesota Church of Wicca），以及德克薩斯州的亞利恩胡威卡教會（Arianhu Church of Wicca）。此外還有許多類似這樣的教會。這麼做的目的是使威卡信仰能有「合法宗教」的形象，因為儘管美國有憲法第一修正案（the First Amendment），但冷漠無情的權力機構還是能在這方面添麻煩！你也許想成立自己的團體，不過，請要注意這個過程或許相當漫長、繁瑣而且非常複雜，而在面對美國國稅局時，通常是一場實實在在的戰鬥。美國各州的法律差異甚大，敝人無法在此給出完整的細節，不過你若決定走這條路，第一步應是向國稅局詢問如何登記為非營利宗教組織的詳

---

[82] 譯註：之所以這麼說，係因 church 另有「教堂」之意。

細相關資訊，而他們的第557號（#557）出版品《如何申請組織的免稅認定》（*How to Apply for Recognition of Exemption for an Organization*）是必讀資料。

另一種替代作法可能比較不麻煩，即與位於美國加州莫德斯托市的普世生命教會（the Universal Life Church，地址為601 Third Street, Modesto, CA 95351, U.S.A.）建立關聯。之所以特別提到這個教會，係因他們已在與美國國稅局的許多官司纏鬥當中取得勝利，甚至一直戰到美國最高法院。依據其宣傳資料所載：「（我們）這個組織沒有傳統的教條……（我們）只是單純相信世上有著真正正確的事情。」「在不侵犯他人權益的前提之下，每個人都有權利與責任去決定什麼是正確的事情……**（聽起來有點像「只要無傷無害，儘管任意而行。」，不是嗎？）**……我們積極支持美國憲法第一修正案。」換句話說，透過與普世生命教會建立關聯，你可以合法建立自己的教會，且仍能修習自己的特定巫術派別，無須做出任何改變、調整、妥協或限制。

> 具有理性基礎的宗教——歷史上從未有這樣的紀錄。宗教是拐杖，為那些還沒有強壯到可以獨力面對未知事物的人們提供依靠。然而，絕大多數人的確持有某個宗教信仰，他們將自己的時間與金錢花在上面，並且看似在隨意擺弄當中獲得諸多樂趣——就像抓頭皮屑那樣。
>
> 拉撒路·隆（Lazarus Long）[83]

> 不論是本法院或是本國政府的任何機構，都不會思索某個宗教的優劣。本法院也不會去比較新成立的宗教與已具規模的舊宗教在信念、教條與實踐方面的差異。任何一個宗教，無論它看似多麼卓越、狂熱或荒謬，本法院也不會予以讚揚或譴責。本法院若有此類作為，將會侵犯憲法第一修正案給予的保障。
>
> 聯邦法官詹姆斯·巴廷（James F. Battin）
> 於1973年2月普世生命教會
> 告美國國稅局的訴訟中
> 做出有利原告的裁定。

---

[83] 譯註：係為科幻小說家羅伯特·海萊因（Robert A. Heinlein）筆下人物。

如果你期望走建立教會這條路，請不要急，因為此事只有在你已發展到「能從自己的母會分出數個分會」的程度才有意義。屆時請與一些已經登記為合法宗教團體的人談談，看看這樣做的優點是否多於缺點。對於你們當中的許多人來説，我個人認為這不會是最好的選擇。

〉 巫友問候語 〈

在與其他巫者會面時，你會發現一些常用的問候語。其中最常見的兩句話是「祈願有福」（Blessed be）和「愉快相會」（Merry meet）。在這兩者當中，第一個其實來自加德納巫術傳統，即男祭司會在他們的啟蒙儀式當中向受啟者説出以下話語：

> 「願妳的雙腳有福，因它們已帶妳走過多少道路。
> 願妳的膝蓋有福，因它們將跪在神聖祭壇前面。
> 願妳的子宮有福，因沒有它，我們就不會存在。
> 願妳的乳房有福，因為挺立的它們美麗且強壯。
> 願妳的嘴唇有福，因它們將說出那些神聖之名。」

因此，用「祈願有福」向某人致意，係指上述全部的意思。

「愉快相會」是個較為古老且普遍的異教徒問候語。其完整版本是「（願我們）愉快相會、愉快道別、再度愉快相會。」（(May we) merry meet; merry part; merry meet again.）現今通常只在見面時説「愉快相會」，離別時説「愉快道別」，「愉快道別、再度愉快相會」。所有以上問候語句（即「祈願有福」和「愉快相會／道別」）都會伴隨擁抱與親吻。

☽ 衣飾配件 ☾

涼鞋

若想自製涼鞋的話，以下是相當簡單的方法：

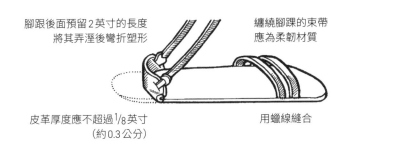

腳跟後面預留2英寸的長度
將其弄溼後彎折塑形

纏繞腳踝的束帶
應為柔韌材質

皮革厚度應不超過1/8英寸
（約0.3公分）

用蠟線縫合

◉ 典型涼鞋

斗篷

斗篷是很好的配件，可以搭配普通袍子，而以天為衣的巫者在巫圓活動前後也可視需要穿上它。最簡單的斗篷是半圓形、垂到地面且附帽兜（hood）或大帽兜（cowl）。它是繫在頸部，可由任何合適材料製成。冬天用厚重的斗篷，春秋兩季則改用輕的斗篷會是不錯的主意。其顏色可以與你的袍子同色或用對比色。

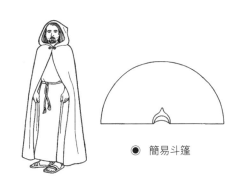

◉ 簡易斗篷

☽ 年幼的威卡信徒 ☾

市面上已有數本以正面的觀點描述巫術的兒童書籍可供選擇。敝人推薦以下作品：

《我家隔壁的巫者》（*The Witch Next Door*, Scholastic Book Services, N.Y., 1965），諾曼・比德威爾（Norman Bidwell）著

《巫者的假期》（*The Witch's Vacation*, Scholastic Book Services, N.Y., 1973），諾曼・比德威爾著

《巫者居民》（*The Resident Witch*, Avon Books（Camelot）, N.Y., 1973），瑪麗安・普萊斯（Marian T. Place）著

《拯救萬聖節的巫者》（*The Witch Who Saved Hallowe'en*, Avon Books（Camelot）, N.Y., 1974），瑪麗安・普萊斯著

《提摩西與兩位巫者》（*Timothy and Two Witches*, Dell（Yearling）, N.Y., 1974.），瑪格麗特・司托瑞（Margaret Storey）著

《巫者之家》（*The Witch Family*, Harcourt, Brace & World（Voyager Books）, N.Y., 1960），埃琳諾・艾司帖斯（Eleanor Estes）著

我相信市面上還有其他好書，只要多找應該就能找到。

當你遇到敵視巫術且宣傳錯誤觀念的書籍（或雜誌、報紙文章等等）時，請毫不猶豫地寫信給出版商以導正視聽。敝人在此引述一篇刊載於1983年的《西雅克斯－威卡之聲》（*Seax-Wica Voys*，為西雅克斯巫術傳統的官方雜誌）聖燭節刊，並納入編輯的評論。

史坦屠龍記（Stan Slays the Dragon）

或名「正向的公共關係」（Positive Public Relations），

理查・克拉克（Richard Clarke）著

近來，芝加哥的幾個學生認為，與其讓小孩去玩「不給糖就搗蛋」的遊戲，不如由社區主辦大型的萬聖節派對。其中五場派對會在大型篝火活動舉行「燒死巫者」（Burning a Witch）的項目。

《芝加哥論壇報》（*Chicago Tribune*）的記者致電位於芝加哥高地城（Chicago Heights）的威卡巫術第一神殿（the First Temple of the Craft of WICA）的男祭司史坦・莫德瑞克（Stan Modrzyk），詢問他對這件事情的看法。史坦告訴記者，他認為這就像他們宣稱要燒一個猶太人或浸信會教徒那樣，將會付出極為慘痛的代價。所以他立即寫信給那五個舉辦大型篝火活動的村鎮、幾家當地報紙（包括芝加哥論壇報）以及一位律師，並說明「燒死巫者」的活動即便用假人來表現，對孩子來說仍是很糟糕的教導，因其具有宗教迫害的意思，所以這項公開活動若不取消的話，他準備訴請法院制止。篝火沒有問題，但不能有巫者在裡面。

其中有個村鎮舉行鎮民大會，出席者包括那些「開鎮元老」、一些當地居民、幾個當地巫會代表，還有「第7頻道新聞臺」（the Channel 7 News），即當地與美國廣播公司（ABC）關聯的新聞臺。這個爭議引起電視、廣播及當地報紙等媒體的關注，而五個村鎮當中已有三個早早同意不在鎮上的篝火放入巫者的象

徵。我不知道其他兩個村鎮是否會繼續他們的「燒死巫者」活動（編註：據我所知，他們也取消了），但可以確定的是明年不會發生這樣的事情！

在發生類似事件時，我覺得異教社群成員具有清楚表示一己意見的責任。我們可從歷史知道，過去有些巫者，或至少是被控行使巫術的人，被處以火刑。我們亦可從歷史知道，在 1940 年代，有很多的猶太人被送進毒氣室處死。如果現在有人敢用城市的名義舉辦「毒死猶太人」的公開活動，每個猶太人組織都會大聲疾呼、抗議抵制，並採取法律行動等等。極右派激進組織「猶太保衛同盟」（Jewish Defense League）有可能會出面，並視需要使用現實武力阻止這類公開活動。我們巫者難道可以做得比猶太人少嗎？

我並非倡言暴力，而是在說明我們應開始努力尋找自己人，並且在遇到對於巫術的無知時予以對抗。讓這世界知道，包括巫術在內的多樣異教信仰均是合法的宗教形式，巫者與其他異教徒均是某個比基督教更為古老的宗教修習者，還有我們渴望並期待得到像其他宗教團體同等的尊重。而這份尊重將會到來……

《西雅克斯－威卡之聲》衷心為史坦‧莫德瑞克的行動與理查的後續追蹤拍手喝采。西雅克斯－威卡神學課程 * 已大力促使許多學生各自建立起宗教權利的概念。讓我們一**起**為自己所愛的宗教貢獻心力。過去的《西雅克斯－威卡之聲》期刊已有許多文章論述關於電視與電影對於巫術的誤解，我們也很樂意於此再次提供新聞媒體與廣播機構的地址。請記住，在寫信給這些單位時，要清晰且冷靜陳述你的意見，而不是辱罵。

——理查‧克拉克

美國廣播公司（ABC-TV），1300 Avenue of The Americas, New York, NY 10019。

國家廣播公司（NBC-TV），30 Rockefeller Plaza, New York, NY 10020。

CBS 電視網（CBS-TV），51 West 52nd Street, New York, NY 10019。

公共廣電系統（PBS-TV），485 L' Enfant Plaza West SW, Washington DC 20024。

兒童電視行動組織（Action For Children's Television），46 Austin Street, Newtonsville, MA 02160。

聯邦通訊委員會（Federal Communications Commission），1919 M Street NW, Washington DC 20554.

---

* 西雅克斯－威卡神學課程（Seax-Wica seminary），係由雷蒙德‧巴克蘭創立且已經營五年之久。它已有一千多位學生，遍布全球各地。該機構已進行了許多不錯的事工，特別在巫術的教導方面，讓很多原本毫無機會的人有機會參與其中。

國家公民廣播委員會（National Citizen' s Committee for Broadcasting），1346 Connecticut Ave NW, Washington DC 20554.

國家廣告部（National Advertising Division），Council of Better Business Bureaus, 845 Third Avenue, New York, NY 10022

） 揭露實情 （

敝人常被問到以下問題：「我該怎麼跟女友或男友說我是巫者？」當「毫不知情」的伴侶得知自己的理想嫁娶對象竟然是威卡信徒（或只是對巫術感興趣而已）時，原本看似美好的關係就突然消失，像這樣的故事我聽過好幾個。當然啦，我們知道身為巫者，或是對神祕學的任何面向感到興趣，並沒有任何錯誤。那麼，這方面的竅門（如果需要竅門的話）看似在於如何透露這方面的訊息。「法蘭克，你知道嗎？……我是女巫喔！」之類的講法是行不通的。可憐的法蘭克，本來還跟妳一起看電影吃爆米花，會被妳突然冒出的這句話給噎著，然後迅速逃之夭夭。這樣不對，透露實情的最佳方法是透過教育進行。

先從等待適當時機（當他或她處在放鬆、健談的心情時）開始，然後將對話引到神祕學——一般的神祕學——的主題。與其表露自己的興趣，不如詢問你的對象有什麼樣的相關知識。如有需要，可以解釋神祕學是非常受到誤解的領域，而那些只能在深夜播放的電影及劣等小說在很大程度上造成了許多誤解。然後再說：「就像巫術。那麼——**你**所認為的巫術是什麼樣子呢？」

你的對象會告訴你他們對於該主題的了解。他們的了解也許準確，也許不準確，但重要的是，就從那個回應作為出發點來解釋巫術的**真正**樣貌……它的發展過程、如何被扭曲、它的再次出現，以及現今的修習方式。不需用過於厭棄的口氣來講基督教——只要給予事實即可。你幾乎必定會被問到：「你怎麼知道這麼多？」但是，先別說「因為我就是巫者！」還要打下許多基礎才行。你這時只需簡單回應就好，稱自己對這主題很有興趣，而且也已經花很多時間閱讀這方面的資料。

下一步則是讓你的朋友自行閱讀一些比較好的書籍，例如本書推薦的那些著作。如果你們之間真的有「魔法」般的來電感覺，那麼她或他會對你的興趣予以足夠的關注，像是閱讀你所建議的書籍。如果那股魔法般的來電感覺並不存在，那麼她或他怎麼想其實沒有很重要，對吧？

你可從那裡開始進一步闡述自己對這方面有多麼感興趣，並在最後——同樣也是要在適當的時機——透露自己確實是巫者。順帶一提，現今似乎流行（敝人認為這是個好趨勢）使

用「威卡信徒」（Wiccan）一詞而不是舊有的「巫者」（Witch），這的確在某程度上有助於克服固有的誤解。

如果在經過討論，還有閱讀那些頗值一讀的文獻之後，對方仍堅持自己的錯誤觀念，那就直接詢問她或他為何相信那樣的觀點。將爭論的部分予以拆解，並顯示那些觀念的荒謬，通常不會很困難。然而，在最後審視時，對方若仍拒絕接受你個人至少有權利決定自身宗教信仰的話，那麼你應慎重考慮將這段關係斷個乾淨。對個人信仰有異議當然可以，然而，試圖向他人強加自己的信仰，或不允許他人保有自己的信仰，均是絕對無法接受的行為。

對於上述內容，還有最後一點提醒：若有人因知曉你在巫術的興趣或活動而來找你攀談，絕對不要一開頭就努力捍衛自己的立場，反倒應將證明的責任歸給對方，像是詢問對方：「你所說的『巫術』是指什麼呢？你認為的巫者是什麼模樣呢？」如此一來，你就能看清對方的立場並糾正其觀點，而不是努力辯解自己的立場。

創造你自己的儀式

儀式

第十四課問題

一、敘述你是怎麼組成／加入自己的巫會？其名稱為何？你們是怎麼建立教會或神殿的？

二、當你將自己的威卡信仰活動告訴他人時，得到什麼反應？當時的你怎麼描述自己的信仰？

第十四課試題

一、撰擬自己的儀式是可以的嗎？在撰擬
儀式時應要記住的兩個基本原則是什
麼呢？這些儀式的焦點是什麼？

二、你會用什麼名字稱呼儀式裡面的男神
與女神。

三、就宗教而言，為何「參與」是重要的？

四、在哪裡尋找潛在的巫會成員最好？

五、為何巫術的任何傳統都想將自己建構
成「教會」呢？若你自己想要建立教
會，第一步會是什麼？

六、某個星期六的早上，你偶然看到電視
的兒童節目將巫者描述成邪惡的信
徒，崇拜基督教的魔鬼。你應該採取
什麼行動？

七、你的岳母碰巧發現你的影書與巫刃，
　　而她馬上認定你是撒旦的侍奉者！你
　　會怎麼跟她說？

請閱讀下列作品：

Seasonal Occult Rituals by William Gray

推薦的補充讀物：

The Spital Dance by Starhawk

第十五課

獨修巫者

SOLITARY WITCHES

在大多數巫術傳統下，個體無法運作——須先加入某個巫會才行。絕大多數的傳統均有一套類似會在美生會（Freemasonry）及其他祕密社團看到的級次制度。在這樣的系統中，巫者須先在巫會內晉升到特定級次才能行事，甚至連展開巫圓也是如此。如要啟蒙他人，就得先達到最高的級次才行。至於初級的巫者，他們可以跟巫會其他人一起崇拜並參與魔法的操作，但無法只憑自己去做這些事。

這樣的系統很好，而參與其中的人們也看似對此相當滿足，但就敝人來看，這樣的作法似乎忽略了某個重點。在巫術的「古時候」，許多巫者都是遠離聚落，甚至遠離他人而居，即使如此，他們仍然存在、仍然崇拜古神、仍然行使自己的魔法。就是這一點讓我覺得，過去既然是這樣，那麼現在也應是如此。今日仍有一兩種巫術傳統會比較直接採行古時作法，像是西雅克斯－威卡傳統，它不依賴巫會的修習形式，而是納入巫者係獨自一人的生活現實。

這裡要強調的重點在於，獨自一人的情況不應成為你不能進入威卡信仰的理由。僅因為你的住處附近沒有任何巫會、僅因為你不認識其他同好、僅因為你崇尚個人主義，並不在乎是否加入團體……這一切都不應是你無法成為巫者的理由。所以就讓我們來看看「獨修威卡」（Solitary Wicca）。

身為巫會成員與身為獨修巫者的主要差別在哪裡呢？

一、你若是巫會成員，那麼所有儀式都由眾人來執行，而其中幾個人（主要是男祭司與／或女祭司）會擔任相關的角色職責。**身為獨修巫者，一切都須親力親為。**

二、巫會的聚會是在一個大型巫圓（直徑通常是9英尺）裡面進行。**獨修巫者的巫圓較為「小巧」。**

三、巫會使用「全套」魔法工具，依各自傳統而異。**獨修巫者僅用自己覺得需要的魔法工具。**

那麼獨修的巫者呢？他是否「必得」從屬某個巫會？不，當然不必。世上有許多獨自修行的巫者，他們相信巫術的諸神、擁有龐大的藥草及／或療癒的知識，而且就其一切意圖及目的來看，他們就是巫者。

摘自《玄祕剖析》
雷蒙德・巴克蘭
Samuel Weiser, N.Y. 1977

四、巫會聚會於某程度上須安排在大多數人都可以的時候舉行。**獨修巫者無論何時想做儀式，都可進行。**

五、巫會能引用全體會眾來構建力量之錐。**獨修巫者只有一己之力可以汲取。**

六、巫會擁有廣泛多樣的知識及專長。**獨修巫者只有自己的知識與專長可以運用。**

七、巫會通常相當一成不變。**獨修巫者能依自己的心情改變。**

八、巫會的儀式可以做得幾乎像是「影劇製作」或華麗表演。**獨修巫者的儀式可以僅有最為基本的言語及動作。**

九、巫會必須調整自己成為一體。**獨修巫者自己就是「一」。**

當然還有其他許多不同之處，然而以上這些便足以指出獨修巫者的優缺點。一般而言，獨修巫者的彈性高上許多，然而其可利用的知識庫及魔法力量的總量也相當受限。就讓敝人一一講解以上的觀點。

一、身為獨修巫者，一切都須親力親為。

你可以編寫自己的儀式，但也可採用巫會的儀式並做出調整。就像本書的一些儀式（立起神殿、定期聚會、糕點與麥酒、撤下神殿），它們也都做過適當的修改。至於其他儀式，絕大多數都能讓你進行類似的調整。請一邊著手更動，一邊跟原本的儀式比對。以下儀式的編寫均以女性巫者為修習者。

❭ 立起神殿 ❬

威卡信徒面向東方並搖鈴三次。然後拿起祭壇蠟燭，用它點燃東方的蠟燭，並同時說：

「吾在此於東方帶入光與風，以照亮吾之神殿，為其帶來生命氣息。」

她繼續走到南方蠟燭的位置，並點燃它，同時說：

「吾在此於南方帶入光與火，以照亮吾之神殿，為其帶來溫暖。」

然後走到西方點燃蠟燭，同時說：

「吾在此於西方帶入光與水，以照亮吾之神殿，為其洗滌乾淨。」

然後走到北方點燃蠟燭，同時說：

「吾在此於北方帶入光與土，以照亮吾之神殿，為其建構堅固。」

她沿著巫圓走到東方，然後再回到祭壇。將祭壇蠟燭放回原位，拿起自己的巫刃並再次走向東方。她以刃尖朝下的姿勢，沿著巫圓的輪廓虛劃整個圓，同時將自己的能量注入其中。她回到祭壇，搖鈴三次，然後把巫刃的尖端伸進鹽裡面，同時說：

「鹽就像生命，讓它在我使用它的各種時候淨化我。當我在此儀式將自己奉
獻給男神和女神的榮耀時，讓它潔淨我的身體與靈魂。」

她取三小撮鹽放進水裡，同時說：

「讓神聖之鹽逐走
水中任何不淨事物，
使我能將水用於這些儀式。」

她拿起加鹽的水，從東方開始一邊沿著巫圓走，一邊為其灑水，直到走回東方。然後，她拿起香爐再次一邊沿著巫圓走，一邊為其薰香。

回到祭壇，她將一撮鹽加入油中並用手指攪拌，然後用這油膏抹自己，同時説：

「我以男神之名及女神之名聖化自己，歡迎他們來到我的神殿。」

巫者拿著自己的巫刃走到東方，用巫刃劃一個召喚五芒星。

「我向風之元素、東之哨塔致敬。
　願它穩固屹立，
　永遠守護這個巫圓。」

她親吻巫刃的刃身，然後走到南方，並在那裡劃一個召喚五芒星。

「我向火之元素、南之哨塔致敬。
　願它穩固屹立，
　永遠守護吾的巫圓。」

她親吻巫刃，然後走到西方，並在那裡劃一個召喚五芒星。

「我向水之元素、西之哨塔致敬。
　願它穩固屹立，
　永遠守護吾的巫圓。」

她親吻巫刃，然後走到北方，並在那裡劃一個召喚五芒星。

「我向土之元素、北之哨塔致敬。
　願它穩固屹立，
　永遠守護吾的巫圓。」

在親吻巫刃之後，她回到祭壇，然後高舉自己的巫刃。

「我向四方致敬，向諸神致敬！我歡迎父神與母神，並邀請他們與我一起見
證吾為他們舉行的儀式。向四方與諸神致敬！」

她拿起高腳酒杯，將少許的酒倒在地上（或倒在祭酒盤中），然後喝酒，同時說出諸神
之名。

「神殿現已立起。感恩此事實現！」

）定期聚會（

巫者：「我再次前來表達我對於生活的喜悅，並重申我對於諸神的感情。父神與母神相
當眷顧我。藉此聚會，我為自己所擁有的一切獻上感謝。諸神知道我的需要，且會傾聽我的
呼求。那麼為了感念他們賜予我的一切恩惠，就讓我向男神與女神獻上感謝。」

然後，她用自己的方式表達感謝及／或請求幫助。接著，她會搖鈴三聲，並說：

「只要無傷無害，儘管任意而行。
『威卡箴言』就是如此運作，
無論我欲求什麼，
無論我向諸神請求什麼，
無論我要做什麼，
都要確定這些作為
不會傷害任何人——甚至不會傷害我本人。
無論我給予什麼，都會得到三倍的回報。
我給出自己——我的生命、我的愛——
都將會得到三倍的回報。
但若我送出傷害，
也一樣會有三倍的回報。」

進行至此，巫者可以唱一首喜愛的歌曲，或是誦文，或演奏樂器。

巫者「父神與母神，
他們都有著美與力量，

還有耐心與愛、
智慧與知識。」

（如果定期聚會是在滿月或新月舉行，則在此處插進對應的儀式部分。如果不是，就直接進入「糕點與麥酒」儀式。）

） 糕點與麥酒 （

巫者：「此刻該是我為滋養我的諸神獻上感謝的時候。願我永遠意識到自己的一切都要歸功於諸神。」

她用左手拿著高腳酒杯，右手拿起巫刃，慢慢降下刃尖，使其進入酒中，同時說：

「為了彼此的喜樂，
願男人能以類似的方式與女人結合。
就讓結合的成果提升生命。
願一切都是成果豐碩，
讓財富遍及一切土地。」

她放下巫刃，並飲下高腳酒杯裡面的酒。然後將高腳酒杯放回祭壇，並用巫刃的尖端點著糕點，同時說：

「這食物是
諸神對我之身體的祝福，
我謹敞開享受這份祝福。
同時永遠記得
我所擁有的一切
要與一無所有的人分享。」

她吃下那糕點，並於其間暫停吃食並說：

「我於享用諸神所賜禮物的同時，

也要記住，沒有諸神，

我就沒有一切。

感恩此事實現！」

） 撤下神殿 （

巫者：「我係在愛與友誼當中進入神殿，故離開神殿時也應同樣如此。就讓我將這股愛散播給所有人，分享給我所遇見的對象。」

她高舉自己的巫刃表示敬意，並說：

「父神與母神，我感謝你們

在整個儀式期間的陪伴。

感謝你們看顧我，

並在一切事情上守護我、指引我。

愛是遍及一切的法則，愛是維繫萬物的連結。

我愉快前來、

愉快道別，為的是再度愉快前來。

神殿現已撤下。

感恩此事實現！」

然後她親吻自己的巫刃刃身。

二、獨修巫者的巫圓較為「小巧」。

如果是獨自崇拜敬神，就不需要用到巫會的大型巫圓。你只需要一個足以容納你自己與祭壇的巫圓……直徑大約5英尺（約152.4公分）就夠了。在「立起神殿」時，你仍需繞著巫圓走動，用你的巫刃「畫出」它，還有為其撒水與薰香，然而在向四方致敬時，你只需站在祭壇的後面，轉身面對四方即可。在運作魔法的過程中，尺寸較小的巫圓會比較容易積聚力量，而且通常會有更加「溫暖舒適」的感覺。

三、獨修巫者僅用自己覺得需要的魔法工具。

你所使用的工具可能不需要像巫會那樣多。你可以決定是否只用巫刃與香爐就好。這全由你決定，你只需讓自己覺得高興就好。請要記住，你不必完全遵照本書所列的一切儀式，甚至也不必依循前面第一項所描述的儀式（關於這部分的更多資訊，請參見後面第八項）。

請盡量研究多種巫術傳統。知曉這些傳統使用的魔法工具，以及使用的理由（有些巫會似乎在使用某些魔法工具時並不清楚為何要這麼做），然後決定自己需要哪些工具。你會發現有些傳統使用掃帚、生命聖符（ankh）、魔法棒、三叉戟等工具。你甚至可以決定增添其他人沒在使用的工具——例如佩克提威塔（PectiWita，這也是一種獨修傳統）會使用儀式長杖，其他傳統都沒有這種工具。別只為想要擁有或想要與眾不同而添加東西，你之所以會使用某事物，是因為你需要使用它，是因為你覺得這特定工具用起來比其他工具，或是比完全不用它，更讓你感覺安心。

四、獨修巫者無論何時想做儀式，都可進行。

巫會眾人係於巫術節慶與定期聚會相聚，因此定期聚會的日期會預先訂定為大多數會員方便參加的日期。至於獨修巫者，只要想要，都能隨時舉行定期聚會。你可以一連三四天舉行定期聚會，或是決定新月到滿月之間都不舉行定期聚會。一切都由你與你的感覺而定。若有突發的緊急情況——也許需要進行療癒工作——你也可以馬上進行，不用拼命聯絡其他人到場再一起進行。

五、獨修巫者只有一己之力可以汲取。

在運作魔法時，巫會能產生相當多的力量。當眾人合作時，整個團體的力量遠遠超過個體力量的總和。獨修巫者則只能運用自己的力量而已，這是應要接受的客觀事實，算是身為獨修巫者的少數缺點之一。然而這不代表什麼都做不了！相反地，許多獨修巫者只靠自己的資源也能做出許多出色的魔法工作。這情況非常像划船或賽艇比賽，你的隊伍可以為八名划槳手，或是四名、兩名甚至是單人划槳手。每個人都能對船隻給予同樣的有效推動，唯一的區別在於船隻上面的划槳手數量越多，獲得的速度就越快。

六、獨修巫者只有自己的知識與專長可以運用。

巫會積聚眾人的才能。某位巫者可能擅長療癒個案，另一位則擅長占星學、藥草學或塔羅牌；有人也許擅長製造工具，有人可以寫出一手好字；有人具有釀酒與／或裁縫的專業，還有人能夠進行通靈與接觸感應個案。

獨修巫者則如同字面所述，只有自己的知識可以運用，這個客觀事實算是身為獨修巫者的另一缺點，但也同樣必須接受。不過，身為獨修巫者，並不代表你就不能與其他的占星家、塔羅牌占卜師、藥草學家（無論是否為威卡信徒）建立聯繫，並在需要幫助與建議時向他們求助。只是，他們不會在你的巫圓裡面隨時提供幫助。

七、獨修巫者能依自己的心情改變。

巫會若屬加德納威卡，會嚴格遵循加德納威卡的儀式。巫會若屬威爾斯—凱爾特（Welsh-Keltic）威卡，會嚴格遵循威爾斯—凱爾特威卡的儀式。巫會若屬黛安娜女性主義威雀（Dianic），會嚴格遵循黛安娜女性主義威雀的儀式。理應如此，就連兼容多個傳統的巫會通常也會從自己的資訊來源當中選擇感覺能夠安心接受的儀式，並從此維持下去。然而獨修巫者是自由的（甚至比兼容多個傳統的巫會更加自由，因為獨修巫者就其本質而言只需顧到自己即可），可以做任何自己喜歡的事情……進行實驗、改變、採納與適應。他或她可在今天進行繁複精緻的典禮儀式，明天則進行天真自然的簡樸儀式。他或她可以先做加德納威卡風格的儀式，下次換成威爾斯－凱爾特威卡風格的儀式，再下一次則換成黛安娜女性主義威雀風格的儀式。獨修巫者擁有非常大的自由，敝人謹鼓勵你盡情享受之。嘗試各種不同的儀式類型與風格，並找出完全適合自己的儀式。

八、獨修巫者的儀式可以僅有最為基本的言語及動作。這是第七項的延伸。你想要的話，也可以享受儀式的真正簡約樣貌。就讓敝人以某位女性巫者為例。

） 立起神殿（替代作法） （

巫者用祭壇蠟燭點亮各據巫圓一方的四根蠟燭，然後用巫刃一邊「畫出」巫圓，一邊將力量導入其中。然後她在祭壇前面坐下或跪下，並冥想四大元素。（這過程應要熟悉——不用到逐字逐句記住的程度——好使自己能順利做完整個過程。）

妳坐在一片田野的中央。周遭長滿茂密的綠草，亮黃的金鳳花（buttercup）點綴其間。在妳的後面遠處有一道木製護欄，它一直延伸到妳的左方遠處的另一道護欄，這些護欄後面還有廣闊的田野，一直延續到遠方依稀能見的群山底下。

輕柔的微風從草上吹來，在拂過妳的臉龐時，妳能感受到它的溫柔。草叢傳出蟋蟀的鳴聲，低矮樹籬後面的林木也不時傳來鳥兒的歌聲。妳感到滿足、感覺心平氣和。

〈戰士女王〉（*The Warrior Queen*）

我為戰士女王！
捍衛我之人民。
我有強健臂膀，
彎曲弓、揮月斧。
我已馴服天馬，
騎乘時間之風。

我係最初之火、
聖火的守護者；
我係海之牝馬，
是海母的長女，
統治大地諸水。

我係星之姐妹，
也是月之母親。
我的子宮蘊藏
我族人民命運，
因我為創造者。
萬名的女神哪，
我係您的女兒；
我係白色牝馬——
愛波娜（Epona）。

　　　　——塔拉·巴克蘭

〈父神〉（*The Lord*）

看哪！
我身處時間的始與終。
我身處日頭的炎熱
與微風的清涼當中。
我裡面有著生命的火花，
亦有死亡的黑暗。
因為我是存在的起因，
也是時間盡頭的守門人。

我是海中一切生物的君王，
你會在海岸聽見
我之雷鳴蹄聲，
看見我經過時留下的碎沫。
我之力量能夠
舉起世界碰觸星辰。
然而，我永遠像情人那樣溫柔。

所有的人在時候到了，
終會來我面前，
但別害怕，
因為我是兄弟、是情人、是兒子。
死亡不過是生命的開始，
屆時我會為你開門。

　　　　——雷蒙德·巴克蘭

　　有隻燕子猛然下衝，然後在離妳不到二十英尺的地方低空飛過田野、越過樹林，朝遠處群山飛去。有隻蚱蜢跳到妳的膝蓋上，然後很快跳走不見蹤影。

　　妳站起身，在草地上以平行樹籬的方向漫步。在移動的同時，綠草輕搔妳赤裸的雙腳。妳轉往右走，直到接近樹籬的地方，再沿著樹籬前進。妳一邊走著，一邊伸手輕觸樹葉，就只是用指尖拂過它們。前方的土地稍微隆起並往左偏去。妳離開樹籬，輕快走上小丘，站在那裡欣賞四周美景。

　　之前感受到的那陣微風似乎從遠處群山吹來，而它現在的流動更為穩定，親切撫過妳的臉龐與手臂。它輕輕擾動草尖，使金鳳花微微點頭。妳站在小丘上、雙腿大大張開，並朝向天空緩緩舉起雙臂，同時深深吸氣。然後屏住呼吸片刻，再慢慢吐氣，同時將雙臂降到肩膀的高度，並喊出「啊！」的聲音……

　　「啊－啊－啊－啊－啊－啊－啊！」妳聽見那股聲音的迴聲越傳越遠，從田野往群山傳去。不久，那陣風回應了妳的呼喊。一陣更為急促的風越過田野向妳吹來，而妳站在那裡，感到十分開心，雙手放回身體兩側。接著，妳再次深深吸氣，將雙手從兩側往上高舉，同時畫出巨大的弧形軌跡。然後再次暫停呼吸，之後將手臂降低一些，同時發出更大聲的「啊！」的聲音——「啊－啊－啊－啊－啊－啊－啊！」

　　風又再度回來，這次的勁道更強，使草彎曲、使妳身旁的樹籬擾動。它將妳的頭髮往後吹動，而妳的臉頰則感受到它貼近的暖意。在第三次朝天舉起雙臂時，妳朝空氣大喊「啊！」——「啊－啊－啊－啊－啊－啊－啊！」而空氣也第二次回應了妳，送來強大、急促的風，它越過田野、使草彎低，並盤旋在妳的身體周圍，將妳靠近額頭的頭髮往後吹到緊貼頭皮，使妳的長袍擺動不停。

　　當風止息時，讓雙臂放鬆垂下，低頭並沐浴在溫暖的陽光下。深呼吸，感覺太陽的力量從無雲的藍天照耀到妳身上。慢慢抬起臉龐、閉上雙眼，沐浴在那股將妳包攏在內的光輝之中。妳深深吸氣，感受太陽的淨化火焰透進全身並予以滌淨。當妳呼氣時，感覺那亙古的火焰滋養自己的生命力。

　　妳將雙手舉高到胸前，合攏成杯狀，像是在支撐太陽的球狀本體。繼續將雙手上舉到臉前，然後再往上高舉過頭。雙手手掌向上張開，雙臂也同時向上伸展，透過妳的雙手與雙臂將太陽的能量吸入自己的身體。感受這股能量如漣漪般傳經整個身體，並從雙腿一直傳到腳趾頭。感受自己內在的火焰。感受那股火焰。

　　現在，妳降下雙臂，轉身面向樹籬，離開小丘並沿著田野邊緣繼續前行。在行走的時候，妳注意到新的聲響——那是水正在奔流的聲響。水流湍急沖過圓石及小石塊的聲音傳入妳的雙耳，引妳前行。妳走到樹籬的盡頭，看到它後面有一片林地。一條小溪從林木之間汩

汩地喧囂流洩而出，不曉得它會流往哪裡。溪道又彎又繞，其水流迅速往樹籬另一端的遠處奔向妳看不到的地方。

妳跪下來，向前伸手感覺水流。它是冰涼的，但沒有冷到讓妳退縮。湍急的水流對妳的手造成的阻礙嘟囔嚷抗議，水沫則躍動在妳的手指之間及其周圍，渴望繼續向前流動。妳笑了起來，將另一隻手也放進溪水中，就放在先前入水的那隻手後面。妳張縮手指，欣喜感覺水的爽神清涼。妳向自己的臉龐潑一些水，感到冰涼水珠正沿著頸子滑落而下，令人精神振奮且恢復活力。就像裝載神聖本質的聖杯，妳用雙手從小溪捧起水來，並低頭將臉埋入其中，以慶祝肉體與靈魂的淨化。那溪水帶來更新、清潔與淨化。它是一份禮物，是自由贈予的喜悅。妳發出滿足的長歎。

妳再次站起來，沿著樹林邊緣前進，走到一大片耕地的角落，那耕地往妳的左方延伸出去。新翻的土壤，散出濃濃的氣味。妳往這片耕地的中心走去，一邊深呼吸，一邊感受走路時腳趾之間的乾淨泥土。

妳最後走到耕地的中央，彎下腰握起兩把肥沃的深棕色泥土。妳感覺那泥土傳來很好的感覺，傳達了妳與自然的親密關係。妳感到身體有「落實下來、回歸中心」的感受，那感受透過妳的雙腳進入大地。這是回家的感覺，或者達成長久追尋的目標時會有的感覺。

妳躺在耕地的兩排土壟之間，閉上眼睛、面朝天空。妳感受到溫柔的微風從身上吹過，愉悅地享受太陽的溫暖。妳一邊聽著遠方小溪的流動聲響，一邊吸收大地的能量。妳的靈魂振奮歡欣。藉此，妳已經碰觸所有四大元素。

妳可以看到，上述儀式的「言」與「行」全都在腦海裡。妳也許會覺得所有儀式全用這種方式來做應該會很舒服，但敝人建議妳至少要在現實層面展開巫圓。

如需為上述冥想做準備，妳或許會想重讀第七課裡面關於冥想的篇章。此外，敝人也建議妳將那裡提供的呼吸練習與白光觀想納進來。

像這樣的引導冥想，妳或許可以先用錄音設備錄好，然後在巫圓裡從頭播放給自己聽。

九、獨修巫者自己就是「一」。

這一項算是優勢（敝人覺得這才是獨修巫者最主要的優勢），也是劣勢。以下是關於劣勢的例子：若獨修巫者本身的脾氣非常不好，但又受到某人的嚴重不當對待，她或他也許會被報復的想法驅策，可能會忽視「威卡箴言」，並以某種方式合理化自己的想法與感受。這情形若換成是巫會成員的巫者，除非這巫者能使包括男祭司或女祭司在內的巫會其他成員也有同樣感受，不然她或他是無法做出那些可能使自己後悔的事情，而且更有可能的是整個巫會

會使這位巫者冷靜下來，用清醒的眼光來看問題。反觀獨修巫者，她或他就沒有這道「安全網」，因此得不斷保持警覺，並且總是在進行任何魔法之前謹慎、仔細檢視事態，並且特別考慮到「威卡箴言」。

不過從另一角度來看，獨修巫者的任何行事都不用做出妥協。獨修巫者與自己合而為一，頻率會自動對準，不會有不和諧或分心的情況。

獨修巫者其實已是既定的現實。若有人告訴你，因為你沒有參加巫會，也沒被他人啟蒙（而這個人又是由誰誰誰來啟蒙……這樣推演下去真是沒完沒了），你就不是真正的巫者等等，別把這些話聽進去。叫那些人去了解自己的歷史，並詢問他們，第一位巫者到底由誰啟蒙？你是巫者，而且你以巫者的傳統為傲。願諸神與你同在。

現在呢？

AND NOW？

　　你已走到這條路的盡頭，希望你會覺得這趟旅程很有價值。敝人嘗試將身為優秀威卡信徒所應知道的一切事情教給你，使你能以巫會成員或獨修巫者來實踐所學。若你已努力讀過這本工作書並依其進度完成實作，那麼現在的你在巫者方面的訓練已比許多習修多年的巫者還要好。有些巫會沒有正式的訓練，沒有人具備任何充足的知識，所以許多進入這類巫會的人看似只能在各聚會裡面努力掙扎。當然，這並不是說你吸收本書所有內容後，就會知道關於巫術的一切……你只會清楚自己並不知道而已。敝人待在巫術裡面的時間已超過四分之一個世紀，而花在巫術的研究時間還要更加長久許多，但在下仍在學習。為此，敝人建議你繼續閱讀所有能夠取得的相關書籍。敝人在本書的推薦閱讀部分有增列數本書籍，並鼓勵你偶爾重讀本書課程（敝人建議一年一次）。

　　請記得，道路雖多，卻都通向同一中心。每個人都得選擇屬於自己的道路。因此要寬容以對，別企圖強迫他人接受自己的道路，也別讓他人強迫你接受他們的道路。你是好學生，敝人深感榮幸。請永遠謹記「威卡箴言」：「只要無傷無害，儘管任意而行。」

　　願父神與母神在你的一切行事與你同在。

雷蒙德·巴克蘭

附錄一

威卡信仰的一些分支

WICCAN DENOMINATIONS

　　在本書出版之前，敝人商請巫術所有傳統的發言人提供各自基本資訊讓在下了解，以便納入本書，讓尋道者在尋找適合自己行走的道路時能有參考（或至少縮小範圍）。敝人由衷感謝這些樂意分享的人。巫術的初學者——甚至連許多已習修許久的修習者——很難找到可以讓自己真正感到舒服的特定習修形式。通常個人只要找到巫術就會高興到樂意接受最初接觸的一切事物，即便事後回想時發現它並不完全符合自己的希望與期待。

　　因此，這裡有列出威卡信仰的一些不同道路，還有對其信仰及實修的簡要敍述。你可以看到，個人若想成為威卡信徒，其實有著廣泛多樣的可能方向。考慮到團體與個人會有搬遷的可能，敝人沒列出他們在現實世界的地址，不過他們當中有許多人在網際網路上面都有網站。擁有網站的威卡與異教信仰團體數量也遠遠超過以下列舉的分支數量。然而，在網際網路上面搜索時要謹慎留意，因為任何人都可以在那裡聲稱任何事情，況且即使某團體擁有網站，這事實也並不保證它是個貨真價實的威卡團體，也無法保證這團體有走在正途上。

亞歷桑德斯威卡（Alexandrian Wicca）

　　這是亞歷克斯‧桑德斯（Alex Sanders）在英格蘭創立的傳統。儘管桑德斯本人宣稱最初係由其祖母引介巫術，還是有人認為他其實係於1962年左右在英國曼徹斯特（Manchester）由女祭司派特‧柯潘斯基（Pat Kopanski）啟蒙而進入某個加德納傳統的巫會——參見《巫者》（*Witches*, Michael Jordan; Kyle Cathie, London 1996）。亞歷桑德斯威卡的儀式偏重加德納傳統，並結合許多猶太教－基督教魔法（Judeo-Christian Magick）／儀式魔法的要素。這些傳統的巫會在行事時通常「以天為衣」，遵守八個巫術節慶，並且榮耀男神與女神二者。

　　桑德斯本人在巫術界算是獨特的個體，因為他自封為統管所屬巫者之「君」（King），而除了他之外，巫術界無人知曉此稱號——參見《巫者之君》（*King of the Witches*, June Johns; Coward-McCann, New York, 1970）。

　　桑德斯於 1970 年代曾嘗試創建名為「亞加德」（Algard）的分支——即亞歷桑德斯威卡與加德納威卡的混合體，不過由於亞歷桑德斯威卡本身已經偏重加德納傳統，因此這作法似乎沒有多大意義。目前，世上許多國家都有人修習亞歷桑德斯威卡。

美國凱爾特威卡（American Celtic Wicca）

　　名為「美國威卡兄弟會」（The American Order of the Brotherhood of the Wicca）的巫會源自潔西卡・貝爾（Jessica Bell，又稱「示巴夫人」（Lady Sheba），她自封為「巫后」（Witch Queen）。該傳統的儀式實際上與加德納傳統相同，只是所屬巫會在行事時係為著袍。他們同樣依循偏重伴侶——最好是夫妻——的加德納傳統崇拜方式。其宣傳資料稱：「儀式魔法係美國凱爾特威卡傳統的主要事工，並被認為是最為強大、最為古老的心理療法及祕術療法，而正常、健康的人可透過它進行個人啟蒙與發展的計畫。」

澳大利亞威卡（Australian Wicca）

　　巫術仍然活躍，像加德納威卡、亞歷桑德斯威卡、西雅克斯－威卡、蘇格蘭威卡、威爾斯威卡、凱爾特威卡及其他傳統幾乎在全球每個國家都有，紐澳自然也不例外。該區域的領袖之一是西澳大利亞威卡教會（the Church of Wicca）的塔瑪拉・馮・福斯倫夫人（Lady Tamara Von Forslun）。

仙靈氏族教會（Church of Y Tylwyth Teg）

　　該團體宣稱其目的是「尋找世上最有價值的事物……提升每個人的尊嚴、我們在日常生活中的人性面向以及為人類所盡的最大服務……在大靈的宇宙中，為人類對於身分、發展與喜樂的追尋提供協助（依原文如實呈現）……將人類與自己還有與自然再度連結。」

　　從名稱可以知道它是凱爾特／威爾斯的巫術傳統，最初係由比爾・惠勒（Bill Wheeler）於1967 年在美國華盛頓特區組織而成，當初名為「仙靈一族」（The Gentle People）[84]。它教導大自然的平衡、民間傳說、神話及神祕知識，並於 1977 年在美國喬治亞州組建為非營利（宗教）組織。

　　該教會除了具有內部核心組織，還有屬於學生的外圈（Outer Circle）組織，學生可以藉由函授學習，且看似遍布美國各地。

---

[84]　譯註：因為仙靈 fairy 的另一名稱是 fair folk，即 gentle people。

弦月教會 (Church of the Crescent Moon)

「弦月教會是個具有向心力的小團體，成員均為虔誠奉獻的人。……每位女祭司與男祭司都有持續侍奉自己所服務的女神或男神，以及其他常見的女神與男神。所以，本教會有許多道途供人們與『絕對』達至終極的『合一』。」

弦月教會的宗旨則包含延續「未被扭曲的古愛爾蘭宗教」，並提供「一般常見的女神與男神、愛爾蘭文化及許多奧祕主題的相關資訊與指導。」

這教會係於1976年在美國加州卡瑪利歐（Camarillo）創立，聲明「我們並不自稱是威卡信徒」，不過敝人還是將他們的資訊納入本書。他們的許多儀式都有對來賓及準會員開放。

巫圓威卡 (Circle Wicca)

「巫圓」（Circle）係於1974年由瑟琳娜‧福克斯（Selena Fox）與吉姆‧亞倫（Jim Alan）創立。其總部是美國威斯康辛州何烈山（Mount Horeb）的「巫圓聖域」（Circle Sanctuary），那裡有占地200英畝的自然保護區及有機藥草農場，位於該州西南部連綿起伏的丘陵地。「巫圓」會去協調「巫圓網路」（Circle Network）──「為威卡信徒、新異教徒、泛神論者、女神信徒、薩滿、德魯伊、生態女權主義者（Eco-Feminist）、美洲原住民醫者（Medicine People）、先知、儀式魔法師、神祕主義者及其他相關道途的人提供跨國交流及聯繫服務。」《巫圓異教資源指南》（ Circle Guide to Pagan Resources ）是他們出版的年刊，敝人相當推薦。他們的《巫圓網聞》（ Circle Network News ），也是敝人會推薦的刊物。

「巫圓」在其總部及美國各地贊助了許多不同的研討會、音樂會與工作坊。他們至少每年一次為威卡信仰及其他異教的牧者舉辦特別活動，並在每年夏至舉行「全國異教精神聚會」（ National Pagan Spirit Gathering ）。

「巫圓」係以非營利的靈性中心機構之形式組建，並由州政府及聯邦政府認可為合法的威卡教會。「巫圓」的許多傳統與威卡信仰並不相同，它比較接近薩滿與美洲印第安文化的道途，而非大多數巫術傳統所呈現的西歐威卡信仰。敝人完全沒有詆毀之意，因為「巫圓」是優秀、敬業、組織良好且備受尊敬的靈性中心機構。在宣揚巫術與異教方面，它所付出的努力可能比絕大多數團體多很多。

永遠之森巫會 (Coven of the Forest, Far and Forever)

這是美國佛羅里達州的巫術分支，係由一對男女祭司──依里夫利（Elivri）與吉賽妲（Giselda）建立，他們在黛安娜女性主義威雀、西班牙的家傳巫術傳統、埃及信仰、加德納威卡及卡巴拉（Qabbalism）方面已集聚豐富經驗。該團體在男性面與女性面之間的平衡很好，

並且「將女神與男神的形象視為那些具現在多個層面且更為根本、更加生機蓬勃的諸多力量之現世象徵」。該團體聲稱自己的目的為「藉由祈請這些力量而使自己成為更加適合它們的載體，並依此平衡及發展自己的本性，讓自己成長到能與宇宙更加親近。」

其崇拜係以天為衣。該團體會在滿月舉行定期聚會，並強調影書得要親自書寫。

迪波蘭巫域（Deboran Witchdom）

「迪波蘭巫域係屬兼容多種傳統的分支，很少用『以天為衣』進行儀式。我們係以經過平衡的極性（女神－男神、正向－負想）進行事工，目標是將巫術重建至看似那段迫害時期從未發生的程度，如同古時由女性巫者構成的巫域（Wiccedom）延續至今那樣。而我們會運用研究、邏輯推理及占卜朝這方向努力。」

該組織的巫術節慶可供外來賓客參加，但定期聚會不對外開放。領導人的稱號為「羅賓」（Robin）與「瑪麗安」（Marion），副手的稱號是「少女」（Maiden）與「綠人」Green Man。他們的級次只分為「學徒、『密誓者』（sealed and sworn）、巫者與長老。」

「我們將巫術視為負有牧養眾人之責的祭司職位，而身為巫者的我們，主要事工係幫助他人尋找通往宗教與自身力量的道途。」迪波蘭巫域傳統始於1980年，係由克勞迪雅·郝丹（Claudia Haldane）創立，並由美國麻薩諸塞州納漢特（Nahant）的爾麗娜·諾斯文德（Erinna Northwind）推廣。

黛安娜女性主義威雀（Dianic Feminist Wicce）

該組織係由美國加州奧克蘭的安·佛費利頓（Ann Forfreedom）發起，是宗教與魔法兼具的傳統，其中有修習者（男女都有）、獨修者、男女混合的巫會及全為女性的巫會。佛費利頓稱「其定位不是女同性戀，也不是分離主義。」

「黛安娜女性主義威雀鼓勵女性領導的角色，堅持巫圓儀式須有女祭司在場才能舉行，修習者須參與女性主義與人道主義的課題。」該傳統的團體於行事時，有的著袍，有的則以天為衣。

佛斯特威卡（Frost's Wicca）

以威爾斯巫術為本的傳統有很多，這是其中之一，係由加文與伊馮娜·佛斯特夫婦（Gavin and Yvonne Frost）於1970年代初創立，其團體名稱為「威卡教會與學校」（The Church and School of Wicca），並以函授課程的形式向學生呈現其教導內容。其函授課程內容與《巫者聖經》（*The Witches' Bible*, Nash Publishing, Los Angeles 1972）一書的內容幾乎相同。最初完全沒有提

到女神（雖然這部分現已改正），以及各種以性為主的詳細修習方法使許多人感到失望而退出這個傳統。「威卡教會與學校」位於美國北卡羅來納州，其學生遍布世界各地，且具有相當穩固的根基。

加德納威卡 (Gardnerian Wica)

這是巫術界第一個公開自身存在的分支（係於 1950 年代中期的英國），也是第一個出現在美國的巫術傳統（係由雷蒙德與蘿絲瑪莉‧巴克蘭於 1964 年在美國紐約發起——兩位均有接受加德納女祭司長的啟蒙）。該傳統係以創始人的名字命名，即已故的傑拉德‧加德納博士（Dr. Gerald Gardner），他在 1930 年代後期接受啟蒙而加入某個當時還存在的凱爾特巫會。加德納根據自己的廣泛魔法與儀式知識，將該巫會的影書做出調整而成為「加德納影書」（Gardnerian Book of Shadows）。加德納在天才作家兼女詩人朵琳‧瓦連特（Doreen Valiente）的幫助下完善此書。現代巫術的大多數傳統分支都可上溯至加德納威卡或是以其為根基，儘管有幾個人認為不是如此。

儘管承認女神與男神兩者的存在以及對他們的需要，加德納傳統對於女神的重視仍高過男神，因此該傳統的女祭司能夠支配男祭司。該巫會具有級次晉升的系統，而級次晉升的最短間隔時間為「一年又一天」。該傳統的巫會於行事時係「以天為衣」，而其目標為「完美成對」——即巫會的男女人數相等且均為成對。伴侶可以不必結婚，但人們仍偏好結婚。該傳統的巫會為自主管理，「節慶之后」（Queen of the Sabbat）或「巫后」（Witch Queen）也許擁有許多分出去的巫會，但她們會在所屬巫會需要時提供協助。該傳統重視對諸神的崇拜，其魔法則主要專注在療癒工作。現在，世界各地都可找到加德納傳統的巫會。

喬治威卡 (Georgian Wicca)

喬治威卡係於 1970 年由喬治‧艾略特‧帕特森（George E. Patterson）創立，並在 1972 年以「加州貝克菲爾德威卡教會」（the Church of Wicca of Bakersfield, California）得到普世生命教會（the Universal Life Church）的特許，於 1980 年以「喬治教會」（Georgian Church）之名得到特許。

「喬治威卡兼容多樣傳統，絕大部分係以加德納－亞歷桑德斯威卡為基礎，加上一些英格蘭的傳統及一些原創……係以男神－女神為導向，但較偏向女神。他們在行事時通常以天為衣，然而個別團體或個人可以依自己的意思決定。他們是信仰與魔法並重，且慶祝八個巫術節慶。該傳統鼓勵成員編寫儀式並從所有可得資源當中學習。

梅登希爾威卡（Maidenhill Wicca）

這是在 1979 年於美國賓夕法尼亞州費城成立的「傳統」威卡團體，與位於英國曼徹斯特的黎雅儂巫會（the Coven of Rhiannon）有密切關聯。「我們主要專注在崇拜偉大女神及其伴侶角神（Horned One）……我們的巫會並沒有將崇拜限制在某個特定的文化－種族『傳統』，而是完整傳授加德納威卡的基本知識，並鼓勵團體成員在掌握這些基礎知識之後，找尋與自己的信仰相符的特定神話組合（myth cycle）或道途。」

北方之道（Northern Way）

係著袍行事且無啟蒙儀式的傳統。「我們試圖盡量模仿古北歐的風貌而進行真實且符合傳統的再創造……我們的神祇名稱源自古代諾斯人（Old Norse），而非日耳曼人。我們確實會展開巫圓，但我們不會『呼喚四方』……我們的傳統屬於諾斯人……然而這個團體並非世襲，因為成員不需具有特定家族或種族的身分。」北方之道成立於 1980 年，並在 1982 年於美國芝加哥組建為非營利組織，該宗教有時被稱為「凹薩楚」（Ásatrú）[85]。他們慶祝四個太陽火節（Solar Fire Festivals）以及諾斯宗教的本土節日。

新星－威卡（Nova-Wicca）

這個兼容派團體係由兩位加德納威卡信徒尼姆（Nimue）與鄧肯（Duncan）在美國伊利諾州奧克帕克（Oak Park）創立。會眾在定期聚會與巫術節慶均為著袍，啟蒙儀式則是「以天為衣」。其採用加德納傳統的神祇名稱，不過「如果眾人願意的話，也可用其他名稱來稱呼其所事奉的父母神。」新星－威卡具有「非常精細」的級次系統及詳盡訓練，並開設課程給新來者參加。巫會可自行決定大型巫術節慶活動是否也開放給有興趣的人參加。

新星－威卡將自己歸類為「男女兼收的傳統教學／培訓團體」。

佩克提威塔（PectiWita）

這個蘇格蘭巫術獨修傳統係由艾丹·布瑞克（Aidan Breac）傳承下來，他一直在蘇格蘭卡諾納凱堡（Castle Carnonacae）的家中親授學生，直至 1989 年去世——參見《蘇格蘭巫術》（*Scottish Witchcraft*, Raymond Buckland; Llewellyn, St. Paul, 1991）。

該傳統注重太陽與月亮的變化。男神與女神之間有著平衡，然而這一點只會在進行魔法時強調，崇拜時不會強調。該傳統的信徒會將意識對焦在自然的所有面向，即動物、植物與

---

[85] 譯註：其意為「相信諾斯眾神」。

礦物。冥想與占卜是該傳統的重要部分，還有藥草知識也是如此。該傳統會教導各種不同形式的獨修魔法法門，著重將魔法融入日常生活。

西雅克斯－威卡 (Seax-Wica)

這個傳統是由敝人，雷蒙德・巴克蘭（Raymond Buckland）於1973年創立。雖以撒克遜宗教為基礎，但其實是一個較新的巫術分支。它並不自認是原始撒克遜宗教的延續或重造（請參閱第二課關於神祇名字選擇的註釋）。主要特點其一是該傳統有對外公開的儀式，且這些儀式都有書面資料可免費索取；其二是該傳統的組織具民主精神，以排除巫會領導人出現自大與弄權的可能；其三是該傳統接受巫會與獨修的修習形式；其四是承認以自我啟蒙替代巫會啟蒙的現實。巫會係由一位男祭司與／或一位女祭司來領導，至於巫會於行事時為著袍或以天為衣，則由各個巫會自行決定。該傳統的完整細節可參考敝人著作《樹：撒克遜巫術全書》（*The Tree: the Complete Book of Saxon Witchcraft*, Samuel Weiser, York Beach, 1974）。現在，西雅克斯－威卡已散布在美國各地與世上許多國家，持續穩定推廣撒克遜傳統。

色薩利傳統 (Thessalonian Tradition)

色薩利（Thessaly）的傳統係以古希臘為導向，由蒙特・普萊桑斯（Monte Plaisance）於1994年在美國路易斯安那州霍瑪（Houma）創立，其基本意圖為重建古希臘的魔法實踐與宗教哲學。色薩利傳統的信徒承認古希臘的所有神祇，強調每個成員都有「守護」（patron）男神與女神各一，因此賦予成員相當均衡的男性與女性能量之極性。該團體將諸神視為偉大、不可知的創造源頭之特化具現形式，並稱那源頭為「太一」（O'Eis; the One）。該團體宣稱其目的為「透過祈請神聖力量與運用神聖知識，使我們自己能更加接近神性」。

其崇拜係著袍進行，而且較常運用聖地的聖化儀式，較少使用儀式巫圓的展開儀式，只在重要的魔法工作才用。該團體鼓勵個人崇拜，並在每個月的第一與第三個星期五舉行每兩週一次的團體儀式，地點位於美國新紐奧良的法語區（New Orleans French Quarter）。

附錄二

試題解答

ANSWERS TO EXAMINATION QUESTIONS

第一課

一、狩獵男神和生育女神。

二、交感魔法係認為相似事物會有相似效果的信念，即「同氣相求」（like attracts like）。例如原始人在古早時候的狩獵魔法，他們會先攻擊並「殺死」要狩獵的動物之土偶，因為他們相信真正的狩獵活動也將遵循相同的模式。

三、教宗聖額我略一世在舊有的異教崇拜地點上面建造他的教堂，希望從人們已習慣去那些地方崇拜的事實當中「獲取好處」。位於那些地點的任何異教神廟，會被重新奉獻給基督教的神，不然就是被拆掉並用基督教的教堂取代。

四、「綠人傑克」是那些象徵狩獵及自然古神的雕刻品之名稱。它們也被稱為「林木羅賓」或是比較一般的術語「葉飾面具」。

五、《女巫之鎚》是一本書，原文名稱為 *Malleus Maleficarum*，其內詳述如何發現及審問女巫。在「火刑時期」（Burning Times），它是迫害者的主要參考書，其作者為兩位日耳曼修士，即海因里希・因斯提透里斯・克萊默（Heinrich Institoris Kramer）及賈克伯・斯普壬格（Jakob Sprenger）。

六、瑪格麗特・愛麗絲・慕瑞博士（Dr. Margaret Alice Murray）。

七、西元 1951 年。

八、（一）傑拉德・布羅索・加德納。

（二）雷蒙德・巴克蘭。

九、巫者對於基督教或任何其他宗教或生命哲學視之為敵的唯一條件，即該機構聲稱自己是「唯一道路」並企圖剝奪他人的自由、打壓其他宗教法門及信念。

十、不需要。如要施法，並不需要加入巫會。世上有許多獨自修習的巫者，即獨修者。也有許多不是巫者的人會操作魔法，即魔法師。

第二課

一、「布羅辛加梅尼」（Brosingamene）頸環象徵太陽的光亮。因此，它的消失帶來秋天和冬天（即弗蕾亞下去「墜恩之地」）。而它的回歸則是宣告春天與夏天的到來。

二、其一是感受——是最重要的要素。對於自己在尋求的事物，你必須真的想要，那怕要用上自身存在的一切。其二是時機——要配合月相。其三是潔淨。

三、是的，他們相信過。這概念是基督教原始教義的一部分，直到西元 553 年被第二次君士坦丁堡大公會議譴責為止。

四、（一）不能。你會在此生經歷報應。（二）並不必然如此。你在自己的諸多轉世中已經歷所有的事物。所以，你也有可能在任何前世或來世受到同類型的傷害。

五、是的，仍然有可能。你的神殿可以安置在任何地方，而且也不一定要固定設置。在這情況下，最好的地方大概會是你的臥室。

六、從東側進入（即日出的方向）。

七、北方—綠色、東方—黃色、南方－紅色、西方－藍色。

八、它們都可以當成祭壇來用，但最好是不具金屬材質者。我對這四項的優先選擇順序會是（四）、（三）、（二）、（一）。

九、只要無傷無害，儘管任意而行。

十、是的，你可以這樣用。雖然這樣做沒有什麼美感，而且你應該可以找到更好的替代品，但還是可以湊合著用。為了確保它不會因高熱燒裂，強烈建議你最好先填大量沙子。

第三課

一、沒有。它可以是任何長度，只要是最適合其擁有者即可。

二、能，當然可以。刀本身僅是在行動中使用的工具而已，任何負面能量都會往兇手本人去。只要這把刀經過適當的清潔與聖化，肯定能用來做成巫刃。

三、不能。任何短刃都應由其擁有者以某種方式進行加工。如果不能從頭開始製作它，那麼至少也可以為它製作一個新手柄。如果連製作手柄也做不到，那麼至少在上面做一些東西——像是刻上自己的名字與／或魔法花押。換句話說，就是用某種方式將它做成專屬

自己的物品。在這之後，當然還必須為它聖化。

四、銘刻與蝕刻。

五、我應會強烈建議巫會要有一把劍可供團體使用，然而這並不是強制性的要求。巫刃完全可以用來代替劍。

六、推刀是一種銘刻工具，用在金屬表面做記號。

七、Jessica 的出生數字是 9（1962.3.1 五、= 1 + 9 + 6 + 2 + 3 + 1 + 5 = 27 = 9），而 ROWENA 是一個數字為 4 的名字（R = 9、O = 6、W = 5、E = 5、N = 5、A = 1；9 + 6 + 5 + 5 + 5 + 1 = 31 = 4），代表 ROWENA 與這位女士的出生數字不符，作為巫名並不是好的選擇。然而，她可以透過加入數字為 5 的字母以使其符合自己的出生數字。我會建議再加一個 E 進去，所以這名字就會變成 ROWEENA = 9 + 6 + 5 + 5 + 5 + 5 + 1 = 36 = 9。

八、提醒一下，在計算自己的出生數字時，不要忘記把年分的前兩位數字納入計算，例如 1946 年的「19」。

九、GALADRIEL：ᛟᚠᛚᚠᚺᚱᛁᛗᛚ

其魔法花押是：ᛉ

第四課

一、整個啟蒙儀式過程被稱為「過渡儀式」，然其核心主題（亦即我的渴望）就是**重生**（palingenesis），即再次出生。

二、啟蒙儀式一般依循以下模式：分離、潔淨、象徵性死亡、新的知識、重生。

三、它們代表在出生之前，個體身處子宮時感受的黑暗與限制。

四、敝人在第 2 課的試題有問過這問題，然而在下的確想讓你對它有深刻的印象。「威卡箴言」（Wiccan Rede）是「只要無傷無害，儘管任意而行。」（An' it harm none, do what you will.）這代表只要不傷害任何人，你可以做任何自己想做的事。而我要提醒你一下，所謂的「任何人」也包括你自己喔。

五、不，這不常見。通常（即傳統上）係由男人啟蒙女人，而女人啟蒙男人。不過，男人啟蒙另一男人或女人啟蒙另一女人也不會有錯。事實上，母親為自己的女兒啟蒙或父親為自己的兒子啟蒙的例子還滿常見。

六、請仔細思考這個問題，並在撰寫這篇短文想成是要寫給敝人雷蒙德・巴克蘭來看。寫完以後把它收在某個安全的地方，大概等一個月以後再拿出來讀一遍，看看你是否仍然同意自己所說的話，或者想做任何變更。

第五課

一、是的，他們可以加入。巫會並無人數上限（13已成為「傳統」的數字，儘管歷史上幾乎沒有支持的證據）。不過巫會成員若達十五人的話，可能會顯得有點笨重。至於其他可能作法有兩種：一、將十五人分成二個巫會，且每個巫會都有新進成員與舊有成員（例如較具經驗者）；二、四位新人直接從頭開始創建自己的巫會。

二、綠色。不，儀式應當總是親手寫在影書上。其實，絕大多數古老影書的書名頁，都會有「巫者……〔名字〕……親筆」的註記（「親筆」即「親自寫下」之意）。

三、至少每月一次。

四、立起神殿、定期聚會儀式、滿月儀式、糕點與麥酒、撤下神殿。如果是滿月之日，自然不會舉行新月儀式。

五、重生節（Samhain）、母孕節（Imbolc）、五朔節（Beltane）與光神節（Lughnasadh）。

六、不僅允許，而且還鼓勵這麼做。它在魔法工作特別有用。

七、這是在感謝諸神賜予生命的一切必需事物。將巫刃降進高腳酒杯象徵男性與女性的結合（即陰莖插入陰道的動作）。

第六課

一、因為母孕節為巫術節慶，所以他或她不能這樣做。巫術節慶的目的就是慶祝，所以除了緊急療癒工作之外，不會進行任何事工。這位巫會成員將得要等待下一次定期聚會，或是巫術節慶的當晚活動之前或之後的某個時間點舉行特別的巫圓活動以使用魔法。

二、每個巫術節慶都會榮耀男神與女神二者，只是根據一年當中的不同時間，會有不同的先後順序而已（基本上，一年當中的光明半年是女神優先，而黑暗半年是男神優先）。然而應要記住，他們一直都在，都沒有「死掉」，也沒有消失。

三、那時會由女神主導——然而請記住敵人在問題二的回答，所以她並沒有至高無上到「排除對方的存在」。

四、立起神殿、滿月儀式、巫術節慶儀式、糕點與麥酒、慶祝活動、撤下神殿。

五、主導地位從女神換成男神的巫術節慶為重生節（Samhain），從男神換成女神的巫術節慶為五朔節（Beltane）。

六、不是，冬至是巫術四小節慶之一，在12月21日。

第七課

一、它是一種傾聽，傾聽高我（內在自我、創造力、高層意識、諸神本身——以你對它的理解而定）。它與祈禱的差別，在於祈禱是一種探問或請求，而冥想就如前面所言是一種傾聽（甚至可能是聆聽對於某個祈禱的回應）。

二、脊椎要保持挺直。

三、事實上並沒有「最好的時間」，不過如果可以的話，你應每天堅持在同一時間進行冥想。

四、專注在第三眼。

五、在解讀自己的夢時請仔細檢視。將每個夢拆解成不同的組成部分。特別注意色彩、數字、動物、明顯或重要的物體等等。別急著依夢境的表面呈現照單全收，還有謹記夢中的主角（或主角群）通常代表你自己。

六、那是一根形狀像陽具（陰莖）的魔法棒，用於各種跟生殖、生育有關的儀式。其原文名稱係取自羅馬神祇普里阿普斯（Priapus）。

第八課

一、否。但只要他們的愛還在，他們對於彼此的承諾就會一直維持下去。當他們之間已沒有愛的時候，他們可以自由分開，各自走上自己的道路。

二、孩童的巫術啟蒙時間，就是當他或她準備好的時候。巫術啟蒙不會有固定的年齡，完全視各個孩童而定。

三、實體與心智。

四、管控心智、移除情緒、自我反省、占有慾、愛、冥想。

五、（一）使自己平靜下來並放下所有的情緒，然後單純遵從自己的內在衝動，讓自己接受內在的引導。（二）運用靈擺來協助，並使用「是／否」的方式來檢測，或是利用鑰匙可能會在的幾個房間之草圖來找。

六、對於建議的力量要相當小心謹慎。先別跟他講你所看到的狀況，而是探詢他的健康狀況。若他聲稱自己感覺身體狀況很好，那就完全放下這件事情。帶他去做全面的醫學檢查也許是個不錯的想法，然而這件事情應以最為隱微的方式來建議，裡面不帶有任何擔憂的暗示。

第九課

一、別急著完成你的塔羅作業。你越常使用塔羅，就會發現自己越能解讀牌卡。

二、你的解讀——你的感受——才是重點所在。純就一般而論，這張牌卡可能顯示關係——特別是像家人或密友之類的親近關係——出現問題，也許是家庭、工作或特定團體裡面出現關係破裂的情況。至於是哪一種可能，就要由你來決定。請考量這張牌的位置，用它來聯想狀況可能發生的時間。

三、同樣地，這裡的解讀也必須完全由你決定。你的解讀也許悲觀，也許樂觀，就取決於這張牌卡象徵圖案的哪裡會讓你很有感覺。請記住這個位置——「最後的結果」——代表你的解讀要非常明確。（這張牌若出現在不同的位置，可能會有某種程度的「彈性」解釋，然而在這一個位置，牌卡的解讀就必須明確。）

四、有幾種可能的替代品，像是裝滿水的玻璃杯、放大鏡、手錶的玻璃面、鏡子等等，其實任何具有反射表面的物品均可。然而在一開始，你會發現襯著黑色背景、具有透明清澈表面的物品最容易進行「觀」。

五、左手所顯示的是當事人與生俱來的特質，及其生命在一切照章行事沒有變化時的預設發展走向。右手顯示的是當事者到目前為止在其生命當中所做的人生決定（然而對於慣用左手的人，上述對於左右手的說明就要對調）。

六、這些象徵有好消息、好運，以及開始某些新事業（也有可能是指婚姻，雖然不一定如此）的意思。由於靠近杯柄，它們對於當事人的影響程度很大。由於靠近杯底，代表這些事情在未來發生，而且可能是相當遙遠的未來。

七、（一）JOHN F KENNEDY = 168562555547 = 59 = 14 = 5

數字5出現了很多次（事實上有5個！），最後得到的姓名數字也是5。數字5的人容易結交朋友，跟幾乎任何數字的人都能好好相處。他們思想敏捷、決定迅速。

（二）NAPOLEON = 51763565 = 38 = 11 = 2；JOSEPHINE = 161578955 = 47 = 11 = 2

他們明顯非常相合。

八、第一宮代表你與這世界的互動情況以及你的外表，也就是他人眼中的你。因此，上升點在雙魚座的當事人會讓他人認為比較像是雙魚座，而不是當事人的太陽星座。（太陽星座的象徵較為接近內在自我。）這個人看起來敏感、高尚、仁慈與溫和，身材約矮至中等，膚色淺淡，高顴，有淺色的頭髮與眼睛。

第十課

一、好的療者應是心理學家，且有在學習解剖學與生理學，她／他也應是膳食營養師，並具備關於療癒以及關於人的一般知識。

二、植物的拉丁學名不會改變。[86]俗名就是各地方對於某植物的稱呼，因此只要地方不一樣，俗名就有可能不同。

三、（一）「浸出」係藉由沒有到沸騰的熱水獲得萃取物質（在某些情況甚至會用冷水）。

（二）「澄清」是某物質在處理後將其澄澈的過程，係透過融化、乳油分離或以合適材料進行過濾來完成。

四、磨碎；用煎煮、浸出、浸漬進行萃取；滲濾；過濾；澄清；浸提；壓榨。

五、可把滑榆當成皮膚清潔劑與滋補藥來用。滑榆的樹皮可用於製作體弱者專用的食品，即使最為虛弱的消化器官也能消化它，而且也不會將它嘔吐出來。它若用於皂中，會是上好的護膚成分（skin soother）。滑榆可以作為敷劑，用於發癢及發炎的皮膚與傷口，此外也被用於製造直腸及陰道的栓劑、灌腸劑與陰道灌洗劑。它是緩和藥、利尿藥及潤膚藥。

六、（一）祛風藥能排出胃腸裡面的氣體。

（二）祛痰藥能促使排痰（用咳嗽的方式）。

（三）發紅藥能促進循環，使皮膚發紅。

（四）發汗藥能增加發汗。

七、7歲孩童的劑量應為成人劑量的$^1/_3$。既然該藥物的成人劑量為2打蘭，那麼該藥物的7歲孩童劑量就是2打蘭的$^1/_3$，也就是$^2/_3$打蘭（或是2吩，或是40喱）。

八、（一）同等分量 P. aeq.；（二）一匙 Coch. j.；（三）搖動瓶子 Agit. vas；（四）飯後 P. c.。

第十一課

一、（一）「使改變順應意志發生的技藝或科學」，或是使自己想要發生的事情發生。

（二）使自己的身體保持在良好的狀態。按照課程的指示，清淨自己的裡裡外外。

（三）在真正需要的時候才使用（並且會在定期聚會進行，不會在巫術節慶進行，除非事態緊急）。

二、藉由唱頌、舞動、性等任何方式以積蓄力量形成之。並且這過程須在經過聖化的巫圓裡面進行。別忘記要確保自己「感到安心」（例如應該不會被任何人事物打擾）。

---

[86] 譯註：還是有可能會變，畢竟現在已發展出基因比對的技術，不再只靠植物外觀進行分類。

三、請確保你的頌文具有韻律——有著規律的節拍，並且押韻。例如：

（一）「父神與母神哪，聽我祈請呦；法官與陪審哪，**為我判定**喔！」

（二）「所有籃子啊，裝滿穀物喔！季節結束啊，**收成豐饒**喔！」

（三）「盜物夜賊呦，一早**歸還**囉！」

上面顯示的粗體字即是關鍵字詞。

四、她也許沒有那個丈夫會更好，所以別費心企圖把他帶回來（畢竟這作法也違反了他的自由意志）。設身處地思考這位婦女的當下狀況……她需要感到安心。你必須自己決定要用哪種魔法來操作。仔細思考整個故事，以及你想要怎麼解決這事態，從當前狀況到你希望達成的最終成果都要仔細想過。編寫一段合適的頌文，記住它應有穩定的節奏及不錯的韻律，並知道哪些是關鍵字詞——應是「安心」或類似的字詞。

五、請複習本課相關內容，確認自己記得的資訊正確。

六、這裡的要點在於行使魔法的最佳人選即是直接參與其中的當事者，就此狀況而言，最佳人選就是你的朋友，所以要請你的朋友為他自己進行魔法。即便這位朋友從未碰過魔法，你仍可教他一些簡單又有效的方法，例如燃燭儀式。若友人因故無法獨力完成魔法，那麼可以由你來行使魔法（並使用自己比較喜歡的方法），但這位友人須在現場協助你。

第十二課

一、護身符是人造物品，具有魔法性質。它可以用於多種目的，像是帶來幸運、生育、保護、吸引金錢等等。它跟護身物不一樣，後者是受過聖化的自然物品。

二、刻寫與聖化，刻寫是為護身符進行個人化並賦予目的，聖化是為護身符正式充能。

三、在專注於當事人的同時，你會在該護身符刻寫其名字與個人詳細資訊，例如出生日期、太陽星座、月亮星座、上升星座，還有對應的主宰行星等。敝人建議使用本書所列的魔法字母表之一來進行個人化。Frank Higgins 的太陽星座是巨蟹座，所以主宰行星是月亮。由於我們沒有他的出生時間與出生地點等資訊，因此無法放入他的上升星座或月亮星座。他的出生數字是4，可以一起放進去。以下是他的巫名用盧恩符文書寫的模樣：

ᛗᚲᚺᛗᛈᚱᛁᚷᛁ

他的魔法花押會是這樣：ᛪ

他的護身符可放上這些資訊（你不一定要用盧恩符文，也可以從眾多不同的魔法字母表擇一使用），並依你的意思來排列，為該護身符進行 Frank Higgins 的個人化。

四、首先，決定你運作的方向是什麼，因為這狀況不只有金錢這件事。她不僅想要一次性的薪資提升，還想要更好的受薪職位——也就是說，事實上她的目的是收入增加以及更好（或不同）的職位。因此你的關鍵字可以是 promotion（晉升）或 advancement（提高）或其他類似字詞，甚至也可以是 desires（願望）。若以 desires（願望）為例，你會在星期四進行護身符的製作，材質選用錫（如果可能的話）或羊皮紙。瑪麗是水瓶座，故以天王星為主宰行星。與前一個問題一樣，我們不曉得她的上升星座或月亮星座。她的出生數字是8。而你可以在該護身符的另一面放置 desires（願望）的印記：

五、你會在該護身符的其中一面進行 Henry 的個人化，即放上他的太陽星座天秤座，及其主宰行星金星。你可以忽略關於 Amy Kirshaw 的所有個人資訊，因為你不能干涉他人的自由意志，這也是敝人在本書一直強調的重點。所以這個護身符只能用來為 Henry 召來「另一人」的愛情。這護身符應在星期五以銅製作，並在另一面放置愛情的印記：

六、灌入護身符的力量，部分來自書寫時的專注。所以對於使用的字母表保持某種程度的不熟悉，就能確保自己必須專注於字母的建構。

第十三課

一、（一）在一開始，觀想白光包攏男孩全身，為其清理與淨化，然後將白光逐漸改換成療癒的綠光。讓那綠光集中在他的左腿區域

（二）用一顆綠色晶石（寶石或半寶石，像是祖母綠、硬玉、綠柱石、綠松石），每天放置在骨折區域至少1小時，除此之外的時間則確保男孩將這晶石當成胸墜或戒指隨身配戴。

（三）使用男孩的照片，需有照到左腿者。將綠光投射到照片，其作法可以是利用散發色光的燈具，或是將綠色透明投影片放在照片前面，並用相框夾住。

二、根據課程描述的方法，是有許多可以做的不同形式。其中一種應是投射色光，只是投射的對象應為魔偶而不是照片，並結合觀想魔偶周圍有綠色氣場。如此就能結合交感魔法的作法（也就是魔偶與填入其中的藥草）、色彩投射與氣場療法，為同一目的一起運作。你還可以自己想想其他作法喔！

三、（一）它就是潛藏在身體一切生理運作之下的生命力量。

（二）為了移除自己從對方身體引出的負面事物。

（三）其一係使用魔偶，另一方式則是使用照片。

四、製作一個用於代表這位女士的魔偶，並做出她的生理特徵，包括接受手術的切口。魔偶可用綠布來做以協助療癒過程，再用她的名字與星座符號將之化為她有，然後填入具有舒緩效果且常用於女性疾病的洋甘菊。其他可以選用的類似藥草還有胡薄荷、金盞花、貓薄荷、艾菊等等。接著以儀式為魔偶賦予這名女士的名字，並以儀式為那道切口縫合，觀想切口已經癒合且傷疤逐漸消失。結束時還可以把魔偶放在綠光底下繼續照射手術部位。

第十四課

一、不僅可以，敝人還會鼓勵這種作法。應要記住的是，儀式必須包含「言」與「行」——即「說出來的事情」（legomena）與「做出來的事情」（dromena）。儀式應以自己的目的為焦點，無論那是慶祝、感恩、季節相關或其他活動均是如此。

二、這完全由你決定。請選擇你最容易辨識且能完全放心接受的名字。

三、對於這一題，你或許會有個人的感受。巫術是家庭宗教，而自由參與其中能使個人意識到自己是這個家庭的一部分。它使參與者聚在一起共享宗教經驗。

四、最好的地方應是當前的異教信仰圈子。你能在那裡找到一些認識巫術真實面貌（或至少有些相關知識）的人，也會找到許多積極尋求加入巫會的人。可以通過各種異教與巫術出版品的欄目，以及在全國各地舉辦的節慶活動與這些人接觸。

五、（一）那是為了宣告威卡信仰也是宗教的一種，應該受到對等的尊重，如同其他建立已久且得到認可的宗教。這也使參與者能合法執行婚姻、出生與死亡等儀式，並促使我們與其他信仰之間產生更多有助消除歧見的互動。（二）取得美國國稅局第557號出版品《如

何申請組織的免稅認定》（*How to Apply for Recognition of Exemption for an Organization*）。

六、寫信給播出該節目的電視臺及其隸屬的媒體集團總部、兒童電視行動組織、聯邦通訊委員會、國家公民廣播委員會、商業改進局（Council of Better Business Bureaus）的國家廣告部，還有贊助該節目的各個廣告商。向這些機構提出對於該節目中巫術表現方式的投訴，並概略解釋真正的巫術、引用具有信譽的巫術書籍。別用辱罵的方式，而是冷靜、清楚地投訴。

七、你不會立即跟她說明任何事情！而是詢問她對巫術的看法（如有必要，也會詢問她對撒旦信仰的看法），然後從那裡依本課所述方式進行。

附錄三

音樂與頌文

MUSIC AND CHANTS

　　古時候的巫術節慶聚會總是充滿歡樂的氣氛，有歌有舞，有遊戲也有樂事，所以我們今日也仍應如此。維克多・安德森（Victor Anderson）出版了一本由自己創作的異教歌曲集《血薔薇之刺》（*Thorns of the Blood Rose*, Anderson, California, 1970）。有些巫會則是蒐集年代久遠的歌曲與舞蹈，或是創作自己的歌曲與舞蹈供會內使用。

　　你可以嘗試下列的歌曲、頌文與舞蹈，並開始蒐集自己喜歡的作品。若遇到好的旋律，就是拿來享受，並填上自己的歌詞──不要害怕、要有創意……而且要享受樂趣。

威卡繫手禮（Wiccan Handfasting）

詞曲：雷蒙德·巴克蘭

大家齊來，共聚巫圓：見證兩人，欲意繫手。

現其真愛，知其真心，希望他們，永遠相繫。

二

滿月明亮，在天照耀；真愛散布，如光灑落。
眾著天體，滿心歡喜，無一難過，快樂遍地。

三

祭壇之上，花朵豔麗；巫圓周圍，有花布置。
巫圓眾人，樂唱歡欣，為這兩人，感到高興。

四

「諸神在上，眾人為證，吾等欲求，合而為一。」
銀戒上頭，刻有符文，雙方執戒，彼此互戴。

五

「吾護汝命，先於吾命，吾絕不會，對汝不敬。
若吾傷汝，拆散吾倆，吾取巫刃，刺進吾心。」

六

兩人互吻，高興歡喜；女孩男孩，長大成人。
眾人見證，兩人合一。憑父母神，眾稱有福。

舞在巫圓裡（Dance in the Circle）

傳統音樂　　　　　　　　　　　　　　　　　詞曲：雷蒙德・巴克蘭

來巫圓這裡，與我舞；舞在巫圓裡，是歸處。

在月光中，轉不停，舞在仙靈之地。

一二三四；一二三四。眾巫者啊，跳舞唱歌。

向左移；向右動；轉—跳—繞行巫圓。

開始繞巫圓，慢慢走。繞行巫圓啊，大家動！

十三巫者放開玩。加一快！直到此舞結束。

二

大家跑起來，一起跳；跳過篝火啊，躍向天。

歡快笑聲，相交流。眾人伴至天明。

絕不慢下，喘聲吐氣，順向繞圈，迴轉不停。

慢慢走，快快動；旋—跳—踩回地面。

巫術歡樂聲，聽呀聽！男女齊轉啊，看啊看！

快樂、快樂的異教徒，他—們踩跳威卡舞步。

三

在那舞蹈後，一定有，快樂的記憶，有很多。

那有禮儀，有儀式，慶典通宵達旦。

「我們愛男神！愛女神！」巫者眾人大聲叫喊。

「為一體！分享愛！」威—卡—人都自豪。

將祈禱獻給父母神。感恩他們賜眾祝福。

男女祭司、所有巫者，挺—胸抬頭向前邁步。

一起來舞（Join in the Dance）

詞曲：雷蒙德・巴克蘭

來！加入我們的愉快隊伍，一起跳舞。

我們巫者享受生命，繞著巫圓蹦跳。

不要浪費時間坐在神聖巫圓外面。

來！加入我們，巫會滿又壯，先舞後歌。

一起來舞，轉呀轉；使你步伐輕盈。

放開自己，轉呀轉；整晚跳著舞。

二

愛父神、愛母神，也愛所有這些巫者。

也許看似貧困，但我們有這些財富：

我們彼此有很多弟兄姐妹的情誼。

身邊是最好的人；妻子、丈夫或愛人。

我們什麼都不缺，只要我們遵循

「威卡箴言」：「無傷害，則任意而行。」。

三

來！加入我們的愉快隊伍，一起跳舞。

我們巫者享受生命，繞著巫圓蹦跳。

不要浪費時間坐在神聖巫圓外面。

來！加入我們，巫會滿又壯，先舞後歌。

一起來舞，轉呀轉；使你步伐輕盈。

放開自己，轉呀轉；整晚跳著舞。

綠林父神（The Lord of the Greenwood）

詞曲：塔拉·巴克蘭

Em
綠 林 的 父 神　　來 了 呀，綠 林　　，　　綠 林 的 父 神

C　　D　C　　Em
來 了 呀，綠 林　　，　　綠 林 的 父 神　　來 了 呀，綠 林，來

Em　　G　　　C　　Em
向 美 麗 母　　神 求 愛 呦！

二

在他倆熱情當中呀，熱情，
在他倆熱情當中呀，熱情，
在他倆熱情當中呀，熱情，
穀物再度生長茁壯呦。

三

綠林的父神來了呀，綠林，
綠林的父神來了呀，綠林，
綠林的父神來了呀，綠林，
來向美麗母神求愛呦！

魔法之夜（Night of Magick）

詞曲：雷蒙德·巴克蘭

小行板
Andantino

月兒　完全顯露　其光輝，雲　彩　不停一　奔一

跑　，附近風暴翻滾　無休，閃現電光，雷鳴響亮。　　今

夜充滿魔　法與　古　老的超自然力　量　，　到

了半夜時　分會　有鬼一　魂　四　處　漫　遊。

二

在天空之下轉動無休，
古老強大－巫－圓，
係由古老石柱組成，
它的起源早已消失。（接副歌）

四

它們的來處無人知曉，
就是突然－現－身，
在薰香瀰漫的空間，
低聲吟誦，慢步移動。（接副歌）

六

金色的彎刃閃現光芒，
無人刻意－為－之。
在祕密儀式聚會中，
魔法儀式長久實行。（接副歌）

三

看得見的人會注意到，
怪事突然－發－生。
一縷白衣人形幽影，
在草地另一邊出現。（接副歌）

五

當它們越過巫圓邊界，
沒有影子－落－下。
看不見其帽下面容，
地上也無任何腳印。（接副歌）

七

在這神聖地方完成後，
如同過往－無－數
來來去去，它們緩慢
消逝無蹤，回歸黑暗。（接副歌）

我們都是巫者（We are Witches All）

傳統音樂　　　　　　　　　　　　　　　　詞曲：雷蒙德·巴克蘭

我──們又唱又跳做儀式，一起生活與愛。我──

們以天為衣──，天氣寒冷則穿長袍。我──

們繞祭壇跳──舞，讚美喜愛的諸神──，並且持續

感謝天上的太陽和月亮。我們──力行──巫

術、喜愛巫術。進來巫圓，因為我們都是巫者。

走進這巫圓，感受那愛的氛圍，並──

與引領我們的父神與母神相會。

二

「無傷無害，則任意而行」，這是「威卡箴言」。思
與行展現愛～，我們不懼任何敵人。我
們的感謝話語、我們的讚美歌聲，是表達我
們知道他們都在的祈禱。（接副歌）

唱一首威卡歌（Sing Me a Wiccan Song）

曲：W. T. Wrighton

詞：雷蒙德・巴克蘭

唱一首威卡歌，關於母神與父神；關
於蠟燭、香爐、水、鹽與巫刃，還有劍；因
為只有威卡歌能真正頌揚諸神。

二

唱一首威卡歌，關於月下的巫圓；關
於舞與誦，將力量提至如此耀目；因
為只有威卡歌使我們信仰真確。

三

唱一首威卡歌，關於春夏與秋冬；關
於季節愉悅流轉，我們高聲頌揚；因
為只有威卡歌讓我們合於自然。

四

唱一首威卡歌，關於母神與父神；關
於蠟燭、香爐、水、鹽與巫刃，還有劍；因
為只有威卡歌能真正頌揚諸神。

唱誦與輪唱可以很有趣。以下這首歌可以輪流分段輪唱（如以下所示）或齊聲唱誦整首歌，而曲調
則沿用傳統的〈我們祝你聖誕快樂〉（*We Wish You A Merry Christmas*）。

一

大家致敬父神、母神；
一起致敬父神、母神；
都來致敬父神、母神；
因我們愛他們。

二

行巫慶之儀
是我等榮幸；
大家藉此崇拜諸神，
日日夜夜無停。

三

大家致敬父神、母神；
一起致敬父神、母神；
都來致敬父神、母神；
因我們愛他們。

五朔節之圓（A Beltane Round）

曲：Arnold

詞：雷蒙德‧巴克蘭

提升力量六頌（Six Power-raising Chants）

一

今夜的我們是諸神之子，

如此溫柔，又感覺強壯。

二

歡唱、舞動、低聲吟誦。

力量累積起來……讓它動！

三

繞走定期聚會地，

積聚力量行儀式。

四

弟兄姐妹，一同歌唱。

引領吾等召來的力量。

五

我們是大能之輪的輻條；

提升此力量讓眾人知道。

六

順向走動，不停繞圈；

積聚力量，大聲釋放！

祭祀之地（Earth Site）

由塔拉‧巴克蘭
撰寫

祭祀之地，
巫者之儀，
高興相聚，
今夜歡樂！

神聖之地，
新的連結，
眾人見證，
所現力量！

以下是一些簡單頌詞，

請自行加入曲調。

眾元素（Elements）

東方，風！南方，火！
西方，水！北方，土！
舞動，繞；跳躍，高；
出生，活；死，重生！

運用魔法（Work the Magick）

擺動香爐，燃亮燭光；
星夜燦爛，繞圓走動。
吟誦詞文，搖響鈴聲；

運用魔法，編織咒術。

巫圓家族（Circle Family）

無論運勢向背，
吾命自有定數。
吾與自己人啊，
團聚在巫圓裡。

力量之錐（Power Cone）

巫圓畫在地上，
裸身的人到處走動。
薰香升至天上，
力量之錐積聚升高。
舞動、頌唱與和緩的聲響；
巫者的魔法如此充沛。

推薦閱讀書單

AT THE END of each lesson's examination questions, I listed books for further reading. They are books I especially recommend. To them I would add a few more that you may well find of interest.

Anderson, Mary. *Color Healing.* 1975.

Barthell, Edward E., Jr. *Gods and Goddesses of Ancient Greece.* 1971.

Besterman, Theodore. *Crystal Gazing.* 1924.

Blofeld, J. *I-Ching: The Book of Changes.* 1968.

Bowra, C. M. *Primitive Song.* 1962.

Bracelin, J. L. *Gerald Gardner: Witch.* 1960.

Branston, Brian. *The Lost Gods of England.* 1957.

Breasted, J. H. *Development of Religion and Thought in Ancient Egypt.* 1910.

Buckland, Raymond. *Amazing Secrets of the Psychic World.* 1975.

————. *Color Magick.* 1983 & 2002.

————. *Gypsy Dream Dictionary.* 1999.

————. *A Pocket Guide to the Supernatural.* 1969.

————. *Practical Candleburning Rituals.* 1982.

————. *Scottish Witchcraft.* 1991.

————. *The Tree: Complete Book of Saxon Witchcraft.* 1974.

————. *Wicca For Life.* 2001.

————. *The Witch Book: Encyclopedia of Witchcraft, Wicca and Neopaganism.* 2002.

————. *Witchcraft From the Inside.* 2001.

Budapest, Zsuzsanna. *The Holy Book of Women's Mysteries.* 1979.

Budge, Sir E. A. Wallis. *Amulets and Talismans.* 1930.

Egyptian Language. Oxford U. Press, London 1910.

Butler, W. E. *How to Read the Aura, Practice Psychometry, Telepathy and Clairvoyance.* 1998.

Campanelli, Dan and Pauline. *Ancient Ways.* 1991.

Cerney, J. V. *Handbook of Unusual and Unorthodox Healing.* 1976.

Chancellor, Philip M. *Handbook of Bach Flower Remedies.* 1971.

Clark, Linda. *Color Therapy.* 1975.

Crow, W. B. *Precious Stones: Their Occult Power and Hidden Significance.* 1968.

Crowther, Patricia. *Lid Off the Cauldron.* 1981.

———. *The Witches Speak Athol.* 1965.

Culpeper, Nicholas. *Complete Herbal.* n.d.

Cunningham, Scott. *Earth Power.* 1983.

———. *Living Wicca.* 1993.

———. *Magical Herbalism.* 1982 and 2002.

Dennings, Melita and Osborne Phillips. *Practical Guide to Astral Projection.* 1979 and 2002.

Eastcott, Michael. *The Silent Path.* 1969.

Eliade, Mircea. *Patterns of Comparative Religion.* 1958.

———. *Rites and Symbols of Initiation—Birth and Rebirth.* 1958.

Faraday, Ann. *The Dream Game.* 1976.

Farrar, Janet and Stewart. *What Witches Do.* 1971.

———. *Eight Sabbats For Witches.* 1981.

———. *The Witches' Way.* 1985.

Fitch, Ed. *Magical Rites From the Crystal Well.* 1983.

Frazer, Sir James G. *The Golden Bough.* 1951.

Freke, Timothy, and Peter Gandy. *The Wisdom of the Pagan Philosophers.* 1998.

Freud, Sigmund. *Totem and Taboo.* 1952.

Gardner, Gerald. *Witchcraft Today.* 1954.

———. *The Meaning of Witchcraft.* 1959.

———. *High Magic's Aid.* 1949.

———. *A Goddess Arrives.* 1939.

Gerard. *Complete Herbal.* 1985.

Gibbons, Euell. *Stalking the Healthful Herbs.* 1966.

Glass, Justine. *Witchcraft, the Sixth Sense, and Us.* 1965.

Gray, William. *Seasonal Occult Rituals.* 1970.

Guiley, Rosemary Ellen. *The Encyclopedia of Witches and Witchcraft.* 1999.

Harrison, Jane E. *Ancient Art and Ritual Kessinger.* 1913.

Hipskind, Judith. *Palmistry, the Whole View.* 1988.

Hooke, S. H. *Myth and Ritual.* 1933.

Horne, Fiona. *Witch: A Magickal Journey.* 2000.

Howard, Michael. *The Runes and Other Magical Alphabets.* 1978.

Hughes, Penethorne. *Witchcraft.* 1952.

Jung, Carl G. *Memories, Dreams and Reflections.* 1963.

Leland, Charles Godfrey. *Aradia, Gospel of the Witches of Italy.* 1899.

Lethbridge, T. C. *Witches: Investigating an Ancient Religion.* 1962.

———. *Gogmagog—the Buried Gods.* 1962.

Loomis, E., and J. Paulson. *Healing For Everyone.* 1979.

Lopez, Vincent. *Numerology.* 1961.

Lucas, Richard. *Common and Uncommon Uses of Herbs for Healthful Living.* 1969.

Lust, John. *The Herb Book.* 1974.

Madden, Kristin. *Pagan Parenting.* 2000.

McCoy, Edain. *Witta: An Irish Pagan Tradition.* 1998.

Mermet, Abbé. *The Principles and Practice of Radiesthesia.* 1975.

Meyer, J. E. *The Herbalist.* 1960.

Morrison, Dorothy. *The Craft.* St. Paul, 2001.

Moura, Ann (Aoumiel). *Green Witchcraft* series. 1996–2000.

Mumford, Jonn. *Sexual Occultism.* 1975.

O'Gaea, Ashleen. *The Family Wicca Book.* 1998.

Plaisance, Monte. *Reclaim the Power of the Witch.* 2001.

Potter, R. C. *Potter's New Cyclopaedia of Botanical Drugs and Preparations.* 1988

Regardie, Israel. *How to Make and Use Talismans.* 1972.

———. *The Art of True Healing.* 1932.

Roberts, Kenneth. *The Seventh Sense.* 1953.

Scire (G. B. Gardner) *High Magic's Aid.* 1949.

Sepharial. *The Book of Charms and Talismans* 1969

Starhawk (Miriam Simos). *The Spiral Dance.* 1979.

Starkey, Marion L. *The Devil In Massachusetts.* 1949.

Steinbach, Marten. *Medical Palmistry.* 1975.

Thommen, George S. *Is This Your Day?* 1964.

Thompson, C. J. S. *Magic and Healing.* 1946.

Valiente, Doreen. *Where Witchcraft Lives.* 1962.

———. *An ABC of Witchcraft Past and Present.* 1973.

———. *Witchcraft For Tomorrow.* 1978.

Van Gennep, Arnold. *The Rites of Passage.* n.d.

Ward, H. *Herbal Manual.* 1969.

Wilhelm, R. *The I-Ching.* 1950.

Wilken, Robert L. *The Christians As the Romans Saw Them.* 1984.

Zimmermann, Denise and Katherine A. Gleason. *The Complete Idiot's Guide to Wicca and Witchcraft.* 2000.